SUISSE
ET
LOMBARDIE

SOUVENIRS DE VACANCES

PAR

LE DOCTEUR A. MULLER

MULHOUSE
H. STUCKELBERGER, LIBRAIRE-ÉDITEUR
(ANCIENNE LIBRAIRIE DETLOFF)
—
1890
A Paris, chez A. LEMOIGNE, 12, rue Bonaparte

SUISSE ET LOMBARDIE

SOUVENIRS DE VACANCES

(AOUT 1865)

SUISSE ET LOMBARDIE

SOUVENIRS DE VACANCES

(AOUT 1865)

PAR LE

DOCTEUR AUG. MULLER

---—>✻<—---

MULHOUSE
H. STUCKELBERGER, LIBRAIRE-ÉDITEUR
1890

PREMIÈRE JOURNÉE

AVANT LE DÉPART. — L'ITINÉRAIRE. — BALE. — LA VALLÉE DU RHIN. — LAUFENBOURG. — WALDSHUT. — SCHAFFHOUSE ET LA CHUTE DU RHIN.

Ce fut un bien beau jour, que le lundi 7 Août, de l'année de grâce 1865.

Le ciel, à dire vrai, ne s'était pas mis en frais: — De soleil, peu ou point du tout: — Un affreux vent du sud, levé en sourdine pendant la nuit, et qui, maintenant souffle en tempête, faisant gémir les toits, grincer les portes et trembler les carreaux des fenêtres, — puis, dans l'espace, si loin que porte le regard, rien que des nuées grises ou noires, lourdement entassées en amas menaçants, chassées pêle-mêle, tumultueusement, et déversant par intervalles leur trop plein en ondées bruyantes et bien nourries, — tel, ou à peu près, est le bilan des splendeurs du firmament, à l'heure où l'aurore, de ses doigts que le vieil Homère prétend rosés, mais qui ce matin-là ne l'étaient guère, vint entr'ouvrir les portes de l'Orient!

Et cependant, ce fût, je le répète, un bien beau jour que le lundi 7 Août, de l'année de grâce 1865.

C'était le jour, en effet, où, après une longue attente, certain trio de ma connaissance, impatient comme on on l'est à vingt ans, et las de ronger son frein depuis une quinzaine interminable, bouclait enfin ses guêtres, mettait sac au dos, et s'apprêtait à se lancer à corps perdu dans cet inconnu éternellement charmant qui s'appelle un voyage dans les Alpes.

Un voyage dans les Alpes! Vous est-il arrivé, comme à nous, ami lecteur, de caresser ce beau rêve, et après l'avoir longuement caressé, de le voir enfin se réaliser? Si, oui! vous comprenez notre enthousiasme, et pour un peu, vous le partageriez! Si, au contraire, non! Oh alors, pauvres vous! Et combien vous nous semblez à plaindre! Quelles délices! Quelle inénarrable félicité vous ignorez!

Pour nous,

„Bien que la barbe à peine ombrage nos mentons!" nous sommes presque de vieux touristes. Quatre fois déjà, nous l'avons goûté, le merveilleux plaisir de longues courses, et des escalades folles! Quatre fois déjà, nos vacances se sont passées en de ces expéditions pédestres si charmantes et si instructives à la fois! Et voici que déjà celle que nous allons entreprendre, sera peut-être, hélas! la dernière! Pourquoi donc dure-t-elle si peu, cette période bienheureuse de l'existence, qui commence au baccalauréat, et finit au moment où il faut aborder sérieusement la carrière dont on a fait choix! Que ne reste-t-on étudiant plus longtemps! Mais non: le Temps, cet éternel marcheur, poursuit sa course sans trêve; la grande roue tourne, tourne toujours, dévidant sans relâche les jours et les années: Le jeune homme se fait homme; l'étudiant insouciant et léger, (Eheu! quantum mutatus!) se réveille, un matin, grave docteur; et alors!... Oh alors, adieu les joies d'autan! adieu l'Alpenstock, compagnon chéri de vos premiers et de vos derniers exploits! adieu les ascensions aux cîmes éblouissantes et les marches si délicieuses dans les hautes solitudes des monts! D'autres soins à présent vous réclament. C'est la lutte qui a commencé pour vous, la fameuse et triste lutte pour la vie. Et c'est de position à se créer, c'est de clientèle à acquérir qu'il s'agit maintenant! Aussi, ne perdons pas un instant! Profitons largement encore du répit qui nous reste, et ne songeons pour l'heure qu'au plaisir qui nous attend!

A Strasbourg, où nous étions, en ce temps-là, en train de nous initier aux mystères de la matière médicale et aux secrets de la thérapeutique, pas de jour, longtemps avant les vacances, où il ne fût question de la grande expédition! A table, à la promenade, au café, et Dieu me pardonne, à la clinique même parfois, l'on en causait, et l'on en causait encore! La chose avait fini par horripiler certains de nos amis, êtres casaniers et prosaïques, que les splendeurs de la belle nature n'avaient pas le don d'émouvoir; et alors il n'y eût plaisanteries plus ou moins spirituelles, sarcasmes, quolibets même que nous n'eussions à subir! Je dois dire que nous les subissions stoïquement! Mais nos ingrats amis ne voulurent point comprendre, que si nous y mettions tant d'insistance, c'était dans le seul espoir que l'un ou l'autre se déciderait à être des nôtres! Soins superflus! Inutiles efforts! Seul, le chauve Sidi-ben-Jamin (variante fantaisiste du petit nom de Benjamin!) avait un moment montré quelque velléité; mais les autres lui ayant insinué que l'air des Hautes-Alpes ne valait rien à un homme sans cheveux, bien vite il renonce, et ne veut plus entendre parler de rien. — C'était écrit! Comme dans nos premières expéditions, j'aurai pour seul compagnon l'excellent ami S., de Boukenoum (lisez Saar-Union!) plus connu sous le doux surnom de „Unser Gustel!"

Sur ces entrefaites, les vacances étaient venues; mais, auparavant, était venue pour moi, la plus malencontreuse de toutes les angines, qui, outre qu'elle me cloua au lit pour huit grands jours, me réduisit à la lamentable nécessité de n'avaler plus que des aliments liquides, et encore!! Triste situation, n'est-il pas vrai, pour un gaillard qui a la prétention, à courte échéance, d'escalader toutes les Alpes?

Pour être véridiques, hâtons-nous toutefois de dire que quand, dans les premiers jours d'août, unser Gustel vint me rejoindre à Mulhouse, il me trouva, mon angine guérie, occupé à une sérieuse restauration de mon individu! Les solides pouvaient de nouveau passer, et profitaient joliment de cette possibilité, je vous jure! A peine si je me souvenais d'avoir été malade! J'avais, comme on dit, du vif argent dans les jambes, et je me sentais capable de grandes choses! Ce que voyant, mon jeune frère, un collégien de belle venue, qui porte magnifiquement ses quinze printemps, se met à déclarer net, qu'il se sent capable des mêmes grandes choses, et demande à être du voyage! On hésite d'abord, car c'est, à tout prendre, un voyageur bien novice dont on s'embarrasserait là. Mais le frérot insiste! L'on n'est pas de pierre, après tout; et, on lui déclare finalement qu'il sera de la fête, à la condition qu'il soit sage et surtout courageux ; mais en même temps on lui fait entendre qu'à la première indocilité ou faiblesse, on l'enverra rejoindre les pénates maternels par le chemin le plus court. Le frèrot promet tout ce qu'on veut ; il promettrait plus encore ; ce qu'il demande avant tout, c'est qu'on commence par l'emmener !

Notre excursion, telle qu'elle était projetée depuis longtemps, ne manquait ni d'étendue, ni d'originalité. Nous avions imaginé de faire le périmètre complet de la Suisse, avec tous les crochets, tours et détours, descentes et escalades qui se rencontreraient en route ! Partant par le nord-est, par Bâle et Schaffhouse, nous devions, au bout du lac de Constance, prendre au sud, par les Grisons, passer le Splugen, toucher aux lacs italiens et remonter par le Valais ; puis prenant à l'ouest, gagner Chamounix par le col de Balme, pour de là arriver à Genève et revenir par le Léman, Neufchâtel et Bienne ! Il y avait là de quoi s'exercer les jambes : qu'en pensez-vous ? Il avait, en outre, été vaguement question d'une pointe sur Milan ; mais rien n'était fixé quant à cet extra ; le temps et la bourse commune devaient en décider à l'occasion.

Pour ce qui est de la bourse commune, nous y avions, pour l'heure, une confiance absolument sans bornes ! Elle contenait, dans ses flancs rebondis, onze cents beaux francs de France, et on nous eût bien étonnés, si on nous avait dit qu'avec pareille somme, on ne pût aller au moins jusqu'au bout du monde !

Quant au temps, autre affaire ! Depuis le commencement du mois, le ciel semblait prendre plaisir à vexer le genre humain en général, et nous trois en particulier! Aussi bien, le trio ne décolèrait-il plus. Cela ne l'empêchait pas de trouver quelques charmes à l'excellente bière de mars du gros brasseur J. M.... et le temps se passait, et les jours se suivaient en se ressemblant désespérément, et les averses succédaient aux averses! C'était une lessive à jet continu de la création! Ce que nous avons insulté de fois les divers baromètres de notre connaissance, serait difficile à dire, et ce que nous dépensâmes d'imprécations à l'adresse des nues, je renonce à le rapporter!

Enfin (c'était le 6 août, un dimanche, jour à jamais mémorable!), le soleil voulut bien montrer aux mortels étonnés qu'il savait sourire encore, et le ciel, revenu à de meilleurs sentiments, eut l'air de se reconcilier avec l'azur. „Nous partons demain!" tel fut aussitôt la décision prise; et bien vite on court, on emplette, on dispose, on plie, on enveloppe, on entasse, on boucle, et tout vient à point! Le sac est lesté, les châles sont roulés, et les voyageurs ne tiennent plus en place. Il semble que demain n'arrivera jamais.

Il arriva, et vous savez, comme! N'importe! Rien ne nous arrêtera désormais, ni tempête, ni ondée, ni le reste. A midi, séance d'adieux, serrements de mains; embrassades, recommandations sans nombre, et en route, pour la gare!

„Trois troisièmes, Bâle!" — „Avez-vous des bagages", dit une voix derrière le guichet. — „Parbleu"!„ — Fâché, alors; mais peux plus vous donner de billets! N'avez plus le temps d'enregistrer de malles." — „Eh! qui vous parle de malles! Le voilà, notre bagage; là sur mon dos!" — „Fallait donc le dire de suite!" Et déjà nous enfilons les salles d'attente; comme le vent nous filons sur le quai; comme une bombe nous pénétrons dans le premier compartiment ouvert... et déjà le train roule! Ouf! il était temps!

Dire qu'il est de par le monde pas mal de gens qui croiraient déroger s'ils voyagaient en troisièmes! Entre nous, c'est une sottise! Et véritablement il n'est avantages qu'elles ne possèdent, ces troisièmes tant dédaignées! Eh hé, oyez plutôt! Il y a d'abord la question d'économie; et elle a son importance dans une excursion, dont la durée dépend uniquement d'une sage gestion des finances! Vient ensuite la question des aises! Mais je vous vois sourire... et vous avez tort! Il vous semble absurde, n'est-il pas vrai, de vouloir établir une comparaison entre les planches des troisièmes et le capiton des premières, voire des secondes! Mais essayez plutôt; vous me direz après, si par trente degrés de chaleur il n'est pas plus agréable d'avoir pour siège un madrier tout nu qu'un paquet de crins! Puis enfin, il y a la question de l'amusant et du pittoresque, et je vous défie bien de trouver ailleurs qu'en troisièmes un champ aussi riche en imprévu, aussi fertile en détails drôles, ou en aventures abracadabrantes!

C'est là que vous rencontrez une société pharamineuse de militaires en goguette, de vieilles paysannes au bavardage intarissable, de marchands juifs aux bruyantes discussions, de paysans sentencieux, de pèlerins pour Notre-Dame-des-Ermites, chantant par anticipation leurs litanies, et cent autres types non moins intéressants! C'est là que vous aurez la bonne fortune d'ouïr de ces conversations phénoménales qui font époque dans une excursion; c'est là que, contre toute attente vous trouverez moyen de rouler sans ennui, à travers les six lieues de la plaine insipide qui sépare Bâle de Mulhouse. Nos compagnons de wagon d'aujourd'hui, cinq marchands de bestiaux helvétiens, sont bruyants au possible, et gais plus encore! Ils reviennent sans doute de quelque foire, où ils ont dû faire de bonnes affaires! Tous possèdent cet accent guttural, particulier aux Suisses des cantons de langue allemande, et qui n'est pas sans avoir quelqu'analogie avec une crécelle. Leur conversation, palpitante d'intérêt, roule exclusivement sur les *Stückele Vieh!* et ils énumèrent avec une visible complaisance les mérites de telle vache et les perfections de tel veau ou goret! L'on apprend, de la sorte, une foule de belles choses, et nous quittons à regret les marchands à Bâle.

Bâle est en train de faire peau neuve. La nouvelle gare avec ses dégagements spacieux, les belles constructions qui l'avoisinent, les larges avenues et le square fraîchement tracé, tout cela a assez grande mine et témoigne de l'abondance des capitaux dans cette ville de banquiers! Au moins, aujourd'hui, on s'en sert, de ces capitaux, pour autre chose que pour leur faire rapporter le six ou le sept pour cent! Puis, à quelques pas, le vieux Bâle reparaît, avec ses ruelles étroites, ses bosses, ses allures moroses, et sa population si empesée et si raide qu'on ne peut se défendre de quelqu'étonnement en constatant qu'elle bouge et se déplace. Nous avons occasion d'admirer en passant la flèche presque terminée (ce n'est pas sans peine, ma foi!) de l'église Mérian! Gentille, cette miniature d'église, et assez finement ouvragée! C'est dommage seulement qu'elle ne soit pas plus heureusement située!

Il doit se passer aujourd'hui à Bâle quelque chose d'insolite et d'extraordinaire: vers le pont du Rhin, ce ne sont que gens qui stationnent, attroupements compacts, groupes multiples, physionomies en l'air, sur lesquelles on lit clairement qu'il va y avoir quelque chose! Oui! mais quoi? Mystère! ténèbres! Nous croisons bien quelques officiers qui promènent des miliciens, et puis des miliciens isolés qui promènent leurs fusils; mais malgré le prestige qui partout s'attache à l'uniforme, nous ne pouvons croire que tout ce monde, ce soit pour les miliciens et pour leurs fusils, et nous restons intrigués pour longtemps.

Nous le sommes encore, à la gare badoise, où nous arrivons, en avance d'une petite heure. Comme aux abords de toute gare, abondance, ici, de *Wirthschaften* et de cafés! Aussi l'idée vient-elle, naturellement, d'une consommation! L'ami S... opine pour un moka! Va donc pour le moka! Dans le local où nous sommes entrés, l'on nous sert une décoction louche, qui n'est pas tout à fait du café, ni absolument de la chicorée, mais un mélange peu réussi des deux, un breuvage comme on n'en débite que trop, de nos jours, dans les établissements publics, brouet qui n'a souvent du café pas beaucoup plus que le nom; et que cependant, la mauvaise habitude aidant, d'aucuns prétendent indispensable à la bonne exécution de leur digestion!

Ici, avant d'avoir accès dans les salles d'attente, l'on a affaire à la douane grand-ducale. A peine sommes-nous dans le vestibule de la gare, que déjà un douanier vers nous s'avance, et de cet air rébarbatif, particulier, j'imagine, à tous les gabelous de l'univers, s'informe, en tapotant mon havresac, si nous n'avons rien à déclarer là-dedans. „Nous? absolument rien! Dans le sac? des effets de route; rien de plus. Voulez-vous voir?" — „*Schon gut, schon gut!*" Et nous passons ! Mais, o douanier grand-ducal de mon cœur, si tu te doutais pourtant que parmi les effets de route figurent une chope de Kirsch, et un bon kilo de Salami, tu ne trouverais pas la chose si *Schon gut, schon gut!* que cela! Mais voilà! Il ne peut pas se douter, le douanier grand-ducal! Il ne s'en porte pas plus mal, d'ailleurs, ni son gouvernement non plus! Et voilà pourtant ce qu'il en est, des institutions d'ici-bas!

Dans les salles d'attente, on trouve un peu de tout: des campagnardes, la tête enveloppée de fichus rouges et les bras chargés de grosses corbeilles pleines de fruits; des pêcheurs du Rhin avec d'énormes pipes en porcelaine; des curés avec leurs bréviaires ; des enfants qui braillent, des chiens qui jappent, des landjäger (gendarmes de céans), se promenant dans le tas, en se frisant les blondes moustaches ; tout cela grouillant et se démenant dans une atmosphère épaisse, irrespirable, où au milieu de parfums divers, mais peu rélevés, domine une odeur prononcée de saucisse à l'ail. Nous avons quelque peine là-dedans à reconnaître sous l'énorme chapeau de paille que lui couvre le chef, et la blouse blanche dont il a recouvert son accoutrement, notre voisin, le respectable pharmacien A. L., en partance pour une tournée d'herborisation, et qui nous serre cordialement la main en passant!

Attention! Voici le train! Et c'est tout aussitôt une bousculade générale, où l'on arrive en contact intime mais nullement agréable, avec les paniers de ci-dessus et les coudes des bateliers, qui les ont fort pointus! Bientôt chacun est casé. Sch! sch! sch! fait la locomotive; des trompettes invisibles, mais scandaleusement aigres ou colossalement enrouées, entament, sous prétexte de signaux, une abominable cacophonie, au milieu de laquelle nous partons: et déjà Bâle est loin. Les bateliers occupent le même wagon que nous; leurs pipes, bien entendu, aussi! Le tabac qu'elles consument a dû pousser dans quelque champ de choux et répand une odeur nauséabonde. Pour échapper à l'infection, nous fumons à notre tour; mais du vrai tabac, s'il vous plaît, du tabac de France, de beaux et bons cigares de la Régie; et c'est, de la sorte, bientôt, une vraie tabagie dans le compartiment, où chacun aspire et expire, jusqu'à Mons. Eugène, le collégien que vous savez, et d'épais nuages de fumée nous enveloppent!

Encore s'il n'y avait de nuages que dans le wagon! Mais au dehors, c'est bien pis; le ciel fait tout à fait grise mine, et l'azur, malgré une belle défense, perd du terrain visiblement! Qu'adviendra-t-il de tout cela? Nous verrons bien, demain.

Au sortir de Bâle, le paysage de prime abord est plat, fade, uniforme! Ce sont des prés, comme tous les prés, avec des fleurs diverses perdues dans l'herbe verte! puis des champs, comme tous les champs, où s'allignent à la file des carrés de choux ou de carottes, succédant à des carrés de pommes de terre, jusqu'à ce que, pour faire diversion, les carrés de pommes de terre reviennent succéder aux carrés de choux ; ce sont enfin des cerisiers et des noyers, où, comme surtous les noyers et cerisiers, pinsons criards et moineaux effrontés piaillent dans les branchages ; tout cela animé d'indigènes des deux sexes et de tout âge qui piochent, sarclent ou fauchent, et de chevaux, bœufs, vaches ou ânes traînant chars, chariots, charettes ou charrues !

Cela dure peu, heureusement ; une transition insensible s'opère, le paysage s'accentue, les coteaux se rapprochent, on rejoint le large Rhin ; et subitement voici un coin pittoresque et charmant au possible. A nos pieds, indolemment, le fleuve roule ses grands flots d'émeraude, frisés en une multitude de vagues légères au sommet desquelles par-ci par-là dansent quelques flocons d'écume blanche ; aux deux rives, de verdoyantes forêts ; sur la droite, à l'infini, s'étale la vaste plaine, coupée de blancs villages et bordée à l'horizon lointain d'une ligne de montagnes bleuâtres, le long desquelles se battent les nuages ; tandis qu'à gauche des collines s'étagent, nombreuses, pimpantes et fraîches, variées de culture, changeantes de teintes, et mènent le regard jusqu'aux premiers contreforts de la Forêt-Noire, où le sapin domine, plongeant ses massifs sombres dans les sombres nues qui les recouvrent ! De distance en distance, aux bords du fleuve, la forêt s'éclaircit ; une bourgade alors, un village ou quelque petite ville paraît ! Rien de curieux comme ces localités antiques, vénérables, ayant conservé, presque intact, un cachet accentué du moyen âge ! Grands murs lézardés et gris ; bâtiments massifs et immenses, tourelles poudreuses, pignons tourmentés, énormes toits pointus et tout verts de mousse, longs ponts tortueux, coupant le fleuve de leur ligne irrégulière et brisée! Tout cela n'est-il pas d'un autre temps, et ne s'attend-on pas à voir, à chaque instant, sortir de ces portes bardées de fer, un brillant cortège de châtelaines suivies de leurs pages, ou bien une troupe de chevaliers en cottes de mailles, allant combattre l'ennemi félon et traître? Mais non: c'est un pâtre, simplement, que suit un troupeau de moutons et de chèvres; ou encore, une bande de bambins joyeux qui vont se rouler dans l'herbe du pré voisin.

La portière d'un wagon n'est généralement pas un lieu bien propice, pour goûter les charmes d'un paysage! La locomotive, qui n'a cure des beautés du pays qu'elle traverse, n'a qu'un but, l'arrivée, à l'heure réglementaire! Avec son allure de quarante kilomètres à l'heure, elle ne laisse guère aux malheureux qu'elle traîne, d'autre perspective, que celle d'une ronde infernale qu'exécutent à l'envi, et montagnes et rivières, et vallons et campagnes! Mais aujourd'hui, ce n'est point cela. Nous roulons avec une sage lenteur, et l'on ne perd pas un détail du panorama, qui, insensiblement, se déroule aux regards charmés!

Voici maintenant Laufenbourg, et les rapides du Rhin! Site remarquable! Coup d'œil attrayant au possible et d'un pittoresque peu ordinaire! Sur un grand roc gris, aux formes abruptes, à la base tumultueusement battue par les flots en courroux, la ville est assise, étrange, étonnante, étageant en agglomération serrée ses constructions bizarres, ses édifices biscornus, ses tours et tourelles antidiluviennes et vermoulues! Du moyen âge, plus de jamais! Plus que n'importe quelle autre localité du trajet, Laufenbourg porte le cachet d'une époque qui n'est plus! Un pont hardi, crânement jeté sur le fleuve, donne un attrait de plus au tableau ; au-dessous, le Rhin, brusquement rétréci, gronde entre deux grandes murailles de roches ; puis, d'un coup, le lit venant à lui manquer, il s'abîme en flots échevelés, en bouillonnantes cascades, et s'engouffre d'un jet, dans un bassin sauvage, où, tout au fond, l'on aperçoit une troupe de naturels, armés de longues perches, qui pêchent au milieu des tourbillons, les grands sapins que les rapides ont flottés jusque-là.

Le temps de regarder, et l'on repart; et d'une traite, on roule jusqu'à Waldshut. Ici, gare de grande bifurcation, et arrêt en conséquence. Descente générale sur le quai, pour se dérouiller un peu les jambes. — Les pipes nous quittent, et ne sont pas remplacées! Personne ne s'en plaint. — Inspection du ciel, nullement rassurante: les gros vilains nuages, qui nous courent après, depuis Bâle, nous ont rejoint, et sur nos têtes même, prennent une tournure, d'instant en instant plus menaçante. Il y aura de l'orage, évidemment! L'ami S., qui n'a pour les orages, qu'une médiocre prédilection et auquel j'essaie vainement de persuader que cela ne sera rien, prend sa mine la plus renfrognée, et dans ses discours, devient lugubre! Comme si le ciel ne l'était pas suffisamment!

„Gefälligst einsteigen!" crient les employés: et tout aussitôt, des trompettes aussi invisibles, mais tout aussi aigres et non moins enrouées que celles de Bâle, se mettent à canarder, en avant, en arrière, latéralement, partout! Ce sont leurs signaux de gare, décidément; mais quelle satanée musique!

Au sortir de l'embarcadère, le train traverse un tunnel; de l'autre côté, dernier coup d'œil pittoresque, dernier coin de paysage gracieux et charmant; le Rhin, au loin, ondule mollement dans la fraîche verdure; coquettement, les grands bois l'encadrent; plus près, la ligne de Zurich se détache, décrit une longue courbe, passe le fleuve sur un beau pont de fer, et pareille à un grand serpent, s'enfonce au loin dans les prés, en un sillon presque droit, qui va s'amincissant et disparaît dans la brume. Puis, au delà, plus rien que les champs et les prairies, les cerisiers et les noyers déjà décrits, où, comme vers Bâle, des indigènes nombreux, mais peu variés, fauchent, piochent, sarclent ou bêchent.

A en croire Bædecker, on aurait, après Waldshut, de ravissantes échappées sur les Alpes; mais Bædecker compte sans le mauvais temps. L'on n'a aujourd'hui d'autres échappées que sur les nuages, et elles ne sont absolument pas ravissantes. Si la locomotive à présent pressait un peu son allure, on lui en saurait gré. Mais il semble, au contraire, que, depuis Waldshut, nous allons plus lentement qu'avant. Ce n'est plus une locomotive, c'est quelque limace, bien sûr, qui nous traîne à sa remorque! Ce qui est certain, c'est que le même indigène, le même bœuf ou le même arbre restent en vue si longtemps, que c'est à se demander si l'on roule, si le peu de mouvement, dont on se sent emmené, n'est pas une illusion, et si définitivement, on ne reste pas en place. Il en résulte que bientôt on s'ennuie; qu'on s'engourdit et qu'on s'affaisse; et qu'on finirait par s'endormir tout de bon, si l'on n'arrivait, à point, à Neuhaus, pour être tiré de cette somnolence par les sourds et puissants grondements qui montent de la vallée. C'est ici la célèbre chute du Rhin, et de la gare même, par la portière du wagon, on jouit de la vue d'ensemble des cascades étalées directement à nos pieds.

Le spectacle captive au point, qu'on repart sans s'en douter, et que d'un coup, on se trouve dans d'épaisses ténèbres. C'est le tunnel de Neuhaus. Les tunnels qui sont après tout, une invention assez fastidieuse, ont, du moins, cela de bon, qu'ils vous ménagent d'agréables surprises. On ne peut retenir un cri d'admiration au sortir de celui-ci! Droit en avant, une perspective unique réjouit les regards! C'est Schaffhouse, dans sa ravissante situation! C'est le fleuve, qui, du plus loin qu'on l'aperçoit, bondit en flots impétueux, se rue en vagues écumantes, se roule en ondes folles, et semble, vraiment, comme prendre son élan pour le formidable saut qu'il va faire un peu plus bas; puis ce sont des rives accidentées et pimpantes de fraîche verdure, des collines harmonieusement disposées, où alternent les vignes, les vergers et les sapins; c'est un rayon de soleil enfin, vif et gai, échappé, Dieu sait comme, d'entre les nues, qui dore le paysage de ses feux! Il ne manque à la splendeur du tableau que le panorama des Alpes, là-bas, au sud-ouest; mais les nuages persistent à le masquer de leurs amas déplaisants, et si l'orage n'est plus à craindre, il n'en reste pas moins, circulairement, à l'horizon, une uniforme ceinture grise qui ne dit rien de bon!

Pas la moindre gare, à Schaffhouse: rien qu'un vilain hangar de bois, évidemment provisoire! Les abords n'en sont pas moins copieusement garnis de fiacres, omnibus, commissionnaires, portiers et garçons d'hôtels, gamins faméliques en quête de quelqu'aubaine, que sais-je encore ; tout un monde affamé, à l'affût du voyageur et „*quaerens quem devoret*" ! Quelle plaie pour le touriste, que tous ces gens-là ; ici, plus peut-être encore qu'ailleurs ! S'ils se contentaient de stationner ; passe encore ! Mais non ; vous n'avez pas plutôt franchi le seuil de la gare, qu'immédiatement l'assaut commence. En un instant, on est abasourdi ! Ce ne sont plus que des „Monsieur, une voiture ! Omnibus, messieurs ! Monsieur, un commissionnaire !" — Sans compter tous les „Lions d'or ou Rouge, Sauvage, Couronne, Cheval, Cerf, Belle-Vue, Angleterre, Beau-Site, et vingt autres enseignes diverses, criées à vos oreilles, par des voix de basse, de baryton, de fausset, que c'en est à regretter les trompettes de Waldshut ! Non sans peine, nous parvenons à nous dégager de la cohue, et nous descendons en ville.

Flâner, au saut du train, dans une localité où l'on débarque pour la première fois ; chercher son gîte soi-même, au hasard, par des rues qu'on n'a jamais vues, constitue pour nous un régal autrement charmant, que le prosaïque acheminement vers quelque hôtel choisi à l'avance, à la remorque d'un larbin galonné, qui nous débiterait, bêtement, un banal boniment. Et, nous voici dans les rues de Schaffhouse, le nez au vent, pas renseignés du tout sur la direction à prendre, sans but précis, simplement à l'aventure et à la grâce de Dieu ! L'on risque bien de s'égarer à ce jeu-là, de perdre son temps en détours inutiles ! Mais où est le mal ? le premier passant complaisant vous aura bientôt remis dans la bonne voie. Aujourd'hui, tout marche à souhait: au bout de quelques rues fort originales, nous voici devant l'hôtel de la Couronne. La façade en est avenante et nous entrons.

Un brin de toilette, à présent; puis, le temps de commander à souper pour huit heures et de s'informer sommairement de la route à suivre, pour Neuhaus, et déjà nous trottons, allègrement, à travers les places, rues et ruelles de la bonne ville de Schaffhouse.

Une ville bien curieuse : et combien différente des localités de chez nous! Chez nous, en effet, un peu, j'imagine, à l'exemple de la capitale, les vieux et vénérables édifices disparaissent, un à un, sous la pioche des démolisseurs! Qu'avons-nous encore à Mulhouse, qui puisse prétendre à quelqu'antiquité, en dehors de notre intéressant hôtel de ville? Rien, n'est-ce pas? Car je ne compte pas certaines masures sordides, qui persistent un peu malgré elles, parce que la rapacité de leurs propriétaires y trouve encore son compte; ni surtout telle où telle impasse ou ruelle, coins infects, cloaques nauséabonds et qui sont presqu'une honte pour la ville où ont été inventées les cités ouvrières. Ici, au contraire du pur moyen âge, et, tant qu'on en veut! Et si, par-ci par-là, quelque construction nouvelle vient à prendre place au milieu de ces antiquailles, sa façade a bien soin de se démoderniser autant que possible et de prendre un air conforme à son respectable entourage.

Les rues généralement étroites, sont en guerre ouverte avec l'alignement, qui est bien, décidement, une découverte toute moderne. Les maisons sont spacieuses et élevées ; les façades, toutes en pierre taillée; d'aucunes avec une profusion de sculptures. L'achitecture en est un peu sévère, et ce qui donne au tout, peut-être, un peu d'uniformité, c'est que chaque façade est agrémentée vers son milieu d'une sorte d'avant-corps en tourelle, soit arrondie, soit à angles brisés, et se couronnant d'un toit en coupole ou en pointe! Dans les rues latérales, moins d'apparat et quelque peu de délabrement; moins d'espace, moins d'air et moins de jour; moins de fraîcheur surtout. Tout est noir, poudreux, lamentable. Ici le badigeon paraît un mythe, et la peinture à la détrempe, une utopie! Quant aux volets ou persiennes, qui servent à voiler les détails intimes de nos intérieurs, ils semblent absolument inconnus; et vraiment le diable boîteux aurait eu beau jeu, dans ces étroites ruelles, pour pratiquer son indiscret métier.

Après la ville, un beau faubourg, qui longe le Rhin. C'est le quartier moderne, où les maisons ressemblent à toutes les maisons qu'on construit aujourd'hui, c'est-à-dire sont banales; et où l'on suit une interminable série de fabriques et usines, bien modernes aussi, celles-là, qui, toutes, mettent à contribution la folle ardeur du fleuve. Cela remplace avantageusement la vapeur et constitue une jolie économie de suie et de fumée! Ah! si Mulhouse, lui aussi, avait son Rhin!

Au-delà, la route se met à serpenter le long de la colline sous laquelle est creusé le tunnel de Neuhaus. Au bout de la montée, nous sommes en pleins champs, bien loin du Rhin, dont on n'entend même plus la grosse voix; et subitement, nous voici inquiets, et nous sommes à nous demander si c'est bien là le chemin de Neuhaus! Un poteau se trouve à point, qui nous rassure; et de nouveau nous enjambons d'un bon pas. Après un moment, des maisons, un clocher; nous sommes au but. Et déjà l'on entend, comme un tonnerre lointain, mugir les flots qui s'abîment. Sur la gauche, là-bas, est la noire usine, perchée au flanc droit de la chute; et devant nous le sentier qui descend au château de Woerth. On s'y lance au galop, malgré un caniche, qui s'y lance après nous, et à l'air d'en vouloir sérieusement à nos mollets. O toutou! si tu savais combien peu tu convoites!

Un tournant encore, et tout le merveilleux tableau est devant nos yeux; la chute et ses blancs tourbillons, les énormes roches, le pont du chemin de fer suspendant, par-dessus, ses arches à ouverture inégale; le château de Laufen, au sommet du coteau; puis à droite, les rampes boisées, hautement étagées, et sur le plateau, l'immense hôtel Belle-Vue, où flotte au vent la bannière fédérale!

Les premiers moments ne sont pas au paysage; tant il est vrai que nous sommes esclaves de nos souvenirs! Nous cherchâmes du regard, avant tout, au grand escalier du château de Laufen, la place où, il y a un couple d'années, j'eus la maladresse de me donner une foulure au pied; et dans le Rhin même, la grosse pierre moussue, où, près d'une heure, je restai assis, plongeant dans l'onde glacée, mon pied endolori. Puis, seulement, en règle avec le passé, nous sommes tout entiers au panorama.

La chute du Rhin, vue de la rive droite, ne produit pas, de prime abord, toute l'impression d'imposante magnificence à laquelle on s'attendait. Cette impression doit être telle, de suite au déclin de l'hiver, alors que les masses d'eau qui tombent, sont bien plus énormes, et que le cadre, encore dépouillé de ses grâces printanières, apparaît aride, désolé et nu; mais, en août, quand tout verdoie et fleurit, quand dans la feuillée gazouillent des bandes d'oiseaux, quand les grises et altières murailles, où se dresse le château de Laufen, cachent leurs contours abrupts sous une luxuriante végétation de fleurs; quant aux coteaux, tout autour, s'étale la vigne à perte de vue; et quant enfin, dans la chute même, les lourds blocs dressés, qui ruissellent et qui pleurent, semblent eux-mêmes se dérider, sous la mousse et les fougères, alors, ce n'est plus qu'un tableau exquis et coquet, où la grâce l'emporte sur la grandeur, et qui charme plus qu'il ne saisit et n'étonne.

Les yeux rassasiés, nous poussons jusqu'au château de Woerth. C'est une assez laide et fort vieille construction, sise en aval de la chute, sur une petite île, qu'une passerelle relie à la rive. C'est là qu'il faut chercher les bateliers, qui mènent les voyageurs au rocher du milieu, en plein dans la chute. Une visite à la chute du Rhin n'est pas complète, sans cette petite expédition. On trouve encore au château de Woerth: un restaurant, (parbleu!); un jardin encombré de petites tables, où se débitent des consommations passablement chères; puis, une *camera obscura*, c'est à dire une chambre noire, à l'usage des touristes exigeants, auxquels la seule nature ne suffit pas, et qui veulent se payer une vue de la chute, rendue fantastique au moyen de quelques verres de couleur; (o exploitation! voilà bien de tes coups!) enfin et surtout, un monsieur affable au possible et poli, plus encore, qui, en échange de la somme de trois francs, nous met en possession de trois chiffons de papier, moyennant lesquels, nous avons droit à une barque et deux rameurs. Alors, commence la navigation la plus originale du monde; comme une coquille, le lourd bachot danse au gré des flots tumultueux; contre ses rebords, sans cesse, les vagues déferlent et se brisent; et leurs débris, franchissant le bordage, sans gêne, viennent nous inonder les jambes; tandis que, „de" la chute, des gouttelettes sans nombre, enlevées par la brise et battues en fine pluie, délicieusement vous fouettent le visage! Ondée par le haut! inondation par le bas! et le bateau toujours qui danse et danse encore! C'est tout simplement charmant! et cela cesse avant que l'arrosage n'ait le temps de devenir fastidieux. Les bateliers, à force de rames, ont coupé le grand courant; la nacelle a cessé de danser; le flot, aux pieds même du roc, est apaisé et calme, et le débarquement a lieu sans encombre.

Depuis le château, comme bien vous pensez, l'on ne peut plus se causer autrement qu'en criant à tue-tête, tellement est intense, le fracas de la chute. Mais ici, c'est bien pis; le tapage est insensé, littéralement assourdissant. L'on en est comme étourdi au premier moment, et je m'époumonne à recommander la prudence dans l'ascension du rocher. Non qu'il y ait danger réel; mais prudence est mère de sûreté; le roc est bien glissant; et le frèrot n'a pas encore la tête bien solide. Le semblant d'escalier, d'ailleurs, qui grimpe au haut, est loin d'être commode, et sans la rampe de fer, dont il est muni, je connais même un Gustel qui n'y monterait point.

En route, tout à coup, l'impression devient effrayante. Rien n'est plus là qui masque ou amoindrisse les monstrueuses proportions de la chute. L'irrésistible flot est là, tout près, qui se rue et qui hurle, qui s'abîme et qui mugit! De la main on pourrait le toucher. Et ce ne sont plus, partout, que trombes énormes passant avec une vertigineuse rapidité; nappes ruisselantes qui sont précipitées avec une impétuosité indescriptible, et un fracas dont la foudre ne donne qu'une idée imparfaite; ondes battues d'écume; bouillonnements confus; tourbillons gigantesques; et, tout au bas, un gouffre béant, mobile, où tout s'engloutit pour remonter, où les vagues se tordent en convulsions informes, se rompent en un chaos, étrange, et d'où rejaillissent en gerbes miroitantes, des nuées de gouttelettes, qui d'abord rebondissent, mais que bientôt le vent emporte au loin. Puis, à côté, rien que le roc nu qui tremble et s'use, sous l'action patiente des eaux qui le lèchent.

Et l'on reste là, ébloui, aveuglé, stupéfait; et l'on éprouve, dans son for intérieur, un je ne sais quoi qui vous empoigne et ne vous lâche pas vite! Ce n'est pas de l'anxiété, c'est moins encore de la frayeur! Mais pour vous dire exactement ce que c'est, j'avoue mon embarras. Allez-y voir, vous-même, bien plutôt! Il y a surtout, à mi-escalier, certain petit coin que je vous recommande. C'est une saillie du rocher, un peu en surplomb, avec un petit bouleau rabougri, et un semblant de clôture branlante; là, sous la main, plus rapide qu'une flèche, file la gerbe principale de la chute; sa vitesse est telle, qu'on la croirait immobile. C'est le point le plus empoignant de tout le tableau!

Celui qui viendrait ici, sans se sentir tout chose, celui-là serait, ma foi, un rude lapin! Je sais bien, que nous trois, nous nous sommes sentis bien petits, bien petits, sur le coin en saillie, et qu'instinctivement nous avons tâté le roc, pour constater qu'il tenait bon, et pour bien nous convaincre, que nous n'allions pas faire une grandiose culbute dans le gouffre sans fond.

L'on se rassure vite; et en quelques bonds, on atteint la pointe du grand rocher. L'aspect, encore une fois, change ici, et offre un nouvel intérêt. La terrasse du rocher est au niveau même de la partie supérieure du fleuve, là, précisément, où le lit vient à lui manquer, et, où, l'on voit comme se former les cascades. Un grand parasol en métal surmonte la plateforme. Autrefois c'était un assez vilain monsieur, en bois, représentant je ne sais trop qui. L'innovation nous semble heureuse, bien qu'aujourd'hui l'on puisse se passer, et pour cause, des bons offices du rifflard.

La terrasse a bien des attraits; depuis un bon moment nous y sommes, et nul ne songe à partir. Mais voilà que, tout à coup, nous voyons nos bateliers qui démarrent et s'éloignent à force de rames. „Holà hé! Hé donc! Vous autres, voulez-vous bien nous attendre?" Mais eux, qui, naturellement, n'entendent rien de nos cris, ils filent toujours. Alors on entreprend une série de signaux de détresse; ils finissent par les apercevoir; répondent par d'autres signaux; et on comprend qu'ils vont au château de Laufen, chercher une société de touristes; après quoi ils reviendront nous prendre. Et nous voilà bel et bien obligés de patienter jusqu'à ce qu'ils aient achevé leur nouvelle besogne! Nous les trouvons un peu bien sans gêne, messieurs nos bateliers: et il nous semble que pour nos trois francs, nous avions droit à plus d'égards.

— En attendant nous agitons la question de savoir, si nous irons au château de Laufen. Frérot, lui, qui ne demanderait qu'à tout voir, et encore davantage, si possible, voudrait bien y aller; nous serions assez tentés, nous aussi, d'aller revoir de près l'escalier à la foulure; mais d'autres considérations bientôt interviennent.

Il se fait tard; la vue, de la terrasse du château, n'est ni aussi imposante ni aussi complète que d'ici, et puis, surtout, il nous paraît désagréable d'aller payer, là-bas, le tribut obligatoire, qui est de un franc par tête de tout touriste ne jouissant pas de l'inestimable avantage d'être citoyen suisse! Cette façon de faire servir les châteaux à l'exploitation du voyageur, n'est pas du tout de notre goût; et nous décidons, en fin de compte, que nous n'irons pas au château de Laufen et que nous garderons nos trois francs. C'est toujours autant de gagné pour l'avenir!

Les bateliers nous ramènent sans incident, et, au bord, réclament pourboire. „Et pourquoi, s'il vous plaît? Pour nous avoir si bien lâchés, tantôt!" — „Monsieur, c'est la coutume!" — C'est une raison, cela: et je lâche une petite pièce blanche. Oh! les coutumes! Et dire, que celle-là est générale, dans l'Helvétie tout entière! Bourse commune, ma mie, j'ai idée que vous passerez — dans ce pays-ci, de vilains moments!

Et maintenant, en route, vivement, pour Schaffhouse! Comme nous passons à l'usine, Frérot, en vrai étourdi, et sous prétexte qu'il est myope, va enferrer la poche de son paletot, dans une perche de palissade, et ne la tire de là, qu'avec une notable solution de continuité! — „Surveillons-nous, Frérot, si nous ne voulons pas revoir, avant l'heure, les lieux qui nous ont vu naître!" — „Mais, puisque je suis myope!" — „Moi aussi, je le suis, myope! Je ne laisse pas pour cela des lambeaux de ma veste à toutes les perches du chemin!"

Pour charmer les longueurs du retour, et pour donner de l'entrain aux jambes, voilà qu'on se met à parler du souper, et on se communique, réciproquement, les splendeurs, qu'on se figure, du festin qui se prépare. „Saperlipopette! comme je vais manger!" s'écrie Unser Gustel, avec un bel enthousiasme! Là-dessus, Frérot manœuvre des mâchoires, comme s'il était déjà à l'œuvre; et chacun, tout en arpentant le chemin, se figure des agapes pantagruéliques! Eh bien, le croiriez-vous! La fantaisie fut, cette fois, au-dessous de la réalité; le fait prima l'imagination! Quel souper! quel vaste engouffrement! quel anéantissement de comestibles variés! C'eût été plaisir de se voir faire, s'il n'eût été plus agréable encore d'être acteur que spectateur de la fête!

Nous quittons la table à regret, quand les plats sont nets; bien nets; et nous montons à nos chambres. A présent seulement nous accordons un moment d'attention à notre logement, qui en vaut la peine; C'est, avant tout, immense; et nos trois lits se perdent un peu dans cette immensité. Cinq grandes croisées cintrées, des portes à double battant; de hautes boiseries sculptées et brunies par l'âge, et par-dessus, un plafond, qui à lui seul, est une merveille! O architecture du dix-neuvième siècle! O mesquineries contemporaines! Qu'il y a loin, de vos maigres filets, et de vos rosaces étriquées, au massif chef-d'œuvre de plâtre suspendu sur nos têtes! C'est Minerve, elle-même, la sage Minerve, armée de pied en cap, en compagnie de sa chouette fidèle, qui trône en relief au milieu du plafond; autour de la déesse court, en dessins élégants, un réseau touffu de laurier, d'une grande finesse d'exécution, qui, après mille entrelacements, va s'épuisant vers les quatre coins! C'est superbe! Oui, mais pourquoi cette Minerve! Le sommeil nous empêche de deviner ce rébus. Chacun a hâte de se fourrer dans ses draps, il s'agit d'être matinal demain.

Au dehors, beaucoup de nuages, et pas une étoile.

SECONDE JOURNÉE

OÙ LA PLUIE SE MÊLE DANS NOS AFFAIRES. — LE TOURISTE TAILLEUR. — DÉPART DANS LE DÉLUGE. — DE SCHAFFHOUSE A CONSTANCE. — OÙ FRÈROT SÈME SES BOUTONS. — ROMANSHORN ET RORSCHACH. — LA VALLÉE DU RHIN. — RAGATZ. — LA FIN DU DÉLUGE. — LE VAL DE LA TAMINA ET LES GORGES DE PFAEFFERS. — CALANDA ET LE CRÉTIN. LE MONSIEUR QUI A PERDU SON CHEMIN. — COIRE.

Quatre heures du matin! Je ne le croirais pas, vraiment, si le bourdon schaffhousois, tout proche, ne venait à l'instant même de l'affirmer par deux fois, en deux tons bien tranchés. Au dehors; il fait nuit noire, et contre nos cinq croisées, battent en tumulte, les flots d'une pluie diluvienne! Joli réveil! Agréable perspective pour la journée!

Au bout d'un moment, je me lève pour voir un peu!.....

„Et quel spectacle alors, vient s'offrir à ma vue!"
Tout est lessivé à fond et détrempé à satiété! Et le ciel, si loin qu'on peut le voir, est de ce gris blafard, uniforme et sans tache, d'où il semble que la pluie peut tomber indéfiniment, sans qu'il y ait de raison pour qu'elle cesse! Que faire en cette occurence? Maudire les éléments? Ou bien encore me recoucher

et me rendormir, pour rêver que le soleil luit, et que le ciel est bleu! Allons donc! J'ai bien autre besogne à soigner; et pour commencer, ne faut-il pas réparer, à l'habit de Frèrot, les impertinences de la perche d'hier! Le cas est prévu d'ailleurs; le sac, qui renferme un peu de tout, contient tout un attirail de tailleur. Le vrai touriste ne doit jamais se laisser prendre au dépourvu, et savoir, si besoin est, être son propre repriseur, voire son propre savetier!

L'instant d'après, une bougie brûlait sur un coin de table, ne répandant qu'une vague lueur dans l'immense pièce; et tout contre, était assis votre serviteur, attentif et grave, aux prises avec une aiguille, et astreignant toutes ses facultés, à seule fin d'y enfiler un fil! Une petite opération joliment agaçante, dès qu'elle ne marche pas toute seule! et tailleurs et couturières doivent posséder une bonne dose de patience, à moins qu'ils n'y suppléent par une extrême adresse! La patience n'a jamais été mon fort; et si je possède quelqu'adresse, ce n'est certes pas à enfiler des aiguilles! Après deux ou trois tentatives vaines, je lâchai, ne vous déplaise, un juron bien senti, ce qui est assez l'habitude de l'espèce humaine, quand elle se trouve dans quelque embarras; comme si, par ces exclamations trop accentuées, l'on avait chance de faire avancer la besogne! Mon juron n'eût d'autre effet que de réveiller mes deux compagnons, qui, aussitôt, s'écrient: „Quel temps fait-il?" „Charmant! répondis-je; écoutez plutôt!" La pluie justement redoublait de fureur; et c'était contre les vitres, un clapotement navrant. Ce que constatant, mes deux gaillards se retournent avec ensemble, du côté du mur, et se rendorment sans tarder!

L'aiguille, sur ces entrefaites, s'était enfilée, je ne sais comment, et me voici faisant des points, des points, et encore des points, comme si je n'avais jamais fait autre chose, et le déluge m'accompagne en cadence. J'ai bientôt fini, moi; mais il continue, lui, imperturbablement. Une nouvelle inspection du ciel est tout aussi peu rassurante que la première. N'importe! à aucun prix nous ne resterons à Schaffhouse; jusqu'à Constance, d'ailleurs, nous roulerons chemin de fer, et nous serons à sec, dans le wagon, aussi bien qu'à l'hôtel. Notre bonne étoile, après tout, nous fera peut-être bien trouver, en route, un ciel plus clément.

„Allons, allons, les dormeurs, debout, s'il vous plaît! et plus vite que cela!" Ils se font un peu tirer l'oreille, et c'est chose curieuse, comme le firmament qui fond en eau, rend le touriste paresseux! Je fais si bien, pourtant, que sur les six heures, tout est prêt; reste la visite obligatoire au bureau de l'hôtel: puis barbottement magistral jusqu'au hangar de bois, que vous savez, où nous arrivons trempés, déliquescents, noyés, en dépit de nos châles!

N'oublions pas ici, de donner une mention particulière de satisfaction, à l'hôtel de la Couronne Si jamais le hasard des voyages vous amène à Schaffhouse, descendez-y sans crainte. Les hôtes sont affables, la table est bonne, le service se fait de façon empressée, les lits ne sont pas plus durs que de juste, et les prix raisonnables. Et puis il y a Minerve! pour Dieu, n'oublions pas Minerve!

A la gare, qui est située sur une petite éminence, on peut explorer une plus grande étendue du firmament, et on procède à une troisième inspection, laquelle fournit le même résultat lamentable que les deux premières. Du gris partout, d'un seul ton, d'où filtre une pluie dense, serrée, avec ce calme et cette monotonie qui caractérisent les ondées persistantes. Et des Schaffhousois qui se trouvent là, à point, pour nous affirmer que cela ne sera rien, que ce n'est que du brouillard qui tombe! Bigre! Mais qu'est-ce donc la pluie, à ce compte-là, dans le pays!

Nous partons en plein déluge, avec le vent en plus, qui vient de se lever; et l'averse battant la charge, rageusement, sur le toit du wagon.

Le voyage manque de charmes dans pareilles conditions. C'est une mince félicité, je vous jure, que de rouler entre deux portières qu'il faut tenir hermétiquement closes, et contre lesquelles s'abattent, sans relâche, et ruissellent des flots d'eau. Derrière, rien: le vide; une brume épaisse où ne se dessine pas un contour, où n'apparaît, pas même fugitif ou indécis, le plus petit coin de paysage. Tout se perd sous l'insipide voile, et le long des vitres, toujours, l'eau coule, coule encore, avec une abondance à faire croire qu'on est revenu, au temps du père Noé! Frérot est là, heureusement pour jeter un brin de gaîté dans la situation. Pour l'heure, ses poches ne risquent rien; ce sont ses boutons qui font des leurs, et s'éparpillent. Une brave femme, en face, qui déjeune tranquillement d'un cervelas très aromatique, lui en rend un, obligeamment, qu'elle vient de ramasser sous sa semelle; et j'en surprends un second, au moment où il allait prendre son essor! Vite je déballe mon arsenal, la lutte avec l'aiguille recommence, plus longue, plus acharnée que tantôt, grâce aux cahots du train : et à l'ébahissement de l'honorable société, je remets en place les boutons vagabonds. Je suis drôle à voir, paraît-il, quand je recouds des boutons, car deux jeunes campagnardes, à mes côtés, faillirent en avoir une indigestion de fou-rire, et la brave femme en avala de travers, un notable fragment de sa saucisse.

A Radoltzell, petite éclaircie ; et aussitôt, grand espoir : le gris est moins uniforme, la brume s'est amincie, les nues sont un peu remontées, et le pays se dessine, vaguement, faiblement, comme à regret ; mais enfin il se dessine ! L'on a rejoint le Rhin, ou plutôt, cette partie du fleuve qui, au-dessous de Constance, s'élargit considérablement et prend l'aspect d'un second lac, comme d'un diminutif du grand lac de Constance. Et, de fait, ils appellent cela, Unterseen, dans le pays, ce qui signifie lac inférieur. Déjà les regards avides, et depuis Schaffhouse, sevrés de tout, s'apprêtent à un régal, quand voici arriver, à fond de train, une bande interminable de nues, plus grises et plus denses que jamais, qui s'étend, s'étale, enveloppe tout ; et terre et eau, lac et ciel se confondent une fois de plus dans la pluie. Alors l'ennui revient, profond, intense, incommensurable : et c'est à peine si l'on est distrait, à chaque station, par les gens ruisselants d'eau, qui pénètrent dans le wagon en se secouant, comme caniches au sortir de la rivière, ou par d'autres, qui imparfaitement séchés, quittent le compartiment pour se faire tremper de plus belle.

Voici, enfin, l'antique cité de Constance ; mais combien peu intéressante, et combien indifférente dans le déluge sans fin! Saluons, pourtant au passage, de vieilles connaissances. Voici le beau pont du Rhin avec ses statues, voici la cathédrale, puis le port, puis l'établissement de bains, où, il y a 2 ans, malgré les 15 degrés indiqués au tableau, nous sommes allés faire un plongeon, d'où nous sortîmes cramoisis, à faire honte à un cardinal; puis enfin l'hôtel de l'Aigle, où, après le bain, nous fîmes cet inoubliable déjeuner, au jardin, en compagnie d'un cacatoès farceur, qui, de l'arbre où il était perché, sur nos têtes, nous lançait des feuilles de platane dans les plats!

De la gare au bateau, il y a deux pas : c'est assez pour se faire rincer, et de la belle façon! Aussi, bien vite, à la cabine! et puisqu'il n'y a décidément rien à voir, tâchons, du moins, de déjeuner. La cabine est en même temps salle à manger! C'est une incontestable supériorité qu'ont là les bateaux à vapeur, sur les chemin de fer. Vous me direz que ceux-ci ont leurs buffets, qu'ici on intitule *Restaurations!* Mais ce n'est point la même chose, et c'est une satisfaction suprême, croyez-moi, lorsque comme aujourd'hui, les éléments sont déchaînés, et que le vent fait rage sur le lac, pendant que les pistons grondent, que la grosse cheminée vomit ses tourbillons de fumée noire, et que le bateau trace péniblement son sillon au travers des flots en tumulte, de s'attabler devant une collection d'œufs sur le plat, cuits à point et accompagnés de pas mal de salami, le tout arrosé d'un petit vin blanc du pays.

Comme nous achevons de déjeuner, la persistance de l'averse, fournit à un jeune blondin, qui, depuis un moment, tourne autour de nous, un prétexte plausible de lier conversation! Il est Schaffhousois, le blondin, de plus, architecte ; répond au nom de Gelzer, et s'en va, aux lacs italiens, chercher de quoi enrichir son portefeuille professionnel. Comme nous, il veut passer le Splugen ; mais comme Pfæffers, qu'il connaît de longue date, ne lui dit rien, tandis que nous tenons, nous, beaucoup à y aller, nous convenons de nous retrouver soit à Coire, soit à Thusis, demain matin, si le ciel, revenu à de meilleurs sentiments, permet de songer à passer les monts. En attendant nous bavardons comme de vieux amis, et nous apprenons sur la fête de gymnastique qui vient d'avoir lieu à Schaffhouse, les détails les plus circonstanciés !

Au milieu du récit, interruption de l'ami S., qui, parti en reconnaissance sur le pont, apporte la bonne nouvelle que la pluie a cessé, et signale un coin de ciel bleu, du côté de la Bavière! Quatre à quatre, on grimpe l'escalier! Hourrah! le bleu y est! Vive l'azur, et enfoncé le déluge! Hélas! joie hâtive! Transports prématurés! Comme si elle n'avait attendu que nos démonstrations, la pluie recommence de plus belle, et de nouveau nous cherchons abri dans la cabine. Nous abordons dans le spacieux port de Romanshorn, qu'à peine on entrevoit dans l'ondée ; une très jolie Helvétienne s'embarque ici, et nécessairement, descend à la cabine. Son arrivée fait diversion, et bien que l'attention dont elle devient aussitôt l'objet, semble lui être très gênante, on ne cesse pas moins de la contempler, et de détailler ses perfections jusqu'à Rorschach. Ces journées de pluie, cela rend féroce!

A Rorschach on quitte le bateau pour reprendre le

train, qui stationne au débarcadère sur le quai même du port. Il y a bien le train, mais l'on ne voit ni gare, ni bureau, ni guichet, ni quoique ce soit où l'on puisse se munir de billets. Après une vaine recherche, et voyant tout le monde se caser, sans autre, nous nous casons aussi, sans billets, sans payer, sans rien; et le train s'ébranle, et nous voilà partis. Très commode, ce système-là! qu'en dites-vous ? Dommage qu'il ne soit pas plus répandu; car, c'est ici la seule ligne que je connaisse, qui aille prendre, gratis, ses voyageurs en ville! Mais la gare arrive, avec caissier, guichet, billets, tout ce qu'il faut: et nous repartons bien en règle cette fois. Seulement nous repartons de singulière façon; la locomotive a, en s'ébranlant, des soubresauts bizarres! Telle, une haridelle poussive, mais encore chatouilleuse, et qui, caressée du fouet par son automédon, ferait en avant un bond brusque, désespéré, mais unique, et retomberait bien vite dans son trot somnolent, telle la machine qui nous traîne prend, en démarrant, un élan vigoureux, puis, aussitôt épuisée, n'avance plus que d'une allure pénible, traînarde et peu digne de la vapeur! Les soubresauts, par un enchaînement naturel, se communiquent de wagon à wagon; et gare les imprudents, qui, alors, se trouvent debout. Leur centre de gravité est compromis, leur équilibre tient à un fil, et des cataclysmes sont imminents, entre leurs chefs et ceux des voisins! Et cela se répète ainsi après chaque arrêt.

La pluie tombant toujours, l'on est bientôt réduit à se chercher quelque distraction dans le wagon. C'est chose assez aisée, dans ces énormes caisses qui, en

Suisse, constituent les troisièmes, et qui peuvent loger près d'une centaine de voyageurs. Ce matin, autour de nous, peu de monde relativement; mais la qualité supplée à la quantité. Ce sont tous vieux indigènes, endimanchés évidemment, et paraissant se rendre à quelque fête! Depuis Rorschach, ils nous considèrent avec cette curiosité narquoise, particulière aux campagnards, et nos châles surtout semblent les intriguer beaucoup. En avisant un, qui a l'air de s'y connaître, je lui demande son opinion sur le temps, et s'il pense que la pluie va bientôt cesser ou non! „*Ja! ja!* répond-il, *s'Wetter isch nit süber!*" Parbleu! nous avions bien besoin de ses lumières, pour faire cette belle découverte-là! Plus loin, depuis un instant, un autre bat le briquet sur un morceau d'amadou humide, avec une persévérance digne d'un meilleur sort; l'amadou s'obstine à ne pas prendre, le vieux s'obstine à battre, jusqu'à ce que Frérot, tirant sa boîte d'allumettes-bougies, enflamme une de celles-ci, et la lui tend: le vieux accepte, ahuri; et, sa pipe allumée, contemple avec une naïve admiration, ce combustible inconnu, jusqu'à ce que le dit combustible, consumé jusqu'au bout, lui carbonise l'épiderme!

Nous passons diverses gares, indignes d'être nommées; au-dehors toujours rien, ou, du moins fort peu de chose. Du lac, tout au plus si l'on aperçoit une bande étroite d'une eau noirâtre, où, sur les vagues qui s'entrechoquent, on voit confusément s'abattre les innombrables gouttes de l'averse; ou bien encore, un coin de rivage, à demi perdu dans le brouillard, où se courbent et se balancent les grands joncs, au gré de la tempête! Où donc est le riant Frédérichshafen? Où le pittoresque Lindau et son port si animé? Où Brégentz et le verdoyant Gebhardsberg, à l'auberge duquel, nous avons été si étonnés d'apprendre, jadis, que Tubus *(prononcez Toubous, s. v. pl.)* était synonyme de longue vue! Tout reste obstinément voilé, et, les premiers contreforts du Vorarlberg, et les longues et élégantes chaînes bleuâtres, et l'entrée de la vallée du Rhin, un des attraits du panorama du Gebhardsberg, et surtout le lac, le magnifique et immense *Bodensee*, qu'on verrait d'ici dans toute son étendue! Cotoie-t-on des montagnes? Mystère! Pénètre-t-on dans la vallée? Problème! La seule chose sûre, indubitable, c'est que la pluie, l'horrible pluie, tombe toujours, et plus nourrie, et plus copieuse que jamais!

Si bien que l'on parle sérieusement d'abandonner l'excursion de Pfæffers, au moment même où le train entre en gare à Sargans. Il nous faut changer de train, ici, et prendre de nouveaux billets: „Prends-les pour Coire, directement!" recommande le prudent Gustel; moi, qui ai conservé quelqu'espoir, je plaide la cause de Pfæffers; Gustel et Frèrot se liguent en faveur de Coire; d'où discussion. La discussion n'aboutit pas vite, le temps passe, le train va partir dans un instant, et l'excursion de Pfæffers ne tient plus . . . qu'à l'épaisseur du guichet du caissier. Mais, tout à coup, transformation, et coup de théâtre! Plus de pluie; les rafales ont déchiré la brume, et par lourds lambeaux épars, la traînent le long des montagnes, dont les flancs, çà et là, se dessinent franchement; puis, dans les échancrures des nues, le bleu paraît, le bleu si ardemment désiré; puis, il s'étale, grandit; et le soleil sourit radieux, faisant, à chaque feuille des arbres, à chaque brin d'herbe des prés, scintiller des myriades de diamants! C'est joie de vivre, maintenant! Je prends nos billets pour Ragatz, bien entendu, et nous entonnons avec ensemble, une hymne improvisée en l'honneur de Phœbus! Vingt minutes après, nous débarquons à Ragatz, laissant le jeune Gelzer continuer sa route vers Coire, Thusis ou autres lieux!

Elégant, frais et blanc, coquettement niché dans les prairies, tel est Ragatz. Une large avenue: de chaque côté, de beaux hôtels: de nombreuses maisons meublées, de riants jardins, tout, indique la ville d'eaux et son confort. Ragatz, pourtant n'a pas d'eaux propres; il utilise celles, de Pfæffers, qui lui sont amenées par une longue série de tuyaux, faits de troncs de sapins creusés et ajustés bout à bout, du fond du val de la Tamina. Il fallait cet artifice pour ces hôtes nombreux, qui préfèrent, dans leur villégiature, les recherches de la civilisation, une société plus choisie, une table mieux servie, des garçons plus obséquieux, à l'austère simplicité d'une nature fruste et poétique, à la société nécessairement un peu mélangée des bains de Pfæffers, et à la rudesse cordiale de personnel de service de l'établissement. Près du grand établissement de Hof-Ragatz, le principal hôtel de céans, plusieurs routes se croisent, et un monsieur obligeant, qui sèche son parapluie en faisant sa promenade, nous indique celle qui mène à Pfæffers.

Le val de la Tamina, vaut-il sa réputation? Certes; et je suis loin d'en vouloir médire. Mais, n'en déplaise à certaines personnes par trop enthousiastes, et qui, fort probablement, n'ont guère vu autre chose, ses splendeurs nous ont été exagérées de beaucoup. Ce n'est pas ici, comme elles le prétendent, le nec plus ultra des merveilles de la nature, et sans aller bien loin, en Suisse, l'on trouve mieux. Seulement, ici, la première impression produite est plus vive, l'effet plus accentué que dans d'autres sites plus grandioses, parce qu'ici la transition est plus brusque, le contraste plus instantané. Un coude de la route, aux dernières maisons de Ragatz, et au lieu de la riante vallée du Rhin, aux harmonieux contours, aux lignes molles et douces, l'œil ne trouve plus que les falaises immenses, les énormes rocs arides et nus, et le torrent échevelé, sans frein, se tordant dans son lit bouleversé! Les splendides horreurs de la Grimsel, le prodigieux désert des Schœllenen, au Gotthard, ne surprennent ni ne frappent davantage, bien que le paysage y soit autrement grandiose, et ses détails autrement saisissants et colossaux. C'est que là, on a passé par une transition lente, presque insensible; un à un, les arbres ont disparu : touffe par touffe, la verdure s'est évanouie; les regards ont eu le temps de s'acclimater au désert, et celui-ci en paraît d'autant moins effroyable et moins lugubre.

Ce qui constitue à proprement parler, le val de la Tamina, n'est qu'une crevasse dans les rochers, s'enfonçant sur une longueur de deux petites lieues, et dont le fond même est occupé par l'établissement de Pfæffers. Dans la crevasse la Tamina s'est établie, et tout seule, s'est creusée son lit dans les roches; à ses côtés, une chaussée a été construite, étroite, maigre, tortueuse, longeant, à peu près, les méandres du cours d'eau. A peine s'ils tiennent ensemble, les deux, là-dedans. Habituellement, ils font bon ménage, et le torrent débonnaire, permet, à maint endroit, à la chaussée, d'empiéter sur son domaine; ce que celle-ci fait alors à grand renfort de pilotis et de contreforts murés; mais vienne la fonte des neiges, ou une pluie de quelque durée, sitôt voilà le torrent, furieux, hors des gonds. A son tour, alors, il empiète, il usurpe, il mord dans la malheureuse chaussée, et il faut voir comme il l'arrange! Il a eu un accès récent; et à divers endroits, nous trouvons le chemin bouleversé, raviné, plus ou moins disparu. De nombreuses équipes d'ouvriers travaillent à réparer ces dégâts; et par places, on a fixé de forts madriers sur des crevasses béantes, afin que la circulation ne fût pas trop longtemps interrompue. Aujourd'hui, la Tamina est redevenue raisonnable, et se contente de bondir bruyamment dans son lit de roches moussues! C'est un superbe torrent, d'allure sauvage et fière, qui semble se jouer des obstacles qu'il rencontre sur la route, et qui produit dans la vallée, par la continuelle diversité de ses aspects, les effets les plus heureux et les plus inattendus. Ici, c'est une large et puissante cascade, dont les ondes s'abîment majestueusement; là, c'est un flot ralenti, roulant avec indolence, pour un moment, entre des rives fleuries; puis, soudain, sur une rampe hérissée de pointes rocheuses, ce sont mille vagues entrechoquées qui se rompent en blanche écume; plus loin encore c'est une gerbe gigantesque qui se brise et s'éparpille aux pieds d'un rocher immuable, ou bien, entre deux sombres murailles, comme un grand serpent qui se traîne, pour disparaître, plus loin, au fond de quelque gouffre d'où l'oreille perçoit ses grondements sourds, mais où l'œil le cherche en vain! L'effet est un peu gâté aujourd'hui, par la teinte bourbeuse de l'eau, et combien il serait autre, si le torrent avait cette admirable limpidité, cette couleur splendide d'émeraude, qui rendent si attrayant le cours de la Reuss, sur le Gothard!

C'est là, une dernière niche du déluge, à notre adresse: mais ne nous plaignons pas; soyons contents bien plutôt de voir le soleil rester maître de la situation et applaudissons une fois de plus, à la déroute des nues!

Comme encaissement, le val offre également une grande variété d'aspects. Il y a telle partie, d'un aride absolu, où aux flancs des falaises, d'une altitude remarquable, pas un brin de verdure ne se mêle aux tons fauves de la roche; où pas une touffe, pas le moindre bosquet ne vient masquer l'âpreté des lignes; mais bien vite, la végétation vient revendiquer ses droits, et c'est miracle, vraiment, de voir sur les longues parois crevassées, surgir de chaque fente, des petits sapins isolés, et s'épanouir des bouquets de verdure et de fleurs, sur chaque aspérité, derrière laquelle, au cours des ans, a pu s'accumuler un peu de terre végétale. Bientôt paraissent des coins plus favorisés, où le roc cesse de dominer et est relégué au second plan; et ce ne sont plus qu'arbustes et arbres divers, variés de teinte et de port, frais gazons, élégants taillis de mélèzes et de pins, le tout entremêlé d'une exubérante végétation de ronces et d'églantiers, et de fraisiers bienvenus, où l'on picore au passage. Là, le plus souvent, une cascade descend des hauteurs, glisse le long du mont comme un ruban d'argent, et va confondre ses flots blanchâtres avec la bourbe de la Tamina.

La route est bonne presque partout, sauf aux endroits où elle a eu trop maille à partir avec le torrent; le trio est plein d'entrain, enjambe d'un bon pas, et devise de joyeuse humeur. Mais le val s'allonge, s'allonge toujours; dans ses parties supérieures, il se rétrécit singulièrement, par endroits même le roc surplombe, forme galerie, et, alors adieu, la vue, et bientôt aussi, adieu l'entrain et l'humeur joyeuse. Soyons sincères! Le trio n'enjambait plus qu'avec indolence, et le temps commençait à lui sembler long, quand, au bout d'une galerie, une sorte d'entonnoir s'ouvrit, absolument aride, exclusivement rocheux, et fermant la vallée, sans issue. Au milieu, l'hôtel s'élève, enclavé entre les rampes étroites de l'encaissement; et de suite derrière, se dresse, la montagne de Pfæffers, où se montre la célèbre gorge comme une fente taillée, en plein roc, par la hache de quelque géant. „Toit hospitalier, salut!" avait chanté Frèrot, en apercevant la maison, et nous appuyons en chœur! Dame, écoutez donc! la vallée, la Tamina, les cascades, c'est beaucoup sans doute; mais l'hôtel, c'est l'espoir du dîner prochain, c'est la perspective du festin attendu avec impatience; et c'est là quelque chose, aussi, pour des estomacs qui jeûnent depuis Constance! On ne dîne pas de pittoresque, à vingt ans, et la matière, toujours, finit par réclamer ses droits!

L'hôtel de Pfæffers fût jadis un couvent, et comme on l'a laissé à peu près tel qu'il était jadis, rien n'indique aujourd'hui que ce soit un hôtel. C'est une immense construction, d'aspect sévère et triste, bien en harmonie, avec le lieu triste et sévère, où elle s'élève. On comprend à sa vue, que beaucoup de baigneurs lui préfèrent le tout riant et tout frais Ragatz.

On pénètre dans ce peu engageant immeuble par une porte mesquine, qui donne accès dans un long couloir sombre, voûté, étrange, interminable, dans lequel on se trouve tout dépaysé, et pas mal embarrassé par-dessus le marché. Pas de patron! pas l'ombre d'un garçon pour vous recevoir! Ah! la singulière maison! Tout le long du couloir, une série de toutes petites fenêtres grillées, laisse pénétrer un jour douteux, dans lequel circule une foule de gens de deux sexes, tous baigneurs, et tous, aussi indifférents à notre présence, que si nous ne nous étions pas trouvés là! Si, au moins, le maître de céans daignait paraître, ou quelque silhouette de domestique! Mais non, toujours personne; et nous avançons à l'aventure dans le sombre couloir. Nous passons ainsi devant une rangée de portes entr'ouvertes par lesquelles on aperçoit, ici des particuliers étalés sur des fauteuils ou des sophas, et plongés dans la lecture de journaux divers; là, des servantes entassant des piles de linge plié; plus loin, trois baigneurs s'escrimant autour d'un billard! Un billard, ici! Qui l'eût cru? Puis une dernière porte paraît, sur laquelle un artiste peu habile a inscrit ces mots magiques: „Salle à manger!" Nous pénétrons vivement, et nous tombons sur un petit joufflu, rasé ras, l'air important, qui se trouve être l'Oberkellner, en chair et en os; mais beaucoup plus en chair qu'en os, par exemple, ce qui fait de suite bien augurer de l'ordinaire de la maison! Pas à l'étiquette, d'ailleurs, l'Oberkellner! Oh mais, pas à l'étiquette du tout! Pas plus d'habit noir que sur notre dos! Une simple veste grise, dans laquelle, j'ai idée, que le plus infime garçon d'un hôtel de Ragatz se croirait déshonoré! Nous présentons à ce personnage peu prétentieux, notre requête, en vue de victuailles diverses; il demande vingt minutes pour nous faire préparer à dîner, et nous engage, pour charmer les longueurs de l'attente, à aller, pendant ce temps, visiter la gorge et les sources! Pour ce, il nous mène à une sorte de bureau, où une espèce de buraliste nous octroie moyennant un franc par tête (toujours!) le droit d'aller plus loin. Ce droit est représenté par trois billets, auxquels on adjoint un guide. Le guide, vrai, nous étonna un peu. Pour vingt minutes de promenade! Mais, tout compte fait, il est indispensable, tant pour la gorge, où il est interdit de pénétrer sans lui, que pour la maison même, labyrinthe inextricable, où sans ce fil d'Ariane bipède, on s'égarerait à plaisir, au risque de ne se retrouver que longtemps par delà l'heure du dîner. Hâtons-nous de dire, d'ailleurs, que, pour rompre sans doute avec la coutume, il est interdit aux guides de Pfæffers, non seulement de demander le pourboire, mais même d'accepter celui que quelque touriste généreux pourrait être tenté de leur offrir. Il faut venir dans ce coin perdu pour voir de ces invraisemblances!

A la suite du guide, nous enfilons d'abord le reste de l'interminable couloir; au bout, nous descendons quelques marches d'un escalier eu visible; alors nouveau couloir, comme l'autre, voûté, étroit et sombre; vers le milieu, second escalier, que l'on monte, pour varier; on traverse de longs vestibules déserts, longeant des coins pleins de mystère, une chapelle, où, à la lueur des cierges, brillent des statues dorées de saints; enfin, troisième escalier, que l'on descend, celui-ci, pour aboutir à une grosse porte massive, où un gamin, posté là, à cet effet, prend les billets, introduit une gigantesque clé dans une gigantesque serrure, et livre accès sur la petite chaussée dallée, qui, à trente pas, s'enfonce dans la gorge. Le guide prévient qu'on ait à bien s'envelopper, de peur des rhumes, et l'on pénètre dans l'antre, d'où fond la Tamina.

Ce n'est pas chose aisée, que de faire comprendre à qui ne l'a point vue, ce que c'est exactement que cette gorge de Pfæffers, dont tout le monde parle. Il est, dans la nature, de ces énormités, qui comportent difficilement une description! Bah! essayons toujours. Figurez-vous une montagne, qui, dans une convulsion effroyable, aurait été ébranlée dans ses fondements, et fendue par le beau milieu de sa masse; imaginez-vous des flancs aux monstrueuses déchirures, aussi nus, encore aujourd'hui, qu'au jour même du cataclysme; étagez en idée, ces flancs noirs et suant l'eau, en une voûte titanique, avec des ténèbres effrayantes, des recoins horribles, des saillies brutales et de toutes parts menaçantes; supposez, bien haut, à trois cent pieds au-dessus de vos têtes, un écartement irrégulier de roches, où, comme une tache criarde, paraît un petit coin du ciel; mettez, là-dedans, un demi jour douteux, tout embué de vapeurs, et enfin les formidables grondements du torrent invisible, et vous aurez une idée, mais bien imparfaite et bien faible, de cette étonnante merveille! Qu'elle paraît mesquine, ici, la puissance du génie humain! Et que sont les travaux les plus parfaits de notre art ou de notre industrie, en présence de cette œuvre colossale et stupéfiante de la nature!

Une galerie de bois, sur pilotis, longe la paroi de la gorge, à gauche: c'est par là, dans un air glacial, et au milieu d'averses sans nombre, qu'on pénètre au fond dans l'antre. Là, deux bassins sont murés dans le roc, dégageant sans cesse des flots de vapeurs. Ils contiennent les sources; et il est de mode, pour les visiteurs, de pénétrer dans leur intérieur. Pour ce, le guide allume une lampe, qu'il prend dans un coin du rocher; et l'on descend dans un trou carré, noir comme un four, et presqu'aussi chaud; des bouffées d'air tiède et chargé d'humidité, émanant de là-dedans, produisent sur votre épiderme, glacé par l'atmosphère de la grotte, la plus singulière sensation. „Halte!" crie le guide, et inclinant sa lampe, il éclaire, juste à vos pieds, les cuvettes, où l'on voit sourdre et filtrer doucement, une eau d'une limpidité de cristal. Un verre est là, pour les amateurs! Ma foi! goûtons, bien que la moindre goutte de vin, ferait bien mieux notre affaire! L'eau est insipide, d'un goût fadasse, et d'une température de 26 à 30 degrés; en somme, assez désagréable à avaler: et quand on songe, que les baigneurs sont tenus de s'en administrer, quotidiennement, quatre à cinq verres, l'idée ne vient point de leur envier pareil bonheur!

La découverte des sources se perd dans la nuit des temps. C'est un chasseur d'ours (il y avait des ours, en ces temps-là, dans le val!) qui, dit-on, les vit d'abord, et probablement n'y vit pas plus long! Plus tard, un prieur de l'abbaye de Pfæffers, en haut sur la montagne, près de la crevasse, que je vous ai signalée, à la voûte de la grotte, eut l'idée d'utiliser les vertus que devait posséder cette eau miraculeuse! Seulement, à ce moment-là, comme bien vous pensez, il n'existait point de chaussée dans le val, et le couvent n'était pas bâti, qui est aujourd'hui l'hôtel. Or, voici le stratagème ingénieux, qu'on imagina pour tourner la difficulté. Les patients se rendaient à l'abbaye; là, on les parquait, par séries, dans une sorte de baraque de bois, qu'on descendait, par la crevasse, au fond du gouffre, au moyen d'un système compliqué de cordages. On les munissait de vivres; et ils passaient ainsi, au bout de la corde, le temps qu'on jugeait nécessaire pour leur guérison. Oui, mais si la corde venait à se rompre! Sans doute on la prenait solide! mais, sait-on jamais ce qui peut arriver à une corde? Et voyez-vous les malheureux, dans leur baraque, sans cesse partagés, entre l'espoir de voir guérir leurs maux, et la crainte de voir se rompre le câble, qui les soutenait dans l'espace! Fichue villégiature! et combien pensez-vous qu'il se trouverait de malades, aujourd'hui, qui consentiraient à se soumettre à pareil régime! Ah! il n'y a pas à dire, la civilisation est une belle chose, et les chaussées ont du bon!

Le guide nous a ramenés jusqu'à la porte, où veille le gamin; et là, nous a quittés, pour mener d'autres touristes à la gorge. Le gamin, à son tour, nous accompagne à une grande salle carrée, haute, soutenue par une série de colonnes blanchies à la chaux. Le long des murs s'alignent des bancs massifs, et à l'extrémité, dans quatre bassins de pierre, l'eau coule abondamment

C'est la Trinkhalle; c'est ici que les baigneurs, chaque matin, viennent s'ingurgiter les quatre à cinq verres règlementaires. „On y danse, quelquefois, aussi!" dit le gamin. Eh bien, franchement, nous ne nous en serions pas doutés, et la singulière salle de bal que voilà!

Le gamin nous quitte ici; nous enfilons un couloir, puis un second, puis un troisième: pour peu que cela continue, nous finirons par savoir combien il y en a, au juste, dans cet immeuble compliqué. Mais, en attendant, nous ne savons plus du tout, ni où nous sommes, ni où nous allons. Ce n'est pas notre route de tantôt, évidemment: et nous errons au hasard: nous passons en revue, de la sorte, quelque chose qui ressemble à des caves; nous dépassons des enfilades de cabines de bain; toutes régions essentiellement désertes; puis, nous voici, sans nous expliquer ce mystère, à la porte même de la salle à manger, où l'Oberkellner, souriant, nous attend. Le dîner est prêt, depuis un moment. Songez donc, il y a plus d'une heure que nous sommes loin! Il ne perdra rien pour avoir attendu; et tout aussitôt on l'attaque, maîtrement. Chacun mord à belles dents, et enfourne à fourchettes pleines. Ce fut une hécatombe de côtelettes, une engloutissement de rosbeaf: à rendre jaloux Gargantua! Et l'Oberkellner nous regarde faire avec une visible satisfaction.

La première fringale apaisée, on cause avec ce fonctionnaire, qui devient communicatif, et nous donne sur l'établissement, des détails variés et précis. En ce moment, l'hôtel contient environ 460 pensionnaires, tant riches que pauvres. Que vous semble du chiffre, et comprenez-vous, qu'on ait chance de s'égarer, dans un édifice, qui loge un demi millier de gens. Riches et pauvres, ai-je dit, et la distinction est essentielle! Il y a, en effet, ici, deux catégories de baigneurs: et tout est différent, service, logis, table et le reste, d'une catégorie à l'autre. La maison, qui est avant tout, un établissement d'utilité publique, est propriété du canton de St-Gall, et le canton a décidé que les bains seraient rendus accessibles, à quiconque, richard ou pauvre hère, voudrait essayer, sur son individu, les vertus des eaux. De là, institution d'une table de seconde classe, et de logements pour les gens, à qui leur bourse peu garnie, ne permet pas d'avoir grandes prétentions. Il y a même, ici, une troisième catégorie de baigneurs qui sont logés, nourris et soignés gratuitement, mais il faut être St-Gallais, pour jouir de ces prérogatives spéciales.

Dans de telles conditions, on comprend la simplicité qui frappe, dans tout l'établissement: aucun luxe, nul apparat; la salle à manger est presqu'aussi nue, que le corridor qui y mène; et, s'il y a des fresques, au plafond, elles datent sûrement du bon temps des abbés! Mais tout y est frais, admirable de propreté! le linge sent bon, le service est courtois et rapide, la cuisine convenable, et si le reste est à l'avenant, les gens, qui viennent ici, passer leurs trois ou quatre semaines, en ont pour leur argent.

L'établissement, se trouve sous la direction immédiate d'un gérant, qui rend lui-même ses comptes à un conseil d'administration. Le gérant, homme juste, mais sévère, mène, au dire de l'Oberkellner, son monde, tambour-battant, et il faut peu de chose, paraît-il, pour être congédié. Pour ses approvisionnements, l'hôtel se fournit à Rorschach, d'où vient le lait; à Pfæffers village, d'où vient le pain; enfin à St-Gall et à Romanshorn, d'où viennent la viande et des denrées diverses. Ils ont Ragatz sous la main, mais ils n'en tirent rien, pas même un radis! Eh! c'est que Ragatz est une concurrence, et puis, il n'est plus du canton, savez-vous! Touchants rapports de bon voisinage!

Sur les conseils de l'Oberkellner, nous employons le temps qui nous reste, à une excursion à Calanda, le plus beau point de vue, paraît-il, de la vallée, et la promenade favorite des baigneurs! Lui-même nous mène jusqu'au sentier: „Vous n'aurez qu'à le suivre tout droit, puis vous retomberez sur la chaussée à mi-chemin de Ragatz!" Salut donc, o le plus aimable des Oberkellners, et en route pour Calanda!

Le sentier est fort raide, et bien qu'il soit bien entretenu, on a quelque mal à y grimper après le diner de tout à l'heure. Et puis qu'est cela? On nous avait parlé d'un sentier unique, et le voilà qui se trifurque! Laquelle prendre maintenant de ces trois branches embarassantes! L'on y va d'inspiration et l'on prend à droite; c'est, après tout, la direction de Ragatz. Mais on est bien aise, nonobstant, de voir bientôt, venir vers soi, un indigène qui descend, le dos chargé d'une brassée de bois mort. „Hé! brave homme, est-ce là le chemin de Calanda?" Le brave homme nous fixe, sourit d'une air idiot, et fait: „Hä! hä! häää!" Je répète ma question en allemand; même réponse. Hélas! l'indigène se trouve être un pharamineux crétin, possesseur d'un goître énorme, mais pas d'une dose d'intelligence suffisante pour saisir ce qu'on lui veut! J'essaie encore une fois! Hä! hä! häää!

C'est l'invariable refrain du pauvre diable! Jamais nous n'avons autant déploré, qu'il y eût des crétins, ici-bas! Le nôtre concentre visiblement, depuis un moment, tout ce qu'il a à sa disposition de facultés intellectuelles, et ce labeur aboutit à un geste, qui même, dans la langue des crétins, signifie: „Un petit sou, mes bons messieurs!" Il me restait quelques pièces badoises de six kreutzers, de défaite impossible, désormais; et je les déposai dans la large patte calleuse, de cet enfant des montagnes. Jamais nous n'oublierons l'expression effarée, anxieuse, pénible que prit sa physionomie, à la vue de cette monnaie inconnue! Il poussait de grognements inarticulés, piétinait sur place et nous fixait alternativement avec une mobilité singulière. Je tachai de lui faire comprendre qu'il y en avait, là, pour pas mal de gros sous! Tout à coup il pousse un éclat de rire, fait une dernière fois son hä hä häüä! et continue sa descente en trottinant. Nous continuons en sens inverse, aussi peu renseignés qu'avant! Longtemps, le sentier persiste, de son côté, à grimper entre les arbres pour aboutir en fin de compte à une petite terrasse, d'où la vue s'étend, charmante, à la fois sur la vallée qui ondule à nos pieds, et surtout, spectacle tout nouveau, sur les longues et fraîches rampes de pâturages, parsemées d'innombrables châlets, qui couronnent les falaises d'encaissement, et s'étendent, infinies, vers les hautes cîmes.

Maintenant est-ce là, Calanda? Qui nous le dira? Et dans le cas où nous sommes tombés juste, où diable est le sentier qui doit nous ramener sur la chaussée! La petite terrasse, partout, est coupée à pic, et sauf le chemin, par où nous sommes venus, rien, qui ressemble à une voie battue! Bon gré, malgré, il faut revenir sur nos pas! Gredin d'Oberkellner! A quelques pas, on avise quelque chose, qui peut tout aussi bien être un sentier, qu'une simple ornière, creusée par les eaux de pluie: et on s'y lance à fond de train, et on dégringole au grand trot, un peu par goût, et beaucoup par nécessité, vu la pente, qui est très rapide. Puis vient un sentier! Enfin! Et le trot continue jusqu'à ce que nous aboutissions, devinez où?.... A la porte même, où ce farceur d'Oberkellner, nous a quittés il y trois quarts d'heure! Stupéfaction! Fureur! Ah, si on le tenait! Mais à quoi bon se fâcher? Il y a peut être bien aussi un peu de notre faute, dans l'aventure, et nous prenons le parti d'éclater en un fou rire qui dure encore, quand depuis longtemps, l'hôtel est perdu de vue!

A mi-chemin de Ragatz nous rejoignons le désopilant crétin, qui, toujours trottinant, s'abreuve encore de l'incomparable spectacle de ses pièces blanches, avec un air de burlesque béatitude. Il nous reconnaît, grimace un sourire, fait hä hä häää! Et nous en pouffons jusqu'à la gare.

Le trot de tout à l'heure, et la course que nous venons de fournir, nous ont altérés au point, qu'une dégustation de bière du pays, devient urgente, au buffet de la station! Brrr! Mauvaise idée! Et vous tous, qui avez soif, à ce buffet fallacieux, buvez du vin, croyez-moi! C'est le plus bel éloge que je trouve à faire de l'abominable breuvage, qu'on intitule bière de Coire! Nous faisons connaissance, ici, avec un vieux monsieur et sa dame, Champenois d'origine, et pour l'instant, les gens les plus malheureux du monde. Ce couple infortuné a tout simplement perdu son chemin! Ils voulaient aller au Gotthard, par Lucerne… et les voici à Ragatz! Et le monsieur n'y comprend rien, et nous n'y comprenons pas davantage! „C'est la première fois, voyez-vous, que nous venons en Suisse!" On le croirait à moins, o naïf Champenois! On leur conseille de pousser jusqu'à Coire, d'où ils pourront rejoindre le Gotthard, par Dissentis!

Il fait presque nuit, quand nous roulons vers Coire: le temps s'est encore une fois gâté, ou peu s'en faut. On distingue cependant encore quelques détails de la vallée du Rhin; quand au fleuve lui-même, qu'on passe sur un pont de fer, il se résume ici en quelques gros filets d'eau grisâtre, qui se perdent dans un Océan de cailloux et de broussailles.

La gare de Coire est située hors ville, à quelques dix minutes des maisons. Ces administrations de chemins de fer, ont parfois de bien singulières idées! Et comme c'est pratique, cette organisation-là, quand il fait nuit, que le ciel fond en eau, (car il fond en eau de plus belle, l'infâme!) et qu'on ne voit pas à deux pas en avant! Tant bien que mal, on découvre l'hôtel de la Croix-Blanche, au fond d'une impasse! Qu'importe l'impasse, si la maison est bonne! En attendant qu'on soit fixé sur ce point, on constate qu'elle est moyen âge tout plein, et qu'on nous loge tout au haut, au haut de six escaliers de granit : nous nous contenterions de moins! A part cette proximité du ciel, rien à reprendre à notre logis. Belles chambres, spacieuses, bien aérées, meublées convenablement, et décorées de fresques en guise de papier! On se ressent du voisinage de l'Italie!

Nous descendons souper... pour la forme! Oh, vous avez bien lu, et si invraisemblable que cela paraisse, c'est parfaitement vrai! Personne n'a faim! Satanée bière de Coire! c'est elle qui nous sera restée sur l'estomac! Le potage est dédaigné; les pommes de terre, adorablement frites pourtant, ne nous tentent que tout juste; et les côtelettes sont mâchées du bout des dents. Un gros chien se trouve là, à point, pour profiter de notre manque d'appétit; et il semble prendre goût à la chose!

Consulté sur les chances du temps pour demain, l'hôtelier hausse les épaules, et donne peu d'espoir! Pour l'heure, la pluie fait rage, et nous grimpons nos six escaliers, maussades, grincheux, tout prêts à avoir le spleen, ni plus ni moins que si nous venions d'Outre-Manche. En haut, l'on découvre que les draps des lits sont scandaleusement humides: et cette découverte n'apporte pas un appoint de gaîté dans la situation. Après quelques minutes, extinction des feux. Le silence se fait, et le trio cherche à oublier ses tribulations, dans les bras de Morphée!

TROISIÈME JOURNÉE

LA NUIT APPORTE . . LE BEAU TEMPS. — CAUCHEMAR ET RÉALITÉ. — LE VEILLEUR DE NUIT. — COIRE LE MATIN. — VALLÉE DU RHIN. — UN AUTRE GOLDAU. — EMS, REICHENAU, THUSIS. — GELZER RETROUVÉ. — RHEALTA ET LA VIA MALA. — OÙ IL EST QUESTION DES INCONVÉNIENTS DES HAVRE-SACS, ET DE L'INCONVENANCE DES MAITRES DE POSTE. — ANDEER, SPLUGEN. — AVENTURES ET MYSTÈRES DE LA DOGANA.

Cher lecteur, croyez moi ! Couchez aussi rarement que faire se pourra, dans des draps humides ; c'est d'abord souverainement désagréable ; puis, l'on y dort mal, quand on y dort ; et il peut arriver qu'on n'y dorme point du tout. C'est à peu près, ce qui m'advint, cette nuit ! Agacé, énervé, horripilé outre mesure, je passai plusieurs heures à me tourner et à me retourner, sur la lessive inachevée, qui me servait de couche, sans trouver la position exacte, où, il me fût possible de m'assoupir. A la fin pourtant, la lassitude aidant, une sorte de somnolence s'était emparée de moi, mais qui se changea aussitôt en rêve agité, en cauchemar horrible ! Jugez en !

C'était sur les lacets d'une route de montagne : des torrents de pluie tombaient ; aigue et glaciale sifflait la bise ; et je nous voyais, nous, pitoyable bande, trempés jusqu'aux os, crottés jusqu'à l'échine, harassés, moulus, n'en pouvant plus, gravissant péniblement une dernière rampe, au haut de laquelle, o bonheur! se montrait, engageant, dans la brume, un hôtel de bonne mine. Nous marchions lourdement : et nul ne prenait garde que, devant nous, le fallacieux hôtel fuyait à mesure, et plus nous avancions, plus s'enfonçait dans le brouillard; et nul ne remarquait, dans un petit coin du ciel resté clair, comme exprès, le soleil narquois et goguenard, qui, tout soleil qu'il était, exécutait dans notre direction, un vulgaire et trivial pied de nez! Et nous marchions toujours : de grosses gouttes coulaient sur nos figures rougies; distinctement, j'entendais nos chaussures sursaturées d'eau, faire à chaque pas *cuic! cuic! cuic!*; de nos couvre-chefs, devenus réservoirs intarissables, tombaient des cataractes qui nous ruisselaient dans le dos, avant de cascader jusqu'à terre ; et nous marchions toujours!

Soudain, un grand bruit retentit, comme un coup de tonnerre ; et l'hôtel disparut, comme emporté par le vent; et nous ne vîmes plus rien... rien que le soleil, de plus en plus ironique, qui, dans son coin, accentuait, à notre adresse, son geste, en grimaçant! C'en fut trop! Je brandis furieusement mon Alpenstock, que je lançai à volée, toute à la face de l'astre mal appris et... je m'éveillai, plus mouillé de transpiration que les draps où j'étais étendu!

Une faible lueur pénètre, à peine, dans l'appartement. Instinctivement je prête l'oreille, m'attendant, comme hier, à entendre, le vent hurler au dehors, et la pluie crépiter contre les vitres. Mais non, rien! Pas le plus petit bruit; plus un souffle de vent; et, comme je me penche, curieux, pour mieux me rendre compte, j'avise, au plafond, par-dessus la porte, un rayon clair, pâle et doux, indice certain que la lune luit.

D'un bond je suis à la fenêtre, et je me frotte vivement les yeux, croyant encore rêver! Mais non, ma foi, je ne rêve point! Et c'est bien la lune; c'est bien sa face bonasse et placide, qui brille, vis-à-vis, sur le clocher de l'église.. droit, vous savez, comme un point sur un i! D'innombrables étoiles scintillent au firmament noir; et la voie lactée, radieuse, trace sa trainée lumineuse, qui se perd insensiblement dans la nuit! Qu'on vienne encore me dire, à présent, que les rêves valent mieux que la réalité!

En ce moment, deux heures sonnent, une fois, deux fois, cinq fois, sept fois; à autant d'horloges différentes. Voilà, certes, une localité bien au courant de l'heure! Puis, comme je m'apprête, grelottant, à regagner mon lit, des pas retentissent, en bas sur le pavé; un son de trompe résonne; puis une grosse voix, pour la huitième fois, confirme que la deuxième heure après minuit vient de sonner! C'est complet! C'est le veilleur de nuit, en effet, vestige oublié d'un temps passé, qu'on a remplacé chez nous par le traditionnel caporal et ses quatre hommes! Déjà je suis de retour à la fenêtre, et je vois le veilleur, au moment où il tourne le coin de la place. Rien n'y manque, ni le chapeau à larges bords, ni le manteau à triple collet, ni la trompe en bandouillère, ni la lanterne lourde, ni l'épieu; rien, pas même le spitz classique, trottant derrière, et l'on dirait une vignette détachée de quelqu'in-folio du siècle dernier!

Je me recouche enfin. Mais le moyen de s'endormir à présent! Et un couple d'heures se passe, sans que je me livre à d'autre occupation qu'à suivre béatement, au plafond, le rayon de la lune, qui, petit à petit, se rapetisse, et finit par disparaître. Un peu après quatre heures, n'y tenant plus, je m'habille et m'accoude à la fenêtre. La lune s'est cachée derrière les toits pointus; les étoiles une à une, pâlissent aux premières lueurs de l'aube naissante; le ciel est admirablement pur, et l'Orient déjà s'éclaire, et s'irise d'une légère teinte d'opale et de carmin, annonçant l'apparition prochaine du soleil. Ils sont décidément roses, savez-vous, les doigts de l'aurore, et le vieil Homère était bon coloriste!

Jusqu'à ce moment, Gustel et Frèrot, qui se moquent de l'humidité de leur literie, ont dormi comme de petites marmottes! C'est presque crime que de les réveiller! Mais bah! ils seront vites consolés en voyant le ciel bleu! Secouons-les! Sitôt qu'ils ouvrent les yeux, ils s'enquièrent du temps, restent un instant ébaubis; puis, soudain, transportés, ravis, exécutent une série de gambades échevelées en signe de contentement.

Et quel entrain l'on mit, aussitôt, à la toilette; quelle hâte joyeuse l'on apporta à l'entassement des effets dans le sac! N'eût été l'heure matinale, rien, je pense, n'eût pu arrêter, dans nos gosiers, les flots d'harmonie, par lesquels notre contentement cherchait à se faire jour; mais vous figurez-vous les mines effarées des autres voyageurs, dormant encore, et subitement réveillés par nos chants d'allégresse! L'on mit donc sagement une sourdine à la gaité. Les choses n'en marchèrent que mieux! En moins d'une demi-heure, tout est paré, ficelé, bouclé, et déjà nous nous apprêtons à descendre, quand Gustel, tout à coup, constate qu'il ne manque plus rien... que nos chaussures. Stupéfaction générale! pour un rien, nous partions en chaussettes, en grands étourdis que nous sommes! Devant notre porte, par exemple, rien encore: pas l'ombre d'une bottine! Le préposé du cirage, de la maison, n'est pas matinal, paraît-il. Je me pends au cordon, et carillonne à tour de bras : rien ne bouge. Je réitère alors, j'insiste, je secoue si fort et si longtemps la pauvre sonnette (Ce sont les voyageurs, nos voisins, qui ne doivent pas être contents!) qu'à la fin, l'homme aux souliers arrive, l'air endormi, la figure maussade, la chevelure inculte, mais les bras chargés! En voilà un, dites! que les fluctuations du baromètre n'ont pas l'air d'influencer grandement!

L'hôtelier nous ayant prévenus, hier au soir, qu'il était prudent, si l'on voulait être sûr de partir par la diligence du matin, de retenir les places une heure à l'avance, je vais, sur les cinq heures, à la recherche de la Poste. Nous tenons essentiellement à partir, et il est convenu, que nous nous ferons voiturer jusqu'à Thusis Dans les rues, désert et silence; on dort la grasse matinée, évidemment, à Coire. A peine, çà et là un caniche qui rode, ou des chevaux que mène, en baillant, à l'abreuvoir, un garçon d'écurie à demi réveillé. Puis, à la Poste, contraste complet; tout vit, tout s'agite et tout grouille; les postillons, en jaquettes jaunes bordées de rouge, en chapeaux goudronnés et luisants, frottent des guides, apprêtent des fouets, ou *tuent le ver* au moyen d'alcools variés; les conducteurs, au type italien, à la tenue coquette, vont et viennent, bavardant comme des pies, et entassant lettres, paquets et sacs dans leurs coffres;

des palefreniers en sabots donnent la dernière main à la toilette des bêtes, avec des Hue! et des Dia! qui résonnent avec vigueur dans le silence matinal. C'est une animation bruyante, autour des quatre grosses voitures, qui vont partir tout à l'heure, qui pour le Splugen ou pour Tarasp, qui pour Dissentis ou le Bernardin.

Nous avons, ce matin, tous les bonheurs : le cabriolet est libre, dans la diligence du Splugen; et vite, je nous l'acquiers, attendu que les places de cabriolet sont les seules vraiment agréables, dans les voitures de la Poste fédérale. Mais une difficulté surgit : Il n'est que de deux places, le cabriolet; l'un de nous sera bien obligé de se contenter d'une place de coupé; mais lequel? Eh! cela se tirera à la courte paille! J'acquiers ensuite, pendant que j'y suis, pour notre sac, une place de fourgon jusqu'à Chiavenne; ce meuble, pas mal gênant, peut, en somme, voyager autrement que sur mon dos. Nous en enlèverons ce qu'il nous faut pour deux jours, et nous aurons soin de ne pas oublier le salami, cet ami fidèle, à la société duquel nous tenons essentiellement!

De retour à l'hôtel, je retrouve mes compagnons sur le perron, et sous les armes. Monsieur l'hôtelier, lui aussi, est à son bureau, prêt à encaisser. Son compte est d'une modicité louable, et bien venu. Faisons cette constatation-là, religieusement, et chaque fois que nous en aurons l'occasion; nous n'apprendrons que trop souvent peut-être, et à nos dépens, qu'il est, au beau pays d'Helvétie, maint gargottier, qui, sur l'article *Total*, manque *totalement* de délicatesse!

Coire, au matin, n'est pas bien plaisant à voir. C'est

une ville assez petite, construite le plus irrégulièrement qu'il se puisse faire, d'aspect sombre, triste, poussiéreuse ! Les quelques constructions modernes, la Poste, l'hôtel Luckmanier, en face, paraissent comme déplacées, au milieu de cet amas de vieilleries moisies, ténébreuses et délabrées, qui s'étend tout autour, en réseau de ruelles étroites, en enchevêtrement pittoresque, mais mesquin ! Il y a peut-être, perdue là-dedans, quelque curiosité historique, quelque relique intéressante, mais nous n'avons pas pris le temps de nous en enquérir. En revanche, nous admirons à loisir la situation ravissante de la ville, ses abords immédiats coquets, riants, pleins de charmes; et surtout les deux chaînes parallèles, qui, s'étendant de droite et de gauche, et développant au loin leur parois curieusement découpées et leurs croupes accidentées et massives, tantôt offrent le spectacle de noirs taillis de sapins, tantôt s'élèvent en riches pâturages, peuplés d'une infinité de chalets faisant tache sur le grand tout uniforme de verdure, tandis que la ligne des sommets, court, grandiose, irrégulièrement brisée, dressant haut dans l'azur clair ses silhouettes fantastiques, parmi lesquelles tel pic, couvert de neige fraîchement tombée, se dore, s'anime et étincelle vivement aux premières caresses du soleil qui se lève.

La matinée, d'ailleurs, est radieusement belle. Dans la vallée, tout brille, tout reluit, tout éblouit l'œil. Lavées par les dernières pluies, et toutes ruisselantes encore de rosée, collines et prairies sont éclatantes de verdure rafraîchie; l'air est admirablement pur; une brise, très fraîche, souffle gaillardement, et chasse, aux flancs de monts, quelques rares et légères traînées de brume qui, comme honteuses, glissent avec rapidité, grimpent aux rampes extrêmes, arrivent dans la zone éclairée, et se fondent dans les rayons déjà ardents, que rien ne gêne dans ces régions élevées. Bientôt le regard charmé ne peut plus découvrir autre chose, qu'un bleu uniforme, profond, adorable, dans lequel tout s'accuse avec vigueur, tranche avec éclat, et se dessine avec cette netteté particulière et cette précision de détails, qu'on ne trouve qu'aux lendemains d'averses.

Six heures! C'est l'heure du départ.

Les postillons haut perchés sur leurs sièges aériens, les rênes de leurs cinq bêtes rassemblées dans la main, n'attendent que le signal : sa liste à la main, le maître de poste, d'un air d'importance, appelle et place les voyageurs. *Unser Gustel*, qui est frileux, a réclamé la place du coupé; j'aime encore mieux cela que la courte paille! Frèrot et moi, nous avons vite escaladé le cabriolet, et fouette, postillon, mon ami! A grand fracas, et avec force soubresauts, le lourd véhicule roule par les rues du vieux Coire, suivi d'un concert d'aboiements : on dirait tous les toutous de Coire à nos trousses! Aux dernières maisons, navrante découverte : La gourde, notre belle gourde neuve, est restée accrochée au clou où je l'ai mise hier au soir! Et nous en sommes pour notre excellent kirsch! C'est vexant! car c'était, par ma foi, du meilleur de la maison! Bah! On tâchera d'en trouver d'autre en chemin!

On nous avait beaucoup vanté les charmes de la vallée du Rhin, en amont de Coire, et on n'avait rien exagéré. A mesure que l'on fait route, et que se déroule le paysage, l'on regrette plus vivement tout ce qu'il a été impossible d'en voir hier, dans la pluie! C'est une série ininterrompue de sites, aux larges proportions, aux développements harmonieux et pleins de grâce, attrayants dans leurs détails, grandioses dans leur ensemble, jamais monotones, et dont l'éclat se rehausse, ce matin, des torrents de lumière qui les inondent, depuis que le soleil est monté à l'horizon!

Dans l'ensemble, certaines parties tranchent et attirent plus particulièrement les regards. A droite de la route, tout proche, par delà un tapis de fertiles prairies, un petit village se montre, de physionomie étrange, perché dans une singulière et terrible situation. Le village a nom Felssteg, et derrière, directement, sans le moindre espace, le mont le domine, haut, perpendiculaire, plein de menaces! La moitié du village qui s'étend au nord, est complètement en ruines : là, rien que des maisons désertes et à moitié écroulées, murs lézardés, pignons branlants, toits effondrés et sans tuiles : la désolation de la désolation! C'est qu'ici, comme à Goldau, au lac de Lowertz, la montagne, un vilain jour, s'est écroulée en partie, a roulé sur le village, ensevelissant la moitié sous ses décombres et ne laissant de l'autre moitié que les ruines qui subsistent encore aujourd'hui. L'homme, alors, a dû céder devant la brutalité du fait accompli. On a reculé : mais on n'a reculé que juste ce qu'il fallait! Pas un pas de plus; et contre la dernière maison ruinée, s'élève, blanche, souriante et neuve, dans son insouciante confiance, la première maison rebâtie : et de suite après, s'allignent les autres, comme un défi à la montagne et à ses menaces. Car le danger persiste, imminent, terrible, de chaque instant. On tremble rien qu'à voir, là haut, ces masses mal équilibrées, surplombant ces faibles abris! Qu'une infiltration d'eau se fasse dans quelque direction fatale, et une nouvelle catastrophe, immanquablement se produira! Et ils savent cela, aussi bien que vous le concevez, les habitants de Felssteg! Et pourtant ils restent; ils n'abandonnent point les lieux où reposent leurs aïeux! Ils reculeront encore, quand il faudra, et ce qu'il faudra; mais ils resteront, et l'idée ne leur viendra même point, de transporter leurs foyers en des lieux moins exposés! Singulier attachement de l'être humain, pour le coin de terre qui l'a vu naître, où il a grandi, où se sont passés ses heureux et ses mauvais jours; et comme ce simple fait donne un éclatant démenti à ces esprits forts, qui prétendent que l'idée de patrie est une aberration, et l'attachement au sol natal, un préjugé suranné.

Plus loin, la route traverse le beau village d'Ems! Riant endroit, s'il en fût, offrant déjà un cachet bien original et tout nouveau pour nous. C'est l'architecture romane qui commence, naïve et toute simple; mais bien caractéristique. Les habitations ne sont pas variées, il est vrai; mais charmantes, avec leurs grands frontons faisant saillie, au milieu de la façade, et se reliant, en avant-corps, aux toits fortement proéminents! Le goût italien pour les tons tranchés paraît déjà ici; sur son fond blanc, chaque maison, à quelques exceptions près, porte en teintes vives, des fresques tantôt simplement décoratives, et simulant bandeaux ou chaînes d'angle, tantôt représentant quelque sujet religieux. Un air de recherche et de propreté est répandu partout; chose si rare dans la plupart des villages alsaciens de notre connaissance, où il semble vraiment que la coquetterie suprême, pour chaque demeure, consiste à avoir, sous ses fenêtres, le plus gros tas de fumier possible.

Au-delà d'Ems, élargissement notable de la vallée ; écartement, des massifs qui laissent plus de surface à la culture. Le sol paraît assez fertile, mais la végétation passablement uniforme. La prairie domine, verdoyante et grasse, il est vrai, mais prairie nonobstant, s'étendant partout, s'étalant à l'infini, et offrant au cours du Rhin, qui n'est plus ici qu'un torrent peu impétueux, un lit plat et presque sans accidents. Mais voici Reichenau, et le pittoresque qui revient! Reichenau est un gros bourg, sis, à mi-chemin, entre Coire et Thusis! On y entre par un pont, jeté sur le Rhin; on en sort par un autre pont également jeté sur le Rhin! C'est à faire croire à une île : Il n'en est rien toutefois: ce sont les deux Rhins, seulement, qui se joignent ici, l'antérieur, sur la droite, qui vient du Gotthard, et le postérieur, à gauche, qui descend du Splugen. Sous le second pont, on les voit, les deux, se précipitant l'un vert l'autre, et mêlant en bonds désordonnés, leurs eaux sans les confondre. Celui du Gotthard amène un cristal limpide, dont les tons verdâtres se marient le mieux du monde avec les teintes plus accentuées des rives, tandis que celui du Splugen, roule des flots d'une fange, en comparaison de laquelle, la Tamina elle-même semblerait d'une transparence idéale. Et les vagues ont beau s'entrechoquer sous le pont, et les ondes se mêler dans les tourbillons; les tons restent distincts, et on dirait vraiment que les eaux du Rhin antérieur fuient devant les autres, de peur d'être salies et contaminées par elles.

Quant aux ponts, ce sont deux de ces singulières constructions en bois, dont la Suisse possède, je crois, le monopole ; longs et étroits boyaux, surmontés d'un toit aigu, faits d'énormes solives grossièrement équarries et de grosses planches, poudrées de la poussière d'un siècle ou plus encore ; et tantôt jetés en voûte, tantôt perchés sur une innombrable série de pilotis. Généralement les tablettes intérieures des divers segments sont ornées de fresques, parfois fort remarquables, comme par exemple, au fameux pont des Moulins à Lucerne. Ici, point de fresques ; par contre beaucoup de marmaille à l'affût de quelque menue monnaie.

Sa situation exceptionnelle, fait de Reichenau l'un des endroits les plus attrayants de la route. C'est de plus un lieu historique, et l'on voit en passant la maison, où, en 1793, le bon roi Louis-Philippe, alors simplement duc de Chartres, ne dédaigna pas, pour gagner sa vie, d'enseigner les rudiments et les quatre règles à la jeunesse indigène.

Le temps de relayer, et l'on repart ; bientôt la vallée change complètement de caractère ; moins d'espace, plus d'âpreté, plus d'aridité également. Le chemin brusquement infléchi au sud, monte en rampes raides, dans une belle forêt de sapins ; à gauche, le Rhin coule, profondément encaissé, par une longue ligne de côteaux boisés ; les massifs prochains prennent une tournure plus sévère ; de toutes parts se montrent des pics neigeux : on pressent les magnificences des Grandes-Alpes, et déjà, par-dessus Reichenau, en se retournant, on peut voir la colossale masse du Calanda (le véritable Calanda, cette fois !) étalant, haut par-dessus ses immenses pâturages, des champs miroitants de neige, et ses trois cîmes arrondies, étincelantes de glace bleuâtre!

On passe à Bernadutz, puis à Razunz : même architecture, même style, mêmes fresques que plus bas ; mais moins de coquetterie, déjà, moins de propreté et moins de grâce ; le pays est plus pauvre, cela se voit! Après Razunz, la route descend la colline en pente rapide, et l'on entre dans le bassin de Thusis. Celui-ci est une espèce de cirque, s'arrondissant tout autour, sur une distance de près de deux lieues, et formé en grande partie par la chaîne de jonction qui relie les Alpes rhétiques aux Alpes helvétiques. Les monts y ont grande mine, et dressent haut dans les airs leurs sommets sourcilleux, dont la ligne des crêtes a des allures de forteresses cyclopéennes. En avant se remarquent surtout les cîmes de la Maloia et du Splugen : aux pieds ondule une série de collines, tout en pâturages, et dans le fond, le Rhin coule, tranquille, mais capricieux dans ses détours, promenant avec indolence ses flots, dans son lit peu incliné, où de longues alluvions tracent une curieuse traînée jaunâtre, faisant tâche sur la verdure des prairies. De tous côtés, le moyen âge, ici, a laissé des souvenirs : ce ne sont que ruines à demi-écroulées, au versant des côteaux ; grands pans de murs noircis, s'émiettant sous la dent avide du temps, donjons à demi détruits, mais arrogants encore, comme à l'époque où ils abritaient les puissants maîtres de ces lieux; tours crénelées que tapisse le lierre, ou bien encore quelque massive église, grise et froide, au profil sévère, le tout contrastant d'une façon étonnante, avec les blanches maisonnettes de Thusis qui reluisent là-bas, et rient, dans un rayon de soleil!

Il n'est point, ici-bas, de satisfaction sans mélange! Depuis un bon moment, l'allure de la diligence laisse à désirer. Sur ces montées raides, succédant sans relâche à des descentes plus raides encore, le postillon ne laisse guère aller son attelage qu'au pas; tout au plus, au petit trot, et le trajet commence à nous paraître interminable. C'est que, si le cabriolet a des avantages, il a aussi, par contre, ses inconvénients; le pauvre Frèrot, depuis un bon moment, se lamente et se plaint d'avoir les pieds gelés; et moi-même j'éprouve le besoin, ou d'une chaufferette, ou d'un peu d'exercice!

Fort heureusement Thusis arrive, où l'on va essayer de dégeler en déjeûnant! Thusis! le joli nom! n'est-il pas vrai? C'est aussi une jolie petite localité, allignée dans une rue unique, toute neuve et toute pimpante, comme un de ces paysages de Nuremberg, tout frais déballé de sa boîte. Un formidable incendie a entièrement dévoré le vieux Thusis, naguère; et celui qui vient de renaître de ses cendres, ne paraît pas avoir lieu de déplorer le désastre!

Nous descendons, ou plutôt, l'on nous descend, à l'hôtel de la Poste! Le moyen de descendre à quelqu'autre hôtellerie, quand on voyage en diligence! Il nous est, du reste, indifférent de chercher pâture, ici ou ailleurs; ce qui importe, c'est de trouver le plus promptement possible, de quoi se mettre sous la dent! Dame: écoutez donc! C'est fort bien, dans le moment, de ne pas souper, un soir qu'on n'a pas faim; mais ce système-là présente, de bonne heure, les plus sérieux inconvénients, le lendemain; et si jamais trio affamé pénétra dans quelque salle d'auberge, ce fut bien le nôtre, entrant dans celle de l'hôtel de la Poste.

Pendant que l'on rôtit et que l'on frit, à notre intention, nous nous informons du jeune citoyen Schaffhousois qui nous a donné rendez-vous ici; et nous donnons son signalement! Mais il se trouve que ce signalement ne répond à aucune des personnes descendues à l'hôtel depuis hier. Eh quoi! cet architecte d'avenir nous aurait-il faussé compagnie? Ce serait dommage: sa société n'était point désagréable.

Ce qui l'est moins encore, c'est l'apparition du déjeûner, composé d'une omelette phénomène, et de côtelettes monstres! De quoi effrayer tous autres, qui n'auraient pas eu notre appétit. Ah! je connais à Strasbourg et ailleurs, des bandits de gargottiers, qu'on ferait bien d'envoyer à Thusis, pour y prendre mesure des côtelettes et des omelettes! Et ils pourraient bien, les brigands, pour ne pas faire les choses à demi, porter leurs études sur la qualité, tout aussi bien que sur la quantité! Car, vous savez, aussi exquise qu'énorme, l'omelette! et les côtelettes aussi succulentes que phénoménales! Et ce n'est pas de l'entrain qu'on met à les expédier, mais de l'acharnement pur!

Le fils de la maison, qui sert à table, un grand et solide gars de vingt ans, a voyagé, lui aussi, et nous narre ses voyages. Il a été à Paris, à Lyon aussi, et à Strasbourg: il a même quelque vague idée de Mulhouse, mais paraît surtout fier, de placer dans la conversation les quelques bribes du méchant français qu'il a rapportés de ses pérignrations.

Au milieu de l'acharnement de ci-dessus, l'ami Gelzer,

soudain, nous crie par la fenêtre, bonjour et bon appétit! Eh, venez donc, o architecte lambin et peu pressé, et prenez part au festin!" — Mais il a déjeûné, à l'hôtel en face, l'architecte, et il se trouve ainsi, que c'est nous, les lambins! Pendant que nous nous dépêchons d'expédier nos restes, Gelzer nous conte, comme quoi il a passé l'après midi d'hier, à Coire, et que, n'y trouvant rien à mettre sur ses tablettes, il s'est décidé à pousser, le soir encore, à pied, jusqu'à Thusis, où il a couché! Puis nous prenons ensemble un café avec accessoire alcoolique obligatoire; après quoi, à neuf heures précises, branle-bas général et départ! A pied, pour le coup: Ah, mais oui! Plus de diligence, à présent, ni plus de véhicule d'aucune sorte; les jambes et l'Alpenstock, voilà nos ressources désormais: et nous pensons les inaugurer dignement aujourd'hui, par une course de huit heures : ni plus, ni moins!

Il faudrait qu'il se passât des choses bien inattendues et bien extraordinaires, pour que nous ne couchions pas ce soir sur terre d'Italie. Mais, où coucherons-nous? Nous ne sommes pas fixés à ce sujet. Bædecker consulté, parle de certaine Dogana, une auberge, sise un peu en-dessous du col de Splugen. C'est notre objectif, pour l'instant. Arriverons-nous jusque-là? Nous l'espérons; bien que huit grandes lieues, pour un début, et avec un Frèrot de quinze ans, ce soit un peu dur! Mais quoi! ce ne seront pas les bagages, toujours, qui nous gêneront, ni la bonne volonté qui nous manque! Il n'y a que Monsieur l'architecte, lui, qui soit chargé: et comment! Il porte son havresac, son châle, sa gourde, sa canne et son parapluie. Il n'en marchera pas plus mal, à ce qu'il prétend. Nous verrons bien.

La première idée qui vient, forcément, au sortir de Thusis, c'est que le cirque est sans issue, dans la direction où l'on va. Un grand mont est là, en effet, qui barre le passage ; l'on voit bien à sa base, à gauche, comme une étroite fissure, mais l'idée ne vient pas, que c'est, par ce pertuis, qu'il faille aller plus loin. En attendant, nous voici sur un beau pont, presque neuf, et dessous, bouillonne un affluent du Rhin, la Nolla! Mais quel affluent! Dieux immortels! Quelles eaux! ou plutôt, quel amas de fange noire! C'est à faire croire, vraiment, que quelque génie de la montagne, dans un moment d'humeur, a versé son écritoire, et que la Nolla soit née de cette aventure! Car c'est de l'encre, c'est de l'encre pure, et non de l'eau, qui coule sous l'arche élevée : l'on s'explique, à présent, pourquoi le Rhin postérieur, à Reichenau, roule de si bourbeuses vagues! Lui-même, on le voit, pas bien loin, descendre en tourbillons cristallins et limpides, des hauteurs du Splugen, et c'est ici même, à nos pieds, que se fait l'immonde mélange, la hideuse et déplaisante union!

Après le pont, directement, le chemin mène à la fissure. A droite se dresse un roc, immense, superbe, comme un coin, mis là, exprès, pour maintenir la fissure béante : au sommet, le sombre château de Rhealta semble une forteresse chargée de défendre l'accès. Comme s'il était déjà si aisé! Dans la fissure ténébreuse, la blanche route s'enfonce, comme un serpent dans un trou! A côté, le Rhin gronde, au plus profond d'un gouffre. Nous sommes à l'entrée de la Via Mala, cette merveille des merveilles, mille et mille fois célébrée et reproduite par tous les peintres, dessinateurs, graveurs, lithographes et enfin photographes de l'univers !

Vous ne vous attendez point, je pense, à ce que je vous décrive, par le menu, les splendeurs de la Via Mala. Non, vraiment ! je n'ai pas cette prétention, et ma plume inhabile n'a point envergure pareille ! Sachez seulement qu'il y a là, dans cette gorge sans rivale, accumulé sur un espace de pas tout à fait six kilomètres, tout ce qui, dans la Création, se puisse concevoir de plus sauvage, de plus stupéfiant, de plus formidable, de plus complètement et de plus étrangement grandiose ! A côté d'abîmes sans fond, ce sont des falaises prodigieuses s'élançant d'un jet à des hauteurs qui étourdissent, et dont le seul aspect donne le vertige ; puis des escarpements inconcevables, des entassements indescriptibles, de lugubres et effroyables déchirures de roches. Là, se voient des coins, entièrement, absolument nus, où sur les flancs fauves du roc, qui expose brutalement au soleil ses longues arêtes vives et ses informes bosses, le chevreau le plus affamé ne trouverait pas à tondre un brin de mousse : là se trouvent d'écrasantes murailles s'élevant en étages infinis, où, seul détail, sur l'immensité des parois dénudés, les petits filets d'eau qui suintent de la pierre, mettent des tâches sordides ; là encore, les regards auxieux plongent dans des gouffres insondables, remplis d'horribles ténèbres, et se perdent dans des profondeurs noires, où se battent, en hurlant, des flots qu'on ne voit point. C'est l'image affreuse du chaos et de la mort ! Et cependant non : même ici, le nu complet, l'aride absolu ne paraissent qu'à rares intervalles ; tant il est vrai que la nature a l'horreur du vide. La vie est là, à l'affût, irrésistible et fatale : et partout où une motte de terre, à la longue, s'est entassée, la végétation renaît et reparaît triomphante, mettant à chaque fissure du roc une touffe de mousse ; à chaque crevasse de la muraille un bouquet d'herbe grêle ; à chaque fente, une fleur ; à chaque trou de la falaise, quelque pin rabougri ou quelque maigre bouleau, dont le feuillage tremble, et où la cascade voisine vient mettre ses perles étincelantes ! Et l'œil alors, étonné, ravi, extasié, se repose avec avidité du désert ; et l'on admire avec recueillement, sous cette manifestation inattendue et si charmante, la merveilleuse fécondité et la toute-puissance de l'inépuisable nature !

Dès l'entrée dans la gorge, cela fut, dans la bande, un grand et général saisissement, ou, pour employer une expression familière, mais qui rend bien la chose, un rude empoignement. Le fameux, je ne sais quoi, était revenu, que nous avions éprouvé naguère, sur le rocher de la chute du Rhin. Il fallut un bon moment pour reprendre possession de soi : après quoi, et après avoir longuement contemplé les premières splendeurs, l'on avance allégrement dans la crevasse.

A mesure que l'on pénètre plus avant, et que se déroulent, sans relâche, ces austères magnificences, on se sent envahi, irrésistiblement, d'un grand sentiment d'admiration pour le génie de l'homme, dont l'art et l'industrie ont multiplié, ici, comme à profusion, leurs plus remarquables travaux. Ils semblent petits, sans doute, bien petits, bien mesquins et bien chétifs, les travaux humains, au milieu de ces sublimes horreurs ; et cependant leur artifice a eu raison de la brute matière ; il la dompte et la domine à son gré. Aussi, pas de rampe si inaccessible, qui n'ait ses zigzags de route, jetés là avec une hardiesse inouïe; pas d'abîme si infranchissable, qui n'ait son pont, d'une audace rare; pas de roc enfin, si obstiné ni si revêche, qui n'ait son accès creusé dans sa propre masse! Tel ici, le „Verlorenes Loch", autrement dit le Trou perdu, auquel on ne tarde pas à aboutir, et devant lequel on fait une halte. Certes, à ce point, particulièrement, le roc semblait avoir beau jeu pour défier victorieusement les efforts des hommes! Sa masse se dresse effrayante, perpendiculaire, et de toutes parts inabordable, aux bords même d'un abîme de quatre cents pieds, au fond duquel gronde le torrent. Quelques kilos de poudre, quelques semaines de travail persévérant, ont suffi pour avoir raison de cette vaine résistance. La montagne vaincue a dû livrer passage; le Trou perdu était percé! Cette sorte de tunnel est haute, tout juste pour le libre passage des voitures, et sombre à l'avenant: on y distingue vaguement, à la voûte, les aspérités de la roche, et les traînées noires des trous de mine. Une multitude de petit corps blanchâtres et arrondis, sont suspendus là. Que diable cela pouvait-il bien être? Une discussion s'engage, qui se prolonge et n'aboutit pas. On en abat alors plusieurs avec l'Alpenstock, et on finit par découvrir que ce sont des cocons! C'est par là qu'on aurait dû commencer! Maintenant, comment ces cocons se trouvent-ils là? Une nouvelle discussion est prête à éclater, quand le sage Gelzer explique tout simplement qu'une voiture, haut chargée, venant d'Italie, les y aura accrochés! C'est la sagacité même, que cet architecte!

Au sortir du Trou perdu, coup d'œil très intéressant, en arrière, sur la portion de la gorge qu'on vient de traverser. L'ensemble en est splendide à voir, et grâce à d'heureuses ondulations, se développe jusqu'au grand roc, au haut duquel le donjon de Rhealta tranche vigoureusement dans le ciel bleu.

Au-delà, la Via Mala prend un caractère tout différend : les falaises, qui conservent leur altitude, s'écartent considérablement ; tout l'espace qu'elles abandonnent, est envahi par les broussailles, les clairs taillis de bouleaux élégants et les massifs plus foncés des pins et des sapins ; les roches, en partie, disparaissent sous la verdure, et jusqu'à Rongella, ce n'est plus qu'une suite charmante de points de vue paisibles et doux. Puis, nouveau reserrement, nouveau changement à vue. La gorge, encore une fois, se reforme en crevasse boulversée et aride, où le torrent, à l'étroit, parmi les blocs entassés, roule tumultueusement des flots furieux, et où la route, sans cesse infléchie au gré des déchirures de la montagne, ne découvre nulle part qu'un horizon de quelques cent mètres à peine, et à chaque nouveau pas, paraît une fois de plus sans issue! Bouleaux, pins et sapins, ont de nouveau disparu : à peine quelques arbrisseaux malingres sur la grande nudité des roches! C'est ici que l'on rencontre les deux ponts les plus remarquables de la gorge. D'une hardiesse sans pareille, ils traversent des gouffres sur lesquels, en vain, on se penche, pour en voir le fond, et d'où les hurlements même des ondes déchaînées, n'arrivent plus que comme une plainte à peine perceptible, à l'oreille attentive! Des hommes sont postés là, qui, à votre approche, lancent, dans le trou noir, d'énormes fragments de roche; et longtemps on écoute, le bloc qui tombe, battre les parois où il se brise en fragments qui se brisent encore, plus bas: et le fracas faiblit à mesure, et le bruit diminue, s'éloigne et meurt, pendant que les fragments roulent encore, sans doute, et continuent à tomber, mais on ne les entend plus!

A votre tour, maintenant, ô bourse commune! de montrer votre savoir-faire! Exécutons-nous donc, et lançons quelques fragments de franc, dans la sébille, placée là, à cette intention!

La nature a des caprices singuliers. De suite, après le deuxième pont s'ouvre un long élargissement de la gorge, et instantanément, nous voici transportés, comme par un coup de baguette magique, du milieu du chaos, dans un site délicieux de fraîcheur, éclatant de verdure, n'offrant plus à l'œil, de toutes parts, que des croupes ondulées mollement, des massifs élégants de pâturages, que domine une haute chaîne de montagnes bleuâtres : çà et là, un blanc village, comme un nid dans les prés; puis, ici, le clocher élancé d'une église solitaire : quelque pèlerinage, sans doute; ailleurs la silhouette grave de quelque manoir en ruines: et sur les pâturages, de grands troupeaux de vaches, dont les clochettes tintinnent délicieusement dans le silence de la montagne! Par endroits, le charme du tableau est relevé par des petits amas de neige, toute fraîche tombée, qui tranche vivement sur le vert des pâturages, et qui brille et scintille de son dernier éclat au soleil de midi : celui-ci, avant ce soir, l'aura fondue sans peine!

Il fait rage, en effet, sur ces grandes rampes, chauffées à blanc, où pas un arbre n'ombrage la route, et nous ne sommes pas loin de fondre, nous aussi! Et bientôt le paysage a beau être ravissant, une transpiration est survenue, intense, profuse, inimaginable, qui coupe net tout enthousiasme. L'allure de la bande commence à s'en ressentir. Pour nous trois, cela allait encore! Il y a bien un petit commencement d'affadissement; dont nul, par amour-propre, ne veut convenir le premier. Mais l'architecte! Hélas! dans quel état il est, sous tout son attirail! Il a bien, il est vrai, ouvert son parapluie, et il enjambe, à l'abri de son ombre tutélaire! Mais comment enjambe-t-il! Il met bien encore alternativement une jambe devant l'autre, mais il est visible qu'il le fait machinalement, par suite du mouvement acquis, mais sans la moindre conviction! A deux reprises, j'ai voulu, pour un moment, le soulager de son sac; mais à deux reprises j'ai essuyé son refus! Cet architecte est têtu! „Le sac ne me gêne nullement!" prétendait-il. Et pourtant son aspect est en contradiction si flagrante avec son assertion, que bientôt je reviens à la charge! J'eus le sac, pour le coup, et j'en eus bientôt assez! Que diable, Gelzer, peut-il bien transporter, qui rend le maudit sac si pesant! Je le gardai au dos jusqu'à Andeer, mais pas d'enthousiasme, je vous prie de croire! Mais l'excellent Gelzer a actuellement un air si guilleret et si dispos, qu'il y aurait crime à lui réendosser son colis! Seulement, moi, malin! j'avais ruminé une combinaison et j'avais décidé à part moi, que le susdit colis, gênant s'il en fût, voyagerait, à partir d'Andeer, en fourgon de poste, bien plus commodément que sur notre dos, et irait, ainsi, à Chiavenne, voir si le nôtre y est arrivé à bon port. L'architecte, d'ailleurs, n'élève pas d'objections!

Il s'agit maintenant de découvrir un lieu, hospitalier moyennant finances, où quatre touristes rendus, aient possibilité de se refaire un brin. Ces sortes d'établissements ne manquent point à Andeer! Déjà la première maison est un hôtel d'aspect confortable! Sous la porte, monsieur le propriétaire nous guette au passage, et s'apprête à esquisser un sourire; mais nous passons, le sourire reste à l'état d'ébauche, et monsieur le propriétaire court à d'autres soins! A deux pas, une maisonnette s'élève, avenante, son toit orné d'un jeune sapin desséché, en guise d'enseigne; c'est là que nous entrons. Une petite vieille s'y trouve, toute ridée et toute courbée par l'âge, mais toute empressée aussi, et toute joviale, qui va nous chercher une bouteille de son meilleur! Hum! Il est un peu bien âpre, son meilleur! Mais avec pas mal d'eau, il passe, nonobstant. Et puis la bonne vieille est si aimable et si bavarde : en un instant, nous sommes au courant de l'histoire d'Andeer, et de ses ressources, et de son industrie, et du nombre de ses habitants, et d'une foule d'autres choses encore! Il y a des mines d'argent et de cuivre dans les environs : les mines sont exploitées par une société milanaise, qui y emploie quelques centaines d'ouvriers italiens; gens dont notre hôtesse ne paraît pas faire grand cas. Gageons qu'ils boivent bien, mais paient mal! Les indigènes, eux, dédaignent le travail des mines et vivent surtout du transport des voyageurs et des marchandises, par-dessus leur montagne.

Avant de partir, nous nous informons du bureau de poste, qui se trouve être dans l'hôtel de tantôt! Et voilà Gelzer parti avec son sac. Cinq minutes après, il revient, et le sac avec lui! Qu'est à dire? C'est à dire que le maître de poste et l'hôtelier, cela ne fait qu'un et que, furieux, sans doute, de ce que nous ne l'ayons pas honoré de notre présence, cet industriel chatouilleux vient de déclarer à Gelzer tout penaud, que son bureau ne s'ouvrait qu'à deux heures! Et midi viennent seulement de sonner! Nous voilà bien lotis, vraiment! Resterons-nous jusqu'à deux heures, ou si nous continuons à traîner le sac? Perplexité et embarras! Mais la vieille trouve un joint : nous pouvons partir en sécurité : elle remettra le sac, quand il plaira à monsieur le maître de poste de le recevoir, et cet ours mal léché, en est pour sa vilenie!

Après Andeer, nouvelle transformation : c'est comme une seconde Via Mala, en moins gigantesque, par exemple! Mais de nouveau, la crevasse s'est resserrée, les roches se dénudent, le torrent se fâche et roule des flots en courroux, la route court en zigzags ardus, et des ponts, de plus belle, surplombent des abimes noirs. De distance en distance, s'ouvre quelque vallée latérale au fond de laquelle des cimes neigeuses étincellent! L'une d'elle, l'Averserthal, présente, à son entrée, le spectacle d'une vraie et récente dévastation : ce sont d'énormes éboulis de décombres, évidemment charriés par les eaux; de gros quartiers de rocs fraîchement roulés de la montagne, un enchevêtrement confus de grands troncs de sapins, déracinés et brisés! Une lubie de l'Averserrhein, grossi par les pluies de ces derniers jours! Pendant que nous contemplons ces ruines : „Ho hi hou ou ou!" fait tout à coup une voix agréablement modulée. Etonnés, nous cherchons le propriétaire de cet organe enchanteur : mais rien, personne! „Ho hi hou ou ou ou ou!" continue la voix; et nous finissons par découvrir, de l'autre côté du Rhin, enfoncé dans les broussailes, le long de la falaise moussue, un tout petit bonhomme, qui grimpe là, avec quelques chèvres blanches, et qui, se voyant découvert, salue à sa façon, lance en l'air son bonnet et pousse un nouvel : „Ho-hi hou! De notre côté, alors, partent, avec un ensemble superbe des ho hi hou ou ou ou!!" à n'en plus finir; et cela dure jusqu'à ce qu'on ne se voie ni ne s'entende plus!

La route, un instant facile et sans pente, reprend brusquement des inclinaisons fastidieuses, et court en zigzags fortement accentués sur une longue rampe rocheuse; çà et là, des sentiers à spéculations, coupent, et montent tout droit. On s'y engage et l'on a tort car, en un rien, et de plus belle, l'on est en nage l'on fume de transpiration, et une halte devient urgente.

Elle a lieu à l'ombre tutélaire d'un joli bouquet de sapins, sur un tapis touffu de mousse, où chacun prend ses aises, et s'établit de la façon la plus sybaritique possible! Ah! ce sont là, je vous jure, des instants bien doux et où l'on savoure avec une componction indicible les infinies délices de la position horizontale! Notre architecte, par bonheur, n'a laissé sa gourde, ni à Coire, ni ailleurs, et elle subit un rude assaut! Exquis, son kirsch! mais du train dont nous y allons, fatalement condamné à une fin prématurée! Une demi-heure s'écoule, et combien vite! Pour un peu l'on s'endormirait dans les délices de cette agreste Capoue! Mais! pas de cela, s'il vous plaît. Il s'agit avant tout d'arriver à Splugen : ce sera le lieu d'une station plus longue. D'après nos calculs, nous ne devons, d'ailleurs, plus être bien éloignés du village : notre hôtesse d'Andeer estimait à deux fortes lieues, la distance de son bouchon à Splugen. Or, il y a deux heures que nous marchons ; en bonne arithmétique, Splugen ne doit plus guère être qu'à un couple de kilomètres.

Confiants dans cette estimation, l'on se remet en route avec un semblant d'ardeur. Cependant, comme un renseignement exact vaut mieux que toutes les estimations du monde, et comme voici venir à nous ce renseignement, sous forme de deux montagnards, qui descendent la vallée, vite l'on s'enquiert, et à l'immense stupéfaction de la bande, l'on apprend qu'on est encore à une bonne lieue du but. Mais à ce compte, combien qu'elles ont donc bien de kilomètres, les lieues de la bonne vieille d'Andeer?

Une dernière fois, ici, la vallée change d'aspect : elle devient une sorte de couloir dans lequel le Rhin, au cours accidenté de plus en plus, tombe en une longue série de chutes rapides ; par intervalles, la roche, en surplomb sur la route, forme comme de petites galeries ; vient, un peu plus loin, comme un vaste et long portique ; quelque chose comme le trou d'Uri, à Andermatt, et un tout nouvel horizon paraît comme par enchantement. Cela a nom le Rheinthal, dans le pays. — C'est une de ces hautes vallées, si fréquentes dans les Alpes, exclusivement en pâturages, avec quelques rares forêts de sapins, calmes, silencieuses, un peu monotones d'aspect, mais ne manquant pas d'attraits, et empreintes d'un cachet de grandeur mélancolique. Tout autour, des massifs puissants, dont tous les sommets se couronnent de glaces et de neiges. Particulièrement imposant se montre, à droite, l'Ernstein, tandis qu'au sud, droit en avant, s'estompe dans une brume légère, le cône extrême du Splugen. Le tableau est un vrai régal pour les yeux et l'on n'est pas prêt à s'en lasser, quand voici venir une forêt de sapins fort touffue, dans laquelle la route s'engage, et où toute vue est coupée.

J'ai, quant à moi, une affection toute particulière pour le sapin, comme arbre. J'aime son feuillage sombre et ses arômes pénétrants : mais quand, déjà las et mal disposé, l'on est réduit à la seule contemplation de ses troncs régulièrement alignés, quand on les voit s'étendant à l'infini, et coupant toute perspective, oh! alors il n'y a pas de prédilection qui tienne, et on l'envoie cordialement à tous les diables, lui, son feuillage et ses arômes! Aussi la forêt ne tarde-t-elle pas à nous sembler du dernier déplaisant : sans compter que voilà soixante minutes bien comptées, depuis que nous avons croisé les deux montagnards, et toujours point de Splugen. Alors le semblant d'entrain se perd, l'ardeur dégringole, la bonne volonté vacille, les jambes s'alourdissent, et le jarret mollit! Adieu la gaîté : on ne marche plus que péniblement, sans un mot. C'est une période lamentable! Frérot le premier, devient traînard ; c'est un peu son droit; puis Gustel, puis Gelzer aussi, et je reste seul d'avant-garde! Mais l'exemple est contagieux, et déjà je me sens faiblir à mon tour. Alors je me roidis, je me débats contre la démoralisation, je m'acharne, je presse, je double le pas, me jurant à moi-même de ne modifier mon allure qu'en vue des premières maisons de Splugen; dix minutes après, je haletais, je râlais, je n'en pouvais plus : et je me jetais tout d'une pièce, dans l'herbe, aux côtés de la route. Le village de Splugen se montrait à cent pas en avant.

Le village occupe l'endroit même où les deux routes du Bernardin et du Splugen se séparent : l'une continue, à droite, en long ruban qui cotoie le Rhin; l'autre se replie directement au sud, passe le fleuve et de suite grimpe en une série de zigzags étagés les uns sur les autres, aux flancs escarpés de la montagne. La situation est vraiment remarquable. Les maisons, assez peu nombreuses, sont originales au possible et leur architecture tient autant de l'italien que du roman. Ce sont des carrés massifs et solidement assis, bien faits pour résister aux ouragans, aux toits presque plats, couverts de lames de chyste, à ouvertures étroites, parcimonieusement pratiquées, à cause des grands froids, ayant en somme assez bonne façon sous leur badigeon blanc et leurs fresques. Mentionnons, en passant, une naïveté de propriétaire, qui nous a bien amusés ! A la façade de la première maison s'étale une magnifique vérandah, sous laquelle se dessine une perspective de berceaux de verdure et d'arcades : et tout cela, en peinture, noir sur blanc ! Voilà certes un propriétaire qui a l'illusion aisée ! Autre détail particulier : Ici les auberges n'ont pas d'enseignes. Nous sommes arrivés au bout de l'endroit, sans découvrir le moindre bouchon ! Un indigène auquel je demande l'*auberge*, me regarde et ne dit mot ! Je m'informe du *Wirthshaus;* et il reste muet comme une carpe : enfin il parle : mais il ne dit qu'un mot : „Italiano!" — Italiano! Quoi? Déjà! Nous sommes en Suisse, encore, cependant! En avant l'Italiano, ma foi, puisqu'il le faut. Auberge, cela se dit Osteria : chacun sait ça! „Où est la Osteria, signor?" Il nous indique du doigt une maison que rien, du dehors, ne distingue des autres. Dedans, toutefois, on trouve ce qu'il faut. Du pain, cuit du jour phénomène rarissime dans les auberges des Alpes, où l'on sait fort bien que plus le pain est frais, plus on en mange!); du beurre à peu près frais, du fromage à peu près mangeable, et surtout un amour d'Yvorne, dont en un clin d'œil nous sablons deux fioles. C'est un charmant vin, l'Yvorne, mais, croyez-moi, méfiez-vous en, si, après boire, vous voulez faire encore quelques lieues de chemin. Il est traître, comme pas un autre. Il devait, pensions-nous, donner un nouveau ressort à nos jarrets, et nous animer d'une nouvelle et durable ardeur! Ah bien oui! Nous ne l'avons pas plutôt ingurgité, que Frèrot se met à déclarer net, qu'il se moque de la Dogana, et qu'il veut coucher ici; puis Gustel, qui, par la fenêtre, contemple, depuis un moment, les zigzags étagés de la route, qui ne lui disent rien qui vaille, parle diligence : alors Gelzer approuve, et moi je ne dis pas non! Et je sors chercher des billets. Pas besoin d'aller loin : le bureau est dans le couloir! Mais le garçon m'a suivi, et insinue qu'il ne serait peut-être pas impossible, qu'il y eût une voiture de retour! Eh mais, ce serait une idée, cela! Et déjà, je nage dans la joie. Mais le garçon revient, déclarant qu'il s'est trompé et qu'il n'y a point de voiture. Et je vais, pour retourner au bureau. Arrive un valet d'écurie qui me glisse dans l'oreille, en allemand: „Monsieur! Monsieur! Si c'est pour le Splugen, je sais une bonne voiture de retour, bon marché!" Tiens! tiens!! tiens!!! „Mais le garçon vient de me dire qu'il n'y en avait point!" — „Oh! le garçon! le garçon! Le patron est maître de poste, Monsieur, et le garçon aura chanté comme le patron aura voulu qu'il chante! Mais, moi, je connais un cocher italien, qui retourne ce soir à Chiavenne, et qui vous prendra pour pas cher!" — Voilà un particulier, qui, évidemment, travaille en vue d'un pourboire! N'importe, profitons de ces bonnes dispositions, et voyons-le, son cocher! Il est tout près, son cocher, bien entendu; et déjà les voilà, les deux compères, en grande conférence. Le résultat en est, qu'on me demande seize francs pour nous mener jusqu'à la Dogana! Fichtre! Ils vont bien ici, les cochers de retour! Envoyant alors l'honnête valet à son écurie, voir si j'y suis, j'entame moi-même les pourparlers avec le cocher: il ne parle pas un mot de français ni d'allemand; moi, par contre, pas un d'italien! Qu'est ce que cela fait! j'ai idée que nous finirons néanmoins par nous entendre! „Troppo, lui fis-je, multo troppo!" — „Non e troppo, signor!" — „Si, si: noi prendre la posta!" — Ici, il se gratte l'oreille: „Datemi dieci franchi!" — Dieci! dieci!! Ah oui, dix francs: „No! no! cinque franchi!" — „No! signor: datemi sei?" Sei? qu'est-ce encore? et je lui montre un, deux, trois, quatre, cinq, six doigts étendus. Au sixième il fait: „Si, si, signor!" et le marché est conclu! Ce n'est pas plus difficile que cela, et vous avouerez que pour un début *en italiano*, ce n'est pas trop mal manœuvré. Nous voilà donc, pour six francs, avec un équipage à nous, moyennant lequel nous allons faire les deux lieues et demie qui restent, du programme qu'on s'est tracé ce matin! Et cette belle ardeur? direz-vous. Cette confiance superbe dans les jambes et dans l'Alpenstock? Que voulez-vous que je vous dise : le touriste propose, et l'Yvorne dispose. Et j'ajouterai bien vite, que bien nous fîmes de nous faire voiturer jusqu'à la Dogana; car à continuer la route à pied, nous aurions eu à faire une partie du chemin par la nuit close, ce qui n'est guère affriolant; et, de plus, nous aurions été écloppés pour le lendemain! La joie, naturellement, éclate à table, quand je viens rendre compte de mes négociations, et je reçois une kyrielle de félicitations, que j'accepte avec la modestie qui sied au talent!

Sur ces entrefaites, la diligence était arrivée, bondée de voyageurs; et aussitôt ce fut dans la salle à manger une irruption d'affamés, un grand bruit d'assiettes, un cliquetis de vaisselle, un va et vient de plats, un brouhaha à n'y pas tenir, et bien vite nous nous sauvons. Notre équipage nous attend au pont même du Rhin! Pas riche, notre équipage! Oh, mais là, vous savez, pas riche du tout! Il est vrai que pour le prix que nous y mettons, nous ne saurions prétendre à un *huit ressorts*! Mais, sans être exigeants, nous pouvions espérer mieux que cela! Comme attelage, passe encore; bien que les coursiers aient l'apparence de deux rosses depuis longtemps assagies par l'âge et usées de labeurs; mais le véhicule! Misère de moi! Le véhicule est un cabriolet de deux places, avec un siège de cocher! Pour nous quatre, plus l'automédon (qui n'est pas mince!), cela ne va pas être une petite affaire pour nous caser! Mais il ne s'embarrasse pas pour si peu, l'automédon! Deux, dans le cabriolet; deux autres sur le siège; et lui-même à califourchon sur la flèche, capitonnée à cet effet d'un sac vide! Et allez donc, les haridelles! Et elles vont, les haridelles! et elles entament la rampe, au galop! rien que cela!

Six heures sonnaient au village, au moment où nous commencions à monter la rampe. A ce même moment les voyageurs de la diligence se mettent à se rembarquer dans la caisse jaune, qui vient rouler lourdement derrière nous. Le soleil, depuis longtemps, a disparu derrière les monts, dans la direction du Bernardin; mais ses derniers rayons dorent encore la pointe de l'Ernstein, et cet éclairage magique est ravissant à contempler : le ciel est resté pur, l'air est vif, singulièrement frais; les pâturages se trempent de rosée; nos habits, de même; et nous nous promettons au sommet du col, des splendeurs sans pareilles. En attendant, l'œil se repait à satiété du pittoresque panorama qui, sur les seize lacets inférieurs de la route du Splugen, à chaque tournant, change pour revenir au tournant suivant, et pour varier encore au tournant plus haut. La route, quoique raide, est fort bonne, et nos deux haridelles y continuent gaillardement leur galop, tandis que les cinq chevaux de la diligence gravissent au pas, paisiblement, derrière nous. Le cocher, dont nous avons fait la conquête, moyennant un cigare *francese* qu'il a déclaré être *buonissimo!* les encourage, d'ailleurs, de la voix et du geste, je veux dire, du fouet! Et bien il fait! le cocher! Car la brise fraîchit d'importance; la rosée, sur les pâturages, se prend bel et bien en givre; nous grelottons en dépit de nos châles, et notre haleine se condense en blanches et folles évolutions.

Au dernier zigzag de la route, changement de front : on quitte le versant septentrional de la montagne; la route inclinée à gauche, fortement, mène par une longue galerie de maçonnerie, et s'engage, redevenue pour un moment presque plane, dans un ravin aride et nu, où la végétation peu à peu disparaît, où les arbres deviennent broussailles, et où, bientôt, au milieu des ondulations de la roche, mille et mille fois délitée, broyée par les grands froids, rongée par les siècles, l'on n'aperçoit plus que quelques solitaires touffes de bruyères, des buissons de rhododendrons, ébouriffés par le vent, ou bien de nombreux et robustes pieds d'aconit, d'un port magnifique, d'une venue vigoureuse, qui étalent avec complaisance leurs belles grappes bleues. Un pharmacien, je gage, ici, tressaillerait d'aise! Un peu plus haut, plus rien que la roche nue, et de grands tas de neige sâlie, noircie de détritus de roches; restes obstinés des grandes masses de l'hiver, que le soleil n'est pas parvenu à fondre! Un silence de mort. Pas un bruit; pas un bruissement; pas un être vivant pour animer ces lugubres solitudes; pas un oiseau qui plane; pas même une marmotte qui siffle. Rien que notre carriole qui roule, et nos bidets qui trottent (ils trottent à présent, et sans grande conviction, encore!), traînant au dernier sommet quatre touristes grelottants et absolument transis! Une nouvelle série de zigzags, étagés comme ceux du versant opposé, commence : les bidets, sagement, se sont mis au pas, et nous mettons, nous, pied à terre, tous, et nous essayons de nous réchauffer au moyen de spéculations abracadabrantes, sur un sentier comme nous n'en connaissions pas encore, et cependant nous en avons déjà connu de fort mauvais. On ne se réchauffe que trop vite, là-dessus et bientôt l'on remonte en voiture, de peur d'une transpiration trop intense qui pourrait avoir de sérieuses inconvénients, dans le vent glacial qui souffle sur ces sommets. Après les derniers zigzags, un long ruban de route peu inclinée, où l'équipage reprend un trot assez gaillard, jusqu'à une grosse et massive construction qui s'aperçoit de loin, qu'on prend d'abord pour la Dogana, et qui n'est autre que la première *cantoniera*, comme ils appellent cela ici. C'est une écurie où relaie la poste. Le col est à quelques tours de roue: la route y passe entre deux sortes de pointes qui ont quelque analogie avec les deux Furckahörner, au col de la Furcka; un poteau y indique la délimitation de la Suisse et de l'Italie, et déjà nous roulons sur le versant méridional du Splugen. Depuis un bon moment, on se faisait fête dans la voiture et on se préparait à des magnificences sans pareilles, à des perspectives à perte de vue, dorées aux derniers feux du soleil! On comptait sans l'imprévu : Or, avec l'imprévu, il faut toujours compter, dans la montagne! Si la stupéfaction avait encore le don de pétrifier les gens, on aurait vu, en ce moment là, au sommet du Splugen, quatre bonhommes en pierre, faisant de drôles de têtes! Et il y avait de quoi les faire, je vous jure! Pendant que, derrière nous, tout se voyait net et distinct encore, dans le crépuscule, en avant, rien, rien, enten-

dez-vous, absolument rien! Pas une ligne, ni un contour!
Une mer de brume mouvante, opaque, infinie, qui, fouettée
par le vent du sud, monte par lambeaux immenses,
grimpe par larges bandes, s'étale, s'étend, et envahit
tout: sur le versant tout entier, le vide, le néant, une
navrante uniformité grise, et au fond, bien loin, une
grande tache rougeâtre, comme un incendie mal éteint
et qui couve: ce sont les derniers rayons du soleil couchant, noyés dans un océan de brouillards. „E la Italia!
signori! la bella Italia!" avait dit le cocher, au haut
du col, en étendant la main! Ah oui! parlons-en de la
bella Italia! A peine si l'on voit quelques lacets, courant en pente raide, au milieu d'un grand désert de
roches délitées, sur lesquels notre équipage roule dans
le silence du soir. Au bout de vingt minutes, le cocher
s'arrête. „E la Dogana, signori, la osteria!" — „Où ça
donc, la Dogana?" — „E, è, signor!" Et il montre
une sorte de masure, qui se profile dans l'ombre, de
l'autre côté du chemin! Il perçoit son dû, et la voiture
déjà se perd dans la brume et file sur Chiavenne. Pour
nous, nous voici tout quatre examinant avec défiance
la baraque délabrée dans laquelle nous allons chercher
abri pour la nuit!

La défiance est de mise, vraiment! Cet immeuble
problématique ressemble à peu près autant à un hôtel,
que le gros rifflard en coton bleu de Gelzer, à une
ombrelle de soie! Ah! il fallut bien la nuit noire, et le
froid, et le vent, et le brouillard, et la lassitude, et par-
dessus tout l'impossibilité absolue, maintenant, d'aller
plus loin, pour nous faire entrer là-dedans! Au rez-de-
chaussée, il fait plus sombre que dans un four: cette

osteria, pour le moins bizarre, possède comme vestibule un grand trou noir, où, dans d'épaisses ténèbres, et sur un sol vaseux de terre battue, mais détrempée, on tâtonne à l'aventure jusqu'à un escalier en pierre, menant à un premier, où les ténèbres sont plus épaisses encore, si possible, qu'en bas. Une fissure lumineuse, pourtant, dans un coin, sous une porte! C'est là que nous pénétrons.

Une pièce basse, misérablement éclairée d'un lumignon fumeux, et d'où sortent, à l'instant, des bouffées de chaleur humide et nauséabonde; là-dedans, autour d'une table, quatre grands gaillards barbus, ténébreux, sinistres, qui, à notre apparition, ouvrent de grands yeux et nous contemplent avec stupeur! Nous viendrions, à l'instant même, de tomber des nues, là, devant leurs yeux, leur stupéfaction, certes, ne serait pas moindre! Au fond, sur un lit, trois figures allongées, dormant! Que vous semble de ce tableau de genre? Dans quel antre, bon Dieu, nous sommes-nous fourrés? Et cela ne ressemble-t-il pas bien plutôt à une caverne de brigands qu'à une honnête hôtellerie! Ah! si la voiture était encore là! C'est moi qui sais quatre touristes qui descenderaient plus vite qu'ils ne sont montés, et qui fileraient sur Chiavenna sans demander leur reste! Et le cocher exigerait à présent seize francs, voire un louis, qu'on ne songerait même pas à marchander! Mais la voiture est loin; et il ne nous reste plus qu'à faire à méchante fortune bon visage! „Parlez-vous français, par ici?" demandai-je, sous la porte. Les grands barbus se regardent, nous regardent, se regardent encore et restent bouches closes. — „*Versteht Ihr deutsch hier?*" C'est

Gelzer qui a parlé! Et alors un petit bambin de quatre à cinq ans, inaperçu jusque là, se plante devant nous et dit: „*Vater tutsch!*" — „Geh, hol dein Vater!" — Et le bambin sort, mais revient de suite, sans plus de Vater que s'il était orphelin; en revanche, il amène une grosse boulotte d'une vingtaine d'années, jolie peut-être quand elle est débarbouillée, mais qui, pour l'heure, est sordide de malpropreté! Et dire, que c'est fort probablement la ménagère de la maison! Elle aussi, à notre aspect, roule de grands yeux; mais sans lui laisser le temps de se reconnaître: „Madame ou Mademoiselle, lui dis-je, pouvez-vous nous loger, et nous donner à souper?" Hélas! la boulotte continue à écarquiller ses grands yeux noirs; mais il est clair qu'elle n'a pas compris un mot, à mon discours! En avant donc, les grands moyens! On possède un vocabulaire italien; et c'est pour s'en servir, je pense! Et me voilà feuilletant, feuilletant, feuilletant, pour chercher les mots dont j'ai besoin: et les trois copains, derrière moi, s'en tiennent les côtes et s'esclaffent de rire; ce que voyant, la boulotte s'esclaffe à son tour, et moi aussi et le gamin aussi et les barbus aussi, sans que personne ne sache exactement pourquoi! Et dire que ce sont là les meilleurs rires? et les plus francs! Enfin je les tiens, mes mots: „*Camera, signora, con letti, per dormire!*" — „*Si, si!*" Et elle fait signe qu'on la suive. Elle nous mène à une fort grande pièce dans laquelle se perdent deux chaises, deux lits minuscules, gros comme des sophas, et bas de même, plus un trépied fort curieux, supportant une cuvette colosse, dans laquelle on eût aisément, d'un coup, noyé une nichée entière de chats! En voici toujours pour deux; mais les autres? „Encore una camera, signora!" La signora secoue la tête. „Mais au moins encore duo altri letti!" Même geste! „Mais, sacrédié, nous ne pouvons cependant pas, à quatre, coucher là-dedans!" Alors elle ne comprend plus, et me voyant en train de rechercher de nouveaux mots, le fou rire la reprend, et bientôt reprend toute la bande! C'est cela qui ne va pas faire nos affaires, par exemple! On convient, toutefois, de régler cette difficulté plus tard; il est plus urgent, et de beaucoup, de s'occuper du souper. A mon aide, o vocabulaire! „Pranzo, signora!" — „Si;" — D'abord soupe, suppa, potège! c'est limpide, cela, et c'est de toutes les langues! Mais c'est après que les difficultés recommencent. Pour aller plus vite en besogne, je montre à la boulotte, qui sait lire, successivement, costolina, beffsteak, pattatte! que sais-je encore..... et toujours elle secoue la tête! J'y renonce, décidement, et de dépit, je lance mon vocabulaire dans un coin! Je venais, heureusement, de me rappeler, dans Bædecker, une phrase faite exprès pour tirer d'embarras dans les cas les plus compliqués; une sorte de passe-partout italien que je débitai triomphalement: „*Datemi quel chè avete signora!*" — „Si, signor, si! Potège, salatte, salami! jambone! fromaggio!" Et la nomenclature continue pendant qu'elle court à la cuisine.

Nous profitons de son départ pour faire un bout de toilette! Et, à tour de rôle, s'il vous plaît, chacun se débarbouille dans l'énorme cuvette commune; et chacun se réserve son coin spécial dans la seule et unique serviette qui a pu être mise à notre disposition! Ces ablutions, inutile de l'ajouter, s'accompagnent de

7

la gaîté la plus folle : nous ne donnerions plus notre logis, à présent, pour la plus douillette des chambres à coucher de quelque hôtel de grande ville! Comme le bambino de tout à l'heure vient de monter avec un supplément de chandelles, (la bougie est un luxe inconnu à la Dogana!), unser Gustel, qui prévoit les choses d'un peu loin, et qui n'aime pas à être pris au dépourvu, s'enquiert de la situation de certain local que je ne crois pas nécessaire de vous préciser davantage! Mais le bambino reste ahuri, ne saisissant pas! A la rescousse, le vocabulaire! „Où è il sesso?" crie l'un. — „Il destro?" exclame un second. — „Il loco commune?" ajoute un troisième. Et le bambino saisit de moins en moins! En pantomine, alors! Cela doit être à la portée de son intelligence! Et on lui en esquisse une, des plus significatives! Il saisit alors, parfaitement, donne des indications précises, et tout est bien qui finit bien.

Nous sommes à table, longtemps avant qu'on ne serve le souper, et pour prendre patience, nous nous faisons donner *del pane, del' aqua frescha* et *del vino rosso*, à seule fin de nous convaincre et de convaincre les autres que nous faisons, en italien, des progrès remarquables.

Le pain est fait avec tout autre chose qu'avec du froment ou avec du seigle, et se présente sous forme d'une sorte de mastic, qu'on aurait séché au soleil; l'eau, sous prétexte de fraîcheur, est glaciale et agace les dents jusqu'au fond des alvéoles; enfin le vin est une piquette enragée, produisant au palais la sensation d'une décoction de cynorodons, qu'on aurait oublié de débarasser de leurs aigrettes. Comme prologue, cela promet! La pièce, sachez-le de suite, fut digne du prologue! Potège, monumental, phénoménal, pyramidal, servi dans une soupière grosse comme un baril; un brouet louche, lactescent, au fond duquel git quelque chose de duriuscule, qui se trouva être de l'orge, mais absolument immangeable! On dût se contenter du brouet. Mais la boulotte s'empresse, courant de l'un à l'autre: „*Encore della potege, signor, encore?*" — „Non, non, non, pour l'amour de Dieu! Non! plus de potège, signora cuisiniera del diavolo!" Vint ensuite un plat mêlé de jambonne peu frais, et de salami peu tendre! Mais le salatte! Vous oubliez le salatte, signora! „*No, no, è salatte!*" Et elle montre obstinément le plat mêlé! Le vocabulaire, aussitôt consulté, donne l'explication du mystère: Pour nous, salatte signifiait salade; vous pensez bien: et voici que dans le vocabulaire, cela signifie viande salée! Quel drôle de langage, que cet italien! Quel drôle de fromaggio aussi, que celui qui clot le festin: dur, sec, crétacé, on n'arrive à le mettre en morceaux qu'en le cassant comme nous avons l'habitude de casser le sucre; ni à l'avaler, qu'à force rasades de l'âpre piquette!

La fatigue est générale et intense, après souper: aussi, retraite immédiate à notre camera: de suite, séance de chirurgie mutuelle, c'est-à-dire, opérations réciproques des diverses cloches et ampoules, constatées ou constatables aux pieds des voyageurs, mais plus particulièrement à ceux de l'architecte: une vraie débauche de fils de soie! Puis étude approfondie du problème du couchage: une combinaison finit par se trouver: Gustel et Frèrot, les plus minces, couchent ensemble, après s'être jurés de se tenir cois, et de ne point trop se pousser alternativement hors de la couchette. Gelzer et moi, nous partageons fraternellement les matériaux du second lit. Maigre partage! De quoi se persuader qu'on ne couche pas directement sur le plancher. Par précaution, installation de la bourse commune sous mon chevet, où elle sera à l'abri de toute surprise! Puis sur le coup de neuf heures, on éteint les feux, on se souhaite bonne nuit, et bientôt, dans la camera, tout dort, ronfle ou rêve!

QUATRIÈME JOURNÉE

LE RÉVEIL A LA DOGANA. — LE COMPTE. — BROUILLARD ET SIBÉRIE. — DES INCONVÉNIENTS DES SPÉCULATIONS SUR L'HERBE. — VAL DE LA LIRA. — CASCADE DU MADESINO. — CAMPO DOLCINO. — PER BURRI ET FROMAGGIO. — LES CHATAIGNERS DU SPLUGEN. — CHIAVENNE. — LES ADIEUX DE GELZER. — COLICO. — OÙ GELZER REPARAIT. — LAGO DI CÔMO. — BELLAGIO.

A la pointe du jour, ce matin, le réveil a lieu, avec un ensemble et une précision quasi militaires; on commence à se styler, dans la bande, positivement!

Et chacun aussitôt de s'informer de la bourse commune! Touchante sollicitude! Elle va bien, la bourse commune; elle est là, intacte, sous mon occiput! Mais c'est ledit occiput, qui n'est pas si intact que cela, et qui ne s'en tire qu'avec un bleu! Pas moelleuse, la bourse commune, oh mais, vous savez, pas moelleuse du tout, comme oreiller!

On a bien dormi, généralement, malgré les défectuosités de la literie! Voici bien Gustel et Frèrot, qui entament une discussion, à seule fin de savoir lequel à le plus grand nombre de fois, poussé l'autre trop au bord de l'étroite couchette, en dépit de la foi des traités! Mais la chose ne tire pas à conséquence, et la discussion se clot d'elle-même. Puis, les ablutions matinales ont lieu : avec quelque lenteur; tour à tour, dans le lavabo commun; et chacun a fort à faire pour reconnaître le coin qui lui appartient, dans la toujours unique serviette que nous avons à notre disposition! Très drôle, cette façon de faire toilette; extrêmement gaie, surtout, comme bien vous pensez!

Cinq heures ne sont point sonnées encore, quand nous descendons, prêts et équipés, dans la salle d'auberge. Une sorte de savetier poilu, barbu, nébuleux et hirsute est là, en train de s'escrimer, au bord de la fenêtre, contre une semelle récalcitrante! En voilà un qui ne perd pas son temps, par exemple! Il nous regarde en-dessous, comme s'il nous soupçonnait de vouloir nous éclipser sans faire voir la couleur de notre argent! Point de vaines alarmes! o disciple de saint Crépin! et „il conto!" s'il vous plaît. Et il court s'informer. Mais l'information tarde; un quart d'heure s'écoule, et nous commençons à trépigner, quand voici venir la boulotte, endormie encore aux trois quarts, à demi-habillée seulement, pas peignée du tout, et débarbouillée moins encore, dans un état enfin à faire prendre en horreur le beau sexe tout entier! „Il conto, signora!" — „Si, signor!" Alors elle compte, elle suppute, elle additionne, elle se remémore, et finalement dit : „Sette franchi!" Sept francs? Mais, est-ce sept francs pour chacun, ou sept francs pour tout le monde? Dame! écoutez donc! on pouvait être dans l'incertitude! Il se trouve que c'est, sept francs pour tous, et nous trouvons, nous, que c'est là, vu le lieu et les circonstances, une hospitalité presqu'écossaise! Pour un rien nous

chanterions à la boulotte, sur l'air de la Dame blanche:
„Chez les montagnards italiens!......" Vous savez le
reste! Oui, mais comme la boulotte, très probablement,
ne le sait pas, nous gardons notre mélodie pour une
meilleure occasion! Je paie. „Adio, signora!" — „Gratia,
signori, è buona die!"

Et nous voici dehors! Mais tout aussitôt, nous
voudrions bien, de nouveau, être dedans! Brrrrrr!
Quel aspect! Quel spectacle! Une bise à couper
le visage en deux, un froid glacial, un brouillard à
trancher au couteau, dense, opaque, lourd, sentant mauvais, et de plus, se condensant en givre, sur les châles,
sur la barbe, sur les cheveux, sur tout ce qu'il touche:
et pour comble d'agréments, un horizon qui se borne,
tout juste, à la largeur de la route. Et par-delà, terre
et ciel, pics et ravins, vallées et montagnes, rocs et
rocailles, tout, absolument tout, se noie, se perd, s'en-
sevelit, dans un néant grisâtre, dans un infini de brume!
Telles, et non autres, doivent être les solitudes glacées
de l'extrême Sibérie, ce lieu de délices, où, tant de Russes
vont faire, au bon plaisir de leur autocrate de Czar,
une villégiature forcée! Et c'est cela, l'Italie? La bella
Italia!! Qu'on nous ramène en Suisse, alors, et sans
plus tarder!

C'est un joli commencement de journée! que vous
en semble? une affriolante perspective d'avenir! Dire
pourtant que, si nous sommes descendus, hier au soir,
à la Dogana, c'est uniquement pour ne pas manquer,
ce matin, une seule des beautés de la descente! Pour
une spéculation réussie, voilà, certes, ce qu'on peut appeler une spéculation réussie! Qui donc, le premier, a

pu concevoir cette sotte idée! Il eût été si facile d'être, à l'heure actuelle, soit à Chiavenna, soit en quelque autre lieu, en bas de la montagne, où, sans aucun doute, le ciel est bleu et où luit le soleil! Nous n'avions, pour cela, qu'à rester dans le cabriolet de retour! Le cocher, pour ses six francs, nous aurait, pardieu! tout aussi bien emmené plus loin, partout, où nous aurions voulu! Mais non! nous tenions à loger à cette Dogana de malheur! O imprévoyance de la jeunesse! Eh mais! Qu'est-ce à dire? Et pourquoi ces plaintes amères? Ne va-t-on pas, pour un peu de brouillard, se laisser aller à la désolation? Allons, allons! abandonnons cela à d'autres, et en route, troupe pleine de vaillance! Car la vaillance y est, je vous prie de croire! Sous le seuil hospitalier de la maison qu'on va quitter, chacun se calfeutre et s'imperméabilise, le mieux qu'il lui est possible, puis la descente s'entame, au pas accéléré!

Trente mètres de route, en avant: de chaque côté une bordure indécise de roches trempées, et dégoutantes de neige fondue; et en arrière la silhouette de la Dogana se perdant insensiblement dans le gris; voilà le paysage: Une boue gluante, un vent qui fait pleurer, un froid qui fige le poil dans des glaçons de givre, voilà pour les agréments de la route!

„Ah! qu'il est doux de courir le monde!
„Ah! qu'il fait bon de voyager!"

Celui qui a mis cela en musique, je ne sais plus trop dans quel opéra comique, n'a jamais, je gage, parcouru la route du Splugen, dans le brouillard, à cinq heures du matin! Nous tînmes bon, pourtant, pas mal de temps: mais il fallut un fier courage, et bonne dose de volonté! Le brouillard, à mesure qu'on descend des hauteurs, a cessé de devenir givre; mais c'est bien pire, à présent! Il tombe en ondée fine et serrée, qui, peu à peu, perce nos châles, trempe notre accoutrement léger de coutil, et nous voici bientôt transis jusqu'à la moelle! Chacun chemine, le col relevé jusqu'aux oreilles, qui piquent; les mains dans les poches, de peur de l'onglée; l'Alpenstock sous le bras; le châle roulé hermétiquement autour de la poitrine et des reins! Mais chacun aussi, n'en grelotte pas moins, et enjambe à grandes enjambées pour ne pas geler en chemin! On n'interrompt le silence, par ci par là, que pour lancer une insulte au ciel, une imprécation à la brume ou une malédiction à l'ondée! Le voilà réalisé, mon cauchemar de Coire, et combien exactement! Ce fut, en un mot, une première heure de lamentable pérégrination! Puis, au bout de ce temps, on est acclimaté; on est cuirassé contre la bise et familiarisé avec l'averse; l'imbibition devient indifférente, et indifférent aussi l'embourbement progressif. La bonne humeur, jusque là absente, revient par bribes; la gaîté endormie se réveille; le mot pour rire reapparaît et les plaisanteries vont leur train! C'est la bella Italia, qui en fait à peu près tous les frais : on l'arrange de belle façon; avouez, qu'elle ne l'a point volé! Bientôt on en vient à y mêler un grain de philosophie pratique: on pose en principe, que le brouillard, qui tombe en pluie, a forcément ceci de bon, qu'il finit par s'en éclaircir et hâte ainsi sa disparition définitive! Et il faut bien croire que la théorie a du vrai : notre horizon qui, naguère encore, était de quelques pas à peine, depuis un moment s'étend et s'élargit, et déjà nous distinguons ce qui nous entoure, dans un rayon de quelques centaines de mètres! C'est bien mesquin, direz-vous! Mais si vous croyez que nous sommes difficiles, ce matin, par exemple! Ce que l'on distingue, est encore un peu vague, un peu indistinct peut-être : mais cela *est*, tout au moins; cela a un corps; cela affecte une forme; cela offre un contour; cela présente une image; c'est autre chose enfin que l'uniformité grise et que le néant nébuleux! Et on s'en contente! N'a-t-on pas, ensuite, un reste d'espoir que notre ami le soleil va tout à l'heure montrer sa puissance, et fondre à ses rayons, toute cette inanité de vapeurs! Sans doute! mais en attendant, que ce phénomène désirable ait lieu, l'ondée persiste, et d'aucuns commencent à percevoir aux épaules et dans le dos, des sensations déplaisantes de trempe inquiétante et d'humidité intense! Eh qu'importe! chaque goutte qui pénètre et qui mouille, n'est-elle pas, en somme, une petite tache de moins sur le paysage?

La route, jusqu'ici, en tant qu'œuvre d'art, n'a pas offert le moindre intérêt : sa pente est peu inclinée, et cette partie semble assez bien faire pendant au long ruban, qui, plus haut, relie, entre eux, les zigzags des deux versants du col. — Après la deuxième cantonniera que rien ne différencie de la première, sauf qu'elle ne soit pas relai de poste, commence une succession de galeries massivement murées, dont la plus longue n'a pas moins d'un demi-kilomètre d'étendue; d'autres varient entre 150 et 300 mètres. Du côté de la montagne elles s'adossent au roc; du côté de l'abîme elles sont percées de nombreuses et larges ouvertures, solidement voûtées, par lesquelles, en temps ordinaire, l'on verrait sûrement de fort belles choses, mais où, aujourd'hui, l'on aperçoit que le grand vide gris. Ces galeries protègent les portions de route plus particulièrement exposées aux avalanches. Le mont, ici, naturellement, se fait très accidenté. Sur la gauche, sa rampe surplombe, noyant à demi dans le brouillard ses découpures rudes et fantastiques ; à droite, au bord même du chemin, un précipice s'ouvre, vertigineux, aérien, rendu plus terrible encore, d'aspect, par l'indécis même de ses contours. Il plonge jusqu'au fond du val sauvage de la Lira, ravin étroit, irrégulier, profondément bouleversé par les avalanches, où bondissent les flots vigoureux du torrent, et où paraissent chétives, misérables, les masures basses du village d'Isola. Sur la rampe opposée du val, tout est roc sombre ; par intervalles, une cascade trace un long sillon blanc sur ces noirceurs ; tandis que, tout au bas, contournant en pénibles circuits les immenses blocs roulés, là par les neiges, court l'ancienne route du Splugen, abandonnée complètement depuis la construction de la nouvelle ! Au bout des galeries, reparaissent les pâturages, et la verdure se mêle de nouveau aux tons uniformes des solitudes rocheuses.

Sur ces rampes qui s'inclinent fortement, la route décrit, de plus belle, des zigzags sans fin. De l'un à l'autre de ceux-ci, par endroits, court en sécante, tout droit, à peine indiqué dans l'herbe, un sentier à spéculations, qui abrège considérablement. Et chaque fois, on s'y lance à corps perdu, et on dégringole à plaisir ! Mais attention, alors ! et n'oubliez pas que l'herbe mouillée est glissante ! Frèrot, lui, l'oublie, et aussitôt en pâtit : et le voici en équilibre, sur toute autre chose que ses deux jambes, et il trouve moyen de tremper ainsi, la seule portion de son accoutrement et de son individu que, jusque-là, le brouillard avait respectée!

Nous atteignons, ici, le premier village du versant: c'est Pisennazo. Singulier nom! Plus singulière localité encore: Pauvre Italie, si ce sont là, décidément, tes splendeurs! Comme habitations, c'est chétif, misérable et malpropre, au-delà de toute expression; comme population, par contre, c'est tout ce que l'on peut imaginer de plus déguenillé, de plus sale et de plus malingre! Nous remarquons surtout une bande de moutards, de quatre à six ans environ, habillés de lambeaux, sans souliers ni bas, grouillants dans la fange, ni plus ni moins, que des pourceaux, et qui, bien sûr, n'ont été ni peignés, ni lavés, ni nettoyés d'aucune sorte depuis qu'ils ont l'honneur de compter au nombre des sujets de Sa Majesté Vittore Emmanuele!

A l'extrémité du village, petite halte, sur une terrasse, à gauche du chemin, bordée d'une rampe de fer, par mesure de précaution, car elle domine de haut un gouffre profond. On y jouit d'une vue fort belle sur la cascade du Madesino, gros torrent qui, venu de quelque proche sommet, se précipite, là, d'un coup, jusqu'au fond du val de la Lira, où il arrive en tourbillons de gouttes éparpillées.

De suite après Pisennazo, on retrouve les premiers sapins: petits, chétifs et clair semés, et évidemment pas encore dans leur véritable zône. Mais, c'est toujours avec une satisfaction vive, que l'on revoit les arbres après les vastes aridités des hauts sommets! La route prend ici, peut-être, la tournure la plus grandiose, l'aspect le plus saisissant de tout le trajet; et une fois de plus l'admiration s'impose, pour la hardiesse de conception, et l'audace d'exécution de ce travail de géants que représente une route par-dessus les Alpes. Que de difficultés vaincues! Que d'obstacles victorieusement surmontés! Des contreforts puissants murés sur le roc, et présentant çà et là des altitudes de quarante mètres et plus, soutiennent les sinuosités sans nombre de la chaussée; les parapets massifs courent en lacets étagés directement les uns sur les autres, et semblent une immense spirale de pierres, roulée autour de la montagne : l'inclinaison atteint ici sa limite extrême, et les tournants sont espacés de cent mètres, à peine. Des ouvertures étroites, pratiquées dans les murs, indiquent les sentiers favorables aux spéculations : mais les spéculations, sur ces inégalités en casse-cou, et sur ces rampes qui se rapprochent de la verticale, sont chose autrement scabreuse que plus haut, sur les pâturages; leur fange mobile et sans consistance, les pierres qui y roulent sous le pied qui s'y pose, exigent à la fois pas mal de prudence, suffisamment d'adresse et une solidité de jarret à toute épreuve. Et on a grand soin de ne pas s'y laisser engager le Frèrot. Puis, brusquement, les zigzags finissent, la rampe se perd, et la route s'engage plane et commode dans un bassin élargi où la Lira coule, relativement calme, côte à côte, avec la chaussée; où tout verdoie et tout fleurit; où se multiplient les arbres, et où se montre, à courte distance, le village de Campo-Dolcino, lequel a pour nous un attrait tout particulier, en ce sens qu'il est le buffet de l'étape de la matinée.

Campo-Dulcino est la localité la plus importante de

toute la haute région du versant méridional du Splugen : quelque chose comme le chef-lieu de la contrée. Aussi la police et la douane royale y ont-elles établi leur résidence. N'étant ni conspirateurs ni contrebandiers, ni sacripants d'aucune sorte, nous n'avions rien à démêler ni avec l'une ni avec l'autre de ces deux respectables administrations ! Et malgré cela, à mesure que l'on s'approche du lieu, quelque chose comme une vague appréhension règne dans la troupe ! Que voulez-vous ? Nous avions tant entendu parler du formalisme des administrations italiennes ! Nous n'avions pas de papiers, en somme ! Et l'un de nous eût été soupçonné d'être le trop fameux Jud (qu'on cherche encore, bien qu'on l'ait arrêté dix fois pour le moins, par erreur!), nous eussions été fort embarrassés de prouver le contraire ! Pas le moindre morceau de parchemin, pas l'ombre de timbre officiel, pour prouver notre identité ! Si dame police allait se montrer difficile ! Gelzer, lui, le chançard, possède un passe-port bien en règle ! Mais comme l'exhibition dudit ne servirait, en somme, qu'à faire ressortir davantage l'irrégularité de notre position, à nous, il est d'ores et déjà convenu, qu'il ne l'exhibera pas et que si la police se fâche, nous affronterons, à quatre, son courroux. Il lui serait toujours loisible, d'ailleurs, d'exhiber son parchemin, si les choses menaçaient de prendre par trop vilaine tournure. Tout étant arrangé de la sorte, nous prenons un air détaché et indifférent pour faire notre entrée.

La toute première maison porte la pancarte officielle : „*Polizia e Dogana reale!*" Devant sont assis deux douaniers qui jouent aux cartes, et nous passons, sans qu'ils daignent seulement lever les yeux de dessus leurs atouts! Croyez donc, après cela, aux réputations faites!

Débarrassés de ce souci, nous avons hâte de trouver à présent, un local clos et bien garni; un peu pour nous sécher, et beaucoup pour nous sustenter, deux choses dont nous avons un égal besoin. Eh mais! voyez donc! *Hôtel de la Croix-d'Or!* C'est écrit en toutes lettres, sur une jaune façade, là, au coin du chemin: ni albergo, ni osteria: mais bien hôtel, et avec l'accent règlementaire, s'il vous plaît. Avec une enseigne pareille, ils doivent parler le français là-dedans! Qui sait! ce sont peut-être des compatriotes, égarés par les vicissitudes de l'existence, dans ces parages lointains! Cette idée seule eût suffi pour nous décider, même s'il n'y avait pas eu de plus puissants motifs d'attraction, à entrer dans l'immeuble en question. Et nous pénétrons pleins de confiance.

L'immeuble ne l'est pas du tout, français, par exemple! Un corridor, jaune comme la façade, où des bandes d'indigo courent largement sur de l'ocre: dans les coins, des enjolivements verts, et au sol, un dallage rouge vif. Au bout de cet amalgame de teintes disparates, une hôtesse forte et rubiconde pour nous recevoir. „Bonjour, Madame! vous parlez le français, n'est-ce pas?" — „Voi non parlate italiano, signori?" — Eh non! sacrebleu, nous ne parlâtons pas italiano, et si vous ne parlez pas le français, vous, à quoi bon alors votre enseigne française? Mais bah! nous sommes nous tirés d'embarras à la Dogana, nous sortirons bien d'affaire céans! Et allez donc! la pantomine! Et, tous quatre, nous voici faisant les gestes de gens qui mangent! „Si! si!" crie aussitôt la grosse maman, et elle court à ses fourneaux! Son époux la remplace, qui nous fait les honneurs de la salle à manger. C'est un gros court, l'air malin, fort souple d'échine, malgré un abdomen qui le gêne, d'une politesse obséquieuse et exagérée, qui de prime abord nous déplaît. Pas plus français, d'ailleurs que sa moitié; mais se mettant immédiatement à nous débiter, en italien, une foule de choses auxquelles nous ne comprenons absolument rien! Pour imposer silence à ce loquace personnage, je lui récite la phrase de Bædecker: „Datemi quel chè avete!" — „Si! Jo ho frittata, truetti, costoline, jambonne, burri, fromaggio..." Il continuerait longtemps de la sorte, si on le laissait faire; et ce ne serait pas le moyen d'être servi rapidement. „Datemi costeline!" — „Si, signor!" — „Jambbone!" — „Si!" — „Burri e fromaggio!" — „Si, si! nientre altro?" — Je mangerai bien des pommes de terre, moi, dit le Frèrot. „Pomma di terra! Si! Patate! si, si, signor!" exclame le gros homme! Ah ça, il comprend donc le français, à présent? Va pour les Patate! „Moi! je serais assez porté pour les truetti, qui, évidemment, sont des truites!" „Ah bien! fait l'ironique Gustel, si les truetti sont des truîtes, comme le salatte était de la salade, nous allons bien nous régaler!" Voyons toujours, o Gustel, mon ami! — „Encoura truetti, signor!" — „Si! delle vino rosso?" del vino bianco?" — „Rosso!" — Niente altro, signor?" — „Niente!"

Le dialogue italien, ne trouvez-vous pas, commence à marcher tout seul. C'est qu'aussi, tout à l'heure, pendant une accalmie, et tout en cheminant, je me suis livré, sur mon vocabulaire, à un travail acharné de linguistique, dont la conversation ci-dessus est un peu le résultat.

En attendant qu'on nous serve, goûtez-moi maintenant, je vous prie, ce croquis de notre salle à manger: il en vaut la peine. Au sol, même carrelage vermillon que dans le couloir; aux quatre murs, un badigeon bleuâtre segmenté en panneaux réguliers par de larges bandes blanches, et agrémenté d'un piquetis de petits points bruns à faire croire que toutes les mouches de Campo-Dolcino sont venues s'y oublier! (Mais ne vous y trompez pas, le piquetis en question est voulu, et surtout artistique; mais nullement accidentel!) Au plafond, une teinte d'azur, coupée de jaune sur des poutrelles en saillie; au centre une rosace brune; aux fenêtres des lambrequins cramoisis avec des flots vert pomme! Quelle impitoyable palette! Et quel artiste, hein! que le badigeonneur de Campo-Dolcino!

Mais trêve de critique! Le patron reparaît, porteur de deux bouteilles (du cacheté, s'il vous plaît!) et de cinq verres! Va pour les deux bouteilles! Mais pourquoi cinq verres? Vous allez voir. Quand il a mis les quatre verres en place, il débouche une bouteille, s'en verse un doigt, un très fort doigt, par exemple! dans le verre supplémentaire, le déguste, esquisse un geste de satisfaction, place la bouteille sur la table,... et recommence le même manège avec la seconde bouteille! Non! mais ce que nous avons ri de cette dégustation préalable! On s'arrête de rire, quand paraissent les vivres. Des côtelettes aussi colosses, pour le moins, que celles de Thusis; quelques pommes de terre soi-disant frites; deux belles et excellentes truites de la Lira (rengaînes ton ironie, ami Gustel!); un plat raisonnable de jambon bien à point; un soupçon de beurre et une idée de fromage! Aussitôt, recueillement, silence; enfournement méthodique et consciencieux! On s'arrête au fromage, vu l'impossibilité absolue de pousser l'enfournement plus loin! A présent, il conto, et gare les surprises! Le gros homme nous fait part du total, en italien: nos connaissances de l'idiôme ne s'étendent pas encore aux nombres, il l'eût fait en chinois, que nous aurions compris tout autant. „Scrivere!" fait-il alors, et il va griffonner dans un coin, un compte d'apothicaire. Pour être étrillés, nous sommes étrillés, et de bonne sorte! Dix-neuf francs cinquante! S'il n'a pas mis le louis, rond, c'est sans doute qu'il aura été retenu par un reste de pudeur! Tel quel, nous trouvons il conto, raide, très raide, trop raide! Le dernier article surtout souleva l'indignation générale: Per burri et fromaggio, duo franchi! Deux francs, vieux farceur, pour une tranchinette de beurre et un fragment de fromage, auquel on n'a même pas touché: „E troppo per burri et fromaggio!" — „No! no! signori; non e troppo!" — „Eh! si, e troppo, multo troppo, eorpo di Baccho! Et tu n'auras pas ces deux francs-là, vieux lascar!" Quand il voit qu'on se fâche tout rouge, il remporte le compte, qu'il va soumettre, sans doute, au contrôle suprême de son épouse, et quand il le rapporte, burri et fromaggio ne sont plus cotés qu'un franc! C'est encore trop de moitié!

Comme nous partons, et comme s'il n'avait attendu que cela, le brouillard se change en averse drue, et le gros homme, la bouche en cœur, nous adresse sur le seuil de son immeuble, un discours où nous croyons comprendre qu'il nous engage à rester chez lui, parce qu'il „*plüe multo!*" — „*Siamo Francese!* nous autres, bonhomme, et nous ne nous moquons pas mal de la pluie!" Après le déjeûner que nous venons d'absorber, il est infiniment moins dur, d'ailleurs, d'affronter les éléments, que ce matin, quand, le ventre creux, nous avons quitté la Dogana!

Pour un chef-lieu, Campo-Dolcino que nous traversons, à présent, dans toute sa longueur (ce qui, d'ailleurs, est bientôt fait!), ne paie guère de mine. Il y a bien les bâtiments de la Polizia et Dogana reale, et le jaune hôtel de la Croix-d'Or : mais le reste n'est qu'une mesquine agglomération de chétives maisonnettes, basses, délabrées, maltraitées par les frimas, portant çà et là fresques et peinturlures diverses, mais ternes, lavées, à demi effacées par les eaux du ciel.

A la pauvre église, point d'horloge; par économie, sans doute. Un cadran solaire y remplace le chronomètre, et nous y notons cette inscription d'une transcendante naïveté: „*Nullas nisi serenas horas indico!*" Ce qui veut dire, pour ceux qui ne savent pas le latin : „Bonnes gens de Campo-Dolcino, si vous voulez savoir l'heure, priez que le soleil luise!" S'ils n'ont pas d'autre moyen de se renseigner, ils doivent être embarrassés plus souvent qu'à leur tour, les gens de Campo-Dolcino! En cette occurence, s'ils voulaient d'un bon conseil, nous leur dirions volontiers de s'adresser à Coire, pour qu'on leur expédie une des sept horloges que vous savez; les six qui restent suffiraient, je pense, aux besoins des Coirrois!

Hors du village, on se trouve plus que jamais dans le néant gris et lamentable, et on se croit revenu, du coup, aux alentours de la Dogana. Le brouillard s'est reformé, mais si opaque, si illimité, si universel, que la théorie, si consolatrice cependant, de son éclaircissement par liquéfaction progressive, n'en paraît plus qu'un leurre. O vanité de la philosophie! Malgré la belle averse de tantôt, qui, si la théorie avait été vraie, eût dû suffire pour mettre toute la brume en miettes et en morceaux, en un instant, et pour balayer le firmament d'importance, le firmament n'est pas balayé le moins du monde, et la brume continue à s'étendre en masse dense, d'une seule pièce, recouvrant tout, tout, absolument tout! Pas une ombre; plus une silhouette; rien que la fange du chemin, où l'on barbotte ainsi, dans d'épaisses ténèbres, l'espace d'une petite heure.

Vaguement, par intervalles, l'on croise, comme des fantômes qui passent et aussitôt disparaissent, quelques amas de grossières et misérables habitations. Et on se livre alors, faute de mieux, à des études d'architecture locale et rustique! Avec l'ami Gelzer, c'est assez de mise!

Etes-vous curieux de savoir ce qu'est une maison dans ces hameaux de la montagne? Voici : Les roches qui se délitent, et dont les débris gisent partout, sous forme de moellons aplatis en dalles minces, voilà les seuls, les uniques matériaux. Sur le tracé du futur immeuble, on les entasse en murs épais, aussi symétriquement que faire se peut, bouchant les interstices avec de la mousse, mais sans mortier, sans ciment, sans rien. L'épaisseur exagérée qu'on donne à la muraille, doit remplacer tout cela. S'agit-il de pratiquer une ouverture, soit porte, soit fenêtre (et on n'en fait pas abus, et le métier de receveur des contributions doit être, un peu, une sinécure dans la montagne!), rien de plus simple : on ménage un trou carré, de chaque côté duquel on continue l'entassement, à hauteur voulue; par-dessus, en guise de bandeau, s'applique quelque solive de sapin, et on achève d'entasser jusqu'au toit. Celui-ci se construit de même : Quelques troncs de sapins, peu ou pas équarris du tout, mais de grosseurs diverses, simulent un poutrage et des traverses, sur lesquelles nouvel entassement de dalles, qui se prennent, pour cet usage particulier, plus larges et plus minces et se superposent sur deux ou trois couches. Pour les escaliers, même artifice. Pour ce qui est des cheminées, luxe inutile que cela! Si le trou carré qui simule la porte, suffit pour donner accès aux gens, il peut bien suffire également pour donner issue à la fumée : celle qui ne trouve pas son chemin par là, est libre de rester dans l'immeuble. Et elle profite avec abus de la liberté, et elle tapisse les murs, enduit les dessous du toit, imprègne les dalles à profusion! Vrai, ils s'enrichiraient au commerce de la suie, s'ils ramonaient méthodiquement leurs taudis.

Vous voyez que c'est l'art de la bâtisse dans tout ce qu'il y a de plus primitif! Et l'ami Gelzer, qui vient, en ces pays-ci, pour compléter son éducation! On en pouffe, dans la bande, pour le moins un quart d'heure! Il faut dire, maintenant, et c'est là circonstance atténuante, que ces masures ne sont habitées (car elles sont habitées, n'en doutez pas!) que l'été, alors que les fièvres rendent les bas fonds absolument inhabitables. Cela rend leur installation si précaire, à peu près explicable!

Tels les logis, par exemple, tels les habitants! C'est la malpropreté poussée à l'extrême, et le déguenillé frisant le raffinement. La marmaille pullule. Hâves, malingres et chétifs, échevelés et demi-nus, des enfants d'âges divers, par douzaines et plus, trottent à nos trousses, dans la boue du chemin, nasillant avec des intonations à émouvoir un roc, leur monotone refrain de: „*Carita! carita! signori!*"

Allez-y, la bourse commune! Vous trouverez rarement meilleure occasion! Et on leur jette une poignée de sous! Avez-vous vu parfois, sur le déclin de l'automne, une bande de corbeaux fondre et s'acharner sur quelque corps de bête morte, abandonnée dans les champs? Tels, ces malheureux! Avec quelles vociférations, quels coups, quelles bousculades, ils se disputent et s'arrachent les pièces de monnaie ramassées dans la fange! Puis la dispute cessée, la course recommence: ils sont de plus belle à nos trousses, et les carita! carita! de reprendre leur train lamentable. On se lasse vite du concert; mais les gamins, alléchés par l'aubaine, y mettent de l'acharnement, et leur nombre s'accroît à mesure. Ils sont un troupeau, à présent! On les chasse du geste! Ah bien oui! Faites donc, du geste, reculer ces vilaines grosses mouches qui s'acharnent sur les chevaux, par les chaudes journées d'été! Cette marmaille est plus enragée encore! Ils sont à deux kilomètres de chez eux, et ils trottent de plus belle et ne sont pas près de cesser! A bout de patience, enfin, et furieux pour de bon, nous faisons halte, et traçant avec les Alpenstöck, une raie à travers la route, nous exécutons dans leur direction une gymnastique si expressive et si significative, que nous en sommes, de la sorte, débarrassés.

Tout vient à point, à qui sait attendre! C'est la sagesse des nations qui le prétend, et bien que cette sagesse-là ne soit le plus souvent qu'une vieille radoteuse, il se trouve qu'aujourd'hui, elle a raison! Les éléments semblent enfin se disposer à nous devenir plus cléments! Il n'est, après tout, brume si épaisse qui, à la longue, ne se dissipe! Le brouillard, sans autre liquéfaction, s'éclaircit. Les vapeurs se massent, par amas compacts; des déchirures, de toutes parts se produisent; s'étendent et s'aggrandissent, dans l'enveloppe jusqu'ici si déplorablement homogène, et des nuées s'enlèvent, isolées, lourdes, de formes fantastiques, d'allure traînante, que le vent lentement, majestueusement, promène aux flancs du mont, comme des spectres drapés dans d'immenses linceuls! Le jour, sans doute, laisse encore à désirer, et l'horizon ne se dégage que comme à contrecœur. Mais, dans un rayon de plus en plus étendu, le paysage se fait net et charmant, les détails des rampes se dessinent avec vigueur! C'est pour la première fois de la journée, vrai régal pour les yeux!

Le val de la Lira qu'on retrouve d'abord, et qu'on salue comme une vieille connaissance, paraît de nouveau profondément creusé, se profilant, au-dessous du chemin, en ravins sauvages, et déroulant, à nos pieds, ses parois tourmentées, sur lesquelles, çà et là, paraissent quelques touffes de châtaigners au long feuillage vif et lancéolé. Sur les rampes du Splugen, où la route continue à enrouler ses lacets en étages, de vastes solitudes s'étendent maintenant, où s'éparpillent, dans un informe chaos, d'énormes blocs de rochers, gisant pêle-mêle, étonnants par leurs masses, stupéfiants dans leurs attitudes, amenés là par d'horribles cataclysmes! Dans le détale étrange de ce bouleversement de roches, dans ce monde de pierres écroulées, le chataigner a élu domicile et jette l'animation et la vie. D'abord rare et rabougri, il se multiplie rapidement, se développe à mesure et bientôt apparaît superbe de port, splendide d'aspect, magnifique de vigueur et de proportions. Quelques arbres se remarquent, les doyens du versant, dont, à nous quatre ensemble, nous aurions eu du mal a entourer le tronc, de nos bras étendus. Plus bas, on retrouve quelques villages espacés, plus confortables, mieux bâtis, un peu moins malpropres. Les églises en sont fort originales, avec leur clocher mince, en forme de minaret, et leurs fresques qui frappent de loin le regard. Certains détails d'architecture à noter en passant; des cheminées, par exemple, barriolées en mosaïque, ou bien encore tordues en vraie spirale par le caprice de quelque maçon en délire!

Puis voici les champs revenus, et les prairies, et les arbres fruitiers, et le chemin s'ombrage de cerisiers et de noyers, ni plus ni moins que chez nous la route impériale! Nous croisons un paysan qui monte, chargé d'une hotte toute remplie de pêches! „Hé, l'amico! Datemi per cinque soldi!" Un vrai festin! Succulentes! exquises! les pêches du brave homme! „E chè la distanza per Chiavenna?" lui demande-t-on au moment où il se remet en route. — „Decie minoute, signor!" et nous descendons avec un bel entrain! Bientôt se montrent les vignes; par clos isolés d'abord, puis s'étendant, se multipliant, couvrant tout. C'est le vignoble de Chiavenne. Les ceps se cultivent ici, presqu'exclusivement, en tonnelles, mais en tonnelles surbaissées, invalides et écroulées aux trois quarts; c'est la vendange qui ne doit pas être commode là-dedans, par exemple! Comme culture de vigne, cela paraît primitif, peu soigné : les ceps ont quelque chose de débraillé, de demi-sauvage qui choquerait dans nos vignobles tirés au cordeau. Malgré cela le raisin est abondant, fort beau et presque mûr à point! Qu'il ferait bon, grappiller un brin, là-dedans, en passant! Oui! mais il faudrait pour cela, savez-vous, escalader les clôtures! et autant nous aimerions le grappillage, autant l'escalade nous est antipathique; sans compter que la tutélaire institution du garde-champêtre existe, sans doute, également en ces parages! Ah! s'il n'y avait pas eu de clôtures; et si nous n'avions pas craint le tricorne communal, les vignes de Chiavenne en auraient vu de dures!

On n'aperçoit guère Chiavenne qu'au moment où l'on y met les pieds, tellement la ville est nichée dans la verdure! La végétation est devenue luxuriante presqu'instantanément. Vignes et maïs, mûriers et oliviers, chataigners et noyers couvrent, à l'envi, le fond de la vallée, et les basses parties des massifs environnants qu'ils masquent de leurs verdures diverses. Devant une pareille exubérance, l'on s'étonne et l'on a peine à se persuader à soi-même, qu'à deux petites lieues plus haut dans la montagne, il ne pousse péniblement qu'un peu d'herbe maigre sur les rochers arides. Mais examinez attentivement le tableau; vous y devinerez aisément, sous des dehors enchanteurs la proximité des froids déserts et des solitudes dévastées! L'ensemble des rampes du Splugen offre, en effet, partout encore, un singulier mélange d'aridité nue et de fertile culture, un étonnant contraste de sites ici paisibles et riants, là abrupts et sauvages. Les régions inférieures, autour de Chiavenne, sont toutes charmantes et agréables comme un jardin ; mais au-dessus, d'austères sommets se dressent, des flancs escarpés s'étagent, des pics sourcilleux s'élancent vers les nues, des écroulements de rocs sont suspendus comme une perpétuelle menace, et de longs sillons, de toutes parts, se creusent dans les hautes parois, livrant passage à des torrents capricieux, rapidement grossis par les pluies, et pleins alors de dangers imprévus pour les moissons qui jaunissent à leurs pieds.

Chiavenne est la capitale de toute cette partie de l'extrême Lombardie, qui, du lac de Come, s'étend au col du Splugen, à la frontière suisse. C'est une ville de cinq à six mille âmes, assez industrielle, paraît-il, et occupant le fond même de cet entonnoir insalubre et marécageux, qui va des bas étages du Splugen aux rives fortunées du Lago di Como. C'est, de plus, un centre de passage très fréquenté, le point d'intersection des routes de l'Allemagne et de Suisse. C'est la première ville italienne qui s'offre à notre investigation, et bien vite nous en commençons la visite.

Nous voici par les rues, dévisageant, inspectant, furetant, et ne demandant pas mieux que d'être émerveillés. Mais l'émerveillement ne vient pas! Il vient, par contre, une déception complète, absolue, sans seconde! Et encore une fois, la bella Italia n'a pas le don de nous sembler belle! Les rues, d'abord, ne sont pas des rues, dans cette singulière capitale ; rien qu'un réseau de ruelles étroites, tortueuses, empâtées, jouissant du pavé le plus pointu, le plus inégal et le moins praticable du monde, que barriole la boue la plus étrange et la plus composite qui se puisse imaginer. Là, gisent pêle-mêle des débris de cuisine et de vieilles semelles; des vieux pots fêlés, et ce que laissent les chevaux, au passage; des lambeaux de journaux et des squelettes de poissons; tout, jusqu'à quelque crâne décharné de veau ou de mouton, par-dessus lequel on risque de faire des chutes imprévues! Le balayage est un luxe que les Chiavennois ne se paient pas souvent, s'ils se le paient parfois; ce qui paraît problématique. La ruelle de chaque côté s'incline légèrement en pente vers son milieu; là coule, dans une sorte de rigole, un mince filet d'eau, qui emporte, des immondices, ce qu'il peut! Quant au reste! à la grâce de Dieu! et au plus grand agrément des rats! Ah! si quelqu'un des vaillants chiffonniers de notre Paris se trouvait transplanté dans ces parages! Sa hotte, j'imagine, lui tressaillerait d'aise, au dos, en présence de tant de trésors accumulés! — Des trottoirs! Est-il besoin de dire qu'il n'en existe pas trace? De l'allignement! Allons donc! Et pourquoi faire? Aussi quelle fantaisie dans la disposition des façades! Et quelles façades! Rien de neuf, rien de frais, rien même de propre: pas une maison qui sourit, dans ce vilain tout déplaisant; tout est terne, poudreux, minable et sale. Des peintures pourtant, un peu partout, sur les pans de murs, autour des portes, des fenêtres, jusque sur les toits; mais banales, sans goût et combien pâles, ternies et relavées par les pluies! Aucun entretien, aucuns soins! Aux murs, partout, baillent des crevasses qu'on ne bouchera jamais; aux façades, par nombreuses plaques, le crépis a donné sa démission et n'a pas eu de remplaçant ; de toutes parts, la suie, la poussière et les eaux ont mis de sordides traînées noires qu'on ne lave point! (Ce sont les peintres en bâtiments qui doivent faire de tristes affaires par ici!)

La physionomie des rues est encore assombrie par la disposition des toits en saillie, faisant auvents et interceptant d'autant l'air et la lumière. On n'aperçoit pas une devanture, on ne voit point un magasin, et on se demande où se font les transactions du commerce! De distance en distance, de petits bouges s'ouvrent, au rez-de-chaussée, où entrent des gens à mine soucieuse et patibulaire : une inscription en grandes lettres noires : *Lotteria !* C'est, paraît-il, le grand dada, la grosse affaire de la population!

Beaucoup de cafés! Bas et étroits, ils ressemblent à des corridors enfumés! Pour toute porte ils ont une tenture à teintes vives (seul détail qui donne un ton de gaîté!), qui flotte au vent jusque dans la rue, et derrière laquelle s'aperçoivent des enfilades de tables crasseuses, autour desquelles, des consommateurs bruyants.

Nous avons atteint, tout en flânant, l'extrémité méridionale de la ville et il nous faut revenir sur nos pas, pour aller à la recherche du bâtiment de la poste, où, depuis hier, nos sacs doivent s'ennuyer à nous attendre. J'ai idée que nous profiterons de l'occasion pour nous affréter des places dans la diligence de Colico : car vous pensez bien que les attraits de Chiavenne ne vont pas nous arrêter longuement, à présent! et d'autre part nous en avons suffisamment, des délices de la promenade pédestre, dans la bouillie de la grande route!

Encore une chiquenaude à nos principes de Thusis!
C'est la seconde en deux jours! Mais les principes, ici
bas, sont tellement exposés aux chiquenaudes! Et puis,
j'aurais bien voulu vous y voir, vous tous que pourrez
trouver à y redire!

Au premier Chiavennois qui passe à portée, nous
demandons le chemin de la Poste. Il répond quelque
chose en italien, mais s'apercevant vite que son renseignement n'a pas l'air de nous avancer beaucoup, il
demande en allemand, ou à peu près, si nous parlons
cette langue: „Jawohl, jawohl!" Il en paraît tout content, et nous aussi; et à peine a-t-il appris que nous
sommes en partance pour Colico, qu'il se met à nous
énumérer les innombrables avantages qu'une voiture particulière possède sur toutes les diligences du royaume!
Et il fait si bien, son éloquence devient si persuasive,
qu'en fin de compte, il nous emmène à l'hôtel de la
Corona, où il nous a fait entrevoir une voiture dans les
prix doux, et la plus fameuse bière de Chiavenne, qui
brasse, d'après lui, la meilleure de toute l'Italie!
Arrivés à destination, il nous présente à l'hôtelier, auquel il expose nos diverses requêtes: puis, au moment
où nous allons pour le remercier de tant d'obligeance,
plus personne; notre homme s'est éclipsé sans laisser
de traces!

La voiture est à notre disposition pour douze
francs! Et notre homme qui parlait de prix doux! Mais
il n'y a pas à marchander, a dit l'hôtelier; c'est un prix
fait, comme pour les petits pains. Puisqu'il le dit, il faut
bien le croire. Pendant qu'on attelle, nous dégustons la
fameuse bière! Hum! si c'est là ce qu'on brasse de meil-

leur à Chiavenne, m'est avis que l'Italie ne serait pas grandement privée, si Chiavenne ne brassait plus !

En attendant, et après les dégringolades du Splugen, nous ingurgitons sans trop de grimaces, ce défectueux produit de l'industrie locale.

Dûment renseignés par notre hôte, Gelzer et moi, nous poussons jusqu'à la poste, qui se trouve être juste à l'extrémité opposée de la ville, ce qui nous fournit l'occasion de voir tout un nouveau quartier de la capitale. Ledit quartier n'est, hélas ! que la fidèle, mais laide répétition, de ce que nous connaissons déjà : un peu moins d'animation encore, et c'est toute la différence. Beaucoup de vieux bâtiments décrépits, séparés par des cours, où pousse une herbe tellement touffue, que c'est à croire qu'ils entretiennent, dans l'enceinte même de la ville, autant de prairies artificielles ! A côté de la poste se fait particulièrement remarquer une ruine branlante, quelque chose qui paraît avoir été comme un château fort, qui ne tient plus debout que par un miracle d'équilibre, et qu'on trouve plus commode, au lieu de l'abattre, de se laisser démolir tout seul ; une façon comme une autre d'économiser la main-d'œuvre. Au bureau, nous trouvons nos sacs, qui reviennent à la Corona, sur notre dos !

Là, l'ami Gelzer, que nous allons quitter dans un instant, réclame l'honneur de régaler une dernière bouteille de birrone, pour les adieux ! Ainsi soit-il ! Mais il fallait bien cette circonstance solennelle, pour nous décider à avaler encore une fiole du fallacieux breuvage ! Notre architecte compte passer la journée à Chiavenne, où il veut mettre à contribution, au profit de son album, les quatre églises aux clochers fluets qui décorent la cité. On trinque une dernière fois, on se donne une dernière et cordiale poignée de main, et nous nous quittons enchantés, de part et d'autre, du temps que nous avons passé ensemble. „Je penserai longtemps à vous, nous crie cet estimable garçon, au départ; et à la Dogana aussi, et aux ampoules, et à la boulotte, et au reste!" — „Surtout n'allez pas oublier le maître de poste d'Andeer!"

Quant la voiture est prête, une surprise nous attend: l'obligeant personnage de tantôt se trouve être notre cocher, et voilà son amabilité tout expliquée! „Eh hue, 'a Lise!" crie-t-il à son cheval. Et la Lise part d'un bon trot! Et adieu Chiavenne, ses splendeurs et son birrone!

Un cocher bavard, c'est une bonne aubaine en voyage; à condition, toutefois, que le bavard ne soit pas doublé d'un épais imbéci'e, ce qui se voit. Notre automédon du moment aime à jacasser comme pas un; de plus, il est sensé suffisamment, voire un brin philosophe, et comme j'occupe le siège, à côté de lui, nous bavardons bientôt comme si nous avions déjà fait, de concert, mainte tournée. Enfant de Chiavenne, il a été, comme tant d'autres, faire son petit tour d'Amérique; et comme tant d'autres, il est revenu peu enchanté de ce prétendu pays de cocagne. Ce qu'il en a rapporté de plus net, c'est, avec la perte de ses illusions, le peu d'allemand qu'il y a appris, et quelqu'expérience de la vie. Et voici quatre ans qu'il est de retour dans sa patrie, s'occupant à voiturer des touristes, l'été; des marchandises, l'hiver; et, bien plus heureux qu'en Californie, ajoute-il en matière de conclusion. Il ne paraît pas peu fier de sa vallée, par exemple, dont il cite, indique, explique les moindres détails : „Nous avons un beau pays, par ici, n'est-ce pas, Monsieur? Et puis fertile! Et puis les belles vignes!" — „Oui! mais le vin, est-il bien bon?" — „Oh, pour ça, Monsieur, bien sûr qu'il est bon : et puis bon marché! Meilleur marché que la bière!" Et comme je me rebiffe et m'étonne, il se dépêche d'ajouter ; „Ah mais, pour les étrangers, ce n'est pas la même chose!" — Nous nous en étions doutés déjà à Campo-Dolcino!

Peu après Chiavenna, le vignoble cesse; la culture devient plus uniforme; ce n'est plus que maïs et mûriers, mûriers et maïs, à l'infini; aux rampes grimpent, à l'exclusion de tous autres arbres, de vraies forêts de châtaigners; ça et là, en pleins champs, de grands et lamentables sillons paraissent, effondrés, béants, exposant dans un pêle-mêle affreux, des quartiers de rocs, des masses de terre végétale récemment arrachées, des monceaux de cailloux roulés, des arbres brisés, les racines en l'air, traces lugubres du passage de quelque torrent récemment débordé, maintenant rentré dans son lit.

On approche du lac de Riva. C'est une prolongation, en forme de golfe plat, que le Lago di Como enfonce, au nord, dans les montagnes, et avec laquelle il communique largement par l'Adda. Ses abords sont misérables, tristes, entièrement marécageux. La chaussée, par endroits, dans ces bas-fonds, court sur de longs remblais élevés, et de chaque côté stagne une eau jaunâtre, dans laquelle les joncs s'étendent à perte de vue et cachent le paysage. C'est ici que l'on traverse des villages actuellement inhabités, et dont les habitants sont réfugiés là-haut, dans les masures de la montagne. Les maisons sont closes : rien qui bouge ; tout est désert et mort : à peine s'il est resté quelqu'aubergiste, blindé contre les fièvres, pour le plus grand agrément des cochers et postillons.

Le lac est petit et manque totalement de cachet; ses eaux sont toutes bourbeuses, d'un jaune du plus déplaisant effet ; les torrents d'alentour n'ont pas fini d'y déverser les masses de fange qu'ils roulent depuis les averses de ces jours derniers. La contrée est sans relief ; la route se traîne en un ruban droit, indéfiniment allongé : c'est une portion absolument insignifiante de la vallée.

Des indigènes, par contre, que l'on croise, sur la chaussée, sont superbes de pittoresque et de couleur locale. Ces gens-là sont drapés dans leurs haillons aussi fièrement que des princes dans la pourpre! Et quels haillons! Et là-dedans, quelles physionomies. quels types! Barbes et cheveux incultes nébuleux; visage au teint de basane, hâle maladif, dû autant à l'action du fléau des marais, qu'aux rayons brûlants du soleil ; faces bistrées et malingres, mais traits fins et délicats, parfois pleins de noblesse ; corps par contre chétifs, comme souffreteux, et exposant sans vergogne, un débraillé et une malpropreté dont, chez nous, on n'aurait même pas idée! Chapeaux coniques, à la tyrolienne, crânement posés sur l'oreille ; ils ont, sans doute, possédé une teinte propre, bien à eux, ces couvre-chefs, au temps de leur première jeunesse ; mais le moyen de voir, aujourd'hui, sous l'épaisse couche de graisse et de crasse dont les ont recouverts les années ! L'habitude paraissant être de circuler, par les chemins, en bras de chemise, il est aisé de se convaincre, qu'on n'a qu'une idée fort approximative, aux bords du lac de Riva, du linge frais. A l'épaule, pend une veste de bure ou de velours, encore à peu près brune ou bleue, mais dont l'étoffe partout montre la corde et grimace des mailles. Le pantalon n'a pas détrôné encore la culotte, par ici ; mais nos grand-pères défunts, auxquels, dit-on, la culotte seyait si bien, auraient, certes, renié ce grotesque vêtement, faisant autour des maigres genoux des passants, des plis si informes et si indociles. Les mollets sont ficelés dans de vieux lambeaux d'étoffe ; c'est leur façon de porter des bas ; les pieds sont nus, noirs de boue, ou parfois une sorte de semelle de bois sert de chaussure, maintenue sur le dos du pied par quelques brins de ficelle ! Les femmes n'apportent dans leur tenue ni plus de coquetterie, ni plus de propreté : le corset, le corsage même leur est un luxe inconnu ; pour la plupart elles portent simplement une épaisse chemise d'étoffe rude et grossière, une jupe noire, au bas rayé de rouge vif ; et, elles ne sont pas meilleures clientes pour les cordonniers ou savetiers du pays que leurs frères ou maris ne sont bons clients : Rarement jolies, aussi basanées que le sexe fort, la seule chose qui les distingue est une chevelure magnifique, d'un noir de jais, qu'elles portent fortement tirée en arrière, et maintenue par une grosse épingle d'argent, l'unique luxe de toilette que nous ayons encore pu observer !

A Colico, vilain bourg, indigne de se mirer dans

les belles eaux du Lago di Como, dont il occupe juste l'extrémité septentrionale, le cocher, de sa propre autorité, nous arrête droit au perron de l'hôtel Isola Bella : nous nous laissons faire, bien que personne, dans la bande, n'éprouve, ni la moindre envie, ni le plus petit besoin d'une consommation de quelque sorte qu'elle puisse être! Le moyen de se dérober, d'ailleurs! Pendant que je suis occupé à payer la voiture, notre sac a disparu, comme par enchantement; et après ample information, il se découvre que déjà, il a été transporté, par les soins du patron de céans, dans la salle à manger où, on nous prie, le plus obséquieusement du monde, de l'aller rejoindre. Et nous voici, consommateurs malgré nous, grimpant au premier, sur les pas du plus empressé des garçons, mais ne sachant absolument pas oh mais là! absolument pas, ce que diable! nous allons, faire là-haut! Nous y admirons avant tout une salle, dans le genre de celle de Campo-Dolcino; il y a une telle analogie de teintes, un si identique amalgame de nuances, que c'est le même artiste évidemment qui a produit ces deux chefs-d'œuvre! Celui d'ici est, en plus, agrémenté d'une série de cadres jadis dorés, mais aujourd'hui noirs, dans lesquels des gravures plus que médiocres, représentent, sur l'un des côtés, le pont d'Arcole, Marengo, l'entrée à Milan, et autres gloires du grand Napoléon, et sur l'autre, Montebello, Magenta, Solferino, l'entrevue de Villa-Franca, et autres glorioles du Petit!

„Ah qu'on est fier d'être Français, quand, etc.....!"

Seulement, comme l'on n'est pas monté à la salle à manger de l'hôtel Isola-Bella, uniquement pour être fier de sa nationalité, et que l'empressé garçon attend avec une visible impatience, qu'on lui donne ordre de servir quoi que ce soit, on se décide à lui demander trois cafés, qui se trouvent être les plus mauvais du monde, et qui, bien que payés seulement vingt centimes, la tasse. se paient encore bien plus cher qu'ils ne valent! Mais aussi qu'allions-nous donc faire dans... cette galère? Au moment où nous en sortons, la diligence s'arrête, venant de Chiavenne. Du coffre jaune nous voyons, stupéfaits, sortir Gelzer, l'architecte Gelzer, qu'on croyait en train de croquer toutes sortes de choses, là-bas, et qui, de plus en plus déveinard, et plus brédouille que jamais, n'ayant rien découvert à se mettre sous le crayon, se trouve réduit à chercher croquis et études dans un milieu plus favorable! Enchantement réciproque! Démonstrations vives! Serrements de mains qui menacent de ne plus finir! Et nous allons de concert nous embarquer à bord du Milano, qui chauffe sous vapeur, au port, n'attendant plus que nous... et pas mal d'autres voyageurs, arrivant essoufflés de directions diverses!

Quelques instants plus tard, le bateau, majestueusement, traçait, au milieu des flots tranquilles et comme endormis, son long sillon mobile, et du pont, nous laissions nos yeux émerveillés errer sur le radieux panorama du Lago di Como, que les nuages envolés ont à peu près découvert dans son ensemble!

O lacs italiens! depuis si longtemps objets de nos persévérants désirs! But charmant! si ardemment et si longuement désiré! vous voici donc atteints! Et nos regards ravis vont enfin pouvoir, à satiété, se repaître de vos tableaux incomparables! Oh oui! incomparables! Et combien l'imagination la plus osée et la plus vive, dans l'image qu'elle s'était faite de vos splendeurs, était restée en-dessous, bien en-dessous, de la réalité! Rivages fortunés! Adorables sites! Paysages sans rivaux, salut!

Certes, les lacs de la Suisse sont beaux, eux aussi: chacun d'eux a ses attraits, sa grâce particulière, et nous leur avons, tour à tour, payé à tous et à chacun, notre tribut d'admiration. Mais où trouver, parmi eux tous, un seul rival qui puisse lutter de magnificence, avec les eaux sans pareilles qui baignent le versant méridional des Alpes! Où rencontrer ailleurs, réunis en un merveilleux ensemble, cette pureté et cette harmonie de lignes, cette grâce parfaite, cette fraîcheur de teintes, cette vivacité de coloris, ce bonheur de contrastes, ce charme puissant et cette infinie douceur de tout l'horizon! Jamais encore, dans nos pérégrinations diverses, il ne nous a été donné de contempler un spectacle d'un attrait aussi intense, d'une beauté aussi absolue, d'une aussi sereine majesté! Quel éclat et quels feux dans ces flots céruléens, mollement étalés! Quel charme, dans ces rives aux flexueuses ondulations, ces côteaux aux moelleux contours, ces monts étagés en élégants gradins, ces croupes si harmonieusement disposées! Quelle exubérance de végétation et quelle abondance de vie! Comme se pressent à l'envi, sur les rives, villes pimpantes, blancs villages, villas sans nombre, sémillantes et coquettes, et quel effet de bonheur rare, que cette ligne claire de bâtiments, courant sans interruption, formant comme une blanche ceinture à l'onde paresseuse, intersection magique entre l'azur des flots et l'émeraude des collines! Ah! quel bonheur ce serait que de pouvoir consacrer quelques jours à ce lac féerique! D'aller admirer tout à l'aise et dans la diversité de leurs aspects multiples, l'une et l'autre de ces charmantes rives; de visiter quelques-unes au moins de ces localités si originales et si tentantes, et d'aborder certaines de ces grandioses demeures de plaisance que le faste des cités italiennes a multipliées sur ces bords, et dans lesquelles il a accumulé les plus rares trésors de l'art antique et moderne! Mais non! Avec notre bourse commune, pareil arrangement n'a pas chance de succès! Pour nous, point de villégiature fixe; point de doux farniente! Nous en sommes réduits, hélas! à une admiration hâtive, au pas de course, à la vapeur bien plutôt, au gré de la marche du Milano. Et rapidement, bien trop rapidement à notre gré, le bateau glisse devant toutes ces merveilles!

Depuis quelque temps nous voguions; debout sur le pont, absorbés, subjugués par la splendeur du tableau, insouciants de tout le reste, nous ne songions pas plus à ce qui pouvait se passer sur le bateau, que s'il ne s'y était rien passé du tout. Mais il se passe toujours quelque chose sur un bateau, et, à la fin, cet avertissement: „*Si prendre biglietti, signori!*" proclamé par une belle voie de baryton, tout à nos côtés, ramena notre attention à des soins plus prosaïques Celui qui rappelait ainsi aux passagers, que le Milano ne transportait les gens, pas uniquement pour leur plaisir, mais aussi et surtout pour leur argent, était un homme de l'équipage dont l'accoutrement n'eut pas été dédaigné par un vrai loup de mer! Ce marin d'eau douce le porte, d'ailleurs, avec une aisance, une crânerie, un chic (c'est le mot vrai, dans la circonstance!) parfait. Jeune encore, belle tête et bien italienne! La physionomie est hardie, intelligente et fière, les yeux bleus, très-doux, mais en même temps d'une singulière vivacité; le nez fortement arqué, effilé et mince; les cheveux admirablement noirs, longs et bouclés comme ceux d'une tête d'enfant. Splendide de prestance, indolent et superbe, il circule lentement au milieu des groupes qui encombrent le pont, et, comme à regret, laisse, par intervalles, tomber de ses lèvres dédaigneuses son refrain : „*Si prendre biglietti, signori !*“ qui résonne comme une musique! Allons donc, puisque ce beau musicien l'exige, prendré nos biglietti! Ils se prennent dans une sorte de cabine-bureau, à côté de la chambre de machines, où les bielles manœuvrent fièvreusement dans leur cage vitrée. On y a affaire à un buraliste hérisson, qui vous reçoit en grognant, et a tout l'air de vous faire un mauvais parti, quand il se voit obligé de rendre de la monnaie. Chaque billet, ici, est muni d'un appendice : „*Per sbarco !*“ — Per sbarco? Qu'est-ce cela? C'est la coupure à remettre aux bateliers, qui, aux stations privées de débarcadères fixes (et ce sont, en somme, les plus nombreuses) viennent, en plein lac, chercher ou amener les voyageurs, aux flancs même du bateau, qui daigne alors un instant ralentir sa marche. Cette organisation semble primitive, au premier abord, et faite pour compliquer les choses; mais il paraît que les changements de niveau considérables, auxquels est sujet le lac, selon le temps qu'il fait, rend l'établissement de débarcadères fixes en bien des localités, ou fort difficile, ou fort dispendieux! C'est, en sbarco, que l'ami Gelzer, qui, lui, le veinard (ce que c'est, pourtant, que de n'avoir pas à faire à une bourse commune!) veut faire le tour du lac à pied, nous quitte à Bellano! Cette fois, c'est bien la dernière poignée de main! Adieu donc, aimable Schaffhousois, et que Dieu vous garde désormais...... des ampoules et des maîtres de poste! Et puissent les bords du Lago di Como être plus favorables à vos crayons et à vos pinceaux que ne l'ont été les régions jusqu'ici parcourues! Et que votre album enfin s'enrichisse des croquis les plus variés!

Le Milano dessert les deux rives du lac, entre lesquelles il zigzague sans relâche, donnant de la sorte occasion d'admirer le tableau, sans cesse sous un nouvel aspect! Et c'est sans relâche aussi, comme dans un kaleidoscope enchanté, une surprenante succession de villes et de villages se mirant avec complaisance dans le miroir étincelant qui les reflète avec vigueur; d'édifices à facture étrange; de constructions d'une architecture bizarre, fantaisiste et infiniment variée; de demeures énigmatiques et singulières, et plus singulièrement encore nichées dans la verdure; de palais princiers, de terrasses monumentales; d'orgueilleux frontons; de larges escaliers de marbres; de villas innombrables; de clochers d'église fluets et élancés; de retraites mystérieuses à demi-cachées sous la feuillée; de quais encombrés de monde; de ports pleins d'animation et où frétille toute une flotille de barques légères, ornées de tentes en étoffes claires et de pavillons qui flottent gaîment au vent; de fermes enfin et de chalets, éparpillés aux quatre coins avec une profusion étonnante, au milieu d'une végétation exubérante, variée à l'infini et mêlant ses riches teintes; et par-dessus le tout court, tout au long, à la crête des monts, une ligne mince, vive et claire de frais pâturages, formant une insensible transition, de la verdure des massifs à l'azur sombre du ciel! C'est d'un effet prodigieux, et de plus belle, on se laisse aller à une admiration sans relâche, pendant que le Milano creuse, de ses deux grosses roues, la belle plaine liquide, avec cette crépitation de gouttes soulevées, si agréable à l'oreille.

Mais combien plus complète encore et plus radieuse doit être la beauté de ces lieux, par une belle journée de printemps, alors que l'atmosphère pure et sans tache, présente cette admirable transparence, que tous les peintres s'accordent à donner au ciel d'Italie; que l'azur infini a toute sa profondeur, et que le soleil, sans entraves, embrase de ses feux, l'incomparable horizon!

De Bellano, nous voici à Menaggio, sur la rive opposée: le temps de débarquer quelques rares voyageurs et le Milano reprend sa course vers Bellaggio, où nous ne tardons pas à débarquer à notre tour. C'est ici, pour nous le bout de l'étape, et le gîte pour cette nuit.

Bellaggio occupe sur le lac une position sans égale. Il est perché tout à l'extrémité du promontoire, qui, au milieu de sa longueur, divise le Lago di Como en deux baies parallèles, celle de Lecco à gauche, celle de Como à droite; et du haut du promontoire, où s'élève, au sommet du côteau verdoyant, la grande villa Serbelloni, l'œil plonge à la fois sur les deux baies, et sur la grande portion du lac, qui en perspective ravissante s'étend bien loin, au nord, jusqu'au fond un peu brumeux, où s'aperçoivent, faibles et indistinctes, les maisons de Colico. Nulle part, peut-être, sur tout le trajet, les rives ne sont si coquettes; ni plus grâcieuse et plus fraîche, la blanche ceinture des villas et des villages, ni les massifs plus harmonieux; ni les monts plus florissants; ni l'ensemble du tableau plus attrayant et plus beau! Aussi Bellaggio est-il le grand centre d'attraction, la station favorite, le lieu où converge, chaque été, le plus grand nombre de passants et de pensionnaires. Il n'y a rien d'étonnant, par conséquent, si les hôtels, ici, occupent bien plus de surface que le village lui-même, qui disparaît comme honteux derrière eux. Un ami qui, l'an dernier, a visité ces parages, nous avait tant vanté le luxe et le comfort de ces établissements, que nous aussi, nous avons voulu en tâter, et que depuis longtemps, dans notre esprit, notre logis était pris, à l'hôtel Gennazini, dont, à notre tour, nous voulons goûter les douceurs!

Les cinq ou six hôtels (je ne vous en dirai pas le nombre au juste!) ont envoyé au débarcadère une notable partie de leur personnel, et c'est au milieu d'une assez jolie escorte qu'on arrive à destination, au grand vestibule de l'hôtel Gennazini! Les hôtels se suivent... et se ressemblent peu! Heureusement! O Dogana! affreux bouge! Que te voilà loin de nous! L'hôtel Gennazini, peut-être, ne voudrait point de toi pour loger sa valetaille; et la valetaille de l'hôtel Gennazini, bien sûr, ne voudrait pas de toi pour logement! C'est un véritable palais, aussi bien, où nous venons de mettre le pied, plutôt qu'un simple hôtel. Tout y est luxe et apparat! Déjà dans le vestibule, „ce ne sont que festons, ce ne sont qu'astragales", et dorures et peintures, et fresques et mosaïques et le reste! Puis un large escalier du marbre le plus blanc, où grimpe pêle-mêle, à la remorque d'un gérant, bel homme à calotte brodée, toute une troupe de touristes; nous parmi! Au second étage, seulement, on se démêle un peu; et nous alors, sur notre bonne mine apparemment, on nous renvoie, sous les auspices d'un garçon, dans une dépendance à côté de l'hôtel! Ici, plus de festons, ni la moindre astragale: point de dorures non plus; mais d'abord, une salle de billard, qu'on nous fait traverser; et là-dedans une machine à carombalages si immense, si immense, que nous, qui sommes myopes (comme bien vous savez, depuis Neuhaus), nous ne saurions, sans lunettes d'approche, essayer là-dessus notre adresse! Vient ensuite une série de petits escaliers de granit, s'éparpillant à droite, à gauche, partout, dans la maison, et dont l'un même au huit, notre logis. C'est la maison aux énormités, bien sûr, que cette dépendance! Nous logeons, au bas mot, sur trente-cinq mètres carrés de surface; et avec ses quatre mètres d'élévation, notre appartement cube des volumes fabuleux et improbables! Trois lits minuscules se perdent dans cette immensité, comme se perdent les minces tranches de rôti dans les grands plats pleins d'une mare de sauce claire, à notre pension, à Strasbourg! De prime abord, nous avons pris ces couchettes pour des sophas. Ils en ont à la fois et les dimensions, et l'aspect. Aussi bas sur pieds, ils présentent du moins une qualité précieuse pour les gens à sommeil agité, qui se réveillent parfois, le matin, sur le plancher! Nous jouissons, par contre, de lavabos géants et de cruches phénomènes! Point de peintures, ni aux murs, ni au plafond; ce qui étonne: par contre, celles-ci existent sur et dans tous les vases, même dans ceux d'une indispensable nécessité; et nous trouvons, reproduit dans l'un de ces derniers, l'histoire de Paul et de Virginie; et cela nous semble un lieu un peu bien déplacé pour une si charmante idylle!

Ce que notre logis offre incontestablement de plus agréable, c'est une croisée qui a vue sur le lac, et par où nous pouvons, tout à loisir, voir le soleil couchant dorer les rives vertes, le flot tranquille étinceler au loin, et les mouettes blanches raser l'eau de leurs larges ailes et, avec un cri strident, fondre sur l'imprudent poisson qui, jouant à la surface, se fait happer et enlever au passage!

Mais une cloche retentit, longuement! C'est le souper! Et aussitôt, adieu rives dorées, flot étincelant, et toutes les mouettes de la création! En trois sauts, nous sommes en bas; et déjà nous voici mêlés à la foule affamée qui, de toutes parts, afflue à la salle à manger.

Un vrai bijou, que cette salle à manger! Bâtie en avant-corps, c'est une sorte de galerie voûtée, s'ouvrant librement sur la terrasse qui domine le lac, et l'air du soir y arrive, embaumé et tout chargé des senteurs des bois. Sur les murs, à l'envi, courent de fraîches arabesques et des fresques délicates, dont les motifs se reproduisent à la voûte. Là-dedans est dressée une table si richement garnie, servie avec une telle somptuosité, fournie avec tant de recherche, qu'au premier moment on se demande ce qu'il faut admirer le plus, du contenant ou du contenu! Dès que le potage arrive, c'est le contenu qui l'emporte, et l'attention toute entière se concentre sur l'assiette. Et bien elle fait; car la cuisine de l'hôtel est exquise, ou je ne m'y connais pas! Or, j'ai la prétention d'un peu m'y connaître! Ah! il restera longtemps gravé dans notre mémoire, le dîner de Bellaggio! Quelle chère! quel régal! et au dessert, quelle profusion de fruits, comme nous n'en connaissions pas encore! Quelles pêches exquises! quels raisins délicieux! quelles savoureuses grenades! quelles figues superfines et fondantes! Frèrot s'en donne presque jusqu'à concurrence d'une indigestion!

Après le repas, sieste sur la terrasse, où le simple cigare de la régie, vulgo *soutados!* acquiert des parfums inconnus et des arômes merveilleux! O influence des milieux... et des bons repas! Ce fut un moment unique et délicieux, où, en dépit de l'assertion de ces philosophes moroses, qui prétendent que l'homme est un animal essentiellement grincheux et éternellement mécontent de son sort, il nous sembla, à nous, premièrement, que nous n'étions pas animaux du tout, ni d'essence, ni autrement; et secondement, que notre félicité était aussi entière que possible, et que, jusqu'à nouvel ordre, nous n'avions plus rien, mais là, rien de rien, à désirer! La soirée, d'ailleurs, est radieusement belle! Plus un nuage au ciel, où, ça et là, s'allument les premières étoiles; le lac est calme, uni comme une glace; la brise, légère et embaumée, court le long de la rive, où elle fait frisonner le feuillage, comme sous une caresse; un grand silence, un calme profond règnent; et nous restons là, nonchalemment étendus, les yeux demi-clos, perdus dans une rêverie, pleine de charmes; pendant que s'éteignent les derniers feux du jour, et que le crépuscule lentement descend sur les montagnes !

Tout à coup, Gustel, que taquine un peu son dîner, se lève et propose une promenade, avant dormir ! C'est qu'il a un faible pour l'hygiène, Gustel, et il paraît, c'est du moins lui qui l'affirme, qu'après un dîner comme celui que nous venons d'absorber, trois cents enjambées, ni plus ni moins, sont indispensables pour que la digestion ait lieu sans encombre ! Allons donc enjamber, puisque la sainte hygiène le commande !

Au moment où nous nous levons, des bateliers, comme s'ils devinaient l'antipathie grande que Frèrot et moi, nous éprouvons pour toute déambulation, s'approchent de la terrasse, maniant avec une remarquable adresse leur frêle esquif, et tout aussitôt, proposent leurs bons offices. Moment d'hésitation ! Une partie de nacelle, ce serait si tentant ! Mais non ! il faut à Gustel une promenade plus active ! Et l'hygiène l'emporte ! Et nous voici flânant sur le port. Nous faisons de la sorte connaissance plus intime avec Bellaggio.

Hélas ! après Bellaggio-hôtels vient Bellaggio-village ! Et alors, quelle désillusion, et quelles horreurs ! Ce qui en constitue la partie la plus présentable, est une rangée de maisons déplorablement noires, s'alignant sur le quai dans la direction du débarcadère ! Chacun de ces chétifs immeubles possède un avant-corps qui, au premier, forme balcon, laissant au-dessous une disposition d'arcades ; et là-dedans, des boutiques sombres, encombrées de produits locaux, fruits ou objets de bois ou buis tourné ! Tout cela, déjà passablement laid et misérable. Mais ce qui, deux pas plus loin, devient littéralement sordide, nauséabond, indescriptible, ce sont les quelques étroites ruelles, qui, du quai, rampent entre les maisons décrépites; couloirs affreux, tortueux boyaux, pleins de boue; nids à rats où il répugne de pénétrer! Mieux vaut revenir au port et revoir une fois encore le spectacle enchanteur du lac, qui progressivement se noie dans la nuit! Mais alors un irrésistible besoin de sommeil survient! Songez donc: il est neuf heures: il y a par conséquent seize grandes heures que nous avons pris congé de la boulotte, à la Dogana! Frèrot est affaissé, Gustel et moi, nous ne tenons plus debout que par un miracle d'énergie! Aussi le retour se fait-il à l'instant.

Au Huit, chacun bientôt a terminé ses apprêts, et doublé de son châle la trop mince couverture de la couchette, puis, une, deusses, troisses! soufflée, la bougie, et bonne nuit tout le monde!

Depuis un moment nous sommes couchés et déjà nous n'avons plus la notion de nous-mêmes, ni de quoi que ce soit, quand, subitement, éclatent au dehors des accords joyeux et sonores! Et chacun de sursauter et de courir aux fenêtres. C'est une barque, éclairée à giorno, qui va conduire une bande de musiciens à l'hôtel d'Angleterre! C'est pour un concert! Ils choisissent bien le moment, vraiment! Gustel et Frèrot, par exemple, ne s'en moquent pas mal, et déjà dorment du sommeil du juste. J'ai, quant à moi, un peu plus de mal à m'assoupir; mais bientôt la fatigue l'emporte et moi aussi, je m'endors aux accords!

CINQUIÈME JOURNÉE

LA GRASSE MATINÉE. — DÉBATS. — BELLAGIO A COME. — COME . . . A VOL D'OMNIBUS. — CAMERLATA ET LA VIA FERRATA. — LA PLAINE LOMBARDE. — MILAN. — HOTEL PENSION SUISSE. — IL DUOMO. — RELIGION ET MERCANTILISME. — LES INFORTUNES D'UN PANTALON DE COUTIL. — UN COCHER PHILOSOPHE. — L'ARC DE TRIOMPHE. — LES ARÈNES. — LA SCALA . . . VUE DE LA RUE. — BIRRONE ET MOUCHES DE MILAN. — MILAN DANS L'AVERSE. — IL PUNGOLO. — SAUVE QUI PEUT.

„Ah! que c'est chose bonne et fort bien ordonnée! Dormir dans un bon lit, la grasse matinée!"

J'avoue que „bon lit", outre qu'il n'est pas tout à fait exact, comme citation, est également, comme appréciation, un peu exagéré, attendu que les couchettes du Huit de la Dépendance, ne sont nullement sybaritiques, et qu'on y dort, croyez-le bien, sur tout autre chose que sur des feuilles de roses. Quoiqu'il en soit, on y dort, et c'est l'essentiel. On y dort même fort bien et fort longuement : à preuve que le soleil, ce matin, a depuis un bon moment pénétré dans notre logis, qu'aucun de nous trois n'a encore ouvert les yeux! C'est la première fois depuis que nous sommes en route que Phœbus nous surprend au lit : une fois n'est pas coutume! Et puis, dame! écoutez donc : c'est fort bien, en voyage, de devancer le jour; mais on a beau avoir été toujours vertueux, on se lasse de se mettre en mesure de voir lever l'aurore, quand ladite aurore, plusieurs fois de suite, se lève mal, ou ne se lève point du tout! Aujourd'hui, par exception, son lever a été splendide! Et nous n'avons pas assisté à la cérémonie! Petit malheur! et que nous aurons amplement le loisir de réparer! Les suites du lever, d'ailleurs, restent superbes ; et nous le constatons, dès l'abord, avec une triple jubilation, quand, sur le coup de six heures, enfin, nous nous éveillons, au Huit, dans un éblouissement de rayons d'or!

Sans plus tarder, on s'occupe de plans d'avenir. L'emploi de notre journée d'aujourd'hui n'est point fixé encore, et il n'est guère admissible qu'on se mette en route sans savoir où l'on veut aller! La question avait été vaguement agitée, il est vrai, après souper, hier au soir; mais on n'avait rien décidé. La nuit devait porter conseil. Le cas était embarrassant. Nous avons, en effet, pour arriver d'ici au lac Majeur, deux chemins également tentants : le premier par Menaggio, Porlezza et le Lago di Lugano; le second par Como, Milano et Arona; et entre les deux, nos cœurs, indécis balancent. Il y aurait bien, maintenant, une troisième combinaison, qui consisterait à aller visiter d'abord le lac de Lugano, et de là seulement, après visite faite, descendre sur Côme et Milan. Cette combinaison aurait même l'avantage de satisfaire toutes les convoitises! Mais c'est pure folie que de songer à pareille aventure, avec une particulière comme notre bourse commune : elle ne manquerait par d'en faire une maladie mortelle!

Reste donc le choix entre Lugano et Milan : mais c'est là, justement, où gît la difficulté ! Lugano a bien des attraits ; et son lac, bien que de moindres dimensions, l'emporte encore, dit-on, en beauté et en grâce sur ses deux grands rivaux ! Oui, mais Milan a bien des charmes ! Et puis, voyez-vous, au retour, dire que l'on revient des lacs italiens, certes, cela a son poids, je ne dis pas non ! mais pouvoir proclamer qu'on s'en retourne de Milano, voilà qui sonne bien autrement ! Et quelle gloire, alors, et quelle auréole aux yeux des amis jaloux ! Aussi, foin de Lugano ! Et evviva Milano ! Voir Milan... et puis ne pas mourir ! Ce cri clot le débat... pour nous, tout au moins.

Mais la question pour autant n'est pas vidée ! La bourse commune n'a pas dit son mot. Et ne voilà-t-il pas que, mise en demeure de se prononcer, elle oppose à notre projet un refus péremptoire, catégorique, absolu. Est-elle assez... singulière, cette bourse commune, je vous demande ? Et il faut alors lui livrer un véritable assaut et entamer une fois de plus une discussion interminable. Pour la convaincre, nous accumulons des arguments qu'elle déclare spécieux ; pour se défendre, elle a recours à des raisons que nous prétendons subversives ! Elle se défend tant qu'elle peut, mais nous tenons bon ; nous la pressons, nous la serrons, nous l'englobons dans les mailles d'une dialectique tellement transcendante, que gain de cause finit par nous rester.

„Aussi, que voulez-vous qu'elle fît contre trois ?"

Qu'elle se rendît, parbleu ! Qu'elle meure de désespoir plus tard, si le cœur lui en dit ; nous n'y mettrons pas obstacle ! Pourvu que ce soit le plus tard possible !

Sans retards, alors, on expédie les apprêts: le temps presse et le premier bateau passe ici à sept heures! Nous renonçons de la sorte à la visite projetée, pour ce matin, à la célèbre villa Serbelloni! Mais bah! une villa de plus ou de moins! Qu'est-ce cela, je vous prie, pour des gens qui s'en vont à Milan!

Tout n'est pas rose, à l'hôtel Gennazini; et, au quart d'heure de Rabelais, la bourse commune va passer, au bureau, un assez vilain moment! Aussi, quand elle sort de là, grincheuse, hérissée, prête à mordre, peu s'en faut qu'elle ne revienne sur ses concessions de tout à l'heure. Mais le vote est acquis, chère bourse commune; il n'y a point à y revenir!

A sept heures précises, nous sommes au quai de l'embarcadère. Ravissante matinée, et combien différente de celle d'hier! Le ciel est uniformément serein; à peine, si par-dessus Menaggio, bien haut, bien haut, sont moutonnés, en légers amas inoffensifs et pas méchants, de blancs petits nuages, qui se font à mesure moins distincts, plus lointains, et semblent un grand troupeau d'agneaux qui s'éloigne et qui s'enfonce dans l'immensité du firmament bleu! Le soleil est radieux; la brise soufflant du nord, assez vivement, ride la surface du lac en mille vagues inconstantes, qui s'ourlent d'écume en déferlant avec un bruit doux; tout autour les rives se détachent, claires, rafraîchies, splendidement, éclairées, et villes, villages et villas s'y dessinent avec vigueur, sur le grand fond verdoyant des collines allongées.

Jamais nos yeux n'ont contemplé plus merveilleux spectacle! A droite, au loin, le bateau vient de paraître, majestueux, comme un énorme cygne noir, qui glisse sur l'immobilité des flots. Pareils à un grand panache sombre, les tourbillons de fumée que la cheminée vomit, s'étalent dans l'azur, lentement; prennent des formes capricieuses et changeantes, et s'amincissant en nappe, qui insensiblement se fait plus transparente et plus fine, tachent comme d'un voile grisâtre, la grande pureté du ciel!

Le bateau aborde à Menaggio : le silence du matin est si complet, que, de par delà le lac, s'entend, d'ici, la cloche qui sonne le départ; bientôt le bruit cadencé de ses roues arrive à l'oreille; un moment après, il s'amarre au quai au moyen de deux gros câbles qu'on jette, au vol, autour de grands poteaux, que les eaux lavent; on embarque: de nouveau, la cloche sonne: et vogue la galère! Beaucoup de monde sur le pont: chacun s'établit le plus commodément qu'il peut; et une fois installé et les billets pris, ne s'occupe plus que du paysage.

Le lac est incomparablement plus beau qu'hier! Cela tient au temps, pour beaucoup : mais cela tient aux rivages également, qui, quelqu'invraisemblable et impossible que cela puisse paraître, sont bien plus attrayants encore, plus coquets et plus charmants, à mesure que l'on descend vers Côme, que plus haut vers Bellano ou Menaggio! Ah! qu'il doit être doux de passer de longs mois, sur ces bords enchantés, dans quelque coin retiré, où le flot bleu, mollement, vient battre la rive; loin des bruits du monde, des turpitudes de la vie et des petitesses de tous les jours! Et si jamais l'aveugle fortune, dans une de ces lubies qui lui sont familières, venait à me combler de ses faveurs inattendues, c'est ici, certes, que j'accourrais bien vite ; c'est ici que je voudrais vivre ! c'est ici que j'aimerais avoir mon petit nid blanc sous la feuillée ! Oh ! un nid, pas bien grand, mais confortablement aménagé, sagement garni des multiples choses qui sont indispensables au confort de l'existence, et muni, qui plus est, des ustensiles les plus divers pour livrer maint combat à la gent porte-écailles qui peuple ces belles eaux ! (Sans pêche à la ligne, croyez-moi, lecteur, la plus délicieuse villégiature n'a point de charmes durables !) Mais rassurez-vous, o vous tous, qui devez un jour compter au nombre de mes clients ! La fortune a mieux à faire qu'à s'occuper de moi, et je pense, longtemps pouvoir vous prodiguer mes soins !

Depuis Bellagio, le bateau a quitté la rive orientale pour suivre la rive opposée, pendant un long trajet. C'est sur celle-ci que se concentrent le plus d'animation et le plus de vie. C'est une suite presque non interrompue de localités coquettement jetées au bord du flot tranquille, ou perchées avec grâce aux flancs de la colline. Cadenabbia, Lenno, Tremezzo, une foule d'autres. Dans l'intervalle des villages, les villas se multiplient avec une étonnante profusion ; à chaque tour de roue le tableau change ; un nouvel attrait apparaît ; et les yeux se fatiguent à admirer ces merveilles ! Ce n'est pas la nature seule, vraiment, qui s'est embellie et parée, sur ces délicieuses rives ; mais les hommes, aussi, se sont ingéniés à mettre leurs demeures en harmonie avec le tableau. Plus rien ici des sordidités, ni des vétustés grises de Riva ou de Chiavenna ; tout est frais, brillant, étincelant et vif ! Partout des tons clairs, des teintes éclatantes, où domine le blanc, mais com-

bien agrémenté, relevé, mis en relief par les artifices
les plus divers! Si les gens, chez nous, mettaient une
pareille fantaisie au badigeonnage de leurs façades, on
douterait, tout au moins, du bon équilibre de leurs
facultés intellectuelles; mais il n'est pas dit, par contre,
que s'il prenait envie, à un particulier d'ici, de mettre
à son immeuble une seule et unique teinte, ses con-
citoyens ne fussent pas inclins à le considérer comme
mûr, pour quelque Charenton italien! Ce qui prouve
qu'ici bas, tout n'est que convention, et que c'est décidément une bien singulière chose que le goût. En attendant, chacun, ici, s'applique et s'acharne à associer
les couleurs les plus disparates. Tantôt, sur une façade
blanche tranchent des persiennes bistres; là, sur une
maison jonquille, les fenêtres s'encadrent en bleu de
ciel; plus loin, le carmin se marie au vert bouteille, et
le lilas, plus loin encore, à l'éméraude! D'aucuns, enfin,
encore plus fantaisistes, ont orné leurs murs d'une bi-
garrure complète de couleurs diverses, et ont créé cette
monstruosité, la maison-arlequin! Mais voyez un peu
quelle merveilleuse chose que l'optique! Tout cela, vu
du bateau, ne jure plus; toutes ces teintes ne hurlent
plus de se voir accouplées; tout, bien mis au point et
corrigé par la distance, n'ajoute qu'un charme de plus
au plus charmant des tableaux; et les localités riveraines du Lago di Como sont comme autant de décors,
produisant les effets les plus merveilleux, mais qu'il
faut se garder de voir de trop près!

Depuis Lenno, le bateau suit à peu près la ligne
médiane du lac, ce qui permet de voir également bien
les deux rives, mais donne, par contre, une rude be-

sogne aux sbarco, qui fonctionnent dans les deux sens. Le lac, il est vrai, a beaucoup perdu de sa largeur, et ses bords ne sont plus guère écartés, ici, que d'une demi-lieue, à peine. Au-delà de Lenno, un cap s'avance bien en avant du rivage, en forme de coteau, où, au milieu d'un grand déploiement de végétation presque tropicale, s'élève la luxueuse villa Balbianello, une des plus célèbres du lac.

C'est ici un coin particulièrement remarquable et peut-être le plus entièrement beau de tout le lac. Un peu plus loin, une large baie s'arrondit, où le lac reprend, pour un moment, la surface étalée qu'il avait vers Bellagio. Puis, brusquement, il se coude à angle droit, s'enfonçant plus directement au midi : les bords, alors, se rapprochent encore et la largeur, à partir d'ici, diminue progressivement à mesure que l'on descend. C'est sur la rive gauche surtout que paraissent, maintenant, les villages et les villes, tandis qu'à la rive droite, où les localités agglomérées deviennent plus rares, c'est une succession continue, inouïe, inconcevable comme nombre et comme variété, de constructions de luxe et de plaisance. Parmi bon nombre de belles et remarquables choses, il en est de bien singulières! Entre toutes se distingue, à Laglio, à côté d'une villa verte et rouge, qui de loin attire le regard, l'originalité que voici. Tout au bord du lac, une enceinte de murs blancs; là-dedans de blancs escaliers, reliant entre elles des terrasses blanches; et au milieu un monument blanc; une sorte d'obélisque en raccourci, sur lequel, en lettres énormes, un nom, *Joseph Frank*, et une date, *1851*, si j'ai bonne mémoire! Puis, plus rien : pas un brin de verdure, pas une fleur, pas un arbrisseau, rien qu'un miroitement bête de pierre blanchie à la chaux! Quelle est cette débauche de maçonnerie? On vous le donnerait en mille, que vous ne devineriez pas! C'est un monument, tout simplement, que certain professeur de Pavie s'est fait ériger à sa propre gloire! A la bonne heure, au moins! Voilà un moyen pratique, commode et infaillible de passer à la postérité! Il fallait arriver jusqu'au lac de Côme, pour voir pareille aberration!

Insensiblement, on approche de l'extrémité du lac. De chaque côte, le rivage décrit une longue et gracieuse courbe, dessinant le spacieux golfe dont Côme occupe le fond. Les monts d'encaissement s'abaissent et s'écartent, et leurs dernières ondulations forment derrière la ville comme un amphithéâtre, au sud duquel s'ouvre la vaste plaine lombarde. Sur ces collines extrêmes, au voisinage immédiat de Côme, les villas se pressent avec une nouvelle profusion et s'entassent avec une multiplicité telle que vainement on chercherait un vide, un coin non occupé! En avant du port, c'est une agglomération compacte de palais, une sorte de faubourg grandiose, où les constructions à ce point se rapprochent, qu'il ne reste aucune place pour les jardins. C'est, s'il était permis d'employer une expression qui semble un paradoxe, comme toute une ville de maisons de campagne!

La situation de Côme est délicieuse au possible! Grâce à l'heureuse disposition de l'une et de l'autre rive, l'admirable perspective du lac s'étend au loin jusqu'au promontoire de la villa Balbianello et offre à l'œil émerveillé un inoubliable spectacle. Par-delà le port plein d'animation, la ville se présente, assise avec élégance, développée avec une grâce nonchalante, splendidement encadrée de verdure; de beaux édifices fièrement alignés, sur des quais spacieux; et dominés par l'imposante masse de la cathédrale, prêtent au tableau un cachet de noblesse et de grandeur du meilleur effet! Accorderons-nous à la visite de la ville, une partie de l'après-midi? Nous ne demanderions pas mieux; mais ce serait une lutte à recommencer avec la bourse commune, et nous sortons d'en prendre! Nous appartenons, par malheur, à cette catégorie de touristes „*Juifs errants.*" pour qui une excursion paraît être la solution, enfin trouvée, du problème du mouvement perpétuel! Point d'arrêt, point de repos, avant Milan! Tel est le mot d'ordre. Dura lex, sed lex!

Au débarcadère, on tombe au milieu d'un tohu bohu d'omnibus, de voitures, de charettes de tout genre; un brouhaha de gens: flâneurs qui stationnent et gênent la circulation, marchands petits et grands qui cherchent aubaine, offrant, ici, des cigares et du feu; là des journaux de la localité (comme si tout un chacun, venant à Côme, était à même de goûter la littérature du crû!); là encore, des pâtisseries de formes bizarres et d'aspect inconnu, ou des fruits apportés au quai, parce qu'on n'en voudrait pas ailleurs; sans compter d'innombrables hommes à plaques, porteurs ou commissionnaires (dont un spécimen empressé, s'est, dès l'abord, acharné après mon sac qu'il veut absolument m'enlever du dos avec force discours italiens et incompris), et des cochers criant sans cesse, à tue-tête, les noms des hôtels, villas ou localités qu'ils desservent. C'est un vacarme, une cohue, un effarement complet du premier moment! *Camerlata! Strada ferrata per Milano !* C'est à ce cri qu'au bout d'un instant nous nous rallions : la voie ferrée ne vient pas à Côme même; elle doit avoir ses raisons pour ne pas dépasser Camerlata, sis à cinq kilomètres; et c'est là qu'il la faut aller rejoindre. Et nous voici bientôt juchés sur l'impériale d'un omnibus, qui fait le service de la gare.

Voici nos impressions, maintenant, sur Côme, vu... à vol d'omnibus. La ville est gaie, bien vivante, pleine d'activité et d'animation, comme il sied à un port de son importance, où se localise une notable portion du commerce qui se fait entre l'Italie et l'Allemagne méridionale. La principale rue, où nous roulons avec une sage lenteur, offre l'inconvénient déjà constaté des rues italiennes : elle est trop étroite; à part cela : riante, riche, belle et bien bâtie. Les édifices sont grands, élevés, construits avec goût et élégance. Les rez-de-chaussée, disposés en arcades de grès bigarré, présentent une série de beaux magasins, bien disposés et bien garnis : nous n'avons pas mieux, à Mulhouse, ni à Strasbourg. Il y a même, ici, des étalages de fruits, comme nos marchands de comestibles seraient bien en peine d'en exposer à la convoitise des passants. Au haut de l'impériale, l'eau vous en vient à la bouche, et on les dévore des yeux ! mais c'est à cela que se borne la dégustation !

Le milieu de la rue est disposé en une double rangée de dalles, encadrée dans le pavé, sorte de larges rails de pierre où roulent les voitures; ce qui a l'inappréciable avantage d'épargner les cahots à ceux qui roulent, et l'infernal tapage à ceux qui ne roulent pas. Comme à Chiavenna, les trottoirs manquent;

ils sont représentés, du moins, à Côme, par une nouvelle rangée de dalles, courant le long des maisons, au ras même du pavé, et cette simple disposition suffit pour donner un grand cachet de nouveauté et d'originalité à la voie publique.

On jette un coup d'œil en passant à la cathédrale. Noble et imposante façade, monument grandiose à la fois et délicat, tout entièrement construit en marbre blanc, ce qui nous semble, à nous, qui, en fait de constructions religieuses, n'avons l'habitude que du grès ou du granit des Vosges, une magnificence inouïe. Côme doit posséder aussi un monument élevé à la mémoire de Volta; mais comme on n'a pas jugé à propos de l'établir sur le trajet de l'omnibus, qui va à Camerlata, je ne vous dirai pas s'il est digne de ce grand physicien !

En revanche, sachez, que rien n'est intéressant, comme le spectacle de la rue. Ici, tout est nouveau, imprévu, plein d'attraits! La population paie de mine : beaux types, en général, les femmes surtout, qui ont les yeux et les cheveux les plus admirables du monde. Comme costumes, beaucoup de variété, et plus encore de pittoresque! Il en est de hideux, de sordides; mais il en est, par contre, aussi de charmants. Le menu peuple expose aux regards les mêmes haillons déjà entrevus à Riva et à Colico; le séjour de la ville est sans influence et n'a pas le don de développer des instincts de coquetterie. Ces gens-là sont bien décidément réfractaires à toute idée de débarbouillement ou de lessive. Quant aux signori, ils sont corrects, tout beaux, et mis, bien entendu, à la dernière mode...... de Paris! Par contre, la toilette des femmes est gracieuse au possible et est empreinte, au moins, du cachet du lieu. Toutes, portent, pour unique coiffure, une voilette de dentelle noire, que tantôt elles abaissent sur les yeux, en guise de voile, tantôt disposent sur la tête, en légère capote, et tantôt encore rejettent vers la nuque, où elle se suspend alors en transparent capuchon. Les plis de la voilette tombent sur les épaules, en élégante mantille. qui se serre autour de la taille souple et se retient d'une main, pendant que l'autre joue constamment de l'éventail, qui sert d'ombrelle. C'est tout à fait joli! Ce qui l'est moins, c'est, par les rues, un grand pulullement d'abbés, grands, petits, moyens, de tout genre, tous, peu propres, tous, portant culottes et bas de soie. mais tous, aussi pauvrement pourvus, pour le moins, en fait de mollets, que vos humbles serviteurs!

— Mais bientôt, adieu l'animation, et la vie, et l'intérêt! Nous roulons à présent dans un long et vilain faubourg. presque désert et absolument sans charmes, au bout duquel, hors ville, vient une rapide montée, où, pendant vingt longues minutes, on rôtit au soleil, dans un ennui profond, jusqu'à ce que l'omnibus nous dépose à la gare de Camerlata...... une heure juste avant le départ du train.

C'est jouer du malheur, vraiment! Et ce ridicule omnibus, ne pouvait-il pas partir du quai une heure plus tard! Comme on l'eût employée agréablement, cette heure-là, à Côme, à voir une foule de choses intéressantes et nouvelles. Ici, on n'a d'autre ressource que de s'installer devant un café, (ce qui n'est pas bien nouveau); et de s'octroyer un cruchon de Birrone, (ce qui n'est pas grandement intéressant), surtout si le birrone, quoique de Chiavenne, est d'un mauvais superlatif! C'est de l'héroïsme, vraiment, qu'il faut, pour avaler ce breuvage! Et c'est à se croire revenu au buffet de Ragatz!

Piètre et triste gare, que cette gare de Camerlata, qui, cependant, est tête de ligne! C'est mesquin, cassé, usé, délabré et laid. Un vestibule étroit et poussiéreux, des salles d'attente lamentables! Voilà une Compagnie ou déplorablement ladre, ou bien mal dans ses affaires. Il n'y a rien, là, de cette recherche, de cette élégance même qu'on retrouve jusqu'à dans les plus petites stations des chemins de fer suisses, et dans pas mal de nos gares françaises. Cette vilaine et lourde maison, sans caractère, sans cachet, sans rien, serait tout aussi bien (ou plutôt tout aussi mal!) fabrique, usine ou caserne que gare de chemin de fer. Il en est des employés, un peu comme de la maison. Ils sont mal habillés, débraillés, n'ont pas cette façon crâne de porter l'uniforme qui distingue nos employés de l'Est; beaucoup n'ont pas d'uniformes du tout, et sans une casquette de forme assez baroque, rien ne les distinguerait du commun des mortels. Si bien, que voici Frèrot, une fois de plus fier d'être Français, qui déclare net, que les Italiens en fait de chemins de fer, ne sont que des propre-à-rien, et que la France est et restera, en ceci, comme en toutes choses, le premier pays de l'univers! Frèrot, mon bon ami, vous êtes un peu bien jeune pour hasarder de tels aphorismes (qui, d'ailleurs, font honneur à votre patriotisme! Et j'ai idée que si quelque John Bull vous entendait, il vous aurait bien vite rabattu le caquet!

Le matériel roulant de la ligne est mieux conditionné que le matériel fixe et que le personnel. Les wagons, construits à peu près sur le type des nôtres, sont plus spacieux et très bien suspendus. La vitesse des trains est fort convenable et supérieure de beaucoup à celle de nos trains omnibus, qui, de tous les trains du monde entier, sont, certes, ceux qui dévorent le moins de kilomètres, dans un même espace de temps! Attrape cela, Frèrot!

Aimez-vous le maïs? affectionnez-vous le mûrier?... on en a mis partout, dans la plaine lombarde, et on a complètement oublié d'y mettre autre chose! Du maïs et du mûrier! du mûrier et du maïs! toujours et encore! rien que cela, absolument que cela, sauf, au bord de quelque ruisseau, parfois, un rideau de saules égarés. Et le maïs se développe en champs, à perte de vue, et les mûriers s'alignent en rangées indéfinies, que c'en est désespérant! Un instant, on a trouvé cela curieux, à cause de son originalité même, une campagne toute en mûriers et maïs; mais après un quart d'heure de cette monotone contemplation, on en est venu bien vite à déplorer qu'il existât, ici bas, des vers à soie; et à regretter que la gent humaine n'ait pas su se contenter de la farine que donnent les céréales! Combien nous nous étions fait de la Lombardie une idée différente! Et comme nous nous étions figuré tout cela plus intéressant et surtout plus varié! Mais non! Monotonie, plate uniformité! Ces trois mots résument, absolument, le caractère de la contrée. Encore si de temps à autre se montrait quelque localité attrayante, quelque village coquet: mais rien: les stations sont rares et les mûriers les cachent, les villages sont lointains et le maïs les masque!

Ce régal dure deux heures, qu'on a le temps de trouver longues: puis arrive une zone de culture variée; des potagers, des jardins, des parcs et des villas se présentent; tout ce qui annonce l'approche d'une grande ville; puis le train roule sous une vaste halle, couverte en verre; les voix sonores des employés, qui résonnent, là-dessous, comme un tonnerre, crient des Milâno! Milâno! d'un bout à l'autre du convoi: nous sommes arrivés!

Enfin, nous y voici donc, à ce Milan tant désiré! Aussi, bien vite, sortons de cette immense cage, et allons saluer d'un premier coup d'œil, la célèbre capitale de l'antique Lombardie! Mais, dehors, nous ne saluons rien du tout, par la simple raison qu'il n'y a rien à saluer! On ne voit rien, en effet, qu'une longue ligne de remparts sur lesquels court un rideau de marronniers fort touffus, mais indignes de notre salut! La gare est située à quelque distance hors ville, et dans la cour, c'est tout un monde de fiacres, toute une collection d'omnibus les plus jolis et les plus commodes du monde, à tentures de couleurs vives, en guise de fenêtres; à attelages vigoureux, splendides! Et nous sommes bientôt établis dans l'un d'eux! Les chevaux sont harnachés brillamment: partout des ornements luisants, de cuivre; sur la tête, des panaches de plumes; aux oreilles, des pandeloques en queues de blaireau, formant chasse-mouches! C'est tout à fait coquet! Et puis, si vous voyiez quelle allure et quel trot! Tout cela pour la modique somme de vingt-cinq centimes! Il est vrai de dire que le conducteur, auquel je viens de passer un franc, oublie totalement de m'en rendre la monnaie! Tous, et partout, les mêmes, ces gaillards-là! J'ai envie, tout d'abord, de rafraîchir la mémoire à celui-ci, pour le principe, uniquement; mais bah! cela ne serait pas très aisé, d'abord, en italien! et puis, après tout, que les cinq sous qu'il oublie de rendre, lui soient légers! S'il n'y avait pas, de temps à autre, moyen de tenter de ces petites opérations financières, au détriment de quelque voyageur bon enfant, avouez que le métier de conducteur d'omnibus serait une carrière bien ingrate!

Parmi les nombreux hôtels que Milan renferme, nous avions jeté notre dévolu sur l'hôtel-pension Suisse! Est-il bon? Est-il mauvais? Nous n'avons pas la moindre donnée à ce sujet; et la chose est encore plongée dans le demi-jour d'une obscurité complète, comme dit si pittoresquement le plus aimable de nos professeurs, plus au courant des finesses de la petite et de la grande chirurgie, que de celles d'une élocution correcte! Nous l'avons choisi, parce que Bædecker l'indique comme situé non loin du dôme; c'est pour nous, pour aujourd'hui du moins, la qualité essentielle!

L'omnibus, après avoir roulé rapidement, pendant une vingtaine de minutes, à travers des rues belles et animées, s'est arrêté *Piazza del Duomo*; et nos yeux, étonnés, ravis, émerveillés, ne s'attendant pas à pareille magnificence, ne peuvent plus se détacher de l'incomparable chef d'œuvre, qui étale là, juste en face, avec un légitime orgueil, son admirable façade, qu'on dirait véritablement taillée par la main des fées, dans un bloc de marbre blanc.

Mais non! ne nous arrêtons point, à présent. Songeons avant tout au gîte et au déjeûner! L'estomac a ses exigences périodiques, avec lesquelles il faut compter! Une admiration à jeûn n'a jamais été bien sincère! Quand le ventre crie, les yeux ne sont pas à la fête! C'est encore la sagesse des nations qui prétend cela; et en ceci encore, elle n'a peut-être point tort! Avisant donc, au saut de la voiture, un vieux déguenillé, un de ces philosophes de la rue, qui attendent dans les coins et sur les places, (et qu'on trouve en tout pays!), que le hasard vienne leur porter la pitance quotidienne, je le prie de vouloir bien nous indiquer l'hôtel-pension Suisse. Le vieux ne demande pas mieux que de nous y mener : c'est bientôt fait, d'ailleurs; notre gîte est à quelques minutes, à peine, de là, au bout de trois ou quatre ruelles.

Un peu de toilette avant tout! Bien que le temps se soit rembruni, depuis le matin, et qu'il y ait, depuis un moment, menace d'ondée, chacun s'orne de ses plus beaux atours, et l'on ne résiste pas à l'envie de revêtir un coutil de la plus éclatante blancheur! Hé, hé! c'est qu'on prétend se montrer aux Milanaises dans tous ses avantages! Après quoi, on va se lester d'un déjeuner à la fourchette, le plus complet possible! Excellente, savez-vous bien, la cuisine milanaise, exquise, superfine! autant qu'il est possible d'en juger d'après ce premier aperçu!

Excellent aussi, tout à fait supérieur et d'un arôme parfait, le moka que l'on va déguster dans le café du coin; un petit caboulot, pourtant, sans extérieur, ni apparence! Ce breuvage divin s'y paie vingt centimes la tasse, et est à cent coudées au-dessus des diverses mystifications caféiformes, qui en coûtent trente, au beau pays de France! Et le sucre à discrétion, s'il vous plaît! Pas ce parcimonieux entassement de carrés minces à côté de la tasse! mais un plein sucrier, sur la table, où chacun puise à même! C'est cela qui ferait bien l'affaire de certains bourgeois de notre connaissance, qui ont coutume de porter à leur bourgeoise, les morceaux qu'ils ne noient point dans leur tasse! Nous aimons à croire que ce bel usage n'existe point ici, car on ne saurait, vraiment, quelque bourgeois que l'on soit, emporter le sucrier!

Une heure! Déjà! Plus de temps à perdre, à présent: et en route pour la revue des diverses curiosités, beautés et merveilles de Milano! A tout seigneur, tout honneur, et la première visite, de droit, est pour Il Duomo! Comme nous avons eu soin, tantôt, de bien remarquer les coins, et de noter les noms des diverses ruelles que le vieux philosophe nous a fait traverser, nous retrouvons le chemin sans peine, et nous débouchons sur la place, juste au moment où un rayon de soleil se dégage des nues, et vient se jouer dans les délicates et exquises découpures de la grande façade.

C'est bien réellement une œuvre merveilleuse, d'une élégance, d'une richesse, d'une splendeur sans pareilles! Et les regards éblouis, étonnés, se perdent de plus belle et avec un nouveau ravissement, dans les mille et mille détails exquis, qu'expose avec prodigalité le triple portique de l'édifice, qui se présente de façon magistrale, au haut du large perron blanc, faisant terrasse au-dessous de lui! Tout entiers à notre première impression, nous recevons fort mal deux jeunes bouquetières, qui s'obstinent à nous fleurir! Sourires engageants, exhortations éloquentes, elles n'épargnent rien pour nous faire accepter leurs roses fatiguées et leurs œillets mélancoliques, et répètent, pour la vingtième fois au moins, d'une voix de plus en plus mielleuse: „*Dieci centesimi, signori, dieci centesimi!*" — „Allez au diavolo!" leur criai-je, impatienté. Et vous croyez, qu'elles y vont! Ah bien oui! Les voilà qui nous assaillent, littéralement, et de force, nous fourrent leurs fleurs dans celles des poches de nos habits qui baillent d'aventure! Après ce bel exploit, elles battent des mains et rient aux éclats, et il ne reste qu'à leur donner la pièce! Avouez que voilà une ingénieuse façon d'écouler sa marchandise!

Pour avoir une idée d'ensemble du Duomo, il faut avant tout, se résoudre à en faire le tour. La construction en est si développée, et l'espace tout autour ménagé avec une telle parcimonie, qu'on ne peut nulle part l'apercevoir que par fragments, et que la façade principale, seule, peut s'embrasser d'un seul coup d'œil. Comme beaucoup d'autres monuments, le dôme de Milan est trop enclavé dans les constructions qui l'environnent, et la perspective y perd ses droits. Nous constatons bien qu'on est en train de déblayer largement les abords, d'un côté; et c'est une entreprise dont il n'y a qu'à féliciter, vivement, l'édilité milanaise. Mais reculera-t-on de même le Corso Vittore-Emmanuele, le long de la façade occidentale? C'est peu probable; écartera-t-on le Pallazo-Reale, qui s'étend tout le long de la façade opposée? C'est fort douteux; et les choses n'en vaudront guère mieux, une fois achevé le démolissement qui s'opère en ce moment! L'ensemble, du reste, disons-le de suite, serait difficile à embrasser d'un regard, même si les abords du Dôme étaient plus dégagés. Les proportions en sont trop gigantesques. Le Dôme de Milan est en effet, après St-Pierre de Rome, l'église la plus vaste de l'Europe entière.

Des fondations au faîte, l'édifice tout entier est construit en marbre blanc; et les années ont eu beau imprimer là-dessus leur marque indélébile, il n'en garde pas moins un éclat que rien ne saurait ternir! Il fallait le marbre blanc, d'ailleurs, à cette architecture féerique! Imaginez-vous le Duomo en sombre grès, comme notre cathédrale de Strasbourg, et le Duomo perd tout son caractère! tout comme la cathédrale de Strasbourg perdrait, à notre humble avis, quelque chose de son austère magnificence, si elle était bâtie en marbre blanc.

Le style du Duomo est un mélange heureux de grec et de gothique, mélange où le gothique, ses détails sobres et ses lignes sévères, partout sont corrigés, masqués, dominés par les élégances, les fioritures raffinées, les délicates découpures et les ciselures exquises du grec. Tout ici est d'un travail prodigieux, inconcevable, étourdissant! Ce ne sont pas ces grandes et larges murailles, où s'encadre, sans détails ni ornements, une ouverture allongée, étroite, voûtée en plein cintre! Ce ne sont pas ces arceaux imposants, ni cette flèche hardie qui d'un jet puissant va se perdre au haut des airs, où elle défie majestueusement les nues; ni ces vastes parois sombres, ni ces grosses tours nues; c'est un bizarre et délicieux enchevêtrement de milliers de colonnettes, de clochetons sans nombre et de toutes formes, de tourelles légères et élancées, des rosaces finement ouvragées comme une dentelle, de statues enfin, grandes et petites, monumentales et mignonnes, prodiguées avec une profusion que rien n'égale. C'est un bijou ciselé avec amour, et dont le plus infime détail semble avoir été l'objet de soins tout particuliers.

L'intérieur de l'église est d'une splendeur majestueuse, d'une grandeur vraiment imposante, d'un effet irrésistible de saisissement! Le marbre y a conservé tout son primitif éclat, et ressort avec un merveilleux relief, dans la teinte douteuse de l'enceinte, tandis que dans quelques coins sombres, il donne à la lueur des cierges, qui brûlent sur les autels, des reflets étranges et magiques. Cinquante et deux colonnes cannelées soutiennent la voûte, prodigieusement élevée, sur laquelle court un inextricable réseau d'arabesques, peintes en blanc mat, imitant d'une façon remarquable des ciselures de marbre: l'illusion est si complète, qu'un cicérone qui vient de nous happer à l'instant, est obligé de nous répéter par deux fois que ce n'est là que de la peinture, jusqu'à ce que nous en soyons convaincus.

La somptuosité avec laquelle l'église est décorée, n'a pas de pareille. Le maître-autel, les autels latéraux sont de vraies merveilles de luxe et d'apparat religieux; mais les richesses les plus remarquables sont accumulées dans le chœur: Là, se trouvent les tableaux des grands maîtres, malheureusement peu visibles dans la demi-obscurité, plus propice, sûrement, à l'imposante majesté du tabernacle, qu'à une inspection convenable des chefs-d'œuvre de peinture! Là aussi, sont des rangées de vitraux peints, les plus beaux peut-être du monde entier, représentant dans les teintes les plus vives et les plus heureusement amalgamées, toute l'histoire de la Bible. Mais là aussi, dans l'ombre discrète, est toute une rangée de confessionaux, d'où arrivent au visiteur comme un murmure confus. Des formes agenouillées vaguement s'y distinguent! Quelques bonnes femmes, sans doute, ou des jeunes filles racontant leurs péchés mignons ou autres, à quelque padre trop curieux! Vite, passons!

Le cicérone, alors, par une allée latérale, nous mène à une sorte d'étalage de librairie, établi là, sans vergogne, au milieu du saint lieu! Trois particuliers, ornés de calottes noires, et florissants d'une exubérante santé, y siègent d'un air patriarchal et digne; et débitent sans pudeur, livres et livrets, brochures et gravures, peintures et photographies, et jusqu'au droit, qui s'acquiert moyennant finances, de monter au sommet du Duomo. Cette boutique, dans le temple, fait mal à voir. Quand la spéculation dépasse ainsi les bornes de la plus élémentaire convenance, elle devient vraiment une bien laide chose! Mais nous ne sommes point venus ici pour faire des réflexions plus ou moins judicieuses sur la cupidité humaine! Payons, et montons! Le cicérone nous accompagne, qui, maintenant, nous débite son boniment aussi couramment que l'ascension le lui permet! Faut-il qu'il ait l'habitude de la chose, grand Dieu, pour ne pas être essoufflé avant mi-chemin! En un clin d'œil, avec cette avalanche de renseignements, nous connaissons le Duomo, comme si nous en avions été les architectes! Nous savons au plus juste, combien il y a de tours, tourelles, clochetons et statues au-dessus et tout autour de l'édifice. Le nombre de ces dernières, nous dit-on, dépasse cinq mille, et on en ajoute toujours de nouvelles. D'aucunes ont leur histoire ou représentent tel ou tel personnage connu; et c'est alors, chaque fois, une station et un discours: il y a surtout une délicieuse statuette de Canova que le cicérone paraît affectionner: il en énumère les mérites avec conviction, et l'on voit qu'il y a quelque peine à s'en séparer! Nous apprenons ensuite, toujours en montant, que le Duomo n'est pas achevé et ne le sera peut-être jamais, bien qu'on y travaille toujours; que la fabrique de l'église est extrêmement riche: (Elle ferait œuvre pie, en ce cas, si elle consacrait quelques-uns de ses écus à la confection d'une boutique, à côté du dôme, pour les trois particuliers à calotte, et si elle en débarrassait l'enceinte, qui ne devrait appartenir qu'au culte!); enfin que la tour qui vient de paraître devant nous, n'est là que provisoirement; qu'on élèvera plus tard, en son lieu et place, une flèche très haute, et cætera, et cætera! Ce cicérone est intarissable, et à écouter son verbiage, on finirait par ne plus rien regarder avec attention!

Nous voici arrivés sur les toits. Oh! ne craignez rien: la promenade y est aussi aisée et aussi commode que dans la rue : elle y a même un double avantage: pas de voiture qui puisse vous écraser; pas de tuile ni de cheminée qui risque de vous tomber sur la tête. On marche sur d'épaisses et larges dalles de marbre disposées en gradins, et inclinées juste ce qu'il faut pour assurer le facile écoulement des eaux: et l'on circule ainsi d'un bout à l'autre de l'immense bâtisse. Tout autour, c'est une vraie forêt de flèches, pointes, tourelles et clochetons; sur chaque tourelle, une statue; sur chaque flèche, sur chaque clocheton, nouvelles statues ; et au bord de la terrasse, tout autour, en rangée interminable, tout un monde de monstres, horribles, fantastiques, dont les gueules grimaçantes sont autant de gargouilles qui déversent les eaux de pluie.

„Voulez-vous voir un jardin botanique?" demande tout à coup le cicérone, visiblement ennuyé de n'avoir point placé son mot depuis un moment. „Pourquoi pas? Ce serait assez dans nos attributions. Mais cela ne doit pas être très aisé, ici en haut." — „Oh, Monsieur, rien de plus facile! Voyez plutôt!" Il nous fait regarder au travers d'une ouverture de porte, et l'on reste stupéfait. C'est bien cela pourtant! Comme sur un immense champ la fantaisie du sculpteur a aligné ici en couronnement des flèches et des tourillons, toutes les formes imaginables de fleurs et de fruits: c'est un véritable jardin de marbre.

Depuis les toits, on n'a que de très rares échappés sur la ville, à tel point l'on est toujours perdu dans les mille détails de l'ornementation, statues, clochetons, colonnettes et autres; et pour jouir du panorama de Milan, il faut monter au-dessus des toits mêmes, sur la tour centrale. De là-haut, dit-on, les Alpes et les Appenins se voient également bien, quand le temps est bien clair. Si nous voulions voir seulement les Appenins et les Alpes, nous pourrions, aujourd'hui, nous dispenser de l'ascension: le ciel est plein de brume, et l'on ne voit pas, certainement, à trois kilomètres; une seule chose nous étonne, c'est qu'il ne tombe pas encore d'eau. — Notre étonnement, d'ailleurs, cesse sitôt que nous sommes au haut de la tour, où nous arrivons juste à point pour recevoir les premières gouttes de l'ondée! Pauvres coutils! vous voilà propres, à présent!

L'ondée, il est vrai, n'est pas bien sérieuse, et l'on voit la ville comme à travers un voile, les parties les plus proches, assez nettes; les quartiers excentriques, par contre, bien indistincts et bien effacés! Mais aussi bien, Milan s'étend-il dans un rayon très développé; plus grand incontestablement que ne le comporterait l'importance de sa population, qui ne dépasse guère, je crois, deux cents mille habitants. La ville n'a pas moins de douze kilomètres de tour et les Italiens l'ont surnommée la Grande. L'effet de cet immense détale de toits est extrêmement curieux : sur le vaste ensemble ressortent surtout les églises, en remarquable abondance : il y en a plus de quatre-vingt, dans Milan, et c'est cela qui donne une fière idée de la piété lombarde! Le cicérone nous indique également, faisant relief sur le tout, les arènes, la citadelle, l'arc de triomphe, toutes choses que nous verrons en détail, tout à l'heure! „Où donc est la fameuse Scala?" demande Gustel à notre guide; et il nous indique du doigt une façade jaunâtre, nulle et insignifiante, enclavée dans un groupe serré de constructions dont rien ne la distingue.

Au moment de descendre, l'idée me vient de mettre à la hâte, je ne sais quel renseignement sur mes tablettes, comme si c'était le lieu, ici, pour écrire. Malencontreuse idée! Je n'ai pas plutôt déballé mon écritoire, que v'lan! en plein sur mon coutil, la plus belle tache d'encre qui ait jamais déparé une culotte! Le coutil, décidément, a du guignon, aujourd'hui! Le moyen de se montrer dans les rues, à présent, avec cet ornementlà! Force est de retourner à l'hôtel, quand nous serons redescendus, et de reprendre l'ancienne tenue! Et adieu les avantages, sous lequels on avait la prétention de s'exposer aux yeux des Milanaises! C'est autant plus ennuyeux, que déjà l'ondée a cessé, et que cela nous occasionnera une notable perte de temps! Comme nous descendons les dernières marches, le cicérone prend, dans un coin, un gros portefeuille, et nous soumet une série de photographies du dôme! C'est son trafic spécial à lui, pensons-nous. Comme si le commerce d'en bas ne suffisait pas! Les épreuves sont peu réussies et nous n'éprouvons nullement le désir d'une emplette! Mais ces cartons seront si commodes, pourtant, pour masquer l'horreur du coutil, que je me décide à prendre deux feuillets au cicérone! C'est cinq francs! Voilà un pâté qui coûte cher! Comme je lui tends la pièce: „Non", dit-il, „vous payerez au comptoir!" Le comptoir, c'est la boutique en bas, dans l'église, et le portefeuille du cicérone en est une succursale! Est-ce assez complet! Au comptoir, maintenant, on m'enveloppe, on me ficelle mon achat, on encaisse et on nous fait l'article pour d'autres emplettes, ni plus ni moins que dans la première boutique de librairie venue! Pouah! On a tôt fait maintenant de retourner à l'hôtel, où le coutil va cacher sa honte et son pâté dans un coin; puis, à nous, Milano!

Mais où aller d'abord? Eh parbleu! tout droit devant nous· je ne connais pas de meilleur système; on a tout loisir de s'arrêter quand on en a assez, et de changer de direction, quand on est au bout! Donnons, en passant, un coup d'œil au Palazzo Reale, sis à la droite du Duomo: rien qu'un, par exemple: cela suffit; car ce Palazzo Reale n'a rien de bien royal; c'est grand, c'est immense même, mais voilà tout! Pas de style! Pas de goût! Une façade nue, badigeonnée d'un jaune verdâtre du plus déplorable effet. Et cela droit à côté du splendide Duomo. Vous voyez le contraste! Nous ne nous arrêtons pas; et de suite passons au Corso Vittore-Emmanuele. A la bonne heure! Voilà qui vaut mieux! Le Corso Vittore-Emmanuele est à Milan, ce qu'est à Paris la ligne des boulevards ou, comparaison peut-être encore plus juste, la rue de Rivoli dans sa plus belle moitié. C'est une belle, large et grande avenue s'étendant de la place du Dôme, en ligne presque droite, jusqu'à la Porta Nuova, et où se concentre, en majeure partie, la vie et l'animation de la ville. A cette heure du jour, la cohue bat son plein: c'est un roulement de voitures, un encombrement de gens, à se croire transporté, vraiment, en plein boulevard Montmartre. C'est ici qu'il faut venir, pour juger, dès l'abord, la population milanaise. La race est belle, incontestablement! Les femmes qui, toutes, portent le coquet et agaçant costume, déjà entrevu à Côme, sont en grande majorité jolies, parfois fort belles: profils un peu allongés, pleins de distinction; teints mats, physionomies expressives et fines; chevelures splendides, yeux assassins: ah! mais oui, là, littéralement assassins! Quels regards, hein, Gustel! Quelles œillades sous les noires voilettes!

Seulement il y a une ombre au tableau! Hélas, oui! *Horribile dictu!* La Milanaise pèche par la base! Consolez-vous donc, o Alsaciennes, mes chères compatriotes, vous qu'on prétend avoir été dotées par dame Nature de pieds que dédaigneraient les fées; consolez-vous, car sous ce rapport, les belles dames d'ici sont moins bien partagées encore que vous! Oh! vous pouvez nous en croire: après l'ondée de tout à l'heure, l'occasion est propice pour une étude de ce genre, et nous nous y sommes consciencieusement appliqués! Sans doute, de ci, de là, on voit, au bout d'un bas blanc bien tiré et dessinant un mollet fermement arrondi, trottiner un amour de petit pied mignon, admirablement pris dans une bottine cambrée selon la règle; mais, vous de même, n'est-il pas vrai, chère lectrice, vous êtes en possession d'une paire de petits petons d'idéale dimension, bien que vous ayez vu le jour, sur les bords qu'arrose l'Ill; cela prouve une fois de plus que l'exception confirme la règle, comme disent les grammairiens et les professeurs de Frérot! Mais, pour le grand nombre, ce sont (comment dire, oh mon Dieu! pour concilier la véracité avec la galanterie!), eh bien oui! ce sont de ces bateaux presque plats, amples en leurs dimensions, pauvres en leurs cambrures, tels qu'on les voit naviguer, en nombre indéfini, sur le pavé strasbourgeois! Ouf!

Les hommes, en majorité de moyenne taille et d'aspect vigoureux, ont le type élégant, noble, un peu fier, peut-être; ceux du peuple seuls portent quelques vestiges de costume national: quant à la fashion, ses cylindres de feutre gris, ses gilets ouverts en cœur, ses cols montants, ses pête-en-l'air ajustés, elle les a empruntés, cela est évident et saute aux yeux, à nos modes françaises: elle paraît, de même, nous avoir résolument enlevé nos pantalons collants! Qu'elle les garde!

Détail de pure statistique. Les abbés sont au moins aussi

abondants ici qu'à Côme, mais n'ont pas plus de mollets! Doivent-ils se mortifier, ces gaillards-là! Non, mais le doivent-ils?

Le Corso Vittore-Emmanuele, sur toute sa longueur, est littéralement bordé de palais ou tout au moins de grands et beaux édifices, aux larges façades de pierre taillée, agrémentées de balcons et de sculptures, ni plus ni moins que les constructions des voies nouvellement percées de Paris. Encore un emprunt à notre capitale! Allons, Frèrot! encore une occasion, la bonne, cette fois, d'être fier de ta nationalité! Très large, très aéré, le Corso offre, comme la rue principale de Côme, un dallage en rails, mais ici double, au milieu de la chaussée, et la même disposition le long des maisons, où les larges dalles qui simulent le trottoir, ne sont pas en relief sur le pavé!

Au Corso della Porta-Nuova, qui lui fait suite, même aspect, avec un peu moins d'animation déjà : vient ensuite la place Cavour, et nous tombons dans un quartier flambant neuf, encore à peu près en voie de formation. Sur la place, la statue de l'ex-premier ministre, en bronze, fort belle, sur un piedestal d'une grande simplicité, où l'on voit la Muse de l'histoire inscrivant le nom de Cavour sur le grand livre du monde et de la postérité! Tout près, le Musée, de construction également récente : l'on a bien la tentation d'y entrer; mais c'est aujourd'hui revue d'ensemble et d'extérieur: à demain les détails et la broutille! D'ici aux remparts s'étend sous forme de square spacieux, un jardin public, de fraîche installation, encore tout jeunet et maigrelet, mais qui sera sous peu un parc splendide! Il s'y trouve, comme dans tout jardin public d'aujourd'hui, qui se respecte, un café-restaurant high-life, un kiosque à concerts, des chemins creux, des ponts suspendus, des grottes et des rocailles artificielles, en un mot, toute cette décoration *simili-nature* dont on abuse tant, depuis que le ciment est à bon marché! La cascade, bien entendu, ne manque point, ni le lac obligatoire avec les cygnes inévitables! Il y a jusque deux nouveaux spécimens de bouquetières, non moins enragées que celles de la place du Dôme, et qui, après un premier refus, cherchent, comme leurs collègues, pour leurs fleurs, le chemin de nos poches! Le truc, paraît-il, est général. Eh bien vrai! si nous restions à Milan quelque temps, je redeviendrais tailleur, et nous coudrais toutes nos poches!

Au bout du square, on arrive à la magnifique promenade des remparts. C'est comme un tunnel de verdure sous la quadruple rangée de maronniers séculaires! Splendides arbres! Un délicieux ombrage! mais dessous, le vide, la solitude morne. Pas un promeneur, pas une voiture! Les Milanais ne savent pas ce qu'ils dédaignent, par cette canicule! L'animation reprend à la Porta di Venizzia, et à la superbe avenue qui, de là, nous ramène en ville! Plus d'espace; des édifices plus somptueux encore, qu'au Corso Vittore-Emmanuele : c'est le faubourg le plus élégant de la ville. C'est ici que l'on trouve une construction des plus originales, qui, de loin déjà, attire les regards! C'est une façade, rouge brique tout ce qu'il y a de plus vif, uniforme et sans mélange, un véritable chef-d'œuvre de briquetterie et de terre cuite, représentant en relief les divers épisodes de la guerre de 1859!

Partout des emblêmes belliqueux : au fronton, une inscription en lettres d'or rappelle la gloire de Napoléon III et de Victor-Emmanuel, les libérateurs du Piémont ! D'autres inscriptions donnent les noms des victoires de Palerme, Palestro, Magenta, Solferino. Un large portique simulé, présente les portraits en pied de l'empereur et du roi, de Cavour et de Garibaldi, avec deux symboles de la victoire couronnant le quatuor ! Devant cette poterie patriotique, on croit tout d'abord à quelque édifice public, arsenal ou musée, ou bien encore à quelque diorama, panorama ou autre exploitation en ma, et l'on n'est pas peu surpris d'apprendre que c'est là, simplement, la demeure d'un particulier, qui a nom le baron Cyani, et qui n'a pas craint de dépenser ainsi pas mal de milliers de francs, pour perpétuer à sa façon le souvenir de la défaite des Autrichiens.

Ici, nos jambes commencent à refuser le service, et on s'occupe d'une voiture. Il en passe beaucoup, mais pas une, découverte ; et vous pensez bien que nous ne songeons guère à nous entasser dans un fiacre clos et couvert ! Au bout d'un moment, passe un gentil remise ; on le hèle, on lui fait signe : mais le cocher passe impassible et fait la sourde oreille ! Mêmes façons ici qu'ailleurs, messieurs du fouet ! Mais en voici un autre ! Une vieille ruine, enluminée par l'usage prolongé des alcools ! Il a du flair, le vieux, car, spontanément, il s'arrête et nous crie, à peu près en français : „Voiture, eh ! Messieurs !" Déjà nous sommes casés. „Vous parlez donc le français ?" — „Pour sûr, Monsieur ! Et comme cela, vous autres, vous êtes de la France ? Me fait plaisir, si ! me fait plaisir !" — Enchantés ! Mais pourquoi, diable !

cela lui fait-il tant de plaisir que cela? „Et alors, où allons-nous, Messieurs?" — „Partout et nulle part! Nous voulons voir Milan! Et voilà!" — „Comprends! comprends!" — Et il lâche les rênes à sa bête, qui prend un trot pacifique, le trot à l'heure!

Nous traversons un quartier très populeux, mais offrant un caractère bien différent des Corso traversés tout à l'heure: les constructions restent belles et grandioses, mais les rues sont étroites, manquent d'espace et d'air, et paraissent d'autant plus resserrées que les maisons y sont plus hautes; beaucoup d'animation toujours: c'est le quartier industriel et commerçant. Mais attention, le vieux parle, et il a le boniment facile et la langue au bon endroit: „Ceci est l'Ospedale Maggiore, le grand hôpital! Regardez, la chose en vaut la peine. Le bâtiment date du temps des Sforza; il compte soixante-quatre croisées de façade, et est carré dans ces proportions!" Le bonhomme, vraiment, est autant cicérone que cocher, et nous aurions pu, plus mal tomber. Il est vrai que chaque explication amène un arrêt de la bête, pendant que l'heure, elle, court toujours.

Cet Ospedale Maggiore est une construction bizarre, toute en briques, d'un travail assez riche et recherché, d'une architecture curieuse, gracieuse et ne manquant pas d'une certaine élégance: le corps du milieu avec ses larges croisées cintrées est surtout remarquable. Ce qui nuit à l'effet, c'est l'état de délabrement et de dégradation dans lequel on abandonne cette façade intéressante, et aussi les nombreuses et misérables boutiques qu'on y tolère au sous-sol. Devant l'entrée principale, nouvel arrêt, et le vieux nous engage à aller jeter un coup d'œil à l'intérieur; mais, de la loge, un portier gros et gras (Avez-vous remarqué que tous les portiers d'hôpital sont gros et gras!), nous voyant faire mine de quitter la voiture, secoue son vénérable chef négativement, et, du geste, indique une pancarte au-dessus de sa loge : „*Per ordine superiore!*" ainsi commence la pancarte; et il n'est pas malaisé de deviner le reste! Prenons-en notre parti! et surtout gardons-nous bien de confier à notre automédon qu'il voiture deux moitiés, ou à peu près, de médecin. Nous aurions chance de ne pas sitôt partir d'ici! Car, bien qu'il l'ignore, il ne prend pas aisément son parti du refus du portier, avec lequel il discute d'acerbe façon! Mais le cerbère, sans sortir de son calme, persiste à indiquer son: „*Per ordine superiore!*" et notre coursier, enfin, reprend son allure traînarde.

Et, de nouveau, ce sont des enfilades de rues et de ruelles populeuses, bruyantes, bondées de voitures et de gens: puis, c'est l'église St.-Etienne, à laquelle nous ne trouvons rien de remarquable; puis encore celle de St.-Paul, avec sa belle façade à colonnades, et dans une niche une toute grossière et primitive image de la Vierge. A chacune, halte: „Entrez, pour voir, Messieurs!" Mais après le dôme, c'est assez d'architecture religieuse comme cela! Si le vieux, d'ailleurs, continue de ce train, nous finirons par stationner plus que nous ne roulerons!

Dix pas plus loin, il a la prétention de nous mener à la Porta di Marengo, qu'on aperçoit, très loin, au bout d'une immense rue; et on a quelque peine à le faire renoncer à cette fantaisie. Il prend sa

12

revanche, d'ailleurs, tout de suite, et s'arrête de plus
belle : „Ceci, Messieurs, c'est le temple d'*Hercoule*; ce
sont des colonnes *roumaines!* C'est vieux, si vieux qu'on
ne sait pas combien; mais à *Roume* même ils n'ont
rien de si vieux ; non!" Et nous voyons, sur un grand
espace, des rangées de colonnes, qui ont dû être fort
élégantes, mais que le temps a singulièrement mal-
menées; qui cachent leur marbre blanc sous une couche
épaisse de crasse vénérable; et qui, écornées, fissurées,
brisées, ne tiennent plus debout qu'au moyen d'ingénieuses barres de fer qui, elles, ne datent sûrement pas
du temps des *Roumains :* et nous ne nous sentons pas
saisis, à la vue de cette vétusté, d'une bien vive admiration! C'est le vieux qui n'a pas l'air content!

Tout près, coule le canal de Lecco; le seul cours
d'eau qui se voie à Milan! Et quel cours d'eau! Une
sorte de large ruisseau, encaissé de murs, et qui ne
court ni ne coule le moins du monde; ses eaux stagnan-
tes et bourbeuses n'ajoutent aucun attrait aux quartiers
qu'il traverse. Un cours d'eau vive, un fleuve, une
rivière tout au moins, avec des quais spacieux et bien
bâtis, voilà ce qui manque à Milan, pour en faire une
des villes les plus belles qu'on puisse voir! Mais on ne
saurait tout posséder à la fois!

Viennent ensuite de longues rues calmes, silencieuses
et presque désertes. Rien que des palais! mais partout
portes closes, volets tirés, persiennes abaissées. C'est
ici le faubourg Saint-Germain de la capitale lombarde:
ni industriels, ni banquiers, ni bourgeois d'aucune sorte
là-dedans! Tous, ou princes, ou ducs, ou barons, ou
comtes! Et tous, aussi envolés, partis, prenant le frais

dans leurs villas du lac de Côme ou du lac Majeur. Ici encore, notre alcoolisé trouve prétexte à une halte : „Vous voyez, Messieurs, ce palais ; c'est l'antique demeure de l'illustre famille des Borromées : sur la place, là-bas, est la statue de St.-Charles, et au fond la chapelle élevée en son honneur." — Et les explications de pleuvoir, drû et serré, et nous entendons un notable fragment de l'histoire des Borromées passés et présents, depuis le très antique et très vénéré St.-Charles jusqu'aux sybarites contemporains, en villégiature pour l'heure en leur château du lac Majeur ! Ils ont de singulières idées dans cette famille-là ! Ainsi, jamais restauration ni réparation d'aucune sorte ne sont exécutées, dans ce palais ! Depuis nombre d'années, ni tapissier ni maçon, ni peintre ni menuisier, ni quelqu'autre artisan que ce soit, n'a pénétré dans ce sanctuaire, voué à la solitude ! Ce sont les mêmes décors, les mêmes tentures, les mêmes meubles ! Mais, vraisemblablement, aussi les mêmes fissures, les mêmes fentes, les mêmes poussières et les mêmes toiles d'araignées ! Singulière façon de faire ses dévotions au saint ! Cette maison qui fut celle de l'ancêtre vénéré, doit rester telle qu'il l'a laissée, et ce, jusqu'à la consommation des siècles, ou tout au moins jusqu'à consommation de la ruine complète de l'immeuble et de son contenu ! Souris et rats doivent joliment y trouver leur compte !

De palais en palais, le bidet fait du chemin, si bien que nous voici débouchant, tout d'un coup, sur la Piazza d'Armi ! Immense, cette place d'armes ; si immense qu'ils ne parviennent pas à la tenir nette, et qu'il y pousse assez d'herbe pour nourrir les chevaux de l'un au moins des régiments de cavalerie, logés dans les grosses et vilaines casernes s'élevant près de là! C'est d'un effet assez déplaisant.

Au-delà des casernes, se dresse le fameux *Arco della Pace* ou *Arco del Sempione*; c'est une sorte d'arc de triomphe ayant, en plus petit, l'aspect de celui de l'Etoile et établi à l'endroit même où vient aboutir la grande route du Simplon, exécutée sur les ordres de Napoléon Ier. L'arc, bien entendu, est en marbre, et du plus blanc. D'un travail délicat et léché, d'une exécution parfaite, il est richement couvert de sculptures, à propos desquelles notre cocher fait preuve de trésors d'érudition : il ne nous fait grâce ni d'une figurine, ni d'un relief: pour un rien, il nous ferait monter au-dessus, j'imagine, s'il n'était embarrassé de son coursier! „C'est votre Napoléon, Messieurs, qui a commencé à bâtir l'arc; mais après, les Autrichiens sont arrivés et l'ont achevé! La statue de votre empereur était dessus, d'abord: mais à présent elle est au musée, et on a mis, à sa place, comme vous voyez, un symbole de la Paix; et puis un cheval à chaque coin! Sur les côtés, d'abord, étaient sculptées des victoires de la France, et les personnages étaient des maréchaux français; à présent, ce sont vos défaites qui sont exposées là, et les personnages sont des généraux de l'Autriche!" — Le marbre seul a de ces complaisances! „Tenez", continue à démontrer le vieux, „ceci a d'abord été la bataille de Lodi: et maintenant c'est la bataille de Leipzig; cela c'est..!" Ma foi, j'ai oublié le reste; mais il me semble qu'à présent que les Autrichiens sont partis, et bien partis, grâce aux bons offices de la France, il n'y aurait pas de mal à rétablir l'ancien état des choses! Et le vieux partage mon opinion!

Le *Castello* ou citadelle ne valant pas les honneurs d'une visite, nous allons aux Arènes, non loin et sur la droite de l'*Arco del Sempione*. Encore une création de Napoléon Iᵉʳ, ces arènes, paraît-il. C'est un immense amphithéâtre, dont les gradins, moitié en granit et moitié en gazon, peuvent facilement contenir trente mille spectateurs. L'arène proprement dite est séparée de l'amphithéâtre par un mur élevé et un fossé plein d'eau. On y donne des spectacles divers. Pour l'instant, des acrobates y ont dressé tout un attirail de cordages, de câbles et de perches: il n'y a pas longtemps, on avait amené, là-dedans, des masses d'eau (prises, par exemple, je ne sais où!) et les Milanais ont eu le spectacle d'une joute de régates! C'est pour le moins original!

Comme nous sortons des Arènes, un carillon en musique résonne à toute volée, par-dessus la ville. N'ayant jamais entendu sonnerie pareille, nous trouvons cela extrêmement joli. „C'est à St-Paul," nous apprend le vieux, avec une pointe de dédain, „c'est bientôt fête de la Vierge, et alors ils sonnent quinze jours à l'avance que les oreilles vous en cornent jour et nuit. C'est les prêtres, voyez-vous, qui font ce métier!" Et comme nous nous étonnons: „Oui," ajoute-t-il, „tout est métier; la religion aussi, comme le reste, pour gagner de l'argent!" Voyez-vous cela! „Mais, dites donc, l'automédon, vous ne paraissez pas bien fervent catholique!" — „Oh si, Monsieur, souis catholique, moua! mais je vais à l'église une fois seulement dans l'année, et à la confession, jamais! Oh souis pas bête, moua, allez!" Tol, tu ne seras jamais marguiller de ta paroisse, c'est moi qui te le dis! Comme on tient à savoir d'où vient son horreur de la confession, il ajoute: „Oh, savez! les prêtres, faut pas s'y fier! Oune supposition que je touerais quelqu'un! Eh bien, à la confession, il faudrait le dire au prêtre: il le dirait, lui, à la jioustice, et la jioustice alors, il vient me prendre! Mais pas si bête, moua, non!" A la bonne heure! et voilà une profession de foi dépouillée d'artifice; que vous en semble?

Le programme étant épuisé de ce côté-ci, nous donnons ordre, au vieux philosophe de nous ramener vers la Scala: „Bien! bien!" et le coursier, peu pressé, reprend son trot flegmatique. Le vieux, naturellement, prend le chemin le plus long: il nous voiture par des quartiers entièrement neufs, les uns à peine habités, les autres encore en pleine construction. Partout de grandes et belles maisons; quatre étages pour le moins: rien que de la pierre de taille blanche; balcons à tous les étages; profusion de sculptures: avec un rien d'imagination, et vous pouvez vous croire en quelque coin du Paris en reconstruction! Un unique détail, ici, apporte un peu de couleur locale. Les ouvriers, le long de ces grandes façades blanches, travaillent à l'abri de grandes nattes de jonc! Ce serait une innovation à introduire chez nous et qui serait assez, je pense, du goût de nos maçons.

Devant la Scala, le cocher perçoit son dû, plus, une bonne main qu'il a bien méritée.

La façade de ce théâtre, célèbre dans le monde entier est ridiculement insignifiante, et badigeonnée de cet atroce jaune verdâtre qu'on semble avoir ici en grande affection! Tous les goûts sont dans la nature: mais il en est qu'on a de la peine, vraiment, à s'expliquer! L'intérieur de la Scala, par contre, dit-on, est admirable et parfait! Croyons-le, et buvons du Birrone au café du Théâtre, dont les portes, plus hospitalières que celles du théâtre lui-même, s'ouvrent à deux battants devant nous. Pas mauvais du tout, ce Birrone de Chiavenne; frais, juste ce qu'il faut, et le premier potable, que nous trouvions! Une mouche, d'aventure, étant venue se noyer dans le verre de Gustel, il en profite pour nous bombarder de cet épouvantable calembourg: Du Birrone de Chiavenne tant qu'on voudra; mais autant que possible sans *mouches de Milan!* Horrible! N'est-il pas vrai?

Dans le square, devant le théâtre, une foule indolente se livre aux douceurs d'un far-niente général; dans les groupes, circulent des garçons d'une propreté problématique, portant de l'eau glacée dans des carafes peu nettes, et des glaces dans des soucoupes ébréchées: tout le service a, d'ailleurs, un laisser-aller, un manque d'ensemble, qui ne serait pas de mise, chez nous, dans un établissement de ce rang.

Pour revenir à l'hôtel, on prend pour point de repère le Duomo, dont les pointes, flèches et clochetons se voient de loin, malgré l'étroitesse des rues. Cette partie de la ville est en pleine démolition; c'est le quartier qu'on abat, pour élargir la place de la cathédrale, et établir une large voie de communication directe de la Scala au Dôme. Le tout, nous dit-on, sera achevé dans cinq ans. Il est fort probable que nous n'y viendrons point voir.

Le dîner, à l'hôtel, confirme la bonne opinion que le déjeûner nous avait donnée de la cuisine locale; rien à reprendre au repas, sauf qu'il est peut-être un peu trop copieux! Et fallait-il qu'il le fût, je vous le demande, pour suggérer cette remarque!

Après dîner, cigare obligatoire, et déambulation sur le Corso Vittore-Emmanuele, où nous voulons aller nous faire une idée de Milan, aux réverbères.

Grandissime animation, grouillante cohue! Les voitures roulent et se croisent en tous sens; des promeneurs sans nombre flânent, en bavardant bruyamment; des groupes stationnent, loquaces et rieurs; les boutiques ont allumé tous leurs lustres; le Corso tous ses becs : il fait clair presque comme en plein jour. Devant les cafés, autour de petites tables, tout un monde de consommateurs; et partout où l'on boit, lit ou fume, ce sont alors des musiciens ambulants, des concertistes en plein vent, emplissant de leurs mélodies, la rue et les maisons. Ici, c'est un violon échevelé qui râcle avec âme; là, une guitare langoureuse accompagnant une romance mélancolique; plus loin, un duo de harpes mêlant leurs accords à l'organe retentissant d'un baryton tapageur, tandis qu'ailleurs, une clarinette solitaire gazouille modestement devant une échoppe de marchand de vins, ou qu'un accordéon enrhumé se lamente à la porte d'une brasserie borgne! Pas un établissement qui n'ait ses virtuoses : et dans la rue, on voit passer, d'allure hâtive, un renfort d'artistes allant musicailler plus loin.

Mais voici qu'au plus beau moment, la pluie survient, brusque, inattendue, mais abondante, serrée et diluvienne tout plein; et alors sauve qui peut général!

En un clin d'œil, le Corso est vide; plus une voiture, plus un promeneur, plus d'accords, plus rien; sur les trottoirs, les consommateurs rentrent dans les cafés, commes des limaces dans leurs coquilles; et nous cherchons, nous mêmes, abri dans un passage brillamment éclairé, garni de beaux magasins, mais bondé de gens à n'y point pouvoir circuler!

On trouve ridicule, alors, que la Scala relâche juste au mois d'août: Comme, d'ailleurs, on trouverait absurde, une séance dans quelque café, on tente, au bout d'un instant, une pointe au dehors! Mais c'est folie, vraiment, que d'affronter pareille averse. Nouvelle station sous le passage; mais le déluge s'obstinant, bientôt la patience échappe, et au risque d'une noyade grandiose, on se hasarde au trot dans la direction de l'hôtel. Tout à coup je carambole avec une silhouette qui, la tête en avant et le nez baissé, trotte à ma rencontre; poliment, je m'excuse: „*Il Pungolo!* crie la silhouette, et disparaît dans l'ondée. A deux pas de là, nouvelle silhouette qui se détache de dessous une porte-cochère et : „*Il Pungolo!*" comme l'autre. Puis, *il Pungolo!* bientôt à droite, à gauche, en avant, en arrière, partout! Ce cri bizarre éclate en tous sens, part comme un pétard, et nous poursuit dans notre course folle comme un cauchemar.

A l'hôtel, où nous arrivons, sans un fil de sec, nous tirons bien vite le mystère au clair. Il Pungolo, c'est le journal du soir; et les silhouettes, dans l'averse étaient les confrères des braillards qui, chez nous, crient: le Petit Journal, la Lune et le Soleil, le Moniteur officiel et le dernier mot de Rocambole, sur la voie publique!

Trempés comme nous sommes, les apprêts du coucher ne sont pas longs!

„Et nous sommes bientôt dans le simple appareil.
Dans lequel les humains se livrent au sommeil!

Au dehors, la pluie fait rage. Dans pareilles conditions, que sera-ce de la journée de demain? Dormons d'abord, ma foi! On en conférera après.

SIXIÈME JOURNÉE

CONFÉRENCE DE MILAN. — LA BOURSE COMMUNE L'EMPORTE ! — DERNIER COUP D'OEIL. — LES PÊCHES. — LA GARE DE MILAN. — CHAMP DE BATAILLE DE MAGENTA. — NOVARE, ARONA, LE SEMPIONE. — LAC MAJEUR. — ENCOMBREMENT ET CANICULE. — LES ILES BOROMÉES. — LA BAIE DE PALLANZA. — ISOLA BELLA. — COMMENT ON SE PROCURE UNE VOITURE SUR L'EAU. — PLONGEON GÉNÉRAL. — BAVENO, LA ROUTE DU SIMPLON. — VOGOGNA. — QUAND IL Y EN A POUR TROIS, IL Y EN A POUR CINQ OU SIMPLE HISTOIRE D'ANGLAIS.

Sur le coup de quatre heures, ce matin, tout le monde est réveillé, au numéro Douze de la pension Suisse. Ce phénomène est-il spontané? ou est-il dû, bien plutôt, à l'infernal tapage de la pluie sur le pavé de la cour? Il importe peu! Le sommeil a fui, c'est incontestable; et tout aussitôt, nous entrons en grande conférence!

Notre conférence de Milan! a dit assez plaisamment Frèrot, fort en histoire.

La conférence, contrairement aux us et coutumes généralement adoptés pour ces sortes de réunions diplomatiques, a lieu sans le moindre cérémonial, dans l'obscurité noire, et chacun des membres, peu vêtu, douilletement étendu entre ses draps chauds!

La question à l'ordre du jour n'en était pas moins pour cela, palpitante d'intérêt. Il s'agissait, comme bien vous pensez, de notre séjour à Milan, et de la prolongation d'icelui! Que notre séjour dût se prolonger, cela allait de soi, et en douter eût été ridicule! Mais de combien se prolongerait-il? C'est là-dessus que porte d'abord le débat. Nous avons, en somme, hier, vu fort peu de Milan; et n'avons pu nous faire encore de la ville qu'une idée superficielle et bien imparfaite. Bien des quartiers, bien des curiosités restent à visiter. Puis quelques-uns, tout au moins, des musées, galeries ou collections qui abondent, sont à voir : le temps, d'ailleurs, qui est détestable, est propice pour telles expéditions! Nous sommes, d'autre part, suffisamment fixés sur les charmes du grand chemin par la pluie battante; et la vue du lac Majeur, par l'averse, ne nous paraît point un régal bien tentant; enfin le séjour à la Pension Suisse est des plus supportables; pitance et coucher y sont entièrement à notre goût! Et la conférence est bientôt d'accord qu'une journée de plus à Milan est absolument indispensable, et une seconde probablement nécessaire! La question principale ainsi vidée, on allait passer aux détails et régler, tout d'abord, l'emploi de la matinée, quand la bourse commune qui, jusque-là, n'avait dit mot, demanda la parole!

Cela jeta comme un froid, immédiatement! C'est qu'on se défiait. On l'avait vue, hier au soir, la sournoise, tourner autour de tous les indicateurs de chemins de fer pendus au vestibule de l'hôtel; et on redoutait quelque tour de sa façon. „Mes enfants", commença-t-elle, „veuillez m'écouter : car je prétends avoir voix au chapitre! Vous avez voulu venir à Milan; et vous y êtes! C'est fort bien! J'étais, dès le principe, opposée à cette belle équipée! J'ai fini par céder: j'ai eu tort; mais ne revenons pas sur le fait accompli! Seulement, vous m'accorderez, je pense, que c'est moi seule qui ai eu à subir les conséquences de cette fantaisie! Regardez-moi, s'il vous plaît! Nierez-vous que j'aie pitoyable mine? Non, n'est-pas? L'évidence ne se nie point! Vous constatez sans peine, sur ma personne, les progrès inquiétants d'une émaciation prématurée! Je fonds, mes enfants; je me sens fondre! Mes jours sont comptés! Notre Alsace est bien loin; et je frémis, à l'idée seule, de ce qu'il adviendrait de vous, si je n'étais plus! Donc, pas de roman; et redevenons sérieux! Je vous accorde, que ce lieu-ci est un lieu de délices; je vous concède volontiers que Milan a encore bien de l'inconnu à vous offrir; et renferme, fort probablement, d'inestimables trésors artistiques! Mais après? Le sage doit savoir borner ses désirs! Qui trop embrasse, mal étreint! — Quoi? Qu'est-ce? Il pleut, dites-vous? La belle affaire! Il pleuvait aussi à la Dogana, j'imagine! A-t-il fait moins beau pour cela à Bellaggio? Puisqu'il fait mauvais temps ici, raison de plus pour n'y point rester, et pour aller chercher le beau temps là, où il se trouve! Donc, trêve de mauvaises raisons! Dans deux heures nous liquiderons notre situation dans cette hôtellerie (et je frémis d'avance à l'idée de cette opération!); et puis, sans retard aucun, en route pour le lac Majeur!"

Elle dit, et ce fut, au premier moment, une grande consternation! On essaya bien, pour la forme, de quelques protestations; car on trouva, chacun, dans son for intérieur, que cette bourse commune était une commère un peu bien autoritaire ! Mais enfin, que faire sans elle ? Et puis, son discours, après tout, ne manquait pas de sens ! Ce n'est pas tout que d'aller de l'avant, il faut aussi songer à revenir ! Nos fonds sont limités, savez-vous ; et il y a un bon moment déjà, que nous sommes revenus de l'idée que nous irions avec eux, jusqu'au bout du monde ! C'est dur de céder, sans doute ; c'est toujours dur de céder ; mais nécessité fait loi, que diable ! Et déjà nous nous rangions à l'avis si péremptoirement formulé, quand tout à coup le déchaînement des éléments, dehors, dans la nuit, dégénéra en tempête furieuse ! Eclairs sur éclairs, coups de tonnerre précipités ; grêle et pluie mêlées, vent qui secoue les maisons et fait voler les tuiles ! Et nous partirions par cet ouragan-là ? Plus souvent ! Au diable la vieille radoteuse ! Au diable, ses raisons bonnes ou mauvaises ! Et bien malin, à présent, qui nous ferait partir d'ici, avant que nous ayons la certitude du beau temps revenu !

Et chacun alors se fourre au plus profond de son lit, se bouche les oreilles avec sa couverture pour ne plus entendre les jérémiades de la radoteuse ; et .. finit par se rendormir ! Mais elle veille, elle, la bourse commune ! Elle fait bonne garde, et elle guette le temps ! Et quand, au bout de deux heures, l'orage envolé sur les ailes du vent, la pluie cesse, et que le soleil se met à luire, la voici qui organise un sabbat infernal, qui nous a bientôt mis debout ! Triomphante, alors, elle montre le ciel bleu : c'est une raison à laquelle il n'y plus qu'à se rendre ! Mais les apprêts se font lentement, comme à regret ! O inconséquence de la nature humaine !

Ne voilà-t-il pas que nous boudons le beau temps, à présent! Aucune ardeur! nul entrain! On s'était si bien fait à l'idée de ne pas quitter encore Milan! Personne n'a le cœur bien à la besogne! Il faut un temps interminable pour boucler le sac; et quand il est bouclé, enfin, ce sac, voici qu'on s'aperçoit qu'il y manque le coutil au pâté, donné à la lessive hier! Je cours à la découverte, et lorsque je trouve mon vêtement, dans une boutique de repasseuse, à l'entresol de l'hôtel, il est bien débarrassé de sa tache, mais il est imbibé encore d'autant d'eau qu'il lui est possible d'en contenir. J'aide à l'essorage; la pauvre culotte est serrée à craquer; mais n'en reste pas moins, trempée de part en part; le coup de fer qu'on lui administre après, n'y change pas grand'chose, et il faut un grand renfort de papier de tout genre, pour empêcher une inondation intérieure du sac. Ceci fait, j'accompagne la bourse commune au bureau, où elle n'a pas trop occasion de faire la grimace et nous voici prêts, peu après sept heures.

On nous offre l'omnibus pour nous mener à la gare! Refus sur toute la ligne : nous entendons jouir de notre reste et voir, au moins, de Milan encore le plus que nous pourrons! Nous avons tout loisir : le train qui doit nous emmener ne part que dans une heure! Un regard d'adieu au Duomo, dont la blanche silhouette, où ruissellent encore les gouttes de l'ondée, resplendit, radieuse, sous les chaudes caresses du soleil! Un dernier coup d'œil au Corso Vittore-Emmanuele, où l'animation la plus vive a déjà remplacé la solitude, si rapidement faite, hier soir, par la pluie! Et déjà nous sommes à la Porto Nuova! Ici, nous prenons à gauche par des parages non encore explorés! Par la Strada Monte Napoleone, nous aboutissons à une autre portion du canal de Lecco, qui n'embellit pas plus ce quartier-ci, que celui où nous l'avons vu hier. Tout le quartier, d'ailleurs, est morne, à peu près désert, d'aspect froid et peu engageant. Rien que des établissements religieux! Vous comprenez, n'est-ce pas, que cela doive manquer de gaîté! Cafards et calottins vivent ici en bons voisins! C'est la Strada del bene fratelli (lisez des Jésuites): et ces peu estimables disciples de Loyola y possèdent des immeubles qui y ont la longueur de la rue, ni plus ni moins! En traversant cette interminable rangée de tristes et sombres demeures, ces séries de séminaires, cette agglomération de couvents et d'églises, on arrive enfin à comprendre l'innombrable quantité d'abbés; mais on ne s'explique toujours pas l'absence de leurs mollets! Eh! que nous importe, après tout, ce mystère!

Dans le faubourg Sanct-Angelo, on retrouve l'autre façade de l'immense maison des Jésuites; puis, encore un séminaire; une église, un hôpital enfin, plus grand que l'Ospedale Maggiore, de construction récente, mais n'offrant pas l'élégante originalité de ce dernier!

Et les rues toujours s'ajoutent aux rues, et on commence à trouver d'une longueur interminable ce chemin de la gare. Nous sommes en route depuis bientôt une demi-heure, en plein soleil, par une chaleur tropicale, et une soif! Des pêches! voici des pêches! Plein une charretée! Et puis belles! Et puis appétissantes: „Da demi per dieci soldi!“ Le marchand s'est arrêté surpris: „Per dieci soldi?“ fait-il, comme s'il avait mal compris, ou comme s'il était inconcevable que trois particuliers seuls achetassent pour dix sous de pêches! „*Si, si! datemi per dieci soldi!*" Il se *dieci* de (pardon!) alors; prend sa balance et entasse, entasse, entasse jusqu'à ce que la pyramide refuse l'équilibre. Frèrot, là-dessus, empoche, et Gustel aussi; et moi aussi; et le bonhomme entasse une nouvelle pyramide! Les poches sont pleines, les mains sont pleines, les bouches sont pleines, et le bonhomme entasse toujours; et nous partons, lui laissant une partie de sa marchandise, faute de place pour la loger! Et la bourse commune murmure quelque chose, comme de prodigalité folle; et prétend que *cinque soldi* de pêches, eussent été plus que suffisants. Bourse commune, ma mie, vous êtes insupportable, savez-vous!

Le gare de Milan mérite une mention toute particulière : c'est certainement dans ce genre de constructions, ce qu'on a encore fait de mieux et de plus riche! A côté de ce luxueux et grandiose édifice, la gare de Bâle paraît une masure, et la gare de l'Est, à Strasbourg, une bicoque sans style, sans goût, sans rien. Il faut voir, avec quelle fière mine, se dresse la noble façade, au haut du talus de remblais : un roi, ma foi, ne la dédaignerait pas pour demeure, surtout lorsqu'il sait se contenter, comme ici, d'un aussi piteux *Palazzo Reale* que celui qui avoisine le Duomo! De pierre laissée nue, d'un ton gris-cendré, du plus charmant effet, le milieu du bâtiment dessine un immense portique d'une conception hardie, d'une riche ornementation de sculptures : cela a tout à fait grand air. La Compagnie a évidemment tout sacrifié à la gare centrale; et on se rend compte, ainsi, de la nullité et des délabrements des

gares secondaires, comme Camerlata et autres! Les
vestibules sont splendides et fort spacieux; leur voûte
est soutenue par une série de colonnes en beau marbre
veiné, du vrai marbre, vous savez : rien du stuc, ni du
simili! Les salles d'attente sont stupéfiantes, littéralement! Elevées de douze mètres au moins, vastes à loger
plusieurs gares de Camerlata avec dépendances, elles
contiennent un ameublement hors ligne, une décoration
princière! Et les pauvres diables, qui voyagent en troisièmes, doivent écarquiller leurs yeux joliment devant
ces merveilles! Je sais, pour ma part, des salons qui
ont quelque prétention au confort et à l'élégance, et
qui n'ont pas ces moelleux fauteuils, ces sophas commodes, ces lambris dorés, ce parquet lustré et uni
comme une glace, ce plafond peint en ciel d'azur, mou-
tonné de blanc, d'où pend un grand lustre ruisselant
d'éclat; ces énormes panneaux enfin, encadrés de
filets d'or délicatement ouvrés et ornés de fraîches
peintures!

On quitte à regret ces splendeurs, pour aller s'en-
fermer dans un wagon étouffant, peu commode, vulgaire et rapé. Mais l'Indicateur a des rigueurs à nulles
autres pareilles. Une dernière fois : Adio! adio! Milano!
et nous voilà roulant en rase campagne!

Oh oui, rase! et bien rase! Maïs, maïs, maïs! Mûriers,
mûriers, mûriers! Maïs! que t'avons-nous fait? Mûriers!
que nous voulez-vous? N'était-ce pas assez de la longue
contemplation forcée d'hier, et pour combien de temps sommes-nous condamnés à ce nouveau supplice? On trouve
moyen d'échapper au supplice en baissant les stores
du wagon, ce qui a en même temps l'avantage de

mettre à l'abri de la curiosité du soleil, curiosité tout à fait gênante depuis le départ de Milan!

Dans le wagon, la société, exclusivement italienne, est fort bruyante et baragouine à notre barbe! Furieux de ne rien entendre à cette belle conversation, et pour rendre à nos compagnons la monnaie de leur pièce, nous entamons, de notre côté, une abracadabrante conversation, dans notre harmonieux *dialecte mulhousien*, qui doit bien singulièrement sonner à des oreilles qui ne l'ont jamais entendu. Mais tout aussitôt, à nos côtés, un jeune Milanais a dressé l'oreille : il connaît l'idiome, évidemment! L'instant d'après, sous prétexte d'une allumette pour allumer son cigare, il nous interpelle en français fort courant, s'informe de notre origine et nous apprend qu'il *a habité Mulhouse*, il y a quelques années; et nous voici presque en pays de connaissance! Ce monsieur est fort aimable, et il est regrettable que nous ne l'ayons pas, aussi bien rencontré hier, vers Camerlata : il eût pu, à Milan, nous être de quelqu'utilité! Il le regrette avec nous et nous donne, par contre, divers renseignements rétrospectifs qui nous intéressent beaucoup! „Nous allons arriver tout à l'heure au champ de bataille de Magenta!" nous dit-il tout à coup. La nouvelle nous prend à l'improviste : nous ne nous attendions pas à traverser le théâtre de nos récentes victoires! Pas flatteur, hein! pour nos connaissances géographiques, cet aveu-là! Mais que voulez-vous? Et puis, si l'on savait tout d'avance, on risquerait fort de ne plus apprendre grand'chose en route!

Le train s'arrête: c'est Magenta. Effectivement, voilà bien le bâtiment carré de la gare, que tout le monde connaît, par les tableaux de la bataille. L'action a eu lieu un peu plus loin : à l'endroit même, où le combat a été le plus acharné, on a élevé un monument commémoratif : une pyramide bien simple, portant en inscription les noms de Napoléon et de Victor-Emmanuel.

Nous roulons à présent sur l'emplacement même de la bataille! Que c'est lugubre et triste, un champ de bataille, même après que six années complètes y ont, en partie, effacé les traces de désolation et de mort! La campagne y est plus rase, plus morne : elle n'a pas entièrement encore cicatrisé ses plaies; partout les signes d'une dévastation récente, d'un grand bouleversement, paraissent sous la verdure; puis, de distance en distance, des petites croix s'aperçoivent; des petites croix noires, bien pauvres et bien humbles, à moitié dissimulées sous les fleurs : elles sont nombreuses, et chacune indique quelque fosse commune, un de ces grands trous noirs, qu'on creuse à la hâte, après le combat, et où l'on entasse, pêle-mêle, les cadavres, amis et ennemis, réconciliés dans la mort, jusqu'à ce qu'il n'y ait plus de place. Triste sépulture du brave, tombé pour son pays! Pas un nom, pas une date : rien que deux morceaux de bois, mis en croix, pour indiquer à ceux qui passent, qu'il y a là une tombe à respecter et des martyrs qui dorment, à qui l'on doit un salut!

Tout près est le fameux pont du Tessin que les Autrichiens essayèrent de faire sauter derrière eux pour assurer leur retraite! La moitié d'une arche, seule, sauta et sur l'autre moitié notre armée passa, continuant au loin la poursuite des fuyards.

Puis au-delà, et jusqu'à Novare, plus rien que de

nouvelles immensités de maïs, et des infinités, non encore vues, de mûriers.

A Novare, changement de train. C'est une correspondance qui doit nous mener à Arona! Mais la correspondance, ainsi que cela arrive souvent, ne correspond pas le moins du monde, et force est de l'attendre sur le quai, en plein soleil! Ils en prennent à leur aise, par ici, avec les voyageurs! M'est avis qu'un peu moins de dorures à la gare de Milan, et un abri quelconque, sur ce quai, contre le soleil ou la pluie, eût été d'une sage administration! On a tout loisir pour admirer, pardessus les toits des maisons, la belle coupole de la cathédrale : on aurait le temps même de l'aller admirer de près. Mais les employés n'entendent pas de cette oreille! Défense absolue de quitter le quai. Et l'on continue à rôtir jusqu'à ce qu'enfin arrive la correspondance! Et c'est de nouveau, alors, une heure de mûriers et de maïs, une heure ennuyeuse et bien longue, à rouler jusqu'à Arona : On bout, dans les voitures : la chaleur étouffe, le soleil horripile, le maïs assomme et les mûriers menacent du spleen! Le moyen de résister à tout cela : quand les yeux n'ont plus à s'occuper, le sommeil n'est pas loin, dans pareilles conditions : et il arrive bien vite ; et on s'y laisse aller avec ensemble, conviction et volupté.

Nous nous réveillons juste à temps pour voir, en avant et bien au-dessous de nous, les blanches maisons d'Arona et la grande nappe bleue, immobile et calme, du Lago Maggiore qui miroite, scintille et flamboie, au soleil de midi, comme un grand bouclier d'acier poli. Les freins fortement serrés grincent contre les roues avec un bruit strident, produisant dans tout le corps d'agaçants fourmillements; la vapeur est sous clé, sur cette rampe à inclinaison exagérée, et nous roulons très vite, par l'effet seul de la vitesse acquise, jusqu'en gare d'Arona.

Comme situation, Arona est le Côme du lac Majeur, avec cette différence, qu'au lieu d'être une grande et belle ville, ce n'est qu'un petit port, d'environ trois ou quatre mille âmes, gracieusement perché en bas de la colline, mais en somme assez insignifiant. Il doit quelque célébrité à ce fait, qu'il a donné le jour au grand saint Charles Boromée, le même dont le philosophe alcoolisé d'hier après midi, nous a fait voir le palais, à Milan! On lui a élevé, ici même, une statue colossale, haute de vingt-deux mètres, à moins que ce ne soit vingt-cinq : je ne vous dirai pas au juste, mais vous n'y tenez pas plus que cela, j'imagine.

Vous demanderez peut-être pourquoi nous ne sommes pas allés voir la statue, qui est la grande curiosité du lieu!

Mon Dieu, pour une foule de raisons! D'abord, ce genre d'architecture religieuse nous semble absolument sans attraits; puis le saint est logé au plus haut de la colline, comme l'est, à Lyon, la statue de Notre-Dame sur le côteau de Fourvières : on l'aperçoit du bateau même, et cela suffit pour les gens qui ne sont point gourmands. Aller là-haut, dans cette canicule, serait pousser la dévotion au saint à un degré dont nous ne nous sentons pas capables. Le Sempione, d'ailleurs, est là, qui va partir dans un instant; ses cabines renferment un restaurant; nos estomacs crient famine, et tout naturellement nous prenons le chemin des cabines de préférence à celui de la colline! Dans les cabines, maintenant, le difficile est de se caser: toutes les tables sont prises; partout on voit et l'on entend fonctionner des mâchoires affamées! et nous tournons comme trois âmes en peine, au milieu de cet empiffrement général! A la fin, quelques repus abandonnant une place, nous nous installons triomphalement et: „Hé là-bas, garçon! Hé donc, par ici, hé!" Ah bien oui! Ce garçon est un jeune Italien, passablement crasseux, gambadant autour des tables, avec des contorsions qui rappellent, involontairement, les convulsions d'agonie d'un poulet maladroitement saigné, et ne nous honorant pas plus de son attention, malgré mon appel réitéré, que si nous n'avions pas été là! Et force est d'aller lui couper la retraite, au bas de l'escalier, pour lui faire le menu! Pas facile à établir, d'ailleurs, le menu! Le garçon n'entend pas un mot de français; et l'Italien, dont je dispose, ne paraît pas être à sa hauteur. Après quelques labeurs, je crois néanmoins être arrivé à lui faire comprendre qu'il ait à nous porter une omelette, des *truetti du lac, du pain et du vino rosso*. Au bout d'une demi-heure, nous n'avons rien reçu encore, qu'une nappe d'une blancheur... italienne, et quatre verres vides. Impatience et fureur! Déjà l'on m'envoie en reconnaissance, quand voici arriver tout à la fois, une omelette raisonnable, du vin qui a un aspect de sirop de groseilles, et un poisson quelconque, qui n'a avec les truetti absolument rien de commun que l'élévation du prix! La chair en est cependant assez succulente, et la faim, savez-vous bien, est le meilleur des assaisonnements. Pour terminer, on ajoute à ce menu un peu frugal, quelques tranches du fidèle salami, et tout vient à bien!

En ce moment nous remarquons que nous ne sommes plus seuls propriétaires de notre table. Un abbé, rien que cela! un abbé vient de s'y établir; et un abbé encore qui s'est débarrassé de sa soutane! Il fait si chaud: et vous savez bien, là où il y a de la gêne..... Il connait ses proverbes, l'abbé! Cet ecclésiastique sans préjugés, possède un nez d'une venue admirable, un de ces nez phénomènes, qu'on revoit en rêve; de plus une figure souriante et bon enfant; il brûle visiblement du désir de faire plus ample connaissance. A cet effet il nous adresse une petite allocution, sans doute des plus aimables, mais à laquelle nous n'entendons rien! Il est honnête de répondre, toutefois! „Sans doute, nous serions flattés, o estimable abbé, de converser avec vous, et jamais nous n'avons tant regretté que notre instruction ne se soit pas étendue à la langue du divin Dante." — Pendant que je parle, l'abbé ouvre de grands yeux: „Voi siète Tedesce?" fait-il enfin, toujours souriant. — „Tedesce? Ah mais non, s'il vous plaît! Francèse, padre, Francèse!" — „Ah! Francèse! ah!" Et en dépit de la meilleure volonté déployée de part et d'autre, la conversation dût en rester là; et nous remontons sur le pont.

Midi! On s'en ressent: le soleil se fait brasier et l'atmosphère fournaise; pas la moindre brise pour tempérer ces ardeurs; pas un souffle d'air; pas un coin d'ombre; un ciel de plomb: on rôtit et on étouffe tout à la fois!

Le lac est là, dans toute son incomparable splendeur. L'immobile nappe liquide s'étale au loin avec des reflets métalliques ; puis, par moments, on dirait une chatoyante glace de Venise ; tout autour de ce miroir magique, les rives paraissent, ravissantes et gracieuses, légèrement noyées dans une buée lumineuse, étendant à perte de vue les détails harmonieux de deux bords, plus idéalement beaux, plus doux encore et plus poétiques que ceux du lac du Côme ! Mais, même cet admirable spectacle, aujourd'hui, nous laisse insensibles ! Le moyen aussi de s'émouvoir par cette canicule impitoyable ! Une torpeur irrésistible vous envahit en dépit de vous mêmes ; on se sent incapable de la moindre attention pour les plus merveilleux tableaux ! Je ne connais pas d'enthousiasme, qui puisse résister à quarante degrés centigrades ! Chacun n'a plus qu'un soin, qu'un unique souci : trouver une place où s'installer de la façon la plus sybaritique, et surtout la plus abritée possible. Pour moi, cette place est une grosse tonne, sur laquelle la cheminée du bateau jette un semblant d'ombre, et où je me lézarde à faire honte à un boa qui digère ! Frèrot, lui, s'étale languissamment à mes pieds, et Gustel, tout bonnement étendu sur le pont, cherche de l'ombre derrière une grande malle ! Vous allez me dire que nous sommes de simples nigauds ; et que rien n'eût été plus facile que d'aller nous installer aux premières, où la munificence de l'administration, au moyen d'une grande toile rayée rouge et blanc, et de quelques ficelles, fournit en abondance de l'ombre aux voyageurs ! Eh bien ? Et les principes donc ? Je sais bien, maintenant, qu'il est, pour les principes, des chiquenaudes ; et nous en avons même déjà usé à l'occasion ! Mais, voyons ! on ne peut pourtant pas, raisonablement, passer tout son temps à donner des chiquenaudes à ses principes! Il faut savoir s'arranger, d'ailleurs, et dans le cas présent, on se trouve fort bien, d'un mouchoir trempé d'eau, disposé autour de la tête, à l'africaine, sous le chapeau. C'est fort agréable!

Un gaillard, que la chaleur n'a pas l'air d'incommoder beaucoup, c'est le Sempione! il file bon train, dans la fournaise; et par intervalle, lance gaîment dans l'embrasement des airs, les notes aigues du sifflet de sa machine, à chaque scarbo ou chaque station.

A l'une de celles-ci, une massive paysanne du crû, basanée comme une tzigane, fière comme une matrone romaine et musclée comme un porte-faix, a l'excellente idée de s'embarquer avec divers paniers pleins de raisins et de pêches; le tout est à vendre, bien entendu! Quelle aubaine pour des gosiers aussi secs que ne le sera bientôt le premier discours latin de notre rhétoricien de Frèrot! *„Quanto costa, signora?"* demandai-je en désignant deux grappes placées sur un plat. — *„Cinquante centesimi, signor!"* Peste! voilà une naïve femme des champs qui spécule, avec pas mal de férocité, sur l'aridité de nos gosiers! Les raisins sont peu mûrs et encore passablement aigres. Mais qu'est-cela? Il est des moments dans l'existence, où l'on s'ingurgiterait du vinaigre pur sans trop de déplaisir.

Il faut l'approche des îles Borromées et de l'admirable baie de Pallanza, pour qu'on secoue enfin la grande torpeur qui vous tient. Mais alors, et tout aussitôt, quel ravissement et quelle extase! Et comment, ici, résister, à moins d'être en état de léthargie pure! Où trouver un site plus merveilleux? Où chercher ailleurs un charme aussi puissant, une grâce si incomparable, un éclat si intense, une telle profondeur du ciel bleu, une pareille et si remarquable pureté de l'atmosphère, une si infinie douceur de teintes harmonieusement fondues ? Non, non et trois fois non ! Rien sur le lac du Côme, aux coins même les plus favorisés, ne peut lutter avec cette délicieuse perspective.

Sur le tranquille azur du flot qui les baigne langoureusement, et leur sert de complaisant miroir, les trois petites îles paraissent, espacées heureusement, comme trois frais nids de verdure : tout autour s'étale et rayonne la chaude et chatoyante surface de l'onde, où le soleil, vraiment, semble doubler ses feux, au lieu de les noyer ; puis, aux rives coquettes, au pied des collines bleuâtres que lèche le flot indolent, ce sont, nombreuses et variées, de blanches et élégantes silhouettes de villes ou de villages, perdues dans le grand tout des coteaux verdoyants ; c'est Stresa et ses demeures originales ; c'est Baveno, c'est Fariolo, plus loin, sur la rive droite ; c'est Laveno, en face, tout au loin, à moitié perdu dans la brume luisante ; mais c'est surtout la fraîche Palanza, plus rapprochée, bien nette, et qui semble quelque cité orientale dormant au fond de la baie tranquille. Puis, au-delà, vers le nord, plus loin que la fraîche Intra, encore bien en vue, le lac se resserre, et capricieusement s'étend en ligne ondulée entre les monts. Là, moins de grâce et moins d'éclat ! Par contre, plus de grandeur et plus de sévérité dans les contours ! Les lignes d'encaissement s'accentuent davantage, les massifs ont plus d'attitude, deviennent arides, et leurs flancs, çà et là, se crevassent de grandes carrières de granit ou de marbre ; au fond, enfin, les regards s'arrêtent sur les chauves et multiples sommets de la chaîne du Gotthard, tandis que derrière Baveno et encadrant le cours de la Tosa, court une longue, sauvage et abrupte muraille de rocs formidables, cachant le Simplon, et dont la crête, découpée comme à l'emporte-pièce, dessine dans l'idéale pureté de l'azur comme une série fantastique de donjons écroulés!

Mais le Sempione marche toujours. Il marche même si bien, que le voilà qui rase les rochers à pic de l'Isola Bella! Deux tours de roues encore, et le voici au débarcadère! Les voyageurs pour l'Isola Bella, descendez! Nous trois seuls, nous mettons pied à terre, et le Sempione reprend sa course!

Chose singulière: cette Isola Bella, de prime abord n'est pas belle du tout. Une rive basse et plate, où, sur le gravier dorment quelques nacelles; un hôtel, à côté, de médiocre apparence; quelques pauvres masures, un bouquet d'arbes sans vigueur, et puis le derrière extrêmement délabré d'un très grand château, avec une grosse tour en saillie, vieille, vermoulue et noire, voilà tout ce qui vient s'offrir aux yeux désappointés et qui s'attendaient à des merveilles! Mais rassurez-vous! Les yeux n'y perdront rien : il semble que cet accès plus que médiocre soit voulu; que ce soit comme un fait exprès pour que tout à l'heure le contraste en devienne plus puissant. En attendant que nous nous assurions de la chose, il est un besoin plus impérieux; nous sommes dévorés d'une soif incommensurable; et nous allons, sans désemparer, nous payer les indéfinies douceurs d'un moka à la glace, dans un petit pavillon de l'hôtel, situé en pleine ombre, et où, la première fois depuis Arona, nous respirons un peu à l'aise.

Après un quart d'heure de repos délicieux, et laissant notre bagage à la garde de l'hôte, nous allons au château en compagnie d'un garçon qui doit nous en montrer l'accès! Ce famulus mal stylé ne nous montre toutefois rien du tout, ou du moins rien que nous n'eussions aussi bien trouvé sans lui, c'est-à-dire la grille; après quoi il disparaît avant que nous ayons pu lui demander par où il faut entrer au château même! Or, c'est là, précisément la difficulté! La grille donne accès dans une cour d'honneur, où s'ouvrent de toutes parts, perrons, vestibules, couloirs et corridors! Quelle est la bonne voie, dans tout cela? Pas un avis! Pas une pancarte! Pas même une de ces mains peintes au mur, et dont l'index providentiel eût pu nous tirer d'embarras! Voici bien, dans la cour, une sorte de monsieur, ayant l'air d'être de la maison! Mais alors, pourquoi ne s'occupe-t-il pas de nous, et pourquoi ne nous indique-t-il pas la route à suivre? Il faut croire que cela n'est pas dans l'attribution de ses fonctions. Cherchonsnous-mêmes alors, puisqu'aussi bien il le faut! Nous essayons du premier escalier, qui nous mène à une grille solidement cadenassée; nous nous rejetons alors sur un couloir tout peuplé de poudreuses armures; mais il est sans issue; nous nous engageons ensuite dans un long vestibule, par où nous aboutissons à la vieille tour vermoulue; nous pénétrons: cela vous a un air très vieux, très vénérable, mais manque totalement d'escalier! Et encore une fois nous sommes arrêtés et nous ne savons que faire, quand survient, sortant on ne sait d'où, une petite bossue, vieille presque autant que la tour, mais pas l'aspect vénérable le moins du monde, qui a l'air fâchée tout plein et qui nous met dehors, aigrement, sous un prétexte italien que nous ne comprenons pas! Nous voici revenus dans la cour d'honneur et réduits à nous adresser au monsieur de tout à l'heure, qui se trouve être.... le concierge! Qui l'eût cru? Et il nous laissait tranquillement nous égarer, le bélître! Et il parle le français, très couramment, le cuistre, et nous invite à mettre nos noms sur un registre qui se trouve là : après quoi il nous adjoint un de ses rejetons, qui doit nous piloter jusqu'à l'entrée des jardins.

Ces Borromées, d'honneur, sont des gens bien heureux, si tant est qu'un château sur un lac bleu, du luxe à foison et des belles choses à ne savoir qu'en faire suffisent pour assurer le bonheur ici-bas! Quel palais! quelles richesses! Que de splendeurs pour une simple demeure de plaisance! Autant l'extérieur du château disait peu, du moins du côté par où nous sommes venus, autant l'intérieur en est magnifique et riche! Ce sont d'abord d'immenses couloirs, transformés en un vrai arsenal d'antiquités, où des armures et des armes de tous les âges passés sont exposées et rouillent (il faut bien le dire!) peut-être un peu plus qu'il ne faudrait, le long des murs; puis un perron superbe, un double escalier de marbre blanc mènent au premier étage, où s'ouvre une longue enfilade d'appartements somptueux, pavés en mosaïques d'un charmant effet, et tout remplis d'amas de statues, de monceaux de poteries, d'urnes, de médailles, de détails de sculpture enlevés à tous les temples de l'antiquité païenne, en un mot, de merveilleux trésors artistiques! Au bout, un vaste salon bien éclairé sert de galerie de tableaux, où sont exposées des toiles de prix et où l'on s'attarderait bien volontiers, n'était le rejeton de concierge qui nous guide, et qui n'entend pas de cette oreille-là! Ah mais non! Depuis la loge à papa, ce gamin nous mène au pas de course, et semble n'avoir d'autre souci que de se débarrasser de nous, le plus vite qu'il lui sera possible. Cela ne tarde guère; et à l'extrémité de la galerie, il agite une cloche, tend la main, empoche un pourboire, et nous remet aux bons soins d'un jardinier que le signal a amené là, et à qui nous sommes désormais confiés. Ce nouveau cicérone se trouve être bavard plus que de raison, et se croit obligé de nous détailler l'historique de ces jardins légendaires, avant que de nous en faire admirer les splendeurs! Nous apprenons de la sorte qu'avant 1670, Isola Bella n'était qu'un vilain banc de rochers, absolument nu et foncièrement stérile. C'est alors qu'il signor Vitaliano Borromeo, le propriétaire de ce bas-fonds, embarrassé de ses nombreux millions, en consacra quelques-uns à l'édification du château d'abord, à la construction des jardins ensuite. C'est une véritable construction, en effet, que la base de ces jardins d'Isola Bella. Il fallut avant tout jeter des fondations dans le lac, sur lesquelles ensuite furent posées des voûtes puissantes, reliées aux rochers, et destinées à supporter les terrasses qui furent alors bâties; puis toute une flotille fonctionna pour amener du littoral, la terre végétale qui manquait; toute une flotte fut mise en œuvre pour ramener des pays les plus divers et les plus lointains, les plantes les plus rares, et les plus remarquables; et c'est ainsi que fut créée cette huitième merveille du monde, les jardins d'Isola Bella. Ce miracle ne pouvait s'accomplir que sous le beau ciel du lac Majeur.

Les jardins sont au nombre de dix, tous distincts par une culture spéciale. Ils occupent toute la partie méridionale de l'île, et sont superposés en un amphithéâtre s'allongeant au midi et atteignant jusqu'à trente-deux mètres de hauteur au-dessus du lac. Aussi suspendus par conséquent, et plus peut-être, que jadis ne l'étaient les jardins de Babylone, ces jardins des Borromées, comme vous voyez! Je ne crois pas que, dans notre dix-neuvième siècle, ils aient leurs pareils, en ce monde. Horticulture et architecture y rivalisent de luxe et d'inventions! Statues et colonnes, terrasses et soubassements; arbres rares, plantes exotiques, fleurs inconnues partout ailleurs, s'y entremêlent avec une profusion sans égale et un goût exquis. Essayons d'une rapide description, voulez-vous?

Du palais, une large allée bordée de lauriers roses en pleine terre, et gros comme sont chez nous les pruniers de belle venue, mène au massif central des terrasses. Celles-ci, un vrai édifice, sont soutenues par un socle élevé, fait d'un cimentage de rocailles et de petits cailloux, dont la disposition produit d'ingénieuses mosaïques, d'un effet étonnant, que rehausse encore le lierre qui court aux aspérités de la roche. Vient un large perron qui se reproduit en double, en avant et en arrière : sur chacun, aux angles, quatre statues colossales; ici, les quatre saisons, là, les quatre vents; puis sur les marches qui descendent à la terrasse inférieure, des colonnettes, des tourillons, ou des grands vases ciselés, d'où débordent des amas de verveines multicolores et d'héliotropes parfumés! Au bas et descendant à mesure, huit autres terrasses, formant les degrés de l'amphithéâtre; chaque degré ayant à son tour, outre sa culture spéciale, ses vases, ses tourillons et ses colonnettes. L'ensemble, horticulture à part, fait rêver au Duomo de Milan! Tout cela est encore merveilleusement rehaussé par l'admirable perspective du lac qui s'y découvre et s'étend au loin jusqu'à Arona. Qu'il serait doux, sur la terrasse inférieure, à l'ombre des beaux arbres, presqu'au ras de l'eau, de s'arrêter quelques instants, et de rêver en laissant aller les regards à l'aventure sur cet adorable panorama! Mais c'est bien de cela, vraiment, qu'il s'agit! Le jardinier cicérone a autre chose à faire, que de prendre souci de nos petits agréments! Comme le fils du concierge, et tout autant, il est pressé et nous le fait bien voir! Ils sont tous pressés, dans cette maison! Parbleu! Plus ils se pressent, plus ils ont chance d'empocher de pour-boires! Pour eux, évidemment, Isola Bella n'a pas d'autres mérites! Que les touristes qu'ils mènent, soient satisfaits, cela leur importe aussi peu, que nous importe, à nous, le temps qu'il peut faire, à cette heure, à Tombouctou! A peine peut-on, sur le pas de ce véloce personnage, remarquer comme il convient et admirer à la course, les trésors de riche végétation et les merveilles de culture de ces jardins sans rivaux. Ici, un petit bois de Laurus Camphora, cet arbre du Japon, si cher à Raspail et à ses adeptes! Là, des arbustes à thé, importés de Chine; plus loin, un groupe de pins maritimes, gigantesques, dressant, haut dans les airs, leurs panaches touffus ; à côté, des Magnolias aux larges feuilles, couvrant une terrasse entière, d'une ombre que les rayons du soleil ne percent point ; puis des Aloës d'une poussée vigoureuse ; des orangers en pleine terre, ployant sous le faix de leurs pommes d'or ; des espaliers de citronniers et de bigaradiers ; ces derniers chargés de fruits aussi gros que des têtes d'enfants ; ailleurs encore, un cèdre géant, comme il ne peut en pousser que sur le Liban lui-même ; un arbre d'une beauté rare ; le plus superbe, peut-être, des produits de l'île, même encore depuis que la foudre a écimé sa tête trop altière ; puis des massifs curieux de fleurs inconnues, aux formes bizarres ; des plates-bandes tirées en dessins pittoresques ; une branche de lierre sortant d'un mur qu'elle a crevassé, et plus grosse qu'un bras de garçon boucher ; enfin, dans un dernier recoin, un groupe de sensitives, que l'on taquine au vol ; car nous ne marchons plus, nous volons littéralement à la remorque de notre guide, à présent.

Une cloche a retenti, en effet, qui lui annonce d'autres clients, et nous ne sommes plus que des gêneurs ! L'instant d'après, il nous tire sa révérence, à la porte de sortie, perçoit la dîme obligatoire, et nous met dehors !

Nous avons vu l'Isola Bella ! Nous l'avons vue, oui ; mais de façon à rendre une seconde visite indispensable, si nous devions nous en faire une idée un peu juste et complète ; et je doute fort que beaucoup se retrouvent satisfaits, à la porte, après les vingt-cinq minutes de la marche forcée (délai moyen !), qu'ils auront faite à la suite du cicérone-vapeur ! Aussi, messires de Barromée, croyez-moi ; vous avez là une manière déplorable de faire les honneurs de chez vous ! Et votre bonne grâce à recevoir les touristes dans votre charmant domaine, ne saurait gagner à la précipitation qu'ont vos gens à les mettre dehors ! Etant admis que les étrangers ont la faculté d'aller admirer vos richesses, pourquoi leur imposer un cicérone qui leur est parfaitement inutile, mais, en revanche, supérieurement insupportable ? Pourquoi fixer la durée de chaque visite, et faire sonner cette sotte cloche, qui vient dire, si mal à propos, qu'il est temps de s'en aller ? Pourquoi ne pas donner à vos hôtes libre accès ? Pourquoi ne pas les laisser jouir, tout à leur aise, du plaisir que vous voulez bien leur procurer ? Que craignez-vous ? Des dégâts ? Quelques larcins ? Ce serait là, vraiment, de votre part une crainte peu aimable pour les gens qui viennent chez vous ! Et certes, si telle est votre appréhension, il serait plus logique et plus simple de n'y admettre personne ! Vous êtes, direz-vous, maître chez vous, après tout ! Parbleu ! Et vous le faites bien voir ; et cela nuit à votre hospitalité !

Quoiqu'il en soit, nous voici dehors ! C'est ce qu'il y a de plus clair ; et possédés, tous trois, d'une soif folle, nous courrons, au plus vite, à notre pavillon de l'hôtel où nous réclamons à grands cris un cruchon de Birrone di Chiavenna. Il y a Birrone et Birrone ! Celui, de Chiavenne surtout est un vrai Protée, qui, chaque fois qu'il reparaît, reparaît sous une autre forme. Ce qu'on nous sert, pour le moment, ne se trouve être, le cruchon débouché, qu'une mousse exubérante qui jaillit monte, déborde, n'en veut plus finir. et au loin va inonder la table. C'est extrêmement drôle, mais cela désaltère médiocrement! Au bout de la mousse, arrive cependant un peu de liquide, pour de vrai ; mais si peu, que de suite, on demande du renfort! Le breuvage est remarquablement frais et suffisamment potable! Mais comme le second cruchon mousse avec la même exubérance que son prédécesseur, il faut à celui-là à son tour, un successeur, et le troisième cruchon y passe sans la moindre difficulté.

Tout en dégustant la bière, l'on devise de l'avenir, et l'on avise, avant toute autre chose, au moyen de s'en aller d'ici. Nous sommes sur une île, ne pas oublier cela; et on ne s'en va pas d'Isola Bella, comme on veut. Le bateau à vapeur, il n'y faut pas compter! Il en passera bien encore, dans la soirée, et dans les deux sens; mais aucun n'aborde plus à l'île, ce qui est extrêmement commode..... pour les bateliers, qui ont élu domicile céans! Ayant encore un assez long trajet en prévision, sur la terre ferme, nous n'avons plus grands loisirs, et vite, nous entrons en pourparlers avec un propriétaire de barque. Cet industriel demande cinq francs pour nous mener à Baveno, la localité du littoral, la plus rapprochée, parmi celles qui se trouvent sur notre itinéraire, de tout à l'heure.

Il s'agit pour nous, en effet, d'arriver, encore ce soir, à Vogogna, sur la route du Simplon, afin de diminuer d'autant l'étape de demain, qui restera toujours assez longue! *Cinque Franques!* pour une traversée de vingt minutes, c'est cher! Mais c'est à prendre ou à laisser! Seulement, si on laisse, on couche ici; et c'est ce que nous ne voulons pas! On essaie bien un peu de marchander. Mais niente! Il n'y a rien à en rabattre! Tous ces gredins s'entendent entre eux, comme larrons en foire, et ils paraissent ignorer absolument ce que c'est que la concurrence! Sont-ils arriérés dans ce pays. Le sont-ils? Oui! Mais en attendant qu'ils progressent, ils tiennent bon; et nous en sommes bel et bien pour nos cent sous! Et nous voici, tout à l'heure, paresseusement couchés sur les bancs d'un bateau plat, que mènent à la rive, trois bateliers bazanés, dont l'un parlotte un peu le français.

La traversée est délicieuse au possible : le soleil est infiniment moins torride, à mesure qu'il s'incline vers les monts, mais toujours radieux; une brise légère s'est levée, qui ride finement la surface du lac en petites vagues tremblottantes; partout, à l'horizon, les rives, mieux éclairées, ressortent plus nettes, plus rapprochées, dessinées avec plus de vigueur, dominées au nord par le sombre étagement des hautes Alpes, aux sommets empourprés et éblouissants. Et mollement, la barque nous balance, au rythme régulier des rames; et lentement nous glissons sur ces ondes si pures, si limpides, si merveilleusement bleues; les bras plongeant jusqu'au coude dans le flot qui déferle avec un murmure doux, et fuit en un remous léger, qui bientôt s'apaise derrière nous! En faut-il davantage pour procurer, à trois touristes de notre calibre, un de ces moments fortunés, si rares dans l'existence, où, sans arrière-pensée, sans désirs ni regrets, on se sent pleinement heureux et où on se laisse aller entièrement au plaisir de vivre!

„*E què la distanza a Baveno per Vagogna?*" demandai-je tout à coup à nos rameurs, passant ainsi de extrême béatitude à des soins plus prosaïques. — „Cinque hore!" répond un des hommes. — „Sei!" prétend un second. — Entendons-nous, voyons! Est-ce cinque ou sei? — „Cinque!" reprend le premier, qui y tient. — „Sei!" riposte le second, qui n'en démord pas; et les voilà engagés dans une contreverse qui ne nous en apprend pas plus! Enfin, cinque ou sei, qu'importe! C'est là, un trajet que, vu l'heure et la température, il ne peut plus être question de faire à pied. „Et trouve-t-on des voitures à Baveno?" demandai-je à celui des trois qui parlotte à peu près notre langue. — „Si, si, signor!" Voilà qui va bien. Et ils continuent à ramer. Mais un dialogue des plus animés s'est engagé entre eux; ils sont en train de comploter quelque chose, c'est évident: et nous en voici tout intrigués. „Signor," dit tout à coup l'orateur de la bande, „moua connaissé ounc bouonne cheval, in del isola dei Pescatori, et pis, oune bouonne voitoure!" Fort bien: il paraît que nous y avons un compère, in del isola dei Pescatori, auquel nous ne demanderions pas mieux que de faire faire une affaire! Ma foi! Autant celui-là qu'un autre, s'il est raisonnable! Allons-y voir! Allons-y d'autant plus, que cela ne manquera pas de certaine originalité, d'aller chercher, dans une île, un véhicule avec lequel on prétend encore faire cinque ou sei lieues, dans la soirée, sur le continent! Nous sommes bien un peu intrigués quant à la manière dont voiture et cheval seront transportés à terre; mais cela les regarde, après tout, si nous tombons d'accord, et nous le verrons bien. En attendant, notre équipage a viré de bord, et à force rames, nous filons dans la direction de l'île des Pêcheurs, où nous ne tardons pas à aborder.

Toute petite, cette île des Pêcheurs, et couverte de pauvres masures, qui, faute d'espace, grimpent littéralement les unes sur les autres.

Le compère n'a pas été long à trouver, et le voici qui s'avance, obséquieux et souriant, tout confit en amabilité, l'échine souple! Rien que cela de courbettes! Attention au tarif! „Vous avez une voiture et un cheval à louer?" — „Si, signor, ioune bien bonne cheval, et bon marché!" — Combien est-ce pour Vogogna?" — „Vogogna, signor, c'est loin!" — „Nous sommes fixés là-dessus: c'est votre prix que je vous demande!" — „C'est dix-houit franques! et puis la bonne main!" — „Combien que vous avez dit?" — „Dix-houit franques et la bonne main!" — „Vous êtes dix-huit fois un farceur, savez-vous! A ce compte-là, nous aurions mieux fait de ne pas nous détourner de notre chemin: nous serions à Baveno à présent, et nous y aurions déjà trouvé, bien sûr, une voiture à des conditions raisonnables." — „Mais ioune si bonne cheval, signor! Vous verrez que serez bien contents!" — „Au diable, votre bonne cheval; et vous autres, aux rames, s'il vous plaît!" — „Dites, signor, vous donnerez seize franques, avec la bonne main!" — „Non!" — „Alors donnez seize, sans bonne main!" — „Non, non, non! Tenez, voulez-vous douze francs, pour en finir, et sans bonne main d'aucune sorte! Si oui, allez chercher le bidet; si non, partons, et vivement!" Devant cet ultimatum, le compère fait la grimace, et se gratte le nez. Cette pantomime dit clairement que les douze francs que je lui offre, bien qu'ils ne le tentent pas outre mesure, il les verrait tout, de même, plus volontiers dans sa poche que dans celle d'un concurrent de Baveno. En ce moment survient un compère de renfort, qui entame avec le premier, un dialogue animé: „Pour quatorze francs, voulez-vous?" dit le renfort!" — „Non, douze!" — „Eh! allons pour douze!" fait à la fin le premier compère. — „Mais sans bonne main!" — „Si, si!" Et déjà il est dans la barque! „Et la voiture? Et le cheval?" — „Ils sont là-bas, près de Baveno!" A la bonne heure! Ils rament à quatre, à présent, et l'île des Pêcheurs, bientôt, est loin derrière nous.

Plonger les bras nus dans l'onde pure, c'est bien, sans aucun doute; mais y plonger le reste aussi, c'est cela qui serait autrement mieux; et voilà que l'idée vient d'un bain froid; mais une idée fixe, impérieuse, irrésistible! Les nautonniers consultés, s'accordent à dire que le bain n'est pas interdit, le long des rives, et que nous avons le temps de nous passer cette fantaisie pendant qu'on attellera!

Ah, la bonne affaire! C'est une justice à rendre aux gens de ces parages-ci. Autant ils sont âpres au gain, et durs à la détente, lorsqu'il s'agit de débattre un prix (vous venez d'en avoir un échantillon assez réussi!) autant, ce prix arrêté, ils deviennent serviables et empressés, même quand le marché ne s'est pas passé entièrement au gré de leurs désirs. A peine débarqués, nos bateliers nous indiquent un endroit suffisamment écarté, pour que l'absence de tout caleçon chez les baigneurs, n'y puisse pas effaroucher la pudeur publique, et en même temps fort commode, pour des nageurs un peu timorés; et ils y transportent la toile a voile de leur bateau, qui va nous servir à la fois de tapis et de serviette. En un clin d'œil alors, les habits sont à bas! Plongeon général! Et chacun prend ses ébats, à sa guise et fantaisie! Délices innénarrables! Volupté sans seconde! Que cette eau est délicieuse et délicieusement fraîche! Et avec quel suprême bien-être on y barbotte et on s'y trémousse! O Doller! O Ill! Et toi, même, o Rhin! dont les flots rapides avaient pour nous, pourtant, tant de charmes, à la natation du pont de Kehl, combien vous êtes fades et insipides, en comparaison de ces ondes cristallines, où, autour de nous, naviguent paisiblement des bandes de frétin, et où les cailloux du fond se voient nettement, à une profondeur de plusieurs mètres! Gustel lui-même, Gustel le Prudent, auquel il a fallu un peu tirer l'oreille, pour le décider au plongeon, qui d'abord lui répugnait, sous prétexte que l'eau était trop froide, et que c'était trop tôt après le Birrone, Gustel se prélasse avec enthousiasme et à mainte reprise proclame que c'est tout simplement fameux! Quant à Frérot, pareil à un triton, il fend les flots avec orgueil! Quelle gloire, en effet, à la rentrée, que de conter aux camarades épatés, qu'on s'est baigné en plein Lago Maggiore!

Le cheval est attelé et le cocher donne des signes d'impatience, que nous nageons encore; nous nagerions bien jusqu'à la nuit, si nous nous laissions faire! Il faut faire une fin, pourtant! Le lac, en dépit de ses charmes, serait un mauvais gîte pour le soir. Et vite, chacun se frotte avec la rude toile à voile (une drôle de serviette tout de même, et qui nous a bientôt donné des rougeurs de homards), se jette avec hâte dans ses habits et nous voici, tout frais et complètement ragaillardis, qui nous installons sur la cariolle, devant laquelle piaffe un petit cheval vif, de bonne apparence.

A Baveno, jolie localité toute blanche et toute pimpante, toutes les maisons qui ont vue sur le lac, sont des hôtels, ou à peu près! Sa situation, d'ailleurs, est charmante; la vue dont on y jouit, fort remarquable. C'est ici, et de beaucoup, la partie la plus large du Lago Maggiore; seulement, l'immense plaine liquide qui s'étend jusqu'à Laveno, juste en face, est coupée le plus heureusement du monde, par la ligne verdoyante des îles Borromées. Tout contre les maisons, et au bord immédiat du lac, court la chaussée, se bordant d'un parapet de granit, sur le niveau duquel s'élève, par intervalles réguliers, un bloc mince, grossièrement équarri en colonne, et qui sert de poteau télégraphique. Au-delà, le lac s'étend, doré, comme en feu, aux rayons du soleil couchant; puis, au fond de la baie, Pallanza paraît, le séduisant Pallanza, la localité la plus attrayante et la mieux située peut-être du lac, couché aux pieds d'une chaîne accidentée, aux tons chauds, aux teintes vives, aux contours élégants et pittoresques; tout proche, vers l'occident, se dresse le massif puissant qui borde de ses falaises escarpées, la vallée de la Tosa, s'enfonçant dans la direction du Simplon; tandis qu'au nord, où le lac court en une ligne sinueuse, qui se perd dans le lointain légèrement brumeux, se montrent, en un vigoureux relief, les grandes masses de la chaîne de Gotthard, dont les cîmes multiples resplendissent aux derniers feux du jour. L'impression, qui nous a tenus dès le premier abord du lac à Arona, mais qui était restée un peu indécise et vague, se fait ici certaine, ab-

SIXIÈME JOURNÉE

solue, et le Lago Maggiore est, sans contredit, de beaucoup supérieur au lac de Côme, en beautés de tout genre! Et dire que, déjà, nous allons abandonner ces merveilleux rivages! Comme une quinzaine de jours, cependant, se passerait agréablement ici, et quel incomparable lieu de villégiature ce serait que ce Baveno! Une quinzaine de jours! Malheureux! Y songez-vous? Chut! La bourse commune n'a rien entendu! Allons! un dernier regard au lac! Un coup d'œil d'adieu à Pallanza et aux îles! Voici Feriolo! La route fait un grand coude! Et le lac et ses splendeurs ont fui pour jours! C'est ainsi, cependant, qu'il s'en va, de la vie! C'est ainsi que tout passe, pour ne point revenir!

Mais pourquoi broyer du nord? Il n'y a pas que ces sites qui soient charmants, après tout, et bien d'autres merveilles vous attendent sur la route que nous suivons!

Elle n'est autre, cette route, que la grande route du Simplon, celle-là même que nous avons vue aboutir à l'Arco della Pace, hier, à Milan. Ici, elle est déplorablement détrempée et ravinée par les pluies récentes, et nous y roulons, de façon assez malaisée, dans notre équipage pauvrement suspendu. A nos côtés, roule un second équipage pas mieux conditionné, renfermant deux figures barbues et impassibles, vraisemblablement d'Outre-Manche, et qui, depuis deux jours ou plus, au lac de Côme, à Côme même, à Milan et sur le bateau, gravitent autour de nous, en silence. Notre bidet, qui a de l'allure, les a bientôt distancés : mais nous ne désespérons pas de les retrouver encore, et toujours dans leur perpétuelle et identique impassibilité. Il est de ces momies, par les grands chemins!

C'est le vrai pays du granit, cette basse vallée de la Tosa. Partout, les flancs de la montagne se déchirent de grandes carrières, en pleine exploitation : ce ne sont que blocs épars, tranchées profondes, monceaux que les mines éparpillent en tous sens, à droite, à gauche de la route, parfois sur la route elle-même, qui en est couverte à certains endroits sur une bonne longueur : et les cantonniers chaque fois, alors, sont obligés de tracer un lacet provisoire, à travers prés, pour rétablir la circulation.

C'est que le mode d'exploitation est des plus primitifs. Les chantiers de taille étant au bas même des carrières, ils n'ont d'autre voie de transport que la rampe elle-même de la montagne. Très économique, le procédé, je veux bien, mais aussi fort aléatoire. Pour s'approvisionner, on fait simplement jouer quelques mines, et puis, tranquillement, on voit venir. La poudre parle, le flanc du mont est dilacéré et ses éclats volent au loin ! S'ils tombent aux chantiers, c'est très bien ; s'ils roulent dans le lac, à côté, c'est très bien encore ; et on en est quitte pour les y laisser et pour faire jouer une nouvelle mine, qui réussira peut-être mieux ; enfin, s'ils s'arrêtent sur la route et l'encombrent et la défoncent, les cantonniers sont là qui répareront les dégats ! Dans les ateliers, pour l'heure, règne une grande animation : on y taille de grandes et belles colonnes monolithes destinées, à ce que raconte notre cocher, au palais des députés à Florence.

Le granit n'est pas la seule pierre qu'on extrait de ces montagnes : tout près, sur l'autre rive du petit golfe que dessine le lac, derrière Feriolo, sont les riches carrières de marbre, d'où est sorti à la longue, et pièce à pièce, le Duomo de Milan. Elles sont encore aujourd'hui propiété du chapitre du Dôme, et on les exploite pour les besoins courants et continus de l'interminable monument.

La vallée, abstraction faite des carrières, qui, d'ailleurs, en occupent plus particulièrement l'entrée seulement, est riante et fertile : le paysage, toutefois, y affecte certaine tournure un peu abrupte et sauvage, peut-être bien due au voisinage de toute cette pierraille, mais tournure qui séduit et qui plaît, après les monotones et plus que placides plaines de la haute Lombardie. De longues lignes de prés bien touffus, et où, bon an, mal an, se récoltent trois coupes, et abondantes, quand l'année n'est pas trop sèche, (comme nous l'apprend notre automédon, qui, lui aussi, comme la plupart de ses semblables, a la langue au bon endroit!), s'étendent, cloisonnés de petites palissades, jusqu'aux basses rampes d'encaissement, où les bruyères s'épanouissent en larges taches d'un beau rose pâle : dans cette verdure uniforme et tendre, tranchent les mûriers, en abondance; mais non plus de ces troncs rabougris et chétifs, comme ils pullulent aux environs de Novare ou de Camerlata; mais des arbres vigoureux, ayant du port, un branchage bien venu, une feuillée bien touffue; et dont d'aucuns servent naturellement de tuteurs à des ceps de vigne puissants, qui s'enroulent aux troncs, s'entortillent aux rameaux et étendent leurs vrilles vagabondes jusqu'audelà du dernier sommet! Profitant de cet appui désintéressé, ces parasites acquièrent un développement et une vigueur rares, et finissent par étouffer, sous leur prospérité même, ceux qui la leur ont procurée : preuve irrécusable que l'ingratitude est également du règne végétal, et qu'elle n'est pas un apanage exclusif de la triste humanité !

Eparpillés avec grâce au milieu de cette exubérance de verdure paraissent, de distance en distance, des villages avenants, aux maisons fraîches et bien tenues ! Quelle différence avec les tristes hameaux et les masures lamentables qu'on trouve aux bas-étages du Splugen ! Quel air de prospérité et d'aisance partout répandu ! C'est qu'aussi le sol n'est point ici un morne marécage comme aux abords de Riva, et il doit faire bon vivre aux bords de la bruyante Tosa ! La population, cependant, est loin d'être belle, et les indigènes des deux sexes qu'on rencontre en assez grand nombre, ont pauvre mine : ce sont tous, corps petits, grêles, maigres et souffreteux, et ne paraissant pas taillés pour une besogne bien rude. L'habitude assez étrange, vous l'avouerez, paraît être, en ce vallon singulier, que les femmes travaillent et peinent, pendant que les hommes regardent faire : partout, nous voyons des paysannes ou qui fânent, ou qui portent sur la tête de lourdes charges de foin, tout en travaillant au fuseau à quelque ouvrage de fil, pendant que leurs seigneurs et maîtres, les mains dans les poches, se promènent et flânent nonchalamment : même, une voiture, de forme fort primitive, et surchargée de foin, étant venue à verser, dans un pré voisin, ce furent des femmes qui la redressèrent en deux tours de bras, sans qu'aucun homme ne fît même mine de venir donner un coup de main.

Il ne faut pas trop se fier aux apparences : à prémière vue, et à ne considérer que la fertilité du sol, et la bonne apparence des localités qu'on rencontre, on dirait vraiment que la mendicité, cette plaie de la descente du Splugen, est inconnue ici: mais voici un petit gaillard qui nous a bien vite fait changer d'opinion. Quatre à cinq ans; malpropreté pittoresque, énorme chapeau de feutre qui le cache presqu'entier, simulacre de culotte, retenue par une seule bretelle, et d'où pend, par devant et par derrière, une chemise en loques grises; pieds et jambes nus et noirs de boue, tel est le bout d'homme, qui, depuis un bon moment, crie lamentablement: „Carita! carita!" (le refrain du Splugen), en trottant derrière la voiture. On lui jette quelque menue monnaie : il s'arrête alors, fouille la boue, ramasse, salue d'un coup de son énorme chapeau, et contemple longtemps son trésor, d'un air d'inexprimable satisfaction. On fait parfois des heureux à bon compte!

Peu à peu, la route s'est approchée de la Tosa, que, depuis longtemps, on entendait gronder au loin: beau torrent, à cours très rapide, d'allure fière et un peu désordonnée. L'encaissement de la vallée prend, ici, un grand cachet. On a atteint le pied même de ces longues rampes rocheuses, escarpées et sauvages, qui se détachent en puissant promontoire, vers Baveno, de la chaîne descendue du nord, courent à l'ouest, brusquement coudées vers Ferriolo, et bordant sans discontinuer le cours du torrent, rejoignent en longs circuits les massifs du Simplon. Tons fauves, découpures hardies, entassements fantastiques, déchirures abruptes, végétation maigre et rare, et sur le tout, des jeux de lumière étranges; des gorges ténébreuses, de grandes ombres, à la base; de vifs éclats plus haut; et sur tous les sommets une légère ligne d'opale, la dernière caresse du soleil mourant.

Le trajet est charmant : une fraîcheur bien venue a remplacé les ardeurs insensées du jour; une brise des plus gaillardes souffle entre les monts, et à la ronde les prés embaument, exhalant une bonne odeur de foins frais, que l'on aspire à pleins poumons.

Près de Migundone, on passe la Tosa : jadis il y avait là un pont; mais un jour, le torrent, en bonne humeur, l'enleva et le porta dans le lac, où il est encore! Il en reste quelques vestiges, en aval desquels on construit un nouveau pont solide, puissant, bien établi, contre lequel la turbulente Tosa viendra vainement épuiser ses efforts. En attendant, il y a un grand bac que manœuvrent deux Italiens de vilain aspect. C'est cinquante-cinq centesimi qu'il nous en coûte, pour cheval, voiture et la compagnie. Voilà, ce semble, deux industriels qui doivent une fière chandelle à la Tosa et qui ne voient, sans doute, pas d'un bon œil, les progrès des travaux du pont.

En une heure, maintenant, on atteint Vogogna, c'est-à-dire le gîte : on y arrive un peu transi, et pas mécontent d'être arrivé; le char, positivement, manquait de ressorts, et Frèrot prétend qu'il en a des bleus: vous devinez où! Une autre fois, vous marcherez, o Frèrot : de la sorte vous n'aurez, du moins, que des ampoules!

En dépit des conventions, on lâche une petite bonne main au cocher, et la séparation se fait avec une satisfaction réciproque!

Vogogna est un des endroits les plus importants de la vallée; sa situation est remarquable, tout au pied de grands rochers bien à pic. C'est une sorte de bourg vieillot, moyen âge, où dans l'amas de vieilles constructions poudreuses, rient quelques maisonnettes fraiches et blanches, de récente construction; sur une élévation, à droite, l'église: un assez barbare édifice; les ruines d'un château fort, et une laide et grosse tour crénelée, vestiges d'une splendeur et d'une importance passée, dominent. Particularité bien bizarre! les jardins qui précèdent la localité, et qu'on a longés un bon bout de chemin, sont tous, clos de murs assez élevés, où s'ouvrent de larges portes, dont les piliers sont invariablement décorés d'informes statuettes de terre cuite représentant ou des personnages grotesques, ou des crétins! Que peut bien signifier cette décoration caricaturale! Nous n'avons pas pénétré ce mystère; mais toujours est-il que cela donne une fichue idée du développement des beaux arts, dans la vallée! Eh, que nous font, après tout, les beaux arts? C'est d'hôtel bien plutôt, qu'il s'agit, à présent!

Celui de la Corona, où le cocher nous a arrêtés, est mieux qu'on n'avait osé l'espérer! Les garçons, par exemple, n'y brillent que par leur absence, et sont avantageusement remplacés par un hôte affable, empressé, plein de vraie et franche cordialité, et qui nous rappelle le digne propriétaire de l'hôtel du Cerf, à Amsteg, lequel, dans son bon temps, servait, à table, en bras de chemise, sans que les plus difficiles songeassent à s'en offusquer. Mêmes chambres, ici, que celles que nous voyons depuis plusieurs jours; à part un peu plus de rusticité dans l'ensemble, mêmes dimensions vastes, même carrelage et même barriolage des murs et du plafond. Les lits, par contre, diffèrent : ils ont les proportions, à peu près, et l'élévation de nos lits alsaciens ! Que n'ont-ils également leur moelleux ! Mais voilà ; nous sommes des sybarites, nous autres, en Alsace : chacun sait cela ! Et puis, o singularité de structure ! o phénomène d'ébénisterie ! Tandis que j'ai pour ma part une couchette à peu près normale, Gustel et Frèrot sont réduits à coucher dans une sorte de monument complexe et surprenant, constitué par un bois de lit énorme, qu'une séparation médiane divise en deux lits distincts : le vrai lit jumeau ! système recommandable, par exemple, pour un jeune ménage ; mais, qui, pour deux touristes, pouvant avoir des moments de sommeil agité, n'est peut-être pas tout à fait exempt d'inconvénients ! Avis donc aux deux coucheurs !

Un bon conseil, maintenant, pour ceux que les hasards d'un voyage alpestre pourraient mener à la Corona. N'essayez pas d'y fermer les portes : vous risquerez fort de perdre à cet essai votre temps, votre peine et votre bonne humeur ! Cette défectuosité des clôtures peut prouver en faveur des mœurs patriarchales du lieu, mais ne témoigne en aucune façon de l'habilité des menuisiers de la localité ! Autre conseil encore : arrangez-vous de façon à venir ici le moins affamés possible ! Le temps qu'on prendra pour apprêter votre pâture vous mettra toujours suffisamment en appétit ! Pour prendre patience, nous allons faire les cent pas, sur la route, devant l'hôtel, prêtant l'oreille aux sonneries de l'église, qui en valent la peine, et dont les notes argentines et déliées courent et se répercutent le long des falaises, et vont mourir au loin, comme d'harmonieux soupirs. Le carillon est assez varié, et celui qui en joue n'est pas un sot.

Un grand silence s'est fait dans la vallée; tout est calme et tranquille; le crépuscule, doucement, descend sur les montagnes, et une à une les étoiles s'allument au firmament assombri. Une admirable soirée, vraiment! Oui, oui! Mais d'autre part, quelles réclamations des estomacs, que torture la faim! quels tiraillements d'intestins! quelle fringale, dont le moindre potage, pourvu qu'il soit escorté, de nombreux plats variés, ferait autrement l'affaire, que toutes les étoiles du firmament et tous les crépuscules du monde! Et ce souper qui continue à se faire désirer! A la fin, pourtant, l'hôte s'en vint nous héler! Et chacun de se hâter, vers la salle à manger!

Cinq couverts! Tiens! tiens! nous aurons donc de la société! Un appareil à thé! Ce sont des Anglais! Cela promet d'être gai, surtout si ce sont les deux momies de tantôt! Attention, les voici! Ce ne sont pas les momies! Mais bien deux beaux échantillons de la race anglo-saxonne, mâles tous les deux, tous deux aussi, blonds, mais si risqués que d'aucuns les prendraient pour roux; les figures encadrées de favoris qui n'en finissent pas; très grands; massifs; énormes pieds; dédaigneux et muets! En entrant, pas de salut; encore moins de bonsoir! Puis, de suite, l'un s'étend tout son long sur le sopha, s'annexe une chaise sur laquelle il établit ses pattes, et s'étale là, dans une de ces poses affadies auxquelles on peut se laisser aller dans la solitude de la chambre à coucher, mais qui, dans une salle à manger et devant le monde, manquent absolument de distinction. L'autre se met à table, à califourchon sur sa chaise, et les coudes sur la nappe, la tête dans ses mains, bædeckérise avec rage. Des rustres! allez vous dire, que les deux Anglais que vous nous présentez là! Eh bien non, pas précisément! Ils savent être convenables aussi, et le prouvent tout à l'heure, en nous adressant la parole (ce qui est le comble de la gentillesse pour un Anglais, sur le continent!) dans un français un peu haché, mais compréhensible! Ils sont Anglais, voilà tout! et se font une autre conception que nous, des procédés et des égards qu'on se doit, entre premiers venus, dans ce lieu, en somme public, que représente une salle à manger d'auberge. Ce qui paraît grossièreté, chez eux, au premier abord, est tout simplement du sans-gêne britannique, et pour peu qu'on soit un peu égoïste (et qui donc ne l'est pas un peu, ici bas!), l'on sera bien forcé de reconnaître que ces façons, après tout, sont aussi admissibles, plus pratiques et plus franches, que notre savoir vivre français, qui nous fait exécuter, le sourire aux lèvres, tant de simagrées dont nous enrageons cordialement, au-dedans de nous.

Vingt minutes se passent sans que n'arrivent, ni soupe, ni souper! Les Anglais qui ont commandé du rossbeeff et leur thé, en sont au même point d'impatience que nous, et déjà on prémédite une invasion à la cuisine, quand le potage vint. On l'expédie prestement; et les Anglais, à notre surprise grande, prennent part à son expédition! Il fut suivi d'un plat de pommes de terre flanquées de côtelettes; les Anglais, qui n'ont demandé que du rossbeeff, s'étonnent, tout d'abord ; puis pensant sans doute, que biens inattendus ne sont pas à dédaigner, s'en administrent une large part ; voyant ensuite arriver un plat de poissons, ils s'étonnent encore un peu, et se servent, beaucoup ! Les poissons, comme le reste, n'étaient servis qu'à notre intention ; mais allez donc insinuer cela à des gens qui mangent de si bel appétit ! Voyant apparaître, après cela, deux grives, deux belles grives bien dorées, et qu'on n'avait point dorées non plus pour eux, ils cessent tout à fait à s'étonner et commencent par s'en administrer une ! Si deux de nous faisaient de même, on se demande ce qui resterait pour le troisième ! Et ces deux insulaires poussent décidément le sans-gêne jusque dans ses extrêmes limites ! Ils ont daigné, cependant, prendre la plus petite des grives, et celle qui reste, fait aisément trois parts ! Compotes et desserts et fromage sont, comme le reste, vaillamment attaqués par l'Angleterre : et de la sorte, l'hôtelier de la Corona, croyant servir trois dîners, en a effectivement servi cinq, ce qui ne paraît, d'ailleurs, nullement le contrarier ! La politesse française, après cela, eût peut-être exigé que nos commensaux improvisés nous offrissent de partager leur thé ! Oui ! Mais le sans-gêne britannique les en dispense, et ils sont Anglais jusqu'au bout des... dents ! Et puis, le thé, peuh ! cela n'est pas notre affaire. Nous préférons, pour terminer ce beau jour, nous offrir, mais à nous seulement, une bouteille de Bourgogne que nous dégustons, en devisant le plus joyeusement du monde, pendant qu'à nos côtés, l'Angleterre hûme silencieusement son infusion !

SEPTIÈME JOURNÉE

Encore un bureau de poste. — Croquis d'indigènes. — La route du Simplon. — Val Ansasca. — Les infortunes de Frérot. — Botanique et zoologie. — Ponte Grande. — Vanzone et l'auberge de chasseurs du Mont Rose. — Halte sous les chataigners. — Un drôle de touriste. — Le prophète au nez pelé. — Où il est prouvé qu'au Val Ansasca tous les chemins mènent à … Macugnaga. — Hotel du Mont Rose. — Franz Lockmatter et ses histoires.

Aujourd'hui, nous redevenons piétons, pour du bon! Pour cause, d'ailleurs: les véhicules d'aucun genre n'ont plus accès dans les parages que nous allons aborder; la route carossable va cesser pour nous, à courte distance de Vogogna. Heureusement! savez-vous bien! Car, pour un peu, nous finirions par oublier complètement que notre voyage est et doit être avant tout un voyage pédestre! Vous-mêmes, vous commenciez par en douter un peu, n'est-il pas vrai? Il est certain que depuis Chiavenne, nous n'avons pas usé outre mesure la semelle de nos chaussures! Mais aussi, Milan était un extra, vous le savez bien.

„*Et moi aussi, je le sais bien! hélas!*" Ne faites pas attention, c'est la bourse commune, qui radote!

Depuis Baveno, nous sommes revenus sur la ligne

prévue de notre itinéraire, et nous ne nous en écarterons plus désormais. „*Espérons-le, o mon Dieu!*" Voyons, la bourse commune, finirez-vous bien par vous taire, ou s'il faut vous museler?

Il s'agit donc aujourd'hui d'aborder le Val Ansasca. Celui-ci est une vallée latérale, où coule l'Ansa, un affluent de la Tosa; le val, partant de la route du Simplon, et courant directement à l'ouest, monte à Macugnaga (notre objetif pour ce soir), aux pieds même du Monte-Rosa, à dix petites lieues d'ici, aux confins extrêmes de la Suisse et de l'Italie. Pas rien! cela, comme bien vous voyez, après les douceurs de Milan, et les délices des deux lacs! Aussi, pas de grasse matinée; et si jamais il a importé de devancer l'aurore, c'est bien ce matin-ci!

Déjà avant quatre heures, le carillon de l'église, qui lance dans le silence de la vallée encore endormie les plus beaux airs de son répertoire (style d'orphéon et de fanfare!), s'est chargé de me réveiller, et mon premier soin a été, par la fenêtre, d'inspecter le ciel! Hum! Il est bien méli-mélo, le ciel! Très pur, au nord et à l'est, il est sérieusement embrumé à l'ouest, et complètement couvert au midi, où les cîmes des monts s'encapuchonnent des plus épais brouillards. Et le vent souffle du midi, et notre route va directement à l'ouest! Serions-nous prédestinés à quelque nouvelle lessive? La descente du Splugen, aurait-elle son pendant à la montée du val Ansasca? La chose ne paraît pas improbable et la perspective manque de charmes! Au petit bonheur, ma foi!

Nous avions décidé, hier au soir, que notre sac qui,

tout bien considéré, est presque aussi gênant qu'utile,
nous quitterait ici et s'en irait, par-dessus le Simplon,
nous attendre à Vispach, dans la Vallée du Rhône!
Ce sera une séparation de quatre à cinq jours, séparation dont nos dos ne se trouveront pas plus mal, mais
qui nécessite néanmoins un emprunt sérieux à notre
lingerie, emprunt dont chacun de nous aura sa charge
personnelle; sans préjudice du précieux salami dont la
garde m'échoit! Le sac allégé ainsi de ce qui nous est
absolument indispensable, il s'agit de s'occuper de son
expédition. La poste passe à Vogagno déjà à cinq heures. Il me reste le temps juste, de passer, au bureau.
Et j'y cours. C'est tout proche. „Posta." C'est bien
cela. Et me voici pénétrant dans un couloir noir, où
je cogne contre quatre murs, sans rien de plus. Au
bout, une porte, que je pousse machinalement. Derrière,
une fort grande pièce; mais là-dedans, rien qui, avec
la meilleure volonté du monde, se puisse prendre pour
un bureau de poste. Après minutieuse exploration, dans
le demi-jour qui règne dans ces parages singuliers, j'a-
vise dans un coin, un lit; et devant, un vieux en train
d'endosser sa veste et de boutonner sa culotte! „Signor,
le bureau de la posta? Envoyer ce sac per Vispach!"
Il m'est impossible, pourtant, d'être plus clair que cela!
Le petit vieux, que cette visite matinale n'a pas l'air
de trop étonner, doit évidemment saisir le sens de mon
charabias, et dans ce qu'il me répond, je crois entendre
que le bureau de poste, c'est la chambre même, et
qu'il est, lui, le maître de poste en personne. Vrai! je
ne l'aurais jamais deviné! Et dire, pourtant, qu'il est
des gens qui avaient cru nécessaire de nous mettre en

garde contre le formalisme exagéré des administrations italiennes. Pas formaliste le moins du monde, l'administration des postes : trop peu formaliste même, presque, à mon idée! Le vieux me passe un papier et de l'encre : je griffonne une adresse pour le sac; le vieux l'y colle; et n..i..ni, c'est fini, et je n'ai plus qu'à m'en aller! Pas de récipissé, pas d'inscription sur aucun registre, rien! Et je me demande si je ne confie pas notre bien, à ce bonhomme, un peu bien à la légère? Et si nous n'allions pas le retrouver à Vispach, notre précieux sac? Comment nous y prendrions-nous bien pour réclamer? Et sur quoi baserions-nous nos réclamations? Mais après tout, il faut bien que ce soit la coutume : et bien sûr, on ne va pas faire exception pour nous! Ce ne sont, d'ailleurs, ni les paperasses, ni les écritures qui sont uniquement les garants d'un service régulier et ponctuel! Le vieux, du reste, m'a tiré sa révérence et ne s'occupe plus que de compléter sa toilette interrompue.

Je file alors, sans autre, et vais voir un peu à l'hôtel ce que deviennent mes compagnons! Ils dorment encore avec ensemble et entrain, dans le lit jumeau! Je vous prie de croire que je les secoue, et de bonne façon! En un clin d'œil, alors, ils sont debout, sautent dans leurs effets avec un empressement louable, et avant cinq heures, nous sommes prêts à nous mettre en route, quand, après mûr examen, il ressort que tout est encore endormi dans la maison! Pas plus pressé de palper que de servir, paraît-il, cet excellent hôtelier!

A force de cogner un peu à toutes les portes, on finit par l'éveiller, et non sans peine, il arrive à nous confectionner notre compte! A noter d'un caillou blanc, l'hôtel de la Corona, et à placer de pair avec la Croix-Blanche de Coire! Excellent logis, où, le cas échéant, il y aurait satisfaction à revenir!

Cinq heures carillonnent à toute volée, à l'église, au haut du coteau, au moment où nous commençons à emboîter le pas vers l'inconnu, sur la chaussée boueuse de la route du Simplon. Le soleil s'était, sur ces entrefaites, levé à l'orient radieux: mais ses rayons avaient cette teinte blafarde, que les bonnes gens de chez nous considèrent, à tort ou à raison, comme un signe probable de pluie, dans la journée! Et comme pour donner raison, d'avance, aux bonnes gens, les nuages, depuis une heure, se sont massés en groupes bien plus menaçants, au midi surtout, qui ne dit rien qui vaille! De la sorte, toujours, soleil dans le dos, et nuages devant nous, nous allons avoir les inconvénients du beau temps comme température, sans en avoir les avantages comme vue trop heureux encore si nous nous en tirons jusqu'au soir, sans autre anicroche!

Sur la route, tout de suite, nous croisons, par groupes nombreux, des indigènes endimanchés, qui s'en vont à la messe. Déjà déplaisante plus bas, la population, positivement, dégénère encore, à mesure qu'on remonte la vallée! Ce ne sont plus, ici, que petits bonshommes, mal bâtis, charpentés à contre-sens, minables et voûtés, décrépits. avec des allures de sémi-crétenisme généralisé, et de goîtres affreux. Et l'on s'explique à présent, sans trop de peine, les décorations grotesques des jardins de Vogagna! Les horribles statuettes qui, hier au soir, nous ont tant intrigués, ne sont, après tout, que la reproduction plus ou moins fidèle de la lamentable nature ! Les goîtreux sont particulièrement laids à voir, avec leurs tumeurs bilobées, toutes largement, étranglées sur la ligne médiane.

La vallée conserve, après Vogogna, le même caractère que plus bas : elle s'est sensiblement élargie, toutefois ; l'Ansa, toujours bordée de ses falaises escarpées, s'est éloignée sur la droite ; une immensité de prés se déroule à l'infini, dans laquelle, comme un serpent, court au loin la route du Simplon. Au bout d'une demi-lieue, on rejoint la Tosa, qu'on traverse, et quittant définitivement la route du Simplon, on prend à gauche, sur une chaussée étroite, qui mène en vingt minutes à l'entrée même du val Ansasca. Pour ceux qui viennent d'Italie, comme nous, le val est le plus court chemin pour aller soit dans le Haut-Valais, par le col du Monte-Moro, soit à Zermatt, par le nouveau Weissthor, un des passages les plus remarquables, paraît-il, des Alpes Pennines.

Ceux qui ont des jambes pour ne point s'en servir, en sont réduits, comme notre sac, à la diligence du Simplon et aux délices de la grande route : les marcheurs, au contraire, ont l'agrément d'une vallée charmante, la marche délicieuse, vers le nouveau, l'ignoré, le non encore vu ; et au bout, le grandiose spectacle du mont Rose, le géant des Pennines ! Autrefois, paraît-il, le val Ansasca possédait une route postale, et le service se faisait par-dessus le Monte-Moro, au moyen de mulets ; aujourd'hui, le dernier bureau de poste est à Ponte-Grande, et le Moro ne se passe plus qu'à pied, ce qui dores et déjà paraît à notre Frèrot le comble de l'absurdité !

Pié-di-Mulèra est la première localité du val, dont il occupe l'entrée même! Si le nom est gentil, l'endroit, par contre, l'est moins. C'est un vilain bourg, insignifiant et misérable, dont le plus bel ornement se présente sous forme d'une façon de château délabré, grande bâtisse en briques, du plus beau rouge, d'une architecture primitivement assez originale et fine, avec force moulures, sculptures, fresques, balcons en fer, où, sous la rouille percent çà et là des restes de dorures! Une vénérable ruine, enfin! Maintenant, qu'était-ce au temps de sa splendeur? Bædecker est muet à ce sujet! Et nous nous dispensons de nous en informer auprès de quelque naturel, par la double raison, que nous parviendrions difficilement à nous faire comprendre, et qu'à coup sûr, nous n'entendrions rien du tout à la réponse que le naturel pourrait nous faire!

L'entrée de la vallée, au-delà du bourg, rappelle vaguement celle de la Tamina, à Ragatz, avec cette différence, qu'au lieu d'être de plein pied, il y a ici une longue et déplaisante rampe, d'un raide peu commun, exposée en plein soleil et sur laquelle nous passons un bien vilain quart-d'heure! A mi-hauteur vient heureusement une galerie voûtée, où règne une fraîcheur bien venue, et où l'on reprend haleine; un peu plus haut, nouvelle galerie, après laquelle le chemin s'incline à droite et s'ombrage derrière de grands rocs, ce qui rend la marche plus aisée et évite une liquéfaction complète. Ce bout de route désagréable et difficile n'en présente pas moins le spectacle continu d'un paysage abrupt et sauvage, et produit une impression grandiose. Au haut, l'aspect brusquement change, et au détour des rocs, ce n'est plus qu'un vallon fertile, fleuri et verdoyant, tout bourré de vignes, tout ombragé de chataigners et parsemé, de ci, de là, de gentilles villages, bien perchés, ou presque enfouis sous la verdure. A chaque pas, et toujours autres, ce sont alors des échappés ravissantes sur le cours de l'Ansa, dont les ondes folles roulent en écume bondissante tout au bas de la longue rampe, ou bien encore, en avant, quelque grand mont qui dresse sa silhouette gigantesque et dont la haute cîme se perd dans les nues.

Dans le chemin, une population nombreuse, parée de ses plus beaux atours! Et quels atours! Ah! s'il y avait eu un dessinateur dans le trio! Bienheureux les touristes qui savent manier le crayon! Ils ont, certes, double satisfaction au cours d'un voyage! Quelles trouvailles, ici, pour un album! Quelles tournures et quelles coupes de vêtements! Les célèbres robes premier empire, qui n'étaient que jupes et que manches, avaient la taille longue, en comparaison de celles des paysannes du crû, et les habits incroyables, qui étaient tout en basques et dont les tailles finissaient à l'aisselle, n'étaient que des pans raccourcis, à côté des ailes incommensurablement longues, qui constituent, à peu près à elles seules, toute la redingote de dimanche des bons pères de famille ansascasquois!

Nous marchons bon train à présent : le chemin est facile, presque plan; il serpente en longs circuits, et nous évite comme à souhait le supplice de la ligne droite; le soleil gêne moins, parce que, par intervalles, un nuage le masque, qui en tempère momentanément les ardeurs. Et pourtant Frèrot fonctionne mal, ce matin, et n'est pas du tout à son affaire! Sa marche a un laisser-aller, un décousu inaccoutumés. Gustel prétend que c'est parce qu'il a perdu l'habitude; moi, je soutiens que c'est parce qu'il n'a pas déjeuné! En attendant que l'avenir décide qui de nous deux a raison, Frèrot se laisse aller à mettre alternativement une jambe devant l'autre, de la façon la plus machinale, et sans la moindre conviction! Dix fois, déjà, il a laissé choir son Alpenstock; vingt fois il a ramassé dans le chemin, son châle, dont il ne sait que faire: à la fin, en s'obstinant fort maladroitement au bord de la chaussée, il se laisse choir lui-même, et lance dans les airs étonnés, un mâtin! qui en dit plus long qu'on ne pense! Bientôt, pour faire diversion, on se livre aux douceurs de la botanique, autant que nos modestes moyens le permettent. Bonne distraction, qui a son prix, et dont il n'est pas mal d'user, pour charmer les longueurs de l'étape, quand le chemin n'est que joli, joli; et n'offre pas, par ci, par là, quelque tableau plus saillant, ou quelque site plus en relief! C'est que le joli, joli, à lui tout seul, bientôt paraît monotone, et on se blase le plus aisément du monde, et de la fraîche verdure, et des prés et des chataigniers, et des villages coquets perchés aux flancs de la montagne, là où l'on est venu chercher les tableaux majestueux de la grande nature sauvage!

La flore de la vallée est des plus riches et fort variée: de la digitale, en masse, pourprée et jaune; des gentianes, des spirées; des fougères surtout, de toutes tailles et de tous genres; puis une foule de fleurs inconnues et difficiles à classer avec nos faibles connaissances. Jugez, d'ailleurs, combien nous sommes botanistes peu convaincus! Pour nous, les fleurs sont encore des fleurs, et non pas, tout uniquement, des feuilles transformées! Et leurs formes élégantes et diverses, leurs pénétrants arômes, leurs couleurs éclatantes, nous semblent choses mille fois plus attrayantes, que la disposition de leurs verticilles, le genre de leur inflorescence, la configuration et le nombre de leur étamines, ou bien encore la disposition épigyne, perigyne ou hypogyne de ces dernières!

Au beau milieu de notre botanique, survient, à l'improviste, un intermède de zoologie! C'est un serpent, un bel échantillon de couleuvre, long de près d'un mètre, qui, sur la pierre chauffée d'un petit pont, dans une parfaite immobilité, digère en plein soleil. Une caresse un peu brutale de mon bâton le tire de ses rêves; et le gaillard, du coup, se dépêche vers le fossé et veut nous fausser compagnie! Mais, pas de cela, couleuvre, ma mie! Puisqu'aussi bien te voilà, tu y resteras jusqu'à ce qu'on t'octroie la permission de déguerpir! Et d'un coup, mon Alpenstock l'a rejetée au milieu du chemin : et je hèle le Frèrot, attardé à quelques cents mètres, en train de ramasser son châle, pour la vingt-et-unième fois! Et Frèrot d'accourir: pas assez vite, toutefois; car la couleuvre, sans que j'y prisse garde, s'est subrecticement coulée dans un trou, au pied d'une borne, et Frèrot, désappointé, ne voit plus que l'extrémité de la queue, frétillant comme une moquerie, à l'entrée du trou! Et j'ai beau alors, furieux, y lancer un grand coup de canne, je ne fais que jaillir quelques étincelles, et ébrécher la virole de mon bâton, et le serpent doit s'en gausser dans son abri! Heureux serpent! A-t-il de la chance que nous ne soyons pas plus naturalistes que nous ne sommes botanistes! Et combien il s'en fallait de peu pourtant, qu'il ne quittât pour toujours le florissant val de l'Ansa pour aller habiter un bocal plein d'alcool dans quelque coin de cabinet! Ce que c'est, pourtant, que la destinée!

On arrive à Calasca (encore un joli nom), petit village à l'entrée duquel une cascade intéressante paraît le long d'une haute paroi rocheuse; dans l'endroit campe une troupe de saltimbanques (où, diable! l'acrobatie va-t-elle se nicher?), flanquée de l'immanquable grosse-caisse, et d'un couple de singes, habillés de vestons rouges. Les artistes ambulants ne nous ont pas plutôt aperçus, qu'ils nous dépêchent une jeune danseuse de corde, qui vient tendre la main, en nous donnant du *mylord*, gros comme le bras! Et Gustel, que cela agace d'être pris pour un mylord, lui lâche cinquante centimes, à la danseuse de cordes, mais se rattrape sur moi, tout de suite: „Vois-tu bien, c'est la faute à nos voiles bleus! (Car nous sommes ornés de voiles bleus, effectivement, en prévision des neiges et des glaces à venir.) Ces appendices azurés, mais inutiles, nous joueront plus d'un tour, tu verras; surtout dans les hôtels!" — „Calmes-toi, Gustel; ces appendices pourront avoir leur utilité! Et quant aux hôtels! N'aies pas peur! on les ôtera, avant d'entrer!" En attendant, ne laissons point dans le doute ces honorables avaleurs de sabres, et faisons leur entendre bien vite que s'ils ne sont pas rentiers avant que nous ne soyons mylords, ils risquent de courir longtemps encore les grandes, moyennes et petites routes, en des pays variés et divers!

Après trois heures de marche, nous voici à Ponte-Grande, assez grand village, point beau, et au voisinage duquel s'exploitent des mines d'or. La chaussée se bifurque à l'entrée du village, d'un côté passant l'Ansa sur un beau pont et s'enfonçant à gauche; de l'autre, continuant à longer le torrent à droite. Pas le moindre poteau indicateur! Voilà une administration communale, vraiment! qui n'a pas grand souci des voyageurs! Mon idée est qu'il faut passer le pont: on a parfois de ces inspirations absurdes; et bel et bien nous allions faire fausse route, quand Gustel, qui est la prudence même, s'adresse à un indigène: „E chè la via per Vanzone?" Ce n'est pas par le pont du tout! et mon Gustel triomphe. Au sortir du village, Frèrot déclare net que, puisqu'on n'a pas déjeûné à Ponte-Grande, il lui faut un peu de repos, avant de continuer: deux chataigners se trouvent là, à point, sous lesquels la halte s'effectue. Mais voici que bientôt la grande faim, qui nous tient depuis un bon moment, nous chasse de dessous les chataigners, et nous faisons rapidement les deux kilomètres qui nous séparent encore de Vanzone, c'est-à-dire du déjeûner.

Ce Vanzone, qui s'intitule pompeusement le chef-lieu de la vallée, est un bourg un peu plus gros, mais guère plus présentable que les diverses localités déjà rencontrées; délabré et malpropre, il a une rue unique, qui se traîne en zigzags récalcitrants entre une double rangée de pauvres masures, jusqu'à l'auberge des Chasseurs-du-Mont-Rose, seule maison de quelqu'apparence, où nous allons demander l'hospitalité. Une grosse hôtesse, toute rubiconde et toute luisante de graisse, s'empresse d'accourir: mais elle ne parle qu'italien, et voilà un menu encore qui demandera plus de temps, et nous donnera plus de mal à établir qu'à dévorer! Allons-y de notre ordinaire: „Voi avete costolina?" — „Si, signor, si!" — „Patatte?" — „Patatte! si! Nientre altro?" — Eh si! ma foi; nous voulons encore de l'altro, mais il faut me laisser le temps au moins de me reconnaître dans mon vocabulaire, que, depuis un moment, je n'ai plus consulté! Ah, frittata! „Voi avete frittata?" — „Si! si!" — „De la friture! Je n'en veux pas, moi!" exclame le Frèrot, „cela donne trop soif!" — „Eh! Qui te parle de friture? C'est d'omelette qu'il s'agit!" Et il cesse de réclamer. Comme boisson, nous opinons, à titre d'essai, pour du vino moschato d'Asti! Essai déplorable, entre nous! Non que le vino d'Asti soit mauvais! Mais c'est une liqueur bien plutôt qu'un vin; et qui ne supporte absolument pas l'eau! Ce n'est pas là ce qu'il faut à des gosiers radicalement désséchés par trois heures de montée; et nous finissons par où nous aurions dû commencer, c'est-à-dire par une bouteille de l'âpre gratte-palais, qui constitue le vin ordinaire de céans, et qui, s'il est exécrable au goût, est, par contre, additionné de trois fois son volume d'eau, tout à fait souverain pour la soif!

La cuisine de la grosse maman est distinguée; sa trittata surtout est exquise, et enlève tous les suffrages. Le fidèle salami complète le festin, si bien que ce déjeûner-là comptera parmi les plus belles scènes d'engloutissement du voyage. Une toute jeune fille nous sert, la fille à la grosse maman, apparemment: bien qu'elle soit aussi frêle et élancée que sa mère est volumineuse et rebondie : jolie à croquer, les traits délicats et très fins, elle est déparée, un peu, par une extrême gaucherie, mais surtout, par d'affreux bas noirs, rudes et grossiers, une chaussure de manœuvre et un accoutrement dans lequel elle se noie, et qui sera juste à sa taille, à notre prochain passage, peut-être, si jamais nous repassons dans un ou deux ans d'ici ! Pas coquettes, les jeunes filles de Vanzone ! Une bien rare exception à une règle bien générale !

L'addition est des plus modestes et n'entraîne qu'un total de *sei* franques ! C'est à n'y pas croire, vraiment. Et la bourse commune jubile ! Et nous envoyons tacitement, à titre de vengeance rétrospective, toute une kyrielle d'imprécations au rapace brigandeau qui tient hôtel à Campo-Dolcino !

Le désagrément, après chaque déjeûner, c'est de se mettre en chemin. On arrive à table affamé ; on se laisse aller à sa faim, et on se bourre de belle façon sans grandement réfléchir aux inconvénients futurs. Mais pour autant, ces inconvénients ne sont pas longs à se faire sentir. On n'est pas plutôt dehors, que les jambes refusent le service, et que la sieste s'impose, sous prétexte de digestion. Le plus à propos du monde, nous trouvons de suite, au sortir du bourg, un bois de châtaigners des plus touffus, et entre les arbres, des roches bien moussues, qui constituent, en la circonstance, des sophas merveilleux, sur lesquels, bientôt, le joli trio est étalé dans des poses bien autrement sybaritiques que celle de l'Anglais, hier au soir, sur le canapé de la Corona. Ces sortes de stations, outre qu'elles sont parfois urgentes (et c'est bien le cas aujourd'hui !), sont toujours les bien venues, et à chaque fois, procurent une jouissance indicible et sans égale. Avec un bon cigare, c'est complet, comme béatitude! L'unique inconvénient, c'est que l'on risque fort de s'oublier dans ces délices. Au bout d'une demi-heure, je fais une première motion de départ, qui est reçue par un grognement : j'accorde d'autant plus volontiers un sursis, que je n'éprouve pas encore moi-même un besoin irrésistible de déambulation; après un quart d'heure, nouveau sursis! Et nous partons enfin au bout d'une grande heure! Mais quel ressort, à présent! quel entrain et quelle ardeur! Jusqu'au Frèrot, qui est méconnaissable, et tient l'avant-garde! Je savais bien, moi, que ce n'était que le déjeûner qui lui manquait, tantôt!

Tout ce que nous possédons, d'ailleurs, de ressort et d'entrain et d'ardeur, va devenir nécessaire; car voici Ceppo-Morelli, un bourg, toujours dans le genre de Vanzone; et, de suite après, près d'une chapelle, la chaussée cesse brusquement, sans rime ni raison, et à sa place il n'y a plus qu'un affreux sentier, bosselé plus que de raison, empierré outre mesure, désagréable au dernier point. Nos indications veulent que de cet endroit même, on aperçoive, pour la première fois, le massif du Monte-Rosa, droit au fond de la vallée. Mais les informations, souvent, disent une chose, et les nuages disent tout le contraire; et quelque bonne volonté qu'on déploie, on ne peut rien voir, droit au fond de la vallée, que des amas très noirs et très déplaisants de gros nuages qui n'annoncent rien de bon. Bien sûr, nous n'éviterons pas la lessive!

Plus près, maintenant, on voit un touriste solitaire,

jeune, grand, beau garçon, l'air important et le pas majestueux, et une toilette qui serait de mise, bien plutôt au boulevard des Italiens, que dans la banlieue de Ceppo-Morelli! Col carcan d'une immaculée blancheur, veston ajusté, et de la meilleure coupe, pantalon idem, chapeau de feutre souple sans la moindre avarie, guêtres blanches, et enfin et surtout gants glacés, violet clair, et ayant l'air frais sortis du magasin! (Ce gaillard là doit en porter tout un assortiment complet dans son sac! Car il porte un sac, minuscule, il est vrai, et qui ne lui sert probablement qu'à cela!) Le singulier voyageur que voilà! Après tout, chacun son goût! S'il aime les cols carcans, ce monsieur, et s'il tient à conserver ses mains blanches! c'est son affaire, à ce monsieur! et non la nôtre! Pour sûr, il aime également ses aises! Il ne marche pas, il flane, il traîne, il lambine, il baille aux nues, et nous l'avons bientôt loin derrière nous.

A partir de Ceppo-Morelli, le val Ansasca prend une physionomie toute nouvelle. Considérablement rétréci, il n'offre plus au regard, comme plus bas, ces rampes élevées où tout au haut courrait la chaussée, tandis que loin, bien loin, au bas, entre les roches et les chataigners, l'Ansa traçait son cours capricieux et accidenté Sentier et torrent, ici, marchent côte à côte, et le fond tout entier de la vallée est bondé de petits monticules éparpillés, gênants tout plein, et coupant net la perspective. La végétation, elle aussi, a changé; moins de fertilité, plus d'uniformité, par contre: de longues touffes de broussailles sans port, sans aspect; des chataigners encore, mais plus rares, par groupes épars; puis, déjà, par intervalles, des sapins, des pins et des mélèzes!

Nouvelle rencontre : cette fois, il s'agit de deux touristes, dont l'un vieux, jaune, respectable, mais le nez horriblement pelé par un récent coup de soleil, et l'autre, ni vieux, ni jaune, ni nez pelé! Au moment où ils nous croisent, le vieux, du geste, nous fait signe d'arrêter, et comme, tout étonnés, nous allons nous enquérir de ce qui peut lui être agréable : „Allez, jeunes gens, nous crie-t-il avec un bel enthousiame, allez et ayez bon courage! Vous verrez, là-haut, d'admirables choses, et vous aurez le beau temps!" — „C'est bien aimable à vous, cher monsieur, de nous prédire un si bel avenir!" lui répondis-je en regardant d'un air piteux le ciel de plus en plus noir, et qui s'y prend, on ne sait trop comment, pour empêcher les nues de verser dès maintenant leur trop plein; mais..." — „Il vous faudra aller hôtel du Mont-Rose, à Macugnaga," poursuit le vieux au nez pelé, sans me laisser achever, „vous vous ferez réveiller, à minuit, par l'hôtelier; vous aurez un beau clair de lune et vous jouirez du plus admirable spectacle qui se puisse voir!"

Là-dessus ils poursuivent leur route et s'en vont, sans doute, prophétiser plus loin! Mais voyez donc un peu comme il arrange tout cela, le vieux diseur de bonne aventure! Ne croirait-on pas, vraiment, qu'il n'a qu'un mot à dire pour façonner les éléments à sa guise et fantaisie! Le beau temps! Le clair de lune! Et patati, et patata! Serait-ce le père éternel, ce bonhomme-là, qui voyage incognito, ou tout au moins le célèbre Matthieu de la Drôme, en rupture de calendrier? Quel qu'il soit, en somme, puisse seulement sa prédiction s'accomplir à la lettre!

A quelques pas de là, le touriste aux gants violets clair, qui, sans doute, a trouvé sa flânerie solitaire un peu monotone, nous rejoint à grandes enjambées, et de suite, engage la conversation dans un français qu'on comprend, avec passablement de bon vouloir! C'est chose remarquable, la facilité avec laquelle les relations se nouent dans les sentiers écartés des hautes vallées! Nous n'avons pas fait ensemble un quart de lieue de chemin, que déjà nous nous sommes conté réciproquement, à peu près, notre histoire. Dans deux heures, nous serons de vieux amis! C'est un Germain, le touriste au col carcan. Il est de Leipzig et répond au nom harmonieux de Landgraf. Peut-être bien met-il la particule? Qui ne la met pas dans la noble et peu modeste Allemagne? Pour nous, nous nous contentons de lui donner du Landgraf tout court! Tant pis, ma foi, pour ses ancêtres, s'ils ne sont pas contents, et s'ils sont barons dans la famille! Pour lui, et quoi qu'il en puisse être, il se contente de ce que nous lui donnons, signe au moins d'un bon caractère! Je vous ai dit qu'il était beau garçon : cinq pieds et quelques pouces, robuste, physionomie ouverte et distinguée, belles manières, et beau langage dans sa langue maternelle, une teinte de fatuité, mais si légère! une certaine affectation peut-être, mais je me suis laissé dire que de l'autre côté du Rhin, cela passait pour de la distinction! Communicatif, d'ailleurs, et jovial; et par-dessus tout cela, licencié en droit! En somme, un compagnon de route aussi agréable qu'on puisse se le souhaiter pour faire de compagnie, quelques étapes. N'ayant pas d'itinéraire bien fixé, il est bien vite décidé à aller avec nous à l'hôtel du Mont-Rose, surtout depuis que nous l'avons mis au courant des prédictions du vieux prophète de tout à l'heure, aux prophéties duquel il a l'air d'ajouter une foi pleine et entière! Puis, tout en avançant, nous formons en commun des projets d'avenir. Le licencié en tient, lui, pour arriver à Zermatt, au passage du mont Théodule; et comme il a l'air très au courant, nous nous mettons à en tenir comme lui; et nous ne voyons plus en perspective que des immensités de neiges et des déserts de glace. Projets en l'air, beaux rêves, hélas! que la pluie d'un côté, et les renseignements plus positifs de l'hôtelier du Mont-Rose devaient rapidement, comme vous verrez bientôt, réduire à néant!

Au prochain village, qui s'appelle Campioli, on prend la rive droite de l'Ansa où, pas plutôt arrivé, l'on trouve, à la place du sentier, qui, depuis un bon bout de chemin, était redevenu presque plat et facile, une sorte de gros monticule, masse informe, bouchant complètement le val, et qui semble un morceau de la montagne même, roulé là, à la suite de quelqu'effroyable cataclysme! L'Ansa est parvenue à se frayer un étroit passage au bas de l'éboulis; mais comme elle n'a pas laissé, à côté, le moindre espace, force était de tracer le sentier pardessus le monticule même. Cela s'appelle le Morgen, dans le pays! Et vraiment, il avait bien besoin de rouler là, cet abominable Morgen! Comme s'il n'eût pas été au moins aussi bien là-haut!

Que de contresens on rencontre ainsi dans la nature! Et comme tout cela est mal ordonné, grand Dieu! Ah! si l'on donnait à refaire la boule terrestre, hein, mon Gustel, c'est nous qui y changerions bien de choses!

À commencer par les montagnes, par exemple, à qui nous ferions bien vite perdre la sotte habitude de n'être autre chose qu'une suite alternative de montées et de descentes! Toutes ces réflexions, et bien d'autres avec, nous viennent pendant que nous nous escrimons péniblement, sur ces longs gradins ardus et escarpés; et lorsqu'à mi-hauteur, nous croisons un Ansascasquois qui descend tranquillement en fumant sa pipe, nous n'avons rien de plus pressé que de lui demander: „E chè la distanza per Macugnaga?" — „Tri hora!" Il a dit tri hora, le monstre! Si ce sont trois heures de cette escalade-là, nous serons propres à l'arrivée! Mais on se console en songeant que l'Ansascasquois questionné avait un air semi-crétin, et que sans doute son renseignement est erroné; quand un guide qu'on trouve un peu plus loin, et qu'on questionne à son tour, répond en excellent français: „Vous êtes encore à deux lieues et trois quarts de Macugnaga!" Le doute alors n'est plus permis, et nous frémissons d'horreur, car toujours les gradins du Morgen s'étagent sans fin et se font, dirait-on, plus scabreux et plus durs! Et le seigneur Landgraf qui vient de constater la chute d'une goutte, sur le bout de son nez! Serait-ce, o comble de disgrâce! le début de l'ondée? Non! c'est une fausse alerte! la goutte n'a pas de suite, et les nuages prêts à crever ont la gentillesse de se contenir encore! On atteint enfin le sommet du Morgen. Mais de suite, la descente commence, et elle est pire encore que la montée! Plus courte, heureusement, et de beaucoup; et nous voici, Dieu merci, revenus aux bords même de l'Ansa, sur un sentier moins inhumain et à peu près praticable.

Même vue que sur l'autre versant : Peu d'espace ; des bouquets de sapins sans nombre, encore entremêlés de chataigners ; par moments une échappée pleine de pittoresque sur un bout du cours de l'Ansa, puis, comme toile de fond, des nuages, encore des nuages et toujours des nuages. Cela dure une bonne heure, quand finissent par se montrer, sur les bords du torrent, quelques maisons flanquées de scieries, et des hangars, dépendant d'une exploitation de mines. C'est Pestarena, la première localité de Macugnaga, mais ce n'est pas encore le but : il s'en faut. Ce Macugnaga offre, en effet, la curieuse particularité de n'être point un bourg ou un village unique, mais bien une agglomération de sept localités différentes, dont quelques-unes encore passablement espacées, et occupant tout le vaste cirque dans lequel le val Ansasca va s'épuiser, aux pieds même du mont Rose, entre le Schwartzhorn, le Vaterhorn et le Monte Moro. Le gîte, c'est-à-dire l'hôtel du Mont-Rose, se trouve à peu près au milieu de l'agglomération, et nous devons en avoir encore pour quelques bons kilomètres.

Au dernier hangard de Pestarena, deux sentiers se présentent, et bien entendu, à la bifurcation, pas la moindre indication des lieux où ils mènent. Nous nous décidons pour le gauche, à tout hazard ! Le seigneur Landgraf, en dépit de nous, de notre exemple et de nos avis (ces Allemands ne peuvent rien faire comme tout le monde !), s'entête à prendre le droit, et bientôt nous l'avons perdu de vue. Nous n'avons pas fait deux cents pas dans notre sentier, que nous avons appris, par un homme qui passe, que c'est le nôtre le bon ! Or, si le nôtre est le bon, l'autre est forcément le mauvais; donc le seigneur Landgraf s'égare! C'est un syllogisme, cela. hein, o futur bachelier? Et aussitôt, réunissant nos trois voix, nous nous mettons à héler le Germain fourvoyé de toute la force de nos poumons: mais l'écho seul nous répond. Il eut été charitable, sans doute, de retourner à la recherche du licencié; mais le ciel se fait si noir, la pluie semble imminente à si courte échéance, que le sacrifice se trouve être au-dessus de nos forces! A la grâce du hasard, ma foi! Et espérons que Landgraf, lui aussi, aura chance de tomber sur quelque passant, qui le remettra dans la bonne voie!

A peu de distance, nouveau passant: „Et che encoura la distanza per la hosteria del Monte-Rosa?“ — „Una hora, signori!“ — „Grande?“ — „No, no, piccolo!“ Ce piccolo nous fit un sensible plaisir; et nous redonna un peu de courage, dont nous commencions, avouons-le, à manquer. Sans la disparition de Landgraf, nous serions, je crois, redevenus complètement gaillards et presque gais; ce qui n'est pas rien, veuillez le croire, avec un firmament aussi renfrogné que celui qui nous recouvre, et au bout de neuf lieues de montagne, mises derrière les talons! Mais le sort de notre Germain nous inquiète sérieusement! Où erre-t-il en ce moment? Aura-t-il rencontré quelqu'un pour le remettre dans son chemin?

L'incertitude dure encore, quand à Bocca, la seconde des localités de Macugnaga, on avise un particulier cheminant placidement à une centaine de pas en avant. A l'approche, on distingue un feutre mou, puis un veston ajusté, puis des gants violet clair: et on n'en peut croire ses yeux! Ce n'est pas une illusion, pourtant: c'est bien lui, c'est bien Landgraf, mais un Landgraf qui jubile, qui exulte, qui se rengorge, et de loin nous crie: „Hein! c'est mon sentier tout de même qui était le bon!" Et il éclate de rire, comme si le nôtre n'avait pas été tout aussi bien le bon que le sien! Et nous éclatons de notre côté! Nous lui contons alors les craintes que nous avait inspirées son sort; il nous communique les appréhensions que, de son côté, il avait eues au sujet du nôtre; et nous nous remettons à éclater avec ensemble, ravis d'avoir découvert que si, de par le monde, tous les chemins mènent à Rome, dans le val Ansasca, tous les sentiers mènent à l'hôtel du Mont-Rose. Ils y mènent, oui; mais par quels affreux détours et quelles interminables longueurs! Et l'hora piccolo s'allonge, s'allonge, et le chemin se prolonge, et de nouveau nos figures se rallongent.

C'est que mon nez, à son tour, vient de recevoir une goutte suivie, celle-ci, de nombreuses autres, qui tombent sur tout ce qu'elles rencontrent, et bruyamment se mettent à clapotter sur les roches. Alors se montrent, et bien vite, les premiers symptômes d'une démoralisation progressive! Et adieu la gaîté, et adieu l'entrain! N'étaient les continuelles menaces du ciel, on se laisserait aller avec ensemble sur la première pierre venue, et on se livrerait à des méditations profondes, sur les délices des Alpes en général, et celles du val Ansasca en particulier. La brume nous enveloppe, à présent, d'un voile presqu'impénétrable! Et Bædecker qui prétend que, de ce point-ci on jouit, pour la première fois, de la vue complète du mont Rose! S'il est, Dieu!

permis d'imprimer aussi mauvaises plaisanteries! Pour comble de disgrâce, revient encore une fois une rampe qui rappelle, en laid, les atrocités du Morgen!

C'est la dernière épreuve, heureusement; au haut, le val s'élargit en un vaste bassin dans lequel les dernières localités de ce tout complexe de Macugnaga sont espacées, et où, sur le coup de quatre heures, nous venons nous échouer, épaves vivantes, à Zum-Strich, au seuil de l'hôtel du Mont-Rose, juste à temps, pour apercevoir encore, au fond de la vallée, perdus au plus haut des airs, et s'abîmant dans une brumeuse uniformité grise, les contours faiblement accentués d'une pointe neigeuse! Devant l'hôtel, o mœurs patriarchales! o simplicité champêtre! monsieur Franz Lockmatter, le propriétaire en personne, est en train de se livrer, avec deux de ses domestiques, aux charmes d'une partie de boules.

La partie, naturellement, est interrompue, pour nous recevoir. Et comme la pointe neigeuse continue à attirer notre attention, on nous apprend qu'elle n'est d'autre que le Jægerhorn, la pointe septentrionale du Monte-Rosa! Nous sommes enchantés tout juste du renseignement! M'est avis, en effet, que le Monte-Rosa, dans son ensemble, et même sans son Jægerhorn, eût été autrement le bien venu que le Jægerhorn sans son Monte-Rosa, et cette pointe perdue là, et qui n'a l'air de tenir à rien, nous semble, dans son genre, tout aussi sotte que nous semblerait, à l'occasion, un bouchon de champagne, sans sa bouteille et ce qu'elle contient! Comme s'il avait conscience, d'ailleurs, du peu d'effet qu'il nous produit, le Jægerhorn se dépêche de disparaître dans les nues et le papa Lochmatter nous mène à nos logis. Là, une bonne ablution avec de l'eau bien froide, du linge frais et des pantoufles; un verre d'eau sucrée avec un doigt de kirsch, et puis l'horizontale sur le lit! c'est pour l'instant le comble de nos vœux, le nec plus ultra de nos désirs, l'idéal du bonheur ici bas! Au dehors, la pluie s'est mise à tomber gaillardement. et dans l'ondée, qui jette un déplaisant voile gris et épais sur le paysage, on voit encore vaguement le seigneur Landgraf, lequel, à l'abri d'un rifflard, emprunté pour la circonstance, part pour des régions inconnues. Singulière idée! Singulier licencié! Après quoi, peu à peu, les idées s'embrouillent, on perd insensiblement conscience de la réalité, on rêvasse, on somnole, et en fin de compte on s'endort de ce bon sommeil de plomb que ne connaissent point ceux qui n'ont jamais fait une étape de dix lieues dans la montagne!

Il est plus de six heures, quand nous nous réveillons; sur toute la vallée s'étend un crépuscule froid et lugubre, dans lequel l'ondée continue à distiller finement! Devant la maison, le papa Lockmatter a repris sa partie de boules, sans autrement se préoccuper du temps. Nous trois, que talonne une faim cruelle, depuis le réveil (on est constamment affamées dans ces diablesses de montagnes!), nous hélons par la fenêtre le digne hôtelier, pour le prier de faire hâter les apprêts du souper, lequel doit se composer d'un potage, de pas mal de pommes de terre et d'infiniment de rossbeef! „Cela va être prêt dans un moment!" répond le joueur de boules, sans plus se déranger que cela! Pour mieux prendre patience, nous regarderons faire les joueurs.

Le jeu est des plus simples, mais ne laisse pas que de demander passablement d'adresse. Trois boules, d'assez petite taille, sont alignées côte à côte, à une vingtaine de mètres ; sur chacune est placé un enjeu : le joueur armé d'une boule beaucoup plus grosse, indique celle des trois boules qu'il vise et, pour gagner, doit l'atteindre avant que son projectile ne touche terre. Papa Franz Lockmatter est passablement adroit, mais encore plus mauvais joueur, et chaque fois qu'un des domestiques gagne, ce sont des criailleries et des discussions qui n'en finissent plus, et dont nous rions comme des fous.

Deux mots, maintenant, puisqu'aussi bien nous avons le temps, de l'hôtel même. C'est une assez grande maison, pouvant contenir une cinquantaine de lits, d'aspect froid, dominant Zum-Strich, la localité centrale de Macugnaga, et placée, dit-on, le mieux du monde pour donner l'ensemble, à la fois du paysage de la vallée et du panorama de ses chaînes d'encaissement ! Nous ne demandons pas mieux que de croire à cette dernière qualité, mais pour l'heure nous ne l'acceptons que sous bénéfice d'inventaire. L'aménagement intérieur n'a plus rien d'italien, et se ressent du voisinage de la Suisse. Plus de fresques ni de peintures, mais un papier primitif et peu couteux, collé en dépit du bon sens par quelqu'apprenti-tapissier ! A terre, plus de dallage vermillon, mais un plancher grossier en sapin qu'on a oublié ou à peu près de rabotter ; plus de lits-sophas, grands et bas, mais d'étroites couchettes de pensionnaires, en bois blanc qu'on a omis de vernir, munies de sommiers peu élastiques et d'édredons très maigres! C'est rustique, comme vous voyez : mais nous sommes à Macugnaga, c'est-à-dire au cœur des hautes Alpes, et puis, je vais vous dire, depuis que nous avons logés à la Dogana, nous avons beaucoup rabattu de nos exigences. D'ailleurs, si les chambres sont un peu nues et les lits un tantinet durs, tout, du moins, est frais, d'une méticuleuse propreté, d'une blancheur irréprochable! Et cela a son prix pour qui revient de Lombardie, où la propreté n'est pas vertu capitale!

„Vous êtes servis, messieurs!" vint dire fort à propos notre hôte, au moment où nous terminions l'inspection de nos meubles. Et alors seulement on remarque l'accent profondément guttural qu'il met à son jargon mi-allemand et mi-italien; et comme je lui demande, s'il a encore d'autres voyageurs à l'hôtel, il me répond un „Naï!" comme jamais encore il n'en a résonné à nos oreilles.

La salle à manger est de belles dimensions, et si elle est souvent pleine, le papa Lockmatter doit faire de belles affaires : elle occupe, au premier étage, toute la moitié antérieure de l'immeuble. Décoration nulle, luxe absent; au bout de la longue table, trois couverts sont mis. Eh bien! et Landgraf? „Ce monsieur est allé au glacier," dit notre hôte et n'a pas dit quand il reviendrait!" Il faut bien être de Leipzig, ne pensez-vous pas, pour aller rendre visite au glacier du Macugnaga par une pluie qui empêche de voir à dix pas! C'est l'affaire du licencé après tout! La nôtre, c'est le potage, à présent, qui vient de faire son entrée! Exquis, le potage: rendons cette justice à madame Lochmatter, qui est la cuisinière de l'hôtel, de même que son mari en est le garçon. Voilà des hôteliers, certes, qui ne seront jamais ruinés par leurs frais généraux! Nous acquerrons ici la preuve, une fois de plus, après Vogogna, qu'il est superflu, tout au moins, dans les hôtels du pays, de faire son menu à l'arrivée; on vous servira tout de même ce que l'on voudra! Ainsi, nous avions insisté pour avoir du rossbeeff avec des pommes de terre! Or, voici ce que la maman Lockmatter entend par là, ou du moins, ce qu'elle nous servit en lieu et place: beurre et sardines; bouilli avec pommes en robe de chambre, un peu d'épinards avec des fragments de pieds de porc grillés, petits beeffsteacks, rôti et salade, compotes et omelette, enfin dessert! Que dites-vous de la nomenclature? De même que les Anglais, hier au soir, nous commençâmes par nous étonner passablement : après quoi, nous nous laissâmes faire, et toute la nomenclature y passa. Le papa Lockmatter, du reste, nous regardait faire avec une visible satisfaction. „Dites-moi donc, je vous prie," lui dis-je, entre deux bouchées de la fort bonne salade qu'il venait de nous servir, „d'où tirez-vous les légumes que nous venons de manger?" — „D'où je tire mes légumes?" fit-il d'un air surpris. „Eh! d'où voulez-vous que je les tire? De mon jardin, bien sûr, et non pas du glacier du mont Rose!" — „De votre jardin? Impossible!" — „Comment impossible? Mais tout ce que vous venez de manger : épinards, pommes de terre, salade, tout cela a poussé chez moi! Et je vous réserve même, pour demain, si vous dînez ici, comme cela me paraît probable, des petits-pois que vous pourrez vous payer la satisfaction de cueillir vous-mêmes!" Nous n'en revenons pas! Des petits-pois à

17

1600 mètres d'altitude ! A 200 mètres plus haut que notre ballon. Il nous faut vraiment constater la chose *de visu*, du haut de la fenêtre, pour nous persuader que notre hôte n'est pas un mauvais plaisant.

Au dessert, voici venir le seigneur Landgraf, toujours à l'abri de son rifflard, mais nonobstant, dans l'état le plus piteux. Il ruisselle de pluie, et est imbibé comme une éponge; son feutre a des défaillances, ses beaux gants sont noirs ! Une vraie image de la désolation : de plus, il tombe d'inanition ! Mais il a été au glacier ! „Eh bien, qu'y avez-vous vu à ce glacier?" — „Moi ! Rien du tout !" — „C'était bien la peine, vraiment, d'aller vous faire arranger de la sorte !" Volontiers cet affamé grignotterait nos restes; il n'y a à cela qu'une difficulté, c'est que nous n'avons rien laissé : force lui est d'attendre que maman Lockmatter ait préparé son repas ! On lui sert le même menu qu'à nous; comme nous, il commence par s'étonner, puis comme nous aussi, il dévore à belles dents, et ne laisse rien !

La table desservie, l'hôte, sans façon, vient s'installer avec nous, et l'on se met à bavarder longuement. Charmante, savez-vous bien, cette façon d'être à l'hôtel ! On se dirait, vraiment, en famille, ou tout au moins chez quelque bonne connaissance ! Aussi bien, Franz Lockmatter n'est-il point un hôtelier comme les autres ! C'est un type, cet homme-là, et de plus, le meilleur garçon du monde ! Il a commencé par être guide, longtemps; et comme il avait de l'économie, il s'est fait un petit magot, avec lequel il s'est établi hôtelier et a bâti l'hôtel du Mont-Rose ! Il a gardé, comme propriétaire, sa simplicité et sa cordiale franchise de guide. Il eût suffit, pour n'en point douter, le voir jouer aux boules avec ses domestiques! Il n'a, d'ailleurs, pas entièrement renoncé à son ancien métier, et il guide encore, par ci par là, soit d'anciens clients, devenus presque des amis, soit dans certaines expéditions aux plus hauts sommets, ou dans quelque région peu connue. C'est qu'il est un des hommes (il le proclame lui-même avec une nuance évidente de satisfaction!) qui connaissent le mieux les Alpes Pennines, leurs dédales, leurs difficultés et leurs dangers. „J'ai passé là-dessus vingt-cinq années de mon existence, voyez-vous; et vous comprenez bien qu'il en est resté quelque chose!" S'il lui en est resté quelque chose? On n'a qu'à le regarder! Quelle santé! Quelle vigueur! Quels muscles d'acier! Il a près de six pieds et est charpenté en proportion! D'un coup de poing, il assommerait un bœuf, et défoncerait un mur d'un effort de sa large épaule! Il y a beau temps qu'on a égaré, chez nous, le moule de gaillards pareils, en admettant qu'on l'ait jamais possédé! „Et notez, messieurs," fait-il avec un bon gros rire jovial, „que je suis le gringalet de la famille! Ma foi, oui! j'ai deux frères, qui sont guides également! et qui sont plus grands et plus forts que moi! Et le père donc! C'était cela, un rude homme, et qui n'avait pas son pareil dans la montagne! Il était gros comme un chataigner de cent ans; soulevait, en se jouant, le premier venu à bras tendu; et de l'une et de l'autre main, s'il vous plaît! et avalait, sans se faire prier, ses trois pots de beurre fondu, avant dîner, en guise d'absinthe!"

J'avoue que c'est ce dernier tour de force qui nous parut le plus extraordinaire! Un homme qui ingurgite trois pots de beurre fondu avant son potage, et qui les digère, est évidemment un rude homme! Il est vrai, que, d'après ce que nous conte notre hôte, le beurre fondu entre, pour une large part, dans l'alimentation des montagnards : „On nous y accoutume dès le bas-âge, et j'ai mon garçon qui n'a que six ans, et qui se charge déjà bien de ses deux verres!" C'est égal! le grand-père qui en prenait trois pots! C'est raide! Papa Lockmatter, n'êtes-vous pas un peu... blagueur! Mail il jure que non, et que c'est la vérité vraie! C'est le cas où jamais alors, de trouver que le vrai peut parfois n'être pas vraisemblable.

Ce qu'il y a de certain, c'est que notre hôtelier est un de ces hommes qui, quand ils trouvent une bonne occasion de causer, et un auditoire complaisant, s'en donnent à cœur joie et ne tarissent pas vite! Nous n'avons garde, d'ailleurs, de nous en plaindre! Ses histoires sont pleines d'intérêt, et si le digne homme, dans la chaleur du récit, nous en conte peut-être un peu plus long qu'il n'y en a (cela arrive, ces choses-là, et à d'autres qu'au père Lockmatter!), on ne saurait lui en vouloir, vu qu'il n'y met certainement pas de malice! Il est lui-même, bien entendu, le héros de la plupart de ses histoires! D'aucunes sont assez drôles: par exemple la suivante. Il faisait un brin de contrebande, le papa Lockmatter, dans sa jeunesse! Que ne fait-on pas, quand on est jeune? On n'est pas parfait, d'ailleurs : pas plus dans les Alpes Pennines, qu'autre part! Ce petit commerce n'allait même pas trop mal, et on gagnait sa vie, quand, un beau jour, quatre douaniers flanqués de leur brigadier, se mêlèrent de l'af-

…aire, et le vaillant Franz Lockmatter, sous bonne escorte, se vit bel et bien mené au violon! Mais les douaniers avaient compté sans leur homme! „Au coin d'un bois, en un tour de main, j'en jetai deux par terre, et avec la crosse du fusil, que j'arrachai au troisième, je me mis à taper dessus, si bel et si bien, que j'eus de l'espace et que d'un bond je fus dans la forêt. Une fois là-dedans, ils auraient pu me chercher longtemps!" Puis ce sont des aventures de chasse: „Dans le temps, c'était un plaisir! Mais il n'y a plus d'ours, à présent, dans nos montagnes! Il n'y a même plus de chamois; et il n'y a pas bien longtemps, pourtant, on en avait tant qu'on voulait! Aujourd'hui, il faut être content quand on rapporte une marmotte! Avant hier, justement, j'en ai tiré une, et si le cœur vous en dit, vous en pourrez goûter demain!" Demain! demain! Il y revient encore à son demain! Mais demain, o contrebandier converti, nous comptons bien être loin d'ici! Mais le papa Lockmatter: „Oh! il n'y a pas de danger que vous partiez demain! C'est Franz Lockmatter qui vous le dit! La pluie est ancrée dans le val, au moins pour quarante-huit heures! Et à moins d'être fous, vous resterez finement chez moi, demain!" Diable! diable! mais voilà qui ne cadre plus du tout avec les prophéties de notre Matthieu de la Drôme de cet après-midi! Des deux prophéties si diamétralement opposées, laquelle se réalisera? Pour l'heure, toutes les apparences sont en faveur des assertions de notre hôte. L'averse tombe avec une abondance et une uniformité qui rappelle la matinée de Schaffhouse! Comment tout cela finira-t-il?

Après que le chapitre chasse est épuisé, on arrive

tout naturellement à parler glaciers, hauts sommets, avalanches, et le reste. „Vous est-il jamais arrivé," demande Landgraf, „d'être surpris par quelque tourmente de neige, ou par une avalanche?" — „Cela m'est arrivé, comme à tant d'autres; mais j'ai toujours eu la chance de m'en bien tirer! C'est terrible tout de même, allez! et j'ai bien failli y rester plus d'une fois. Tenez! il n'y a pas trois mois de cela! C'était au mont Rose, où, avec mes deux frères, j'avais accompagné trois touristes anglais. C'était la première ascension de l'année faite sur ce versant-ci. Tout avait bien marché à la montée; mais la descente, par contre, manqua bien de nous être fatale. Le temps était très chaud; nous marchions sur de la neige fraîchement tombée, et nous n'avancions qu'avec la plus grande prudence! Tout à coup un léger craquement se fait entendre! „Sur le dos, tous!" commanda à voix basse mon frère aîné qui marchait en avant; car à parler haut, dans ces circonstances-là, on augmente encore le péril! A peine avions-nous eu le temps d'obéir, qu'un épais tourbillon de neige nous enveloppait, et que nous nous sentîmes entraînés sur la rampe de glace avec une rapidité vertigineuse! La nappe de neige fraîche, tout entière, glissait et nous entraînait avec elle. Moi, tout de suite, je perdis connaissance. Quand je revins à moi, j'étais dans l'obscurité, je respirais avec beaucoup de peine, et je ne pouvais faire un mouvement, ni articuler un son! J'étais enseveli sous quelques pieds de neige! J'entendais cependant distinctement mes frères et un des Anglais appeler à plusieurs reprises, mais je ne pouvais leur répondre! Le bout de mon bâton, que je n'avais, paraît-il lâché qu'au dernier moment, et qui dépassait un peu la neige, finit par les guider; ils déblayèrent le plus rapidement qu'ils purent et me sortirent de ma prison de neige; les deux touristes qui manquaient à l'appel furent retrouvés de même, sans avoir, Dieu merci, beaucoup plus de mal que moi! Mais quand nous nous trouvâmes de nouveau réunis, tous les six, nous étions des hommes pourtant! eh bien! nous ne trouvâmes pas une parole! Nous nous serrâmes les mains en silence, et en pleurant comme des enfants! Si la couche de neige mobilisée avait eu plus d'épaisseur, nous étions probablement perdus tous les six!"

Brrr! Voilà une histoire qui donne froid dans le dos et qui nous guérit, en un clin d'œil, de l'envie de passer le col du Théodule. Landgraf, d'ailleurs, qui paraissait si bien au courant, ne l'était pas du tout; et ce n'est pas en deux jours, mais bien en quatre, que l'on peut atteindre Zermatt par là. Donc, même sans l'averse, rien à faire de ce côté-là! Il resterait bien le Weissthor; mais depuis le récit de l'avalanche, il a également, pour nous, perdu tous ses attraits. „Nous n'y passerions jamais, dit Franz Lockmatter, car tout ce qui est pluie ici, est là-haut neige fraîche! Même si le temps était resté au beau, je ne vous aurais pas recommandé le passage : vous le feriez bien, vous trois, les plus âgés; mais ce jeune monsieur (il parle de Frèrot, qui n'est pas content!) n'a encore ni la tête, ni les jambes assez solides pour une pareille tournée!" Il ne nous reste donc que la ressource du Monte-Moro! Il nous faudra, quoique nous en ayons, descendre la vallée de Saas, jusqu'à Stalden, et remonter à Zermatt par la vallée de St-Nicolas, c'est-à-dire mettre deux jours pour faire ce que l'on ferait dans un seul par le Weissthor! C'est toujours un détour de vingt-quatre heures! Mais, dit Gustel, un détour sûr vaut mieux qu'un tour qui ne l'est pas! C'est la sagesse, elle-même. o Gustel, qui parla par ta bouche!

Tout cela nous amène à parler du récent accident du Cervin, arrivé le 14 du mois dernier. „Accident!" fait alors Franz Lockmatter, „hum! accident! Je ne crois pas précisément à un simple accident, moi!" Et comme nous le regardons stupéfaits. „J'ai la certitude, voyez-vous, que la corde a été coupée et qu'elle ne s'est pas rompue toute seule! Je connais l'endroit où la chose s'est passée!" Et crayonnant sur un chiffon de papier la silhouette du Cervin, avec la position occupée, au lieu de la chute, par Whymper et ses compagnons, tous les sept attachés à la même corde; il marque d'un trait de crayon un point sur le papier:" c'est là, à ce tournant, quand les quatre qui marchaient en tête, avaient dépassé la saillie que fait le roc, et probablement ont glissé, que la corde a été coupée!" Cette opinion si étrange et si obstinément soutenue par Franz Lockmatter, nous l'avons retrouvée, plus tard, dans plusieurs journaux suisses: elle prit même tant de consistance à Zermatt même, qu'une commission fut nommée qui dût se livrer à une enquête minutieuse! Qu'a-t-elle conclu? Rien, que je sache! C'est un accident qui arrive à bien des commissions!

Neuf heures sonnent sur ces entrefaites. Quelqu'intéressante que soit la conversation de notre hôte, nos paupières bientôt ont de la peine à ne point se clore;

Frèrot, depuis un bon moment, fait des efforts héroïques pour résister au sommeil, et nous montons à nos chambres, pendant qu'en dehors des flots de pluie continuent à clapotter bruyamment dans la nuit, plus noire qu'un sac de charbonnier. Comme on est pour s'endormir, grand fracas dans notre chambre! C'est Frèrot qui, dans l'obscurité, a trouvé moyen de mettre en morceaux l'unique meuble, qui, peut-être, eût pu lui être de quelque utilité pendant la nuit! Ce dégât, et la verte semonce qui en résulte, retardent un instant le sommeil, mais pas bien longtemps!

HUITIÈME JOURNÉE

Une facétie de licencié. — L'orage dans la vallée. — La partie de bouchon. — Voyage dans la pluie au glacier du Mont Rose. — Pollenta et marmotte. — Où le vent du nord s'en mêle, et secoue la maison. — Le Mont Rose aux étoiles.

On peut être licencié en droit, porter le beau nom de Landgraf, un col carcan d'immaculée blancheur, un veston ajusté et des gants violet clair, et n'en être pas moins, pour cela, un fort mauvais plaisant. Jugez-en bien plutôt!

C'était au plus beau milieu de la nuit. Je dormais du sommeil du juste, et je faisais un délicieux rêve, (il faut croire, vraiment, que c'est une spécialité, chez moi, le rêve!) dans lequel il s'agissait, si j'ai bonne souvenance, tout à la fois, de coup de soleil et de clair de lune, de col de Théodule et de Weissthor, de ciel d'azur et de brouillards, quand un bruit bizarre, insolite, intermittent, mais opiniâtre, soudain me réveilla! C'était le licencié qui tambourinait avec acharnement contre la mince cloison de bois qui séparait nos chambres. Effrayé tout d'abord : „Qu'est-ce?" m'écriai-je; „qu'arrive-t-il? Le feu est-il à la maison? Etes-vous indisposé? Sommes-nous attaqués par des brigands?" — „Levez-vous!" fut la réponse, „levez-vous vite, et venez voir : c'est extrêmement intéressant!" — „Quoi donc? Qu'est-ce qui est si intéressant que cela?" — „Eh! venez; mais dépêchez-vous, sans quoi vous ne verrez plus rien!" Intrigué au dernier point, je ne fais qu'un bond, alors, dans le couloir, où je trouve mon licencié, sans gants et en chemise, qui, gravement, me mène à la fenêtre et me fait voir... l'averse qui, dans les ténèbres, tombe plus nourrie et plus abondante que jamais. Puis, avant que je n'aie pu me reconnaître, avant surtout que je n'aie le loisir de me retourner, pour lui administrer tout autre chose que ma bénédiction, il a fui, l'horrible être, il a disparu, et je l'entends, ironique et riant aux éclats, qui verrouille sa porte, de crainte d'invasion! La crainte, croyez-le bien, était fondée; et fort heureusement pour lui, que son verrou tenait bon! Bien en sûreté, à présent, il ne se fait point faute de se tordre tout à son aise, à l'idée du bon tour qu'il m'a joué; comme si, après tout, il n'avait pas grelotté tout autant que moi, dans le couloir glacial! „Je vous revaudrai cela! o le plus fallacieux des Leipzigeois", lui criai-je, par acquit de conscience à travers la porte, „et en attendant, que Belzébuth vous patafiolle!" Et, claquant des dents, je vais me refourrer dans mes draps, où je ne tarde pas à reprendre mon somme, si malencontreusement interrompu.

A huit heures, pas avant, réveil définitif et général! Eh! que gagnerait-on à se lever plutôt? A voir le jour douteux et blême qui pénètre au travers des carreaux embués, on dirait qu'il est quatre heures à peine; et le premier coup d'œil qu'on jette au dehors, met à même, hélas! de constater que rien n'est changé depuis hier soir, dans les sphères supérieures, que le firmament est toujours aussi uniformément gris, que l'ondée continue à distiller, lente, monotone et méthodique, et que l'impossibilité est là, matérielle, patente, navrante, mais absolue, de bouger de la maison avant une modification radicale des éléments. Ah! prophète au nez pelé, prophète de malheur! nous ne sommes que trop fixés, à présent, sur ton identité! Non, certes! tu n'étais pas le Père éternel! Tu n'étais même pas le père Matthieu de la Drôme! (Il a commis mainte bourde dans ses prédictions, ce faiseur d'almanachs, mais pas une, tout de même, de ce calibre!) Non! tu n'étais, toi, qu'un vulgaire fumiste! Et si tu n'étais pas bien loin déjà, on te ferait se peler bien autre chose encore, pour t'apprendre, que ton appareil olfactif!

Pendant toute une grande heure, nous faisons traîner les soins de la toilette: c'est toujours autant de gagné sur la pluie. Neuf heures sont sonnées depuis un moment, quand enfin nous faisons apparition à la salle d'en-bas. La table est mise, qui nous attend. Les mains au dos, papa Lockmatter arpente à grands pas son immense et solitaire salle à manger. Il nous reçoit avec un bonjour cordial, mais aussi avec un sourire particulièrement goguenard! „Comment, messieurs, pas encore en route? Et que faisons-nous de cette belle vaillance? Le temps est beau, pourtant, pour grimper au Moro! Allons! allons! Je vous l'avais bien dit! Vous passerez la journée avec nous! Vous dînerez chez papa Lockmatter, et vous mangerez de ses petits-pois, et de sa marmotte aussi! Mais à quoi bon faire de ces tristes mines? Mettez-vous là bien plutôt, déridez-vous! et bon appétit pour le déjeûner!" Il a raison, après tout, le vieux malin! Foin de la tristesse, et à table! Et nous attaquons les vivres à faire croire, vraiment, que nous avons déjà une étape de quelques lieues derrière nous!

Vers la fin du repas, notre hôte, tout fier, nous présente son rejeton: le gamin, vous savez bien, qui avale déjà régulièrement ses deux verres de beurre fondu! Eh, hé! Il faut croire que le régime a du bon: ce jeune montagnard qui n'a que six ans, gavé au beurre fondu, a bien l'air d'en avoir dix! Aussi faut-il voir comme son auteur en est toqué! „Ce n'est pas celui-là, toujours, qui sera le gringalet de la famille! hein, messieurs?" fait-il avec ce naïf orgueil que caractérise tous les papas du monde pour tout ce qui concerne leur progéniture, mais qui, ici, du moins, est pleinement fondé! Oui! mais finira-t-il par arriver aux trois pots journaliers de son formidable grand-père? Il a tout l'air de n'en pas douter, ni son papa non plus, et nous avons garde de contrarier une si belle espérance.

Dans les circonstances présentes, que faire, après déjeûner, à moins qu'on ne bavarde: l'excellent hôtelier ne demande pas mieux que de tailler une bavette, et il a du temps de reste. La besogne ne le tourmente guère: nous sommes, pour l'heure, ses uniques clients, et il ne paraît pas probable que la journée doive lui en amener beaucoup d'autres! Par ce temps à ne pas mettre un créancier dehors, qui, diable! s'aventurerait bien dans le val! Le papa est loin d'avoir vidé son sac aux anecdotes, et le voici qui conte de plus belle: Il se met en quatre (rendons-lui cette justice) pour nous faire passer ces heures maussades, le moins désagréablement possible. Comme il parle beaucoup de son Alpenstock, nous demandons à le voir, et il court le chercher! Une jolie badine, comme vous allez le constater! Cela est fait d'un jeune chêne, gros comme les deux pouces réunis du possesseur (et il ne les a pas minces, les pouces, je vous prie de croire!); c'est garni au bas, d'une virole massive de quinze centimètres, et au haut, d'une hachette-marteau-crochet-crampon, sorte d'outil à tout faire, en acier, et le tout peut bien peser deux kilos! Etonnants, ces montagnards! n'est-il pas vrai?

Comme nous sommes à discuter des mérites de ce bel instrument, soudain, de la voûte grise et sombre qui pleure sur le val, un éclair a jailli; non pas un de ces éclairs aigus, aveuglants et vifs, sorti d'une nue toute proche, mais un éclair vague, d'une lueur diffuse et lointaine, si incertain même qu'on croit s'être trompé d'abord, tellement paraît peu probable la venue d'un orage au milieu d'une ondée persistante qui dure depuis dix-huit heures! Mais un coup de tonnerre, bientôt, a suivi l'éclair; sourd et comme amorti par l'éloignement, il roule longuement, en échos retentissants; court, en se rapprochant, le long des rampes invisibles, et va mourir au fond, contre le glacier du mont Rose, comme une faible crépitation de fusillade. C'est un orage évidemment, qui monte du bas de la vallée! Bravo, ma foi, l'orage! Bravo! l'éclair et le tonnerre! Cela fait diversion, du moins! C'est autre chose, à la fin, que le paisible et bête clapottement de l'ondée monotone! Et puis, les pluies d'orage sont généralement passagères! Nous aimons mieux cela que cette averse méthodique et insipide, dont on ne sait jamais si elle doit cesser encore le soir ou seulement la semaine prochaine. Nous sommes à peu près certains, à présent, de revoir encore le soleil avant la nuit! Mais le papa Lockmatter auquel nous communiquons cet espoir charmant, hoche la tête, doctement, et ne dit rien! Comme c'est encourageant, cette façon de renseigner les gens! Puis, comme nous insistons pour avoir son avis, il répond simplement: „Nous voyons des orages qui durent, dans la vallée!"

En attendant, l'orage se rapproche et croît d'intensité: la pluie s'est mise à tomber dans des proportions diluviennes: on dirait toutes les digues du firmament rompues à la fois. Les éclairs sont plus proches, plus clairs, plus rapides; les coups de tonnerre formidables, éclatants, partent plus rapprochés, produisent des répercussions étranges, crépitent en bruits stridents comme des nues qui se déchirent, roulent en longs échos qui se heurtent, s'entrechoquent et se renforcent à l'infini; et le coup qui a précédé, se répercute encore dans la profondeur des gorges, quand déjà un nouveau coup éclate, qui vient ajouter ses fracas à ceux qui n'ont pas encore cessé de retentir! C'est un roulement sans fin, un bruit sans interruption, un épouvantable vacarme! Cela dure un bon moment, puis la fureur se ralentit, l'orage presqu'apaisé va, dans le calme plat, qui n'a pas cessé de régner dans le cirque, s'accrocher aux flancs du Vaterhorn, où il reste immobile, et d'où longtemps encore et par intervalles de plus en plus longst il envoie quelqu'éclair affaibli, que suit chaque fois un grondement à peine perceptible, puis le calme renaî, complètement! Plus d'éclair, ni de tonnerre, mais la pluie qui continue plus méthodique qu'avant, et le clapottement paisible et bête qui reprend de plus belle! Et nous voilà bien avancés! L'orage est de ceux qui durent, c'est certain!

Misère de nous! Que c'est long! Que c'est lamentable! Que c'est donc interminable, un jour de pluie! Qu'il est énervant, ce sempiternel bruissement doux des gouttes qui tombent dans les flaques, et quel supplice que ce gargouillement sans trève ni fin, des gouttières qui pleurent! Combien il faut alors de ressort et d'entrain, combien aussi de bonne humeur et de ressources de toute espèce, pour maintenir à un niveau supportable le moral de la troupe, entre les quatre murs stupides de cette prison blanche, en tête à tête avec cette longue et sotte table desservie et vide! On essaye tour à tour de tout! Après le long bavardage et quantité de cigares, vient le tour de la lecture: quand on en a assez de lire, on se rejette sur la promenade, eh! une promenade rageuse, tout le long de la longue table, quelque chose comme le va et vient d'un ours blanc dans sa cage! Tout y passe; tout y a passé: l'imagination est à bout d'inventions, et il est deux heures à peine; et l'ennui alors nous gagne, un ennui intense, complet, incommensurable, quand, tout à coup, j'eus une idée lumineuse, une inspiration de génie : „Un bouchon, papa Lockmatter; cherchez-moi un bouchon, s'il vous plaît!" — „Un bouchon! Quel bouchon?" — „Un bouchon ordinaire d'une bouteille de vin!" — „Et qu'est-ce que vous voulez en faire, grand Dieu?" — „Tuer le temps! vous allez voir, papa! Dites donc,

Landgraf, à Leipzig, pratique-t-on le noble jeu du bouchon?" — „Non, ma foi!" — „Eh bien! on va vous l'apprendre!" — „Et à moi aussi, je pense!" C'est le papa Lockmatter qui revient avec son bouchon, et qui est positivement joueur enragé. „Et à vous aussi, certainement, papa!"

On range alors la table; je donne les instructions indispensables pour les novices, chacun prépare ses sous et la partie s'engage. L'enjeu est de deux sous. Pas ruineux, le jeu, comme vous voyez! Et pourtant chacun bientôt et s'applique, et s'acharne, et se passionne; et nous voici tous, hôte et licencié, candidats en médecine, et futur bachelier, nous escrimant contre le morceau de liège, tant et si bien, que nous en oublions l'averse, l'ennui, la mauvaise humeur et le reste, et que le temps vole, et que les heures passent, sans qu'on y prenne garde! Ah! que l'on a donc raison de dire qu'on reste enfant à tout âge! Quel mal y a-t-il à cela, après tout? Et comme cela peut avoir du bon, selon les circonstances! Vers les cinq heures, papa Lockmatter, qui a perdu trente sous, mais gagné une courbature, et qui n'est pas content, ah! mais non! déclare qu'il en a assez, et nous cessons le jeu!

L'ondée tombe à présent en proportions plus modérées; ce n'est presque plus qu'un fin brouillard qui distille en gouttelettes poussiéreuses; ça et là, dans la brume, on commence à distinguer vaguement un contour indécis, quelqu'incertaine silhouette de mont; et vite on se prépare, on se roule dans les châles, Landgraf met des gants et ouvre son rifflard, et nous poussons une reconnaissance vers le fond de la vallée! La promenade, vous le comprenez, manque de charmes; mais on est hors de cage; on respire l'air du dehors, et c'est, pour l'instant, tout ce qu'on demande. La vue est nulle, ou à peu près; par contre, tout est flaques, rigoles et torrents, qu'on arrive à éviter ou à n'éviter pas, selon les hasards de la gymnastique, à laquelle bon gré, mal gré, on est forcé de se livrer; le sentier est une ornière de boue; chaque roche est une glissade, et quand, plus loin, arrive le gazon, on n'y fait pas vingt pas sans être imbibé jusqu'au plus profond des chaussures.

Le paysage nous est servi par portions congrues, et chaque morceau qu'on en aperçoit, disparaît à mesure qu'un nouveau morceau se montre. Très drôle! cette façon d'explorer la dernière portion du val Ansasca! C'est de la sorte que nous faisons connaissance avec Zum-Strich, où se trouve l'hôtel du Mont-Cervin, le second et dernier hôtel de Macugnaga: c'est de cette façon, que nous apercevons, par intervalles, un bout du cours de la Tosa; puis une chapelle rustique, auprès de laquelle s'élève un chataigner monumental qu'à nous quatre, nous pouvons à peine entourer de nos bras, et en comparaison duquel le grand-père Lockmatter, malgré toute sa masse, eût, je gage, paru plus fluet qu'un vicaire de campagne au bout de son carême! Après, viennent quelques grands prés, où nous nous embourbons jusqu'aux genoux, avant d'aboutir à Zertannen, la dernière des localités de Macugnaga, où le sentier qui, ici, acquiert son maximum d'envasement, trace des crochets désordonnés entre quelques masures et pas mal d'étables, et aboutit enfin à d'immenses amas de roches bouleversées, à un chaos gigantesque de noires moraines, au-delà duquel finit le monde, par ici; et où, en face, se dresse une énorme masse blanchâtre, dont les vagues contours bientôt s'effacent et disparaissent sous un océan de brûme.

C'est le grand glacier de Macugnaga qui descend des sommets même du Monte-Rosa. Nous sommes aux pieds de l'énorme montagne, et le malencontreux voile de brûme nous cache un des plus merveilleux tableaux des hautes Alpes. Ce qu'il nous est donné d'en voir, se réduit, hélas! à une perspective d'une centaine de mètres de glace terne et grisâtre, entremêlée de roches, s'étageant en gradins informes, et d'où découlent les sources de l'Ansa en une multitude de ruisseaux bavards.

C'était bien la peine, vraiment, de venir jusqu'ici nous faire arranger comme nous sommes, pour ce pitoyable aspect! Rien ne nous retenant dans ce désert humide, nous revenons bien vite, par le chemin par où nous sommes venus, et dans lequel nous nous crottons, embourbons et inondons de plus belle!

Au retour, il se trouve fort à point que la cave de l'hôtel renferme une collection de cruchons de bière, dont quelques exemplaires servent à nous inonder intérieurement autant que nous le sommes à l'extérieur! Histoire de rétablir un peu l'équilibre des liquides, dit Frèrot, aussi fort en physique qu'en histoire! Fort en toutes espèces de choses, le Frèrot, même en l'art de vider prestement les verres de bière!

Sur ces entrefaites, notre excellente hôtesse, la digne maman Lockmatter s'en vient pour savoir si ces messieurs prendront un grand dîner, ou simplement un

petit comme hier! Un petit dîner, les sept plats que
vous savez! Vrai! Ces montagnards sont étonnants!
Pour les fatigues de la journée, le petit dîner suffirait
amplement. Oui, mais nous quitterions Macugnaga, alors,
sans savoir la différence qu'on y fait entre un grand
et un petit dîner! Et avec ensemble, nous opinons
pour le grand dîner!

„Voulez-vous, en attendant, goûter de la pollenta
toute fraîche? J'en ai justement à la cuisine!" ajoute
madame Lockmatter. Et nous allons à la cuisine goûter
la pollenta, bien que ce ne soit peut-être pas le moyen
de bien rester en appétit pour le grand dîner! La pollenta, sorte de gâteau fait de farine de maïs, ne se
trouve pas être grandement de notre goût; chacun en
avale une bouchée pour la forme, mais, vrai, le pain
de nos paysans, vieux même de huit jours, est un
délicieux régal, en comparaison de cette atroce pâte,
qui passe au gosier comme une râpe! Le rejeton des
Lockmatter paraît d'un tout autre avis; et il enfourne
des tranches à faire trembler pour son estomac, malgré
tout ce que son père nous a conté de ses capacités
digestives.

Pendant que nous sommes à la cuisine, on nous fait
voir la marmotte qu'on nous destine, et on nous donne
sur la manière d'accomoder ce quadrupède les détails
les plus précis et les plus circonstanciés. Belle affaire!
allez vous dire; comme si la marmotte demandait, pour
cuire, des soins particuliers! Eh! certainement, qu'elle
en demande! Elle ne s'accomode pas comme le premier
lapin venu, et pour qu'elle soit mangeable, il faut des
précautions spéciales. C'est toute une affaire! Et avant

tout, on ne l'écorche pas : non! on l'échaude avec ménagement; après quoi on l'épile, et on met toute son habilité à ménager scrupuleusement la peau. Et tous ces détails, croyez-le bien, ont leur importance. La marmotte est, en effet, une bête qui, vers l'automne, est composée environ de cinq parties de graisse pour une partie de chairs et d'os! Que la peau vienne à être enlevée, ou seulement entamée, à une gaillarde pareille, elle ne sera pas plutôt au feu, que toute la graisse fondera, fusera, sera perdue, et il n'en restera qu'un peu de chair désséchée et sans goût. Et la marmotte ne sera plus la marmotte! Vous voilà renseignés! Eh bien, tachez de bien vous remémorer toutes ces indications-là, à la première marmotte qui vous tombera sous la main!

Voici arrivée l'heure du grand dîner. Nous sommes prêts pour cet évènement et parfaitement en appétit. Quelque grand qu'il puisse être, il trouvera à qui parler, le grand dîner! En voulez-vous le menu, d'ailleurs; le voici pour votre édification : Potage, aussi réussi que celui d'hier; les potages, c'est le triomphe de la maman Lockmatter; rognons à peu près sautés : il y a mieux dans le genre, mais la cuisinière a fait ce qu'elle a pu; salami et beurre : remarquez, je vous prie, cet ordre et cette succession des mets; marmotte et pommes de terre : ce plat est apporté avec toute la solennité qu'il comporte. La marmotte a un aspect de cochon de lait, en beaucoup plus rebondi : „Goutez-moi cela," fait notre hôte, „vous m'en direz des nouvelles!" Nous goûtons... et comme nous avons reçu quelqu'éducation, nous n'hésitons pas à déclarer que c'est exquis! Les

Anglais de Vogagna, eux, eussent tout bonnement déclaré que c'est exécrable! Exécrable n'est peut-être pas le mot juste, mais là, entre nous, si je n'avais à ma disposition que de la marmotte, je ferais maigre plus souvent que le vendredi; c'est fadasse, sans goût aucun, et à chaque bouchée, des rigoles de graisse qui vous coulent aux deux coins de la bouche! Dire qu'il y a des gens qui aiment cela! Il y en a bien, il est vrai, qui aiment le beurre fondu! Quoiqu'il en soit, nous opérâmes de telle sorte que le bon Franz Lockmatter put garder la conviction que nous avions trouvé sa marmotte excellente. Les petits pois vinrent après, sur lesquels on se rattrapa, car ils étaient exquis. Vinrent ensuite rôti de veau, poulet et salade, et l'omelette traditionnelle avec les inévitables pruneaux. Le plus insatiable boulimique eut trouvé son compte à ce grand dîner-là! Il faut bien le tasser un peu, maintenant, en causant. Et la bavette reprend comme hier soir.

Et la pluie? Par ma foi, le grand dîner nous l'avait bel et bien fait oublier. Vite on procède à une grande inspection du ciel. Il ne tombe plus d'eau: mais un calme plat persiste dans la vallée; le brouillard est immobile, intense, impénétrable, et l'avenir, comme lui, est gris et sombre. „Voyons, en définitive, excellent papa Lockmatter, quel est votre avis! Malgré les charmes du séjour et les agréments de votre société, il nous faudra bien partir demain! Pensez-vous que nous puissions passer le Moro avec quelque chance de voir autre chose que la brûme?" L'oracle ainsi consulté, s'approche de la fenêtre, inspecte longuement la vallée et conclut: „Ça tourne, voyez-vous, ça tourne! Il ne faudrait que du vent, cette nuit, mais, là, solidement, solidement, à faire trembler la barraque! Si le vent du nord ne s'en mêle pas, et ne secoue pas la maison, ferme, je ne donnerai encore pas une pipe de tabac du temps de demain!" Pourvu, alors, que la maison soit secouée, o mon Dieu! C'est sur ce bel espoir que l'on va se coucher, et l'on s'endort en faisant des invocations à Borée et à tous ses congénères!

Quelques heures plus tard, je me réveillais brusquement, à un épouvantable et infernal vacarme. De larges raffales de vent hurlaient au dehors! Toutes les portes gémissent, toutes les fenêtres soupirent, tous les volets grincent, le toit craque et la maison tremble bel et bien! La plus douce mélodie, les accords les plus harmonieux ne m'eussent pas semblé si charmants, que les sifflements retentissants et aigus de la bise, fendant les airs avec fureur et s'engouffrant avec des fracas sonores dans toutes les gorges du val. Un saut! Deux mouvements! Et me voici à la fenêtre grande ouverte, au risque de voir mon unique vêtement partir sur les ailes de l'aquilon déchaîné. Hurrah! ce n'est pas un rêve! O prodige! o bonheur! Un ciel noir, mais entièrement purgé de nuages, et où par millions scintillent les étoiles. En bas, la vallée qui vaguement s'estompe, et d'où le vent balaie les derniers lambeaux de brûme. Et en face une immense masse blanche, majestueuse, qui se profile vaguement dans la nuit, comme quelque monstrueux fantôme.

C'est le mont Rose, complètement dégagé, sans voile, sublime! Je ne me connais plus de joie alors. Pareil à un fou, je m'élance dans le corridor et vais battre la charge à la porte de Landgraf. „Qui va là?" — „C'est moi! Ouvrez! Levez-vous vite et venez voir! C'est à présent que c'est intéressant!" — „Ah bien! si vous croyez que vous m'y prendrez, à celle-là! Nenni, mon bon!" — „Comment! mais c'est tout à fait sérieux, et ne vous faites pas prier davantage!" — „Oh! inutile! *Non bis in idem!* comme nous disons, nous autres du Droit! Laissez-moi dormir, mon excellent ami, et allez vous recoucher!" — „Mais, nom d'un tonnerre, je ne plaisante pas! C'est superbe! C'est splendide! Les étoiles, le mont Rose!..." — „Ta, ta, ta! je n'entends plus rien!" — „Je vous enfonce la porte à l'instant même, si vous ne venez point!" — Là-dessus, il se décide; et l'instant d'après, nous voici les deux à la fenêtre et les deux également ravis. Gustel et Frèrot que le tapage a réveillés, rejoignent à leur tour, et le quatuor, court vétu, admire, s'extasie, s'exclame devant la grande silhouette de la montagne géante, où pourtant on ne parvient encore à distinguer aucun détail. Mais on la voit, et cela suffit! La brûme a fui, le ciel est pur, et la bise continue à siffler avec entrain! Elle siffle même si bel et si bien, que nous voici tantôt, tous quatre, grelottants, transis, bleus de froid, les nez cramoisis et claquants des dents, et que vite nous courons à nos lits, nous promettant pour le matin, et monts et merveilles!

NEUVIÈME JOURNÉE

LE MONT ROSA AU CRÉPUSCULE. — ME VOICI DESSINATEUR. — QUART D'HEURE DE RABELAIS. — LA MONTÉE DU MORO. — LES VOILES BLEUS RÉHABILITÉS. — LA GLISSADE DU LICENCIÉ. — JODERHORN. — LE DÉJEUNER. — LA DESCENTE. — MACKMART. — D'UNE NOUVELLE MANIÈRE DE SERVIR LE CAFÉ. — SAAS. — TYPES VALAISANS — UN CURÉ HOTELIER.

Quatre heures moins un quart! Le jour, à peine, commence à naître; la bise continue à faire rage et secoue la maison jusque dans ses fondations; c'est à se demander, véritablement, comment s'y prennent les cheminées pour rester sur le toit; c'est à se demander surtout comment font mes compagnons pour dormir encore au milieu de l'effroyable tintamarre! Pour moi, réveillé depuis un bon moment, et n'y tenant décidément plus, je passe, en hâte, mes culottes, et me voici à la fenêtre!

Dieu! que c'est donc beau! Non, jamais encore, ni nulle part, je n'ai éprouvé au même degré qu'ici, l'impression profonde et complète de la souveraine beauté de la nature; jamais ni nulle part je n'ai encore été envahi par un sentiment d'admiration aussi absolu, aussi irrésistible, comme quand, ouvrant la fenêtre de notre logis, je me trouvai, brusquement, en face du merveilleux panorama, que nous avait caché hier, avec tant d'obstination la pluie maussade. Aussi bien, la magnificence du tableau dépassait-elle de loin mon attente. Le ciel, d'un azur profond, sans la moindre tache, et sur lequel, une à une, pâlissent lentement et s'éteignent les étoiles, offre déjà à l'orient cette teinte claire, indéfinissable et blanchâtre qui précède les embrasements définitifs de l'aurore ; l'air est acéré et très vif ; l'athmosphère d'une extraordinaire pureté ; et les premières lueurs de l'aube naissante jettent dans la vallée, restée toute ruisselante du trop plein des nuages envolés, une clarté pâle et douce, encore un peu incertaine. Au fond, juste en face de moi, le Monte-Rosa s'élève, idéalement beau, d'une imposante et sévère majesté, écrasant et immense, remarquablement net et si rapproché, grâce à une illusion d'optique fréquente dans les hautes vallées, qu'on le dirait à moins d'une portée de fusil. Et chaque détail ressort avec une incomparable vigueur, chaque contour s'accuse avec un relief puissant, chaque saillie se détache avec une singulière précision, sur ces épouvantables parois s'élançant d'un jet à une altitude de trois mille mètres, qu'on embrasse d'ici d'un seul coup d'œil, depuis le bas du glacier, où nous avons si bien pataugé hier, et d'où s'écoule l'Ansa en nombreux filets blanchâtres, jusqu'aux quatre cîmes extrêmes qui se perdent au plus haut des cieux ! L'impression première est prodigieuse, et je reste là, un instant, transporté, stupéfait, immobile de saisissement !

Il est de ces moments d'enthousiasme, vraiment, où l'on arrive à ne douter plus de rien. Ainsi, tenez, moi ! dont c'est un des déboires de l'existence de n'avoir su devenir un peu dessinateur, moi qui, au bon vieux temps, où le dessin faisait partie du programme de notre enseignement, n'ai jamais pu être, malgré mon application, qu'une abominable mazette! (C'est l'expression même, hélas! dont usait à mon égard, notre rébarbatif professeur!) Moi enfin, qui n'ai de la perspective et du paysage pas plus de notions que je n'en ai, par exemple, de la topographie du Kamtchatka, ou des mœurs des habitants de la lune, ne me voilà-t-il pas pris tout d'un coup de l'idée fixe, du besoin pressant de prendre un croquis des splendeurs étalées là, devant mes yeux! Et vite, mon Bædecker, une feuille de papier à lettre et mon crayon! Bædecker me sert d'appui, et me voici à la fenêtre ouverte, en pantalon et en chemise, les cheveux au vent, gravement occupé à tirer des lignes, à tracer des contours, oubliant tout, et le froid et vent, et le nez qui coule, et les dents qui claquent, et les doigts qui se raidissent! Et je crayonne, je crayonne! et le travail marche, l'œuvre prend forme, et j'arrive, contre mon propre espoir, à saisir assez fidèlement, dans leurs traits principaux, la configuration du mont Rose et de son entourage! Œuvre maladroite et informe, vous pensez bien! Travail enfantin et inhabile! N'importe! Ce pauvre feuillet a pour moi la valeur d'un chef-d'œuvre, et je le conserve précieusement comme une relique! Et maintenant encore, après vingt-trois années écoulées, il me suffit d'y jeter les yeux pour revivre, avec toute son intensité, cet inoubliable instant, et pour éprouver encore, dans toute sa fraîcheur, ma première impression, telle que je l'eus, par la bise, à quatre heures du matin, à la fenêtre ouverte de l'hôtel du Mont-Rose, crayonnant sur la couverture de mon Bædecker!

Je crayonnais encore, quand mes compagnons, enfin réveillés, me rejoignirent à la fenêtre. Ils jettent un coup d'œil sur mon ouvrage et n'en paraissent pas émerveillés outre mesure! Comme ce n'est pas pour eux que j'ai travaillé, cette indifférence me laisse froid; ils ont bien mieux à faire, d'ailleurs, qu'à s'occuper de mon croquis, et les voici à leur tour, et comme je l'ai été moi-même, tout empoignés et tout entiers à leur admiration!

Le jour se fait insensiblement : l'orient lentement se colore et s'empourpre ; des flots d'or, des torrents de lumière, maintenant, inondent la vallée ; pâles d'abord, ternes et sans éclat, les grandes nappes de neige, alors, et les glaciers allongés qui rampent aux flancs des rocs sombres, s'éclairent, s'illuminent, s'allument, resplendissent et flamboient, et les extrêmes cîmes du colosse, la Signalkuppe et la Dufourspitze, la Nordendspitze et le Jægerhorn, se dorent d'un reflet intense, presque purpurin, au premier rayon de soleil qui les caresse ; puis rapidement la pourpre s'étale et s'étend, et envahit le massif tout entier ; c'est alors comme un vaste incendie dans un océan de glaces! De toutes parts, c'est un scintillement inouï, un éclat indescriptible, un miroittement que l'œil a peine à supporter! Puis la teinte faiblit et passe, l'Alpenglühn s'est éteint et le disque étincelant du soleil monte à l'horizon, emplissant tout le val de lumière et de vie! Jamais, au grand jamais, nous n'oublierons cette matinée de Macugnaga! Combien nous sommes dédommagés, à présent, des ennuis de la journée d'hier! Et comme un seul instant pareil a bien vite fait oublier tous les déboires passés!

Jusqu'à ce moment, notre attention a été toute pour le Monte-Rosa. A tout seigneur, tout honneur, et le Monte-Rosa est sans conteste, le seigneur de ces lieux! Mais le reste également vaut la peine qu'on le regarde et qu'on l'admire; le seigneur possède un entourage digne de lui; le roi des Pennines a une cour belle et brillante. A droite du Jægerhorn, auquel il paraît directement se relier par une étincelante arête de glace, l'égalant presque, d'ailleurs, en altitude et en magnificence, le Philarhorn dresse son dôme éblouissant et superbe; puis une longue et irrégulière échancrure déprime brusquement la ligne des crêtes; c'est l'ancien Weissthor, passage aujourd'hui abandonné, dont l'arête, d'ici, paraît tranchante comme une lame de couteau, et d'où un grand glacier descend, vraie mer aux vagues congelées, allant s'unir, à mi-hauteur, à l'énorme glacier de Macugnaga, avec lequel bientôt il se confond; puis, brusquement, la ligne se relève et un massif se dresse, étonnant d'aspect, admirable de forme, presqu'égal en imposante beauté au Monte-Rose lui-même; c'est la *Cima de Jazzi*, la plus blanche, la plus immaculée de toutes les cimes visibles, dont la paroi géante, presque littéralement verticale, confond le regard par sa hardiesse, et où, tout au haut, les énormes masses de neiges accumulées, s'avancent en saillies singulières sur la perpendiculaire des grandes murailles, obligeant les touristes qui montent au sommet, à la plus grande circonspection! De l'extrême cîme, un nouveau glacier descend jusqu'au fond de la vallée; puissant et formidable, il fait face au glacier de Macugnaga, et va s'échouer, derrière Tourlo, dans un épouvantable amas de moraines, ne laissant entre lui et les moraines de la rampe opposée qu'un mince ruban de pâturages. Sur la droite de la Cima, on voit ensuite les glaces du nouveau Weissthor, bientôt masquées par la grande silhouette sombre du Vaterhorn, plus proche déjà, où le roc de nouveau domine, d'où les neiges ont disparu, même dans les régions supérieures, et où n'apparaissent plus qu'éparses et insignifiantes, quelques rares agglomérations de glaces que le soleil d'été a oublié de fondre; puis plus rapproché de nous, s'élève le Monte-Moro, notre route de tout à l'heure, aux lignes abruptes encore, sauvages et bouleversées, mais où l'œil aime à retrouver quelques coins moins nus; un peu de verdure et de vie; reposant des mornes déserts et des solitudes mortes des altitudes extrêmes, et ramenant par une transition heureuse les regards fatigués de toutes ces magnificences glacées, à la vallée verdoyante et fraîche, aux pâturages étalés au loin, et étincelants comme d'une mosaïque de diamants, et aux grandes forêts de sapins, allant fièrement défier les glaciers jusqu'aux bords mêmes de leurs moraines. Et comme elle paraît coquette alors et belle, la vallée raffraîchie par la pluie d'hier, dans le cirque grandiose! Qu'elle est mignonne et attrayante, entre toutes ces écrasantes masses qui l'enserrent de toutes parts! Et comme l'Ansa y follâtre et y bondit joyeusement, libre enfin des entraves de glaces et de rocs qui l'étreignaient plus haut! Rien de charmant, là-dedans, comme les sept petites localités de Macugnaga, éparpillées sur le fond de verdure. Puis, sur la gauche, fuit en capricieuses ondulations la perspective riante du val Ansasca, qu'on suit des yeux jusque vers Pesterena, et en face le tableau se complète par la large et haute paroi du Schwarzhorn, toute noire de sapins, et pardessus laquelle brille le Pizzo Bianco, comme un tout petit disque d'argent!

Et nous sommes là, toujours, à la fenêtre grande ouverte, oubliant l'heure et le temps et le reste, perdus dans une admiration que rien ne lasse. Il faut se décider à faire une fin, pourtant: et vivement alors, en deux tours de mains, les préparatifs sont expédiés, et nous voici bientôt tous, bouclés, sanglés, parés, prêts au départ, dans la salle à manger.

Déjà papa Lockmatter nous y attend, tout guilleret et la figure rayonnante! „Eh bien, messieurs, sommes-nous, ce matin, d'humeur un peu plus joyeuse qu'hier? Il y a de quoi, savez-vous! Et à présent que vous en pouvez juger, que dites-vous de notre Macugnaga et du mont Rose?" — „C'est splendide, papa, admirable, merveilleux! Et puis vous êtes bien, vous, le baromètre le plus infaillible que nous ayons encore rencontré!" Le compliment lui fait un visible plaisir; puis: „Hein, fait-il, j'espère qu'elle a tremblé, la barraque, cette nuit! Mais il fallait cela! Sans la bise, vous risquiez bien de ne pas partir d'ici encore aujourd'hui!"

Oui! mais elle y est bel et bien, la bise, et nous allons partir sans retard! Un domestique de l'hôtel qui doit nous accompagner comme guide et comme porteur est là, sous les armes, n'attendant plus que son chargement et notre bon plaisir. Nous avions fait prix, pour ce garçon, hier, pendant la partie de bouchon; sa journée lui sera payée treize francs! „C'est salé!" avait dit Landgraf, et nous avions trouvé que Landgraf avait raison! Mais allez donc insinuer cela à un particulier auquel vous venez de gagner trente sous au jeu de bouchon! Le papa Lockmatter, d'ailleurs, nous avait dit: „Avec celui-là, voyez-vous bien, aucun risque! C'est absolument comme si j'étais avec vous, moi-même!" Ça, c'est une raison péremptoire? Et nous y allons de nos treize francs. Mais c'est égal! à ce taux-là, il n'est pas malaisé de comprendre que les guides deviennent rapidement propriétaires dans le pays! Maintenant, à dire vrai, nous aurions pu, peut-être, nous dispenser du domestique comme guide, et il est plus que probable que nous aurions passé le Moro, seuls, sans risque de perdre notre route; mais comme porteur il nous est absolument indispensable. Le Moro n'a ni hôtel ni auberge, et la première maison se trouve sur l'autre versant, loin du sommet, au lac de Mackmart. Ceux qui ne se sentent ni d'humeur, ni de force (et nous sommes de ceux-là!) à jeûner jusque-là, sont donc tenus d'emporter des vivres d'ici, et c'est au transport de nos moyens de sustentation que doit surtout servir le domestique. Le moment est venu de s'occuper sérieusement des susdits moyens! Dix œufs durs, une bonne moitié de gigot, du fromage, une douzaine de petits pains et quatre bouteilles de Bourgogne, vont successivement s'engouffrer dans la hotte aux provisions. Avec cela, nous ne mourrons, j'espère, ni de faim, ni de soif, jusque de l'autre côté du Moro!

Comme nous allons pour partir, croyant n'avoir rien oublié, ne voilà-t-il pas le Frérot qui réclame un nouvel Alpenstock! Le sien, malgré les recherches les plus minutieuses, est resté introuvable, ce matin. Gageons qu'il l'aura laissé choir, hier, dans quelque flaque, et qu'il aura oublié de le ramasser! Oh! ce Frèrot! Mais papa Lockmatter a de quoi réparer ce malheur, et le voici qui apporte toute une brassée de bâtons, parmi lesquels on choisit. Un Alpenstock, partout ailleurs, se vend un franc cinquante : ici, deux francs! „Mais ils sont d'un solide, voyez-vous, messieurs! C'est du bois que j'ai choisi moi-même, et on ne trouve pas mieux!" Ça, c'est encore une raison! Reste à faire brûler sur les bâtons le nom de Macugnaga! Un nom à brûler, partout, en Suisse, c'est vingt centimes! Ici, trente! „Mais j'ai de si belles lettres!" dit notre hôte. Ce diable d'homme trouve de bonnes raisons à tout! Pourvu qu'il n'en ait pas trouvé, également, à enjoliver notre compte! C'est toujours, pour moi, un petit moment désagréable que celui du règlement de l'addition! C'est là, d'ailleurs, l'unique bénéfice de mes fonctions de caissier. Aujourd'hui, le désagrément risque d'être double, puisque l'addition compte pour deux jours.

Aussi, n'est-ce pas sans un petit froid dans le dos que je constate, tantôt, sur la longue pancarte que me remet papa Lockmatter, qu'il me faut lui laisser, pour ses dîners grands et petits, sa marmotte, sa pollenta, les vivres que nous emportons, et cætera, et cætera, la somme assez rondelette de soixante-et-douze francs soixante-et-quinze centimes! Ce total ne laisse pas que de paraître corsé, et pourrait, de prime abord, faire croire que le digne hôtelier n'a pas apporté, à l'estimation de son hospitalité, toute la délicatesse voulue! Eh bien non! Son compte supporte l'examen de détail, ses prix sont normaux; nous en avons eu pour notre argent, et quant à ses histoires, il nous les a bien contées par-dessus le marché !

Le compte réglé, nous prenons congé, cordialement, de l'excellent homme, de sa digne épouse et de leur plantureux rejeton, le jeune avaleur de beurre fondu ! Et nous voilà partis. Le licencié, après quelque hésitation, (il avait été repris, avec le beau temps, d'une nouvelle velléité de Théodule!), s'est définitivement adjoint à nous, et nous voici quatre jusqu'à Zermatt. Inutile de vous dire, je pense, que l'enfant de Leipzig a inauguré, ce matin, une paire de gants absolument frais, et toujours violet clair ! Il est voué à cette teinte : c'est évident !

Au moment où nous quittons l'hôtel, et bien qu'il ne soit pas six heures, le soleil est assez haut déjà, au-dessus des monts, qui, vers l'est, encadrent le val Ansasca ; la bise siffle toujours avec le même entrain ; il fait très frais, presque froid ; et dans la grande pureté de l'atmosphère, l'œil, jusque dans les plus profondes gorges, eût cherché vainement un seul flocon de brume ! Sois béni, o aquilon ! toi, à qui est due cette transformation si complète et si bien venue !

Pas commode, ce Moro, oh mais, pas commode du tout ! Dès l'abord, la montée est roide et fort dure ; et dès l'abord aussi, Frèrot déclare net, qu'il est foncièrement absurde qu'on n'ait pas organisé, pour ce déplaisant passage, un service de chevaux ou de mulets ! Incontestablement, o Frèrot, cela est absurde, inepte et ridicule au dernier point ! Et tu te sentirais, bien sûr, plus à ton aise, le siège sur le dos d'un bidet, eût-il les oreilles longues, que tes deux pieds sur ces rudes rocailles ! Mais, o le plus inconsidéré des collégiens sois donc bien convaincu que s'il y avait eu possibilité, pour les bidets, de passer le Moro, il se fut sûrement trouvé à Macugnaga, un industriel pour exploiter cette possibilité-là ; et l'absence même de tout industriel de la sorte, est la preuve la plus certaine qu'il est là-haut des impossibilités matérielles au passage d'un quadrupède quelconque, transportant sur son dos un bipède, même un bipède n'ayant pas plus de poids que toi ! Que signifient, d'ailleurs, ces doléances intempestives ? Que veulent dire ces plaintes déplacées ? Souvenons-nous de nos classiques ! *Macte animo, generose puer !* Un peu de courage, que diable ! Etrennes, au moins, convenablement ton nouvel Alpenstock, et songes un peu au fameux déjeûner que nous allons faire au sommet du Moro ! »

Ce discours le ravigotte comme par enchantement, et nous grimpons avec entrain.

Ce ne sont d'abord que grandes rampes de pâturages, immenses, indéfinies, où le sentier monte péniblement, par une série de bosses informes : par intervalles, des bouquets d'arbres protègent encore contre le soleil, et les accidents des assises inférieures mettent un peu à l'abri de la bise. A mesure que l'on s'élève, la vue se dégage de plus en plus ; bientôt rien ne gêne plus le regard, tout est parfaitement découvert, et l'on suit dans ses moindres détails le chemin que l'on vient de mettre derrière soi ! L'on voit ainsi sortir, à Zum-Strich, de l'hôtel du Cervin, deux particuliers qui, gaillardement, entament la rampe, et qui, après mûr examen, ne sont autres que les deux êtres barbus et impassibles,

les deux momies, vous savez bien, qui naviguent dans nos eaux, depuis le lac de Côme! Franchement, ils nous manquaient un peu depuis avant-hier! Mais les voici retrouvés, et tout est pour le mieux! Derrière eux grimpe toute une société de beau monde, dames et messieurs! Les dames se font transporter en chaises à porteurs; et du coup, on a toutes les peines à dissuader Frèrot de s'en retourner à Macugnaga, où il veut, par force, lui aussi, aller se procurer un de ces meubles commodes, avec ses accessoires!

Peu à peu les arbres ont disparu; les pâturages sont devenus plus clairsemés et plus rares; ce n'est plus, à présent, qu'un chaos bouleversé de grands rocs nus. où paraissent encore à longs intervalles, quelques maigres broussailles, et où, partout dans les creux, cascadent des filets blanchâtres venus des neiges que le soleil fond, un peu plus haut! Le sentier reste pénible et difficile. Rien n'y abrite plus ni du soleil, ni de la bise. Il se produit sur ces immenses rampes jaunâtres et absolument dépouillées, des réverbérations de lumière extrêmement fatiguantes, et le vent, mordant et acéré continuellement, fouette les visages et les cingle comme d'un vigoureux coup de fouet! Que pense messire Gustel à présent, de nos voiles bleus, de ces appendices azurés, malencontreux, comme il les appelait si dédaigneusement à Calasca! Est-il encore disposé à en médire? Ah bien oui! Tout le premier, il s'est dépêché de dérouler le sien et le voici qui use tout son artifice et toutes ses épingles à le fixer le plus solidement que possible, et à protéger ainsi sa douillette physionomie! Chacun, d'ailleurs, l'imite à qui mieux mieux, et la caravane y gagne un cachet fort pittoresque!

Derrière nous, le panorama du mont Rose se déroule, de plus en plus étendu et admirable, à fur et à mesure que nous montons. Nous sommes assez haut déjà, pour apercevoir dans toute son effrayante longueur, le glacier de Macugnaga. Détaché, en un océan tout scintillant d'arêtes teintées d'azur, des pieds même de la Signalkuppe, on le voit ramper, comme un reptile monstrueux, au dos hérissé d'écailles étincelantes, et se tordre péniblement autour des sombres flancs du Vaterhorn, pour aller se perdre dans l'énorme monceau de moraines qui emplissent le fond du val. Par-dessus, brillent d'un éclat extraordinaire, des nappes de neiges d'une étendue stupéfiante, et où sur l'éblouissante et uniforme blancheur, ressortent comme des taches noires, les pointes rares de quelques grandes roches; puis, dans l'immensité du ciel bleu, se détachent hardies, altières et radieuses, les quatres extrêmes cîmes, d'où le vent, par moments, enlève de grands tourbillons de neige fraîche, que l'on voit alors, follement s'éparpiller en poussière diamantée, scintiller vivement un instant, diaprer l'azur de leurs paillettes innombrables, puis disparaître et s'abîmer dans l'infini ! C'est la première fois que nous avons occasion d'observer ce phénomène ! Il est d'un effet vraiment merveilleux, et nous occupe un bon bout de temps !

En face, par-dessus les sombres forêts du Schwartzhorn, grandit à mesure et se développe, le massif, caché dans la vallée, du Pizzo Bianco, que l'on voit à présent s'allonger en une longue croupe de glaces polies, et se terminer, près de la Signalkuppe, en arrière, par une flèche élancée et élégante. Sur la droite, la cîmà de Jazzi prend des proportions extraordinaires, et le long du Vaterhorn, on suit distinctement les capricieux lacets du sentier qui monte au Weissthor!

Au bout d'une heure et demie d'ascension, nous voici arrivés à des rampes à ce point exposées, et où la bise fait si bien rage, que des précautions deviennent nécessaires pour n'être point, à chaque pas, renversé; que c'est un vrai combat pour rester d'aplomb sur ses jambes, et qu'on risque plus d'une fois de rouler et d'aller faire à rebours, très vite et trop aisément, le chemin qu'on vient de gravir avec tant de peine! Ah! gredin d'aquilon! si tu ne nous avais pas amené le beau temps! Ce ne serait pas assez des imprécations que nous connaissons, en plusieurs langues vivantes ou mortes, pour te maudire! En dépit des voiles, le visage est coupé; les lèvres se fendillent, les nez rougissent, les gorges se déssèchent et les chevelures prennent des allures sauvages! A chaque instant, quelque chapeau tend à s'envoler, et ce n'est pas trop des plus solides ficelles, pour conserver les couvre-chefs! La fatigue bientôt devient intense, à ce jeu-là! Aussi, au premier pan de roc offrant un abri suffisant, on décide une halte, on décoiffe une fiole, on se lézarde au beau soleil, et en un clin d'œil nous oublions de la sorte toutes nos misères et toutes tribulations!

Pendant que nous sommes là, tout du long étendus sur la pierre aride et nue, l'on en vient, tout à coup, à songer que c'est aujourd'hui le quinze août! C'est vrai pourtant! C'est fête aujourd'hui, d'un bout à l'autre du beau pays de France; c'est fête et réjouissance publique! Voici l'heure, à peu près, où les braves citoyens de chez nous, se mettent en demeure de pavoiser leurs façades, et où toutes les autorités constituées, sans en excepter les vaillants sapeurs-pompiers, la gloire de la cité, endossent leur grande tenue, pour le Te Deum! Je vois d'ici certain lieutenant de ma connaissance, debout devant son miroir, pas mal gêné par son hausse-col, s'acharnant à boucler son ceinturon qui y met de la mauvaise volonté... et pour cause! Pourquoi aussi prend-il tant de ventre, ce cher lieutenant, je vous le demande! Il est bouclé, enfin, le ceinturon maudit; on n'a plus que le temps tout juste, de courir chez le commandant et de ne pas manquer la cérémonie! Puis, dans l'après-midi, entre des flots de peuple enthousiasmé, ce sera la promenade du bataillon à la Doller, ce champ de manœuvre chéri des Mulhousiens; puis la manœuvre, la revue, les fureurs de ce bourru de commandant qui n'est jamais content, le banquet enfin et le bal; le soir venu, on rentrera en ville, les uns encore tout droits, et les autres beaucoup moins: alors, l'illumination allumera ses quinquets, que d'aucuns verront bien plus nombreux encore qu'ils ne sont; et des flots de bière couleront dans des brasseries diverses, jusque bien tard dans la nuit, pour terminer cette belle fête! Eh bien, fête pour fête, j'aime bien mieux la nôtre, ici, sur ce roc nu, dans son austère et grandiose simplicité, au milieu de la grande nature sauvage, avec un doigt de Bourgogne, l'air pur des hautes Alpes et la vue des Pennines!

A ce moment, les deux momies nous joignent; plus impassibles que jamais, elles nous contemplent, étalés sur notre roche; puis sans un mot, sans un geste, nous octroient en passant un coup d'œil de profonde commisération, comme si nous étions gens bien à plaindre, et sans plus, continuent leur route! Bon voyage! et à ne plus vous revoir, cadavres ambulants!

Nous ne tardons pas à faire comme eux, et nous reprenons l'escalade, avec un nouveau courage! Et ce n'est bientôt, pas trop de toute notre ardeur et de toute notre bonne volonté! L'ascension se fait malaisée de plus en plus; c'est ici une gymnastique pénible et échinante, dans un dédale grandiose de rocs épars, où il n'y a plus guère d'autre chemin, que les ornières que creusent les ruisseaux, échappés aux petits glaciers éparpillés dans les régions plus élevées. Rarement, et par longs intervalles, se retrouvent encore quelques traces de végétation, quelques touffes d'une herbe rude et basse, et près de chaque touffe aussi, une chèvre ou un chevreau, occupés à la tondre!

Bientôt nous arrivons à la limite des neiges persistantes. C'est toujours d'un cri de joie qu'on salue ces premiers grands tas qui ne fondent plus, l'été, et qui, cependant, ressemblent plus à de la boue qu'à de la neige; et chaque fois aussi, on éprouve quelque chatouillement d'amour-propre, à se sentir arrivé à cette altitude déjà respectable, et où il n'est pas donné au premier marchand de denrées coloniales venu de parvenir! Rapidement, les tas augmentent de nombre et d'étendue, et leur surface se nettoie et apparaît plus blanche et plus pure; puis, bientôt, c'est de la neige toute fraîche, tombée d'hier, et tout aussitôt, c'est un bombardement général et réciproque, où Leipzig est malmené passablement, et où les gants violets, surtout, en voient des dures!

Peu après, c'est un vaste champ de glace, tout luisant et chatoyant au soleil, qu'il faut traverser! C'est ici que l'utilité des „appendices azurés" devient de plus en plus manifeste; c'est ici également que de plus en plus s'impose, dans l'ascension, la plus grande circonspection! C'est un début, en somme, pour nous, que cette marche sur la glace, et la surface polie est traîtresse en diable! Aussi, chacun y exécute-t-il, à tour de rôle, quelques glissades qui n'ont, d'ailleurs, point de suite fâcheuse. Mais quelques pas plus loin, le champ, tout à coup, se met à devenir rampe, et voilà les choses étrangement compliquées! Aussi le guide s'empresse et se multiplie; il s'occupe de tous et de chacun, prodigue les conseils et aide des deux mains quand les affaires s'embarrassent! Et Frèrot ne comprend que trop, maintenant, pourquoi les bidets ne passent point le Moro!

Tout va bien, pourtant, et sans encombre, jusqu'à une arête fort étroite au-delà de laquelle recommencent les roches! Le passage, ici, est vraiment scabreux. Un sentier de glace, large à peine de trente centimètres; à gauche, la muraille verticale; puis à droite, de suite, la rampe blanche sous un angle de quarante-cinq degrés, sinon plus; et la pente de glace unie, polie, sans plus de saillie que sur la main, où l'on aurait chance de pouvoir se raccrocher en cas de chute! Nous nous engageons là-dessus, à la façon des poules qui vont aux champs, à la queue leu-leu! En sa qualité de forte tête de la bande, votre serviteur ouvre la marche, puis vient Landgraf, puis Gustel, puis enfin le Frèrot que le guide mène par la main. „Eh mais! c'est ici qu'il ne ferait pas bon glisser!" fait tout à coup derrière moi le licencié; et il n'a pas achevé, le malheureux, que, patatras!

il fait un faux pas, le pied lui manque ; et le voilà sur le dos, ou du moins sur ce qui y fait suite ; et il glisse, il glisse, il glisse et dégringole la rampe à fond de train, avant que nous n'ayons pu songer à faire un mouvement, ou lui tendre un Alpenstock pour l'arrêter ! Tous, nous avions commencé par jeter un cri d'effroi, qui se changea bientôt, toutefois, en un inextinguible éclat de rire, quand nous eûmes pu acquérir la certitude que l'excellent Landgraf ne courait, en réalité, aucun risque, et qu'il n'y avait de compromis que son fond de culottes ! La rampe, en effet, après être descendue, sous l'inclinaison signalée plus haut, environ une cinquantaine de mètres, perdait beaucoup de sa pente, s'applanissait à mesure, et finissait par se relever en sens contraire. Il était clair que le licencié irait s'arrêter, tout naturellement, dans le creux ainsi formé ! Notre rire n'en était pas moins, peut-être, un peu déplacé ! Mais le moyen de s'en empêcher, au spectacle de cette glissade épique ! Assez semblable à quelque gros hanneton qu'un gamin impitoyable aurait renversé sur le dos, empêché par la rapidité même de sa descente, de relever le haut du corps, l'infortuné Leipzigois faisait des jambes, des bras et de l'Alpenstock des efforts aussi convulsifs que grotesques, et en vain, cherchait un point d'appui dans le vide ! Il avait conservé suffisamment de présence d'esprit, pour, en écartant fortement les jambes, se donner autant de chances d'arrêt que possible, ou du moins ralentir un peu sa descente. Mais la mécanique a ses lois, rigoureuses et fatales ; et le licencié, certes, se trouvait dans la position la moins propice pour s'opposer, avec quelqu'efficacité, à leur accomplissement! Il glissa donc jusqu'au creux, et là, se sentant arrêté, lâcha son Alpenstock qui, du coup, et sans qu'on s'expliquât trop comment, alla rouler une centaine de mètres plus bas.

Dès qu'il avait vu tomber Landgraf, le guide, vivement, avait déposé sa hotte, et courant sur la rampe, grâce à ses gros souliers ferrés, grâce aussi, je pense, à une longue habitude, aussi sûrement que sur le sentier battu, avait volé au secours de notre compagnon en détresse. Il arriva au creux en même temps que lui, le remit sur ses jambes, s'assura que sauf un peu d'émotion et quelqu'humidité au bas du dos, il n'y avait point d'autre avarie, courut à l'Alpenstock, et nous ramena Landgraf sain et sauf! Aussitôt l'on s'enquiert du fond de culottes! O prodige! lui aussi, il est intact; de sorte que tout est bien qui finit bien! Mais ont-ils des draps solides, dans cette Saxe, je vous le demande!

Mettant à profit la leçon que nous venons de recevoir, nous n'avançons plus, à présent, qu'avec une extrême prudence. Jusqu'au sommet, ce ne sont plus guère que champs de glaces et de neiges, alternant avec de mornes solitudes rocheuses; les dernières portions sont particulièrement pénibles, mais se passent sans autre anicroche, et nous arrivons au col de Moro, un peu rendus et las, quatre heures juste après notre départ de Macugnaga.

Le col de Moro, qui est à 2862 mètres au-dessus du niveau de la mer, se présente sous forme d'un dos d'âne un peu étroit, environné de toutes parts d'un lugubre chaos de formidables rocs, et constituant un bouleversement gigantesque, entremêlé de grandes masses de glaces et de neiges. Le sommet même de la montagne paraît un peu à gauche, comme un cône tronqué sur lequel une croix s'élève, indiquant la limite entre la Suisse et l'Italie. Et nous sommes bientôt là-haut, tous quatre, au pied même de la petite croix, et nous laissons errer nos regards extasiés sur le panorama sans bornes qui se déroule circulairement, de ce poste aérien. „Messieurs!" nous crie le guide, arrivé au col un peu après nous, „c'est au Joderhorn qu'il faut monter! C'est là que la vue est la plus belle!" — „Le Joderhorn? Où prenez-vous cela, le Joderhorn?" Il nous indique alors, sur la droite, une sorte de pic, en pain de sucre, isolé par-delà le grand champ de neige qui s'étend jusqu'au col même. „Ce n'est que cela! Voilà un Joderhorn qui va être tôt escaladé!" Et nous dégringolons du mamelon avec ensemble et pleins d'une belle ardeur nous nous engageons sur le champ de neige. C'est ici que nous devions apprendre, un peu à nos dépens, ce que sont les illusions d'optique, à ces altitudes, et combien les apparences y sont trompeuses.

A nos yeux, la traversée du champ de neige semblait devoir être l'histoire de quelques enjambées, et l'ascension du Joderhorn l'affaire de quelques élans! Ah bien oui! A mesure que nous avançons, le champ de neige s'allonge, s'allonge, comme par l'effet de quelque sortilège, et le Joderhorn grandit, s'élève, monte de plus en plus, comme poussé par quelque ressort invisible, et prend un aspect fantastique et formidable. Ce que voyant, Frèrot fait halte, réfléchit, se tâte, puis renonce, fait volte-face, et s'en retourne auprès du guide avec lequel il va s'occuper des préliminaires du déjeûner, laissant à d'autres le Joderhorn et ses splendeurs!

Au bout d'un bon quart d'heure, nous voici arrivés aux pieds du pic, qui se dresse là, brusquement, d'un jet, comme un piton géant, parfaitement inabordable. Et tout aussitôt commence la plus rude besogne que nous ayons encore entreprise! Nous avons, dans nos excursions, déjà rencontré maint bout de route peu commode, mais jamais nous n'avons rien trouvé encore de si absolument escarpé, de si brutalement roide, de si extravagamment bosselé, ni de si radicalement échinant que ce pic malencontreux. Pas de chemin, bien entendu, pour y monter; pas trace de sentier. Partout le même entassement confus de blocs, le même éboulis horrible et tout bigarré de glace, qui continue, s'amincissant en pointe fine, sans changements, de la base au sommet. Pas de choix pour l'attaque : on entame par le premier bout qui se trouve; et en avant, chacun comme il peut! Ce n'est plus une ascension, ici; c'est, à la lettre, une escalade; on ne monte pas, on grimpe : les bras et les mains ont tout autant de besogne que les jambes; par endroits ce n'est plus que par rétablissements qu'on arrive à se hisser. Et nous sommes bientôt dans un bel état! N'était une sorte de surexcitation provoquée par l'obstacle même, et cette fièvre particulière, causée par l'air des hauteurs, vingt fois on renoncerait à l'entreprise.

Gustel, certes, ne demanderait qu'à capituler, et plusieurs fois déjà, je me suis surpris moi-même à jeter un regard anxieux au-dessus de moi, pour voir si ce sommet n'allait pas bientôt être atteint. Et je n'en aurais pas voulu outre mesure à Landgraf, je l'avoue, s'il avait proposé de redescendre. Mais le licencié s'obstine! Ils sont entêtés, ces Allemands! Et la France céderait le pas? Ah! que non pas! Nous n'aurons pas cette honte! Et c'est avec une nouvelle ardeur, alors, qu'on empoigne les arêtes vives des blocs, qui déchirent les doigts roidis: on s'élève à force de bras, on s'aide des genoux aux endroits difficiles; avec la pointe de l'Alpenstock, on casse la glace qui gêne; on exécute des merveilles de gymnastique et des prodiges d'équilibre; on ruisselle de sueur, on fume de transpiration, les oreilles bourdonnent, les artères battent aux tempes furieusement, on voit rouge par moments, on souffle comme des haridelles poussives; mais on s'acharne, on monte toujours on approche du but! C'est une rage, à présent, une concentration violente de volonté: un dernier effort! Un dernier coup de collier! Et enfin, avec un hurlement de triomphe, qui ne sort plus qu'à demi-étranglé de la gorge haletante, mais déliquescents, sans souffle et les jambes vacillantes, nous posons le pied exténué sur le bloc extrême, juste assez grand pour nous contenir tous les trois! Et alors l'on domine, l'on plane et l'on se dresse avec une fierté légitime, sur le piedestal majestueux qu'on vient de conquérir et qui supporte nos trois petites personnalités à 3,100 mètres au-dessus du pavé que foulent, à l'heure présente, les sapeurs-pompiers et les autorités constituées, qui, chez nous, s'en reviennent du Te Deum!

Tout autour, le vide et l'immensité! Sur nos têtes, le bleu infini de l'éther sans bornes, et à nos pieds un des plus admirables panoramas qui se puissent contempler, je pense, sur la boule terrestre! C'est maintenant qu'on jouit avec une plénitude entière de son triomphe!

C'est maintenant qu'on éprouve, intense et complète, cette sensation délicieuse et inexprimable de satisfaction, qu'il n'est donné de connaître qu'à ceux qui s'élèvent à ces hauteurs, et qu'on aspire, avec une vraie avidité à pleins poumons (à mesure que ces organes reprennent, au repos, leur fonctionnement normal), cet air vif, mordant et si remarquablement pur, qui vous inonde et vous enivre! Comme on est largement dédommagé, à présent, des peines de l'ascension! et comme une seule minute a suffi pour faire bien vite oublier les fatigues et les tribulations de la route! Que de splendeurs inattendues! Quelles radieuses merveilles! Quel incomparable coup d'œil! Quel inoubliable tableau! Qu'elle apparaît ravissante, d'ici, dans son encadrement de colosses, la verte petite vallée de Macugnaga, comme une émeraude enchâssée dans le granit! Avec quelle calme et sublime majesté se présente cette gigantesque barrière des Pennines, aux immenses champs argentés, aux cimes éblouissantes et altières, étalant ses puissants contreforts, depuis le Schwartzhorn, en face, jusqu'à la croupe même du Moro, où nous sommes! Puis, sur l'autre versant, alors, quelle longue et imposante chaîne de sommets orgueilleux! Que de dômes étincelants, que de flèches et d'arêtes, brillant au soleil de midi d'un éclat que l'œil a peine à supporter! Quelle foule de glaciers aux reflets féeriques, aux masses puissantes! Enfin quelle interminable série, au-delà, de montagnes où alternent pittoresquement les pâturages aux teintes fraîches et vives, avec les sombres forêts de pins, et qui insensiblement vont s'inclinant de ces parages élevés, vers la vallée du Rhône, derrière laquelle on aperçoit la ligne des Alpes Bernoises bordant l'horizon de ses découpures élégantes et fines!

On se perd dans la nomenclature de ces cîmes innombrables. La plus proche est un second Schwartzhorn, mais autrement terrible et imposant d'aspect que celui qui fait face à Macugnaga; puis la pyramide hardie du Strahlhorn se dresse, au pied de laquelle dort le grand glacier du Moro, tout noir des débris de roches qu'il entraîne; à côté, la grise et menaçante silhouette du Rimpfischhorn présente ses étonnantes murailles qui masquent jusque vers son sommet le massif de l'Allalin, dont on aperçoit toutefois les pointes extrêmes; c'est ensuite la toute belle et toute resplendissante coupole du Dôme qui s'étale entre la corne double des Mischabel; ce sont encore le Jollerihorn et le Schildhorn, après lesquels la chaîne épuisée, d'un coup, s'abaisse et se confond avec un immense tout d'Alp verdoyantes, courant jusqu'au Simplon.

La vue est moins remarquable vers l'est, où les montagnes du Tyrol, bien que parfaitement découvertes, sont trop éloignées pour produire une impression bien nette : au sud, en revanche, toute la plaine lombarde s'étend, claire, distincte, avec ses villes et ses villages, ses cours d'eau et ses lacs, et sa claire verdure: et au loin, dans une buée légèrement brumeuse, comme une ombre indécise, s'accuse vaguement la ligne bleuâtre des Appenins, presque confondue avec l'azur du firmament!

Longtemps, bien longtemps, nous restâmes là, muets et immobiles, accroupis côte à côte sur la roche étroite, tout à nos impressions, insensibles à toute autre chose, à la bise et au froid, à la soif et à la faim, absorbés dans une profonde et religieuse contemplation! Ce n'est qu'en voulant tracer quelques notes, que je m'aperçus que mes doigts étaient roides et que j'avais l'onglée. C'est qu'en dépit du soleil et de l'heure, la température est au-dessous de zéro, et pour qui en douterait, le nez de Gustel en est la preuve irrécusable : d'abord cramoisi, à la montée, le voilà pourpre à présent, et sous peu, il se pelera, à la façon de celui du prophète du val Ansasca.

Les effets de la bise finissant, d'ailleurs, par devenir par trop sensibles, nous nous décidons, à regret, à quitter le sommet. Ce que fut la descente, vous vous en doutez un peu! Il y avait là de quoi, vraiment, intimider le chevreau le plus folâtre! Landgraf et Gustel y mettent des façons et descendent sagement, méthodiquement, avec une prudente lenteur. Moi, que cette manière horripile, je me lance à corps perdu, je saute de bloc en bloc, je franchis crevasses, fissures et le reste, et j'arrive au bas, intact, et sain et sauf, sans trop savoir comment cela a pu se faire; tandis que mes compagnons et leur prudence gravitent encore dans les régions les plus supérieures! J'eus bientôt rejoint le Frèrot, qui, assis au milieu d'une large dalle, faisant saillie sur la glace, continuait à veiller avec sollicitude sur les victuailles, auxquelles, nouveau Tantale, il n'avait osé toucher avant notre retour, quelqu'envie qu'il en eût eu, et quelque colossaux que fussent son appétit et sa soif! A nous deux, alors, nous déballons, nous ordonnons les mets, nous débouchons les fioles, nous tranchons les viandes, si bien que, quand le duo prudent, à la fin, arrive, intact également, mais également affamé, chacun n'a plus qu'à choisir ses morceaux!

O sommet du Moro, gageons que jamais tu ne vis agapes de cette sorte! Pour nous, dussions nous vivre cent ans, jamais nous n'oublierons ce déjeûner-là! Croyez-en ce que vous voudrez, mais je vous jure bien que les engloutissements les plus réussis qui l'avaient précédé, pouvaient, en comparaison, être considérés comme diète rigoureuse! Jamais je ne me serais imaginé qu'il fût possible de faire entrer, en une seule séance, dans cinq estomacs humains (le guide partage, bien entendu, notre repas et fonctionne pour le moins aussi bien que nous!), une quantité aussi considérable de comestibles divers, que celle que nous nous mîmes à faire disparaître avec une célérité qui tenait de la prestidigitation! A peine avait-on enlevé du plat, représenté par un vieux journal, un morceau de gigot à contenter un ogre, que déjà l'on revenait à l'attaque, et quand le journal se trouva nettoyé, et qu'il n'y eût plus que l'os, on avait faim encore, et le salami passa là un de ses plus vilains moments!

Jamais nos quatre fioles de vin rouge, dont, d'ailleurs, il ne reste plus que trois, n'eussent suffi pour calmer l'inextinguible soif, qui fut la conséquence logique et immédiate de cette orgie de saucisse, si l'on n'eût découvert, tout proche, un champ de neige qui pleurait au soleil, et dont les larmes glacées se trouvèrent fort à point, pour allonger notre provision de Bourgogne. Ce fut, en un mot, un festin royal, un repas pantagruélique, une mémorable séance, et...

Où le combat cessa, faute...... de munitions!

Il n'y manqua qu'un bon café, pour que le régal fut complet! Mais on ne saurait tout avoir à la fois! En haut du Moro moins encore qu'ailleurs! On tacha, du reste, de suppléer à ce manque de Moka, au moyen d'un bon cigare, et l'on s'accorda par là-dessus une bonne heure de sieste, afin de laisser à la digestion le temps de s'y reconnaître et de tranquillement commencer sa besogne!

Il était une heure, quand nous quittâmes notre campement. En dépit de la sieste qui fut exquise, et peut-être bien à cause d'elle, les jambes d'abord ont quelque peine à se remettre en train. Elles sont comme rouillées dans les jointures et se ressentent évidemment de l'escalade du Joderhorn! Peut-être bien aussi, y a-t-il un peu de la faute du salami, dont nous avons légèrement abusé! Mais bah! cela ne va pas tarder à se remettre, et dans un moment, il n'y va plus paraître!

La descente, sans offrir les impossibilités fantastiques du Joderhorn, n'en est pas moins, dans son ensemble, un casse-cou assez réussi; quelque chose, en plus laid, et en plus échevelé, comme les informes et fatiguants gradins qui du haut de la Maienwand, mènent à l'hospice du Grimsel. Le paysage, seulement, est bien autrement grandiose et sévère, surtout dans les premières parties. Le sentier côtoie les glaces qui viennent du Schwartzhorn, et dont il trace assez bien les limites, mais non sans en recevoir d'abondantes rigoles qui l'inondent, sans autre, sur la majeure partie du trajet. Aussi n'est-ce bientôt plus un sentier, mais un cloaque bien plutôt; une glissade de boue, aussi perfide, pour le moins, que la rampe de glace où dégringola Landgraf, et c'est un assez long trajet alors, déplaisant, malaisé, où l'on barbotte, où l'on patauge, et où perpétuellement on tremble pour l'équilibre de tous et de chacun. L'entrain, disons-le, continue à faire entièrement défaut dans la troupe; on marche à la débandade, on se laisse aller avec une nonchalance qui ne dit rien de bon pour le restant de la soirée! Et nous ne sommes pas près du gîte, pourtant; et nous en avons encore, pour le moins, pour trois fortes heures de marche! Les distractions, heureusement, ne manquent point : elles défilent à mesure, et diverses et intéressantes, et plus imposantes les unes que les autres.

Voici, en premier lieu, le glacier de Sevenen, le plus énorme, peut-être, le plus remarquable, et le plus éblouissant, sûrement, et le moins sali par les débris de roches, de tous ceux du parcours. Il occupe, tout entier, le versant septentrional du Vaterhorn et couvre une étendue effrayante de ses amphithéâtres immaculés; celui du Schwartzhorn, qui vient après, est beaucoup plus petit et moins beau; il est comme coupé par une haute falaise grise d'où découlent de nombreux et gros filets qui, se réunissant à ceux qui découlent du Vaterhorn, forment les premières sources de la Visp, le torrent que nous allons cotoyer jusqu'au bas de la vallée! Ces sources coulent avec une telle abondance, les filets de tout volume qui les composent, cascadent de toutes parts en si grand nombre, que la Visp, à peine née, de suite devient turbulente et forte, et déjà, bondit, roule, mugit et tourbillonne dans le dédale des grands blocs impassibles, comme une ancienne! Mais bientôt elle trouve à qui parler! Une masse considérable de vase grisâtre se présente pour la recevoir; reste, sans doute, de quelque grand éboulement! et là-dessus se calme subitement sa juvénile ardeur! Puis, un peu plus bas, elle rencontre les gigantesques moraines du glacier de l'Allalin, un infranchissable rempart de rochers, qui lui barre le passage et l'oblige, quoiqu'elle en ait, à former de ses ondes subitement et complètement calmées, le curieux lac de Mackmart; phénomène qui, vous l'avouerez, n'entre pas dans les habitudes des torrents de montagne, surtout au début de leur cours.

Aux bords même du lac est l'hôtel de Mackmart, maison rustique, isolée dans ces parages déserts, où elle sert surtout de point de départ à ceux qui passent les divers cols élevés, menant d'ici dans la vallée parallèle, vers St-Nicolas ou Zermatt. L'occasion faisant le larron, on fait halte à la porte de l'établissement, on délibère, on se concerte, et on a bientôt fait de décider qu'on ira y combler la lacune du déjeûner du Moro, et s'offrir réciproquement un café noir. Nous aurions perdu, du reste, à n'entrer point dans cet établissement original, où le Moka, dont on nous sert une cafetière à contenter un bataillon, est offert avec accompagnement de serviettes et de petits pains! Mais la manière n'y fait rien; le café est suffisamment bon, c'est l'essentiel: nous nous en régalons à qui mieux mieux, avec addition de pas mal de kirsch, et après un instant, nous sortons de là, complètement réconfortés et ragaillardés!

Est-ce notre consommation de tout à l'heure? je n'en sais rien: mais le lac, à présent, nous paraît une gigantesque agglomération de café au lait! C'en est tout à fait la teinte, et combien je sais de commères alsaciennes qui tressailliraient d'aise à cet aspect! Non! Mais vous figurez-vous une jatte de telles dimensions, toute garnie de commères, en train de médire du prochain! Quel vacarme et quels éclats! Les monts voisins, je gage, en crouleraient!

Arrivés à l'extrémité inférieure du lac, nous découvrons tout à coup, dans son ensemble, l'énorme masse du glacier de l'Allalin qui, du fond de la vallée, s'étend d'un trait, jusqu'entre les deux cîmes de l'Allalinerhorn et du Strahlhorn. Il existe, par le glacier même, un passage qui, en douze heures, mène à Zermatt, quand tout va bien. C'est l'Adlerpass, la passe des Aigles, course difficile et périlleuse et pas à la portée du premier venu. Ceux qui ne sont pas des aigles, font comme nous faisons, c'est-à-dire descendent à Saas et remontent par Stalden; c'est beaucoup plus long, mais c'est infiniment plus sûr.

En continuant la descente, on se trouve bientôt en face même des moraines du glacier d'Allalin. De près, c'est bien autrement effroyable et terrible encore que d'un peu plus haut, près de l'hôtel. L'entassement des rochers est confus et affreux, le bouleversement stupéfiant et inconcevable, le chaos horrible et noir; une morne désolation à perte de vue! La Visp vient s'abimer là-dedans, et brusquement s'y perd, et c'est à peine si dans la prison qui l'enserre et qui l'étouffe, on l'entend encore vaguement qui se tord et se lamente, et bientôt dans ce linceul lugubre elle se tait complètement et semble bien morte. Mort apparente! éclipse momentanée! Et qui ne l'empêchera en aucune façon de reprendre un peu plus bas ses allures bruyantes, fanfaronnes et désordonnées.

C'est là comme un dernier tableau de ce que peut la nature désordonnée et sauvage, dans les mornes solitudes des hauteurs; puis déjà la transition insensiblement commence à s'opérer: les premiers représentants de la végétation reparaissent sous forme de quelques rares buissons de rhododendrons; on les salue d'un cri de joie, sur la rampe rocheuse, dont les longues et tristes nudités ont fini par fatiguer les yeux; les buissons bientôt se multiplient, deviennent innombrables et envahissent tout; et à l'un d'eux, nous sommes assez heureux pour découvrir une fleurette, une seule, rose encore et non entièrement fanée, que nous emportons précieusement comme souvenir; un peu plus loin, ce sont les pins qui commencent à se montrer, et qui bientôt pullulent: puis les verts pâturages viennent rire au soleil; et tout cela si frais et si coquet, si exubérant et si plein de vigueur, qu'il semble vraiment que la nature a à cœur de prendre sa revanche, et que le sol, ici, se venge de l'aridité à laquelle il est condamné un peu plus haut. Comme si elles voulaient bien vite faire oublier les sublimes horreurs des cîmes, et concentrer sur elles seules l'attention, les croupes boisées et les rampes de pâturages se rapprochent, se resserrent, et masquent tout autour l'horizon subitement rétréci. Les sommets ont disparu, les pics neigeux ont fui et l'on n'aperçoit plus, en arrière, que l'un des deux Michabel et l'Alphubel, comme dans un encadrement de sapins, qui étreignent entre leurs deux puissants massifs, les champs crénelés et brillants du Vieshglætscher.

Sapins et pins, maintenant, s'étendent, de droite et de gauche, en taillis élégants. Le cours de la Visp, qui a repris depuis un bon moment sa course folle et turbulente, forme là-dedans une série changeante de tableaux nouveaux et charmants; dans la bande, l'entrain et la bonne humeur ont reparu comme par enchantement; le sentier qui longe la rive droite du torrent est ombragé et commode; et à nous voir enjamber là-dessus avec ardeur, nul ne dirait que nous sommes sur jambes depuis quatre heures du matin. Une lieue environ plus loin, des chalets isolés se montrent dans les prés; bientôt quelques champs cultivés coupent l'uniforme verdure des pâturages: puis, derrière un bouquet d'arbres, le clocher d'une église; un village de bois : c'est Saas, que l'on ne tarde pas à atteindre, et où l'on est au bout de l'étape d'aujourd'hui.

C'est, sur ce versant-ci du Moro, une transformation complète et absolue, et combien on se dirait loin déjà de l'Italie, dont, cependant, on a quitté la frontière, il y a quelques heures à peine. Tout a changé, du tout au tout; les habitations et les habitants; les types, les costumes et les mœurs! Nous voici dans le Haut-Valais, le canton, je crois bien, le plus original de toute la Suisse, un de ceux, à coup sûr, qui sont restés les plus fidèles aux vieilles habitudes et aux vieilles traditions. Les maisons de Saas paraissent être, toutes, sorties du même moule; c'est le chalet de bois dans tout ce qu'il y a de plus primitif et de plus simple, avec une bonne couche brunâtre de hâle et quelque peu de vermoulure, qui témoignent de son âge respectable; à chacun, sans exception, la maîtresse poutre ressort en saillie, légèrement, sur la façade, et porte, entaillée, une longue inscription, destinée à perpétuer les noms et prénoms de celui qui l'a bâti et de son épouse, et à apprendre aux âges futurs, quels sont les saints et saintes divers qui ont daigné prendre l'immeuble sous leur aide et protection. Sur la place, devant l'église, la population est rassemblée; hommes, femmes et enfants stationnent ou se promènent par groupes, devisant sans aucun doute, ainsi que cela se pratique un peu partout, *de omni re scibili, et quibus dam aliis!*

La race valaisanne, au premier abord, apparaît bien venue et vigoureuse; ce sont de solides gars, la plupart de ces promeneurs, et combien différents des malingres goîtreux des environs de Vogogna et autres lieux italiens. Et puis, ici également, quelle originalité de costumes, et quelle belle occasion encore d'enrichir notre album, si nous en possédions un! La pièce la plus curieuse, dans ces accoutrements bizarres, nous a paru être les chapeaux de gala des dames saasoises; ils sont en paille brune, et gigantesques de dimensions; comme forme ils rappellent entièrement nos cylindres, tuyaux de poêle, autrement dit tubes, mais non pas ces tubes coquets, bas et cambrés qu'on voit aujourd'hui; mais bien les vénérables tromblons d'autrefois, plats de bords, rigoureusement cylindriques et indéfiniment hauts, tels que, par ci, par là, on peut en voir surgir quelqu'exemplaire antédiluvien dans le cortège de quelque noce d'ouvriers, une vraie tour enfin! Les belles dames de Saas portent par-dessus un large et lourd ruban noir, orné plus ou moins de dentelles et de paillettes d'or, selon le degré de coquetterie et probablement de fortune de la propriétaire! Mais toutes, là-dessous, elles ont un peu l'air d'être affligées de torticolis! Voyez-vous nos Françaises sous des monuments pareils! Après tout, elles y viendront peut-être; avec les extravagances des modes actuelles, on peut s'attendre à tout!

Saas possède deux hôtels : celui du Monte-Moro et celui du Monte-Rosa. Embarras du choix! doute! et comme dans ce doute-là, et malgré le proverbe, on n'a pas la moindre envie de s'abstenir, on se décide à prendre l'avis du guide. Il doit être au courant, ce garçon! Sans l'ombre d'hésitation, il nous recommande l'hôtel du Monte-Rosa! „C'est le meilleur," dit-il, „et puis, c'est monsieur le curé qui le tient!" J'avoue que cette raison ne nous parut pas bien plausible; nous nous figurons mal un curé-aubergiste! Si nous étions aussi bien un vendredi, ce serait même un motif suffisant pour aller chez le concurrent! Faire maigre après le passage du Moro! Ah, mais non! Mais comme c'est aujourd'hui mardi, et que, d'autre part, le guide persiste dans sa recommandation, ma foi, risquons-nous et allons chez le curé! Ne serait-ce que pour l'originalité du fait!

On est reçu chez monsieur le curé par un personnel exclusivement féminin, mais d'âge plus de rassis, et de physionomie suffisamment rébarbative et laide, pour qu'on n'en vienne pas à concevoir quelque doute, quant à la fidélité du maître de céans, à ses vœux! La maison est petite, d'aspect modeste, presque mesquin. Nos chambres, toutefois, sont curieuses; c'est tout bois, bien entendu; puis, c'est tout fenêtres également, de trois côtés; de ces bonnes fenêtres antiques, encadrées dans de massifs panneaux de chêne bruni par l'âge et divisées en une multitude si considérable de tout petits carreaux, qu'on renonce à les compter! Dans les chambres, des meubles rustiques; trop rustiques même, au goût d'aucuns! Les lits, particulièrement, ne semblent pas promettre des délices pour la nuit! Tout le long des murs, de petits cadres noirs, sur lequels les mouches ont laissé des traces multiples, et qui renferment des enluminures grossières représentant les diverses péripéties de l'existence du vaillant Tell. Pauvres produits de quelque industrie à ses débuts, et en comparaison desquels les images d'Epinal, à cinq centimes la feuille, sont des chefs-d'œuvre de goût, des merveilles de dessin et de coloris!

Comme nous vaquons aux premiers soins de l'installation, survient notre guide qui vient de prendre congé et qui nous demande, premièrement, sa paie et un certificat, et qui est dans l'ordre; secondement, un pourboire, ce qui y est moins, à notre avis, de beaucoup. Je lui donne ses treize francs et lui paraphe de bon cœur un certificat des plus élogieux : il nous a été vraiment utile, ce garçon, et il connaît parfaitement ses montagnes! Quant au pourboire, j'essaie de lui faire comprendre qu'au taux où on le paie, cela me paraît tout au moins une superfétation, et que, dans les treize francs, le pourboire me semble être amplement compris! Mais alors le pauvre hère me conte si lamentablement que les treize francs devront être intégralement remis par lui à son patron, et qu'il ne lui en sera rendu que la plus maigre portion (Est-ce la vérité? malin! qui le

saura jamais!), que, ma foi, je me laisse appitoyer, et
que je lui lâche une pièce blanche. Landgraf en ajoute
une seconde, en souvenir de sa glissade, et le jeune
montagnard, alors, se confond en remerciements et
s'en va, le cœur joyeux, et heureux comme un prince!

Il est cinq heures à peine et nous voici fort embarrassés de notre temps jusqu'au dîner! Heureusement,
on nous indique un but de promenade dont on nous
fait le plus grand éloge: c'est la colline située juste en
face de la maison, et au haut de laquelle on jouit, paraît-
il, de la vue complète du Vieshglætscher et de l'Alphubel. Mais voici que Frèrot a des ampoules aux deux
pieds, et que Gustel a tout l'air d'en avoir, à son estomac, et se plaint de migraine. C'est le salami, je parie-
rais. De la sorte, nous partons seuls, Landgraf et moi,
laissant ces deux écloppés se consoler entre eux.

Nous rencontrons beaucoup de jeunes Valaisanes
qui se promènent, elles et leurs atours, à tour! (Pends-
toi, Gustel! Tu ne l'as pas commis, celui-là!) Elles
sont très gaies, pour la plupart, chantent en se promenant et, à chaque fois, ne manquent pas de
s'esclaffer de rire, quand elles remarquent l'attention
que nous accordons à leurs toilettes.

Bientôt on passe la Visp sur une passerelle tremblottante, hardiment jetée en travers du torrent; un
gentil sentier bien ombragé mène facilement au sommet du monticule: là, on se perd dans un grand fouillis
d'herbes hautes, pour aboutir à une sorte de terrasse
pierreuse, placée, juste en face de la gorge profonde
qu'occupent, toute entière, les lourdes masses du Vieshglætscher et que domine la noble et superbe pyramide

de l'Alphubel. Le coup d'œil est grandiose et vaut l'ascension; et nous passons là une bonne demi-heure. Au moment de partir, nous découvrons, dans les hautes herbes, un tout petit bambin, seul, qui nous contemple avec une suprême stupéfaction. „Comment t'appelles-tu, petiot?" lui demande Landgraf, „et que fais-tu là, tout seul?" Et le bambin, pas timide, répond crânement quelque chose que nous ne parvenons malheureusement pas à comprendre, bien que nous le lui fassions répéter dix fois.

Nous revenons à l'hôtel, à point, pour le dîner. L'une des bonnes a fait toilette pour servir à table, et porte... Non! je vous le donne en cent, en mille, en dix mille! Vous donnez votre langue aux chiens, n'est-ce pas? Et bien vous faites; vous ne devineriez jamais! Elle porte... *la dernière des crinolines!* Ma foi oui! Cette maritorne de cure est affublée de la plus ample et de la plus vaste cage d'acier qui ait jamais été, et vous a, là-dedans, une tournure à dérider l'hypochondriaque le plus sombre! C'est égal, c'est cela qui vous donne une fière idée de l'influence, sur le reste de l'univers, de notre Paris, cette capitale incontestée de la civilisation et de la mode! Une crinoline à Saas! au cœur des Pennines! C'est d'ailleurs tout ce qu'ils ont emprunté à la capitale, dans la maison! Quel service! et surtout quelle cuisine! Voilà, certes, un curé qui n'est pas gastronome! A moins que ce ne soit un égoïste raffiné et qu'il ne se fasse faire cuisine à part, ce qui n'est pas impossible. Quoiqu'il en soit, la maison est une déplorable gargotte! La soupe est immangeable; les pommes de terre sont assaisonnées à la canelle, la viande est granitique et la salade emporte la bouche. Pour comble d'agréments, nous jouissons de la société d'un Anglais roux, qui louche des deux yeux, outrageusement, et peut ainsi se payer la satisfaction de contempler, en permanence, l'un et l'autre de ses favoris, qui sont superbes; et de sa femme, rousse également, genre tigresse, l'air féroce, et qui ne paraît pas peu scandalisée de notre gaîté, que nous ne parvenons pas à réprimer, en dépit du piètre régal. Shoking!

Ce n'est pas tout encore! De retour dans nos chambres, nous constatons, dès l'abord, que nos draps sont d'une propreté douteuse, d'une fraîcheur problématique et d'une siccité contestable; et que nos étroites couchettes ont quelque analogie, pour le moelleux, avec les madriers de sapin, entassés au dehors! Nous sommes si las, pourtant, que, sans hésitation, nous nous couchons là-dedans, mais non sans avoir juré, toutefois, tous quatre, solennellement, devant l'image du serment du Rutli, pendu au-dessus du lit de Frèrot, que le curé de Saas nous aura vus une fois, mais ne nous verra pas une seconde!

DIXIÈME JOURNÉE

LE CAFÉ AU LAIT. — LA VALLÉE BASSE DE SAAS. — STALDEN ET SES FÊTES. — L'AUBERGE DE LA TRAUBE. — CE QU'ON ENTEND PAR COTELETTES DANS LE HAUT-VALAIS. — OÙ NOUS DEVENONS CAVALIERS. — ENCORE LA PLUIE. — VALLÉE DE ZERMATT. — ST-NICOLAS. — RANDAH. — ZERMATT LA NUIT. — PLUS DE PLACE. — LE CHALET. — LE DINER. — OÙ L'ON SE COUCHERAIT VOLONTIERS SI ON AVAIT DES LITS. — INVASION NOCTURNE.

Il se produit, ce matin, un fait bien bizarre! Au saut du lit, Gustel et Frèrot se mettant à réclamer à cor et à cris du café au lait! C'est à n'y rien comprendre! Comme jamais cet aliment ridicule n'a fait partie de nos menus de déjeûner, je cherche à les dissuader: mais non! ils s'obstinent et n'en veulent point démordre! Quel est donc ce mystère? Eh! c'est limpide, parbleu! C'est la faute à ce brigandeau de Landgraf! C'est l'influence de la Germanie, évidemment! Et cela nous apprendra, dorénavant, à cueillir des Leipzigois sur le grand chemin! Enfin, puisqu'ils y tiennent, va pour le café au lait. Une fois n'est pas coutume; mais qu'ils n'y reviennent point!

L'expérience, d'ailleurs, n'est pas encourageante: le café est détestable! Et savez-vous ce qu'on le vend, le café au lait, à la cure de Saas? Un franc cinquante la tasse! Excusez du peu! Qu'on en réclame ce prix dans les hôtels d'un certain rang, où on l'intitule „café complet", et où, du moins, on l'agrémente d'un petit pot de crême, de miel et de beurre, et de petits pains frais variés, passe encore; mais qu'on en demande tout autant ici, dans ce coupe-gorge, où le piètre mélange est chichement servi avec une miche de pain rassis, voilà qui dépasse toute permission; et si c'est ainsi que le maître de la maison entend la charité chrétienne, il doit prêcher un singulier catéchisme à ses catéchumènes!

Et notez, je vous prie, que toute l'addition est rédigée dans le même style. C'est encore plus cher que ce n'a été médiocre! Et si jamais il nous est arrivé de quitter en maugréant, le gîte qui nous abrita la nuit, c'est ma foi, bien, tout à l'heure, en quittant cet hôtel fallacieux, d'où nous partons furieux contre le curé, ses servantes, ses lits et sa cuisine, contre le guide, dont le conseil a dû être pour le moins intéressé, mais surtout contre nous-mêmes, qui avons été assez simples pour ne pas deviner à temps qu'un curé ne saurait être qu'un pitoyable hôtelier! Aussi, croyez-moi! si jamais il vous arrive de passer à Saas, allez demander l'hospitalité chez le concurrent d'à côté! Vous n'y serez peut-être pas beaucoup mieux; mais vous ne sauriez, en aucun cas, y être plus mal, que nous ne l'avons été chez le rapace rat d'église, d'entre les pattes duquel nous sortons à l'instant!

La nuit de nouveau a fait des siennes, mais à l'inverse, hélas, de Macugnaga! Le vent est tombé et dans le calme, vitement, le temps s'est brouillé. De longues nuées de brume, lourdement, pendent de toutes parts, immobiles aux flancs des monts! Et ce que l'on aperçoit du firmament a cette mine grise, renfrognée et suspecte, d'où l'on ne sait jamais, jusqu'au dernier moment, s'il doit résulter du beau temps ou une averse! La présence des nuages nous serait, en elle-même, assez indifférente, et mieux vaut, certes, les avoir aujourd'hui, que nous voici au fond de la vallée, que s'ils nous avaient voilé hier, le merveilleux horizon du Joderhorn. La question importante, c'est la contenance qu'ils vont garder! Trop heureux nous serons, s'ils restent tranquilles, là-haut, et se dispensent de fondre en ondée sur nos têtes. Nous aurons même de la sorte un avantage! Nous ne serons pas trop ennuyés des ardeurs du soleil, qui, dans ce fond abrité et entre ces grandes parois rocheuses, doivent facilement devenir gênantes! Mais Gustel n'est pas d'accord avec ce raisonnement! Il est rarement d'accord, Gustel, dès qu'il s'agit du temps! Ne le voilà-t-il pas qui prétend que mieux vaut être rôti, sûrement, tout son saoûl, par le ciel serein, que risquer peu ou proû, d'être rincé par le ciel couvert! Affaire de goût, cela, Gustel de mon cœur! Nous évitons, d'ailleurs, d'entamer à ce sujet la moindre discussion : elle n'aboutirait pas, ce Gustel étant l'esprit de contradiction sur deux jambes et muni d'un Alpenstock!

Après un instant, du reste, on cesse de s'occuper du firmament, de son aspect et de ses caprices possibles; on a même oublié le curé de Saas! Le moral de la troupe est excellent, ce matin! Tous à la joie, à la gaîté et à l'entrain! Frèrot ne songe plus à ses ampoules; Landgraf et Gustel s'agacent mutuellement et se livrent à des scènes de pugilat d'un comique transcendant. Quant à moi, qui, dans les moments de bonne humeur, ai un faible pour la musique, je laisse aller mon sifflet au hasard de la mémoire, et les échos de la vallée, étonnés de ce flot de mélodie, se renvoient alors le plus singulier amalgame d'airs empruntés, pêle-mêle, à tous les opéras sérieux, comiques ou bouffes qui me viennent en tête, pot-pourri de haute fantaisie que je m'offre à moi-même, à seule fin de ne plus entendre les jérémiades de la bourse commune, qui n'est pas revenue encore de la saignée, à elle pratiquée, par le saint homme de Saas!

Il fait bon marcher, à cette heure matinale : une température idéale; un air frais qu'embaument délicieusement les senteurs pénétrantes des pâturages, où la rosée scintille comme un piqueté de diamants et de perles, sur le vert vif des prés tout émaillés de fleurs. La Visp, à nos côtés, roule à grand fracas ses flots tumultueux, tout blancs d'écume, et qui grossissent sans cesse, de nouveaux affluents. Folle et impétueuse, elle bondit et se rue au milieu des grands blocs moussus, dans son lit fortement incliné. Le sentier, capricieusement, court le long de la rive accidentée, dont il suit fidèlement les détours sans nombre; de distance en distance, un de ces ponts, si singuliers, d'apparence si chétive, et généralement d'une assise si hardie, comme on les trouve, nombreux, dans ces vallées élevées, traverse le torrent. Le sentier suit quelque temps alors la rive opposée, jusqu'à ce qu'un nouveau pont le ramène sur celle qu'il a quittée; et par cette heureuse alternative offre une succession de points de vue changeants, toujours nouveaux et inattendus. A de longs intervalles, et de plus en plus rares, à mesure qu'on descend, on retrouve encore d'affreux et sauvages bouleversements de roches ; ce sont des rampes entières, alors, déchirées, éventrées, couvertes de froides moraines, de lugubres amas de rocailles brisées et confuses. Le sentier, là, disparaît totalement sous l'éboulis ; il faut gravir péniblement par-dessus l'aride dédale, qu'on laisse bientôt derrière soi comme une grande tache laide et grise, sur la grande fraîcheur des verts pâturages ; triste et lamentable témoignage de ce que peuvent les glaciers, quand les premiers souffles tièdes du printemps viennent y ramollir et y mobiliser les dépôts, que les frimas ont accumulés à leur surface. Un peu plus loin, la vallée se creuse plus profondément, et ses parois d'encaissement très resserrées s'inclinent davantage. Le sentier est comme suspendu à celle de gauche, et surplombe directement le torrent bruyant qui gronde au-dessous. La physionomie du paysage se modifie ; moins de fraîche verdure, moins de prés ; des pins et des sapins, par taillis touffus, sombres, vigoureux, superbes. Puis ce sont des falaises grandioses, verticalement abaissées et se rapprochant en un défilé étroit. A droite, un grand gouffre noir, au fond duquel, invisibles, hurlent les flots du torrent, et en avant, contraste charmant, entre les deux contreforts qui lui forment comme un cadre, le riant et coquet tableau de la basse vallée, qui, de Vispach, monte vers Stalden. C'est un délicieux coup d'œil !

Les maisons de Stalden s'aperçoivent, depuis un bon moment, dans le lointain. Or, Stalden, c'est le buffet du déjeûner (car vous pensez bien que le café du curé ne compte pas ou du moins ne compte plus, depuis longtemps!). Et le buffet n'a pas été plutôt entrevu, qu'aussitôt chacun de trouver le chemin interminable, et chacun de gémir, et chacun de se plaindre, sans pour cela, d'ailleurs, ralentir son allure. O influence de l'estomac sur le moral! Mais on a beau brûler d'impatience, cela ne raccourcit pas la route d'une semelle! Et ce Stalden, qui à chaque nouveau coude du sentier, paraît immuablement à la même distance! On s'engage bientôt dans la partie la plus rétrécie du défilé rocheux! L'horizon, durant l'espace de quelques centaines de mètres, se borne à la falaise opposée, à celle que longe le sentier; puis les contreforts s'écartent; celui de gauche brusquement s'interrompt et, du coup, découvre l'entrée de la vallée de Zermatt. Droit en avant, un pont admirablement perché au-dessus du précipice, au fond duquel bouillonne et se tord un second torrent, venu de la vallée latérale, mène à un puissant massif, largement étalé, où, à mi-côte, les maisons de Stalden se cachent à demi sous les arbres fruitiers.

La situation du village est des plus heureuses: tout autour, de puissants massifs de pâturages, sur lesquels d'innombrables chalets se disséminent, dessinant jusque dans les régions les plus élevées une série bizarre de petits points grisâtres, décrivent un cirque grandiose: en face, pareille à un promontoire majestueux, surplombe la dernière croupe de la formidable chaîne que nous suivons depuis hier, et qui, détachée du Moro et finissant ici même, forme cette arête aux sommets merveilleux, ayant noms Alphubel et Michabel, Dôme et Allalin,

DIXIÈME JOURNÉE

Strahlhorn et Rympfischhorn, aux pieds de laquelle vont s'enfonçant, à gauche, la vallée de Saas, à droite, la vallée de Zermatt. On juge admirablement, ici même, de la topographie des Pennines; chacune des deux vallées livre passage à un torrent turbulent; les deux, également puissants et portant le même nom de Visp, se réunissent à la base même du promontoire, et on les voit, tout au bas de la noire crevasse, opérer leur tumultueuse jonction, bouillonner dans le gouffre avec fureur, se précipiter avec une nouvelle impétuosité, s'engouffrer sous un second pont, situé un peu plus loin, et disparaître, dans leur lit déchiré de roches, dans la direction de Vispach, entre les bouquets d'arbres et les vignes.

Ce qu'est la vallée de Saas, vous venez de le voir; ce qu'est celle de Zermatt, nous le saurons dans l'après-midi!

Pour ce qui est de Stalden même, c'est un pauvre petit endroit, vieux, enfumé, d'aspect assez misérable, n'ayant pour lui que sa remarquable situation, ni guère d'autres ressources, en dehors de ses pâturages, que les nombreux touristes qui y passent soit pour aller à Zermatt, soit pour monter vers Saas, Mackmart et le Moro. On vit de ce que l'on a, dit un vieux proverbe! Ils ont les étrangers dans le Haut-Valais, et ils entendent admirablement la façon d'en vivre! Qu'en pense monsieur le curé de Saas? Constructions, types et costumes sont les mêmes ici qu'à Saas; et comme à Saas, aussi, bien que nous soyons mercredi, toute la population, oisive et endimanchée, stationne sur la place! Nous nous informons auprès d'un indigène, possesseur d'une redingote, dont le modèle, sûrement, pourrait faire fureur chez nous à quelque bal de carnaval: „C'est que nous avons fête, ici, messieurs! Nous avons eu fête hier, et nous avons encore fête aujourd'hui! C'est la Saint-Théodule, savez-vous, notre patron!" — „Ah! Et n'aurez-vous pas fête encore demain!" — „Oh non, messieurs! „C'est bien dommage! Mais dites-nous donc, où trouve-t-on à déjeûner dans ce pays?"

Le brave homme nous indique la Traube, l'auberge la plus huppée du village. La plus huppée! hum! Comment sont les autres, alors? Toujours est-il que dans celle-ci, nous avons une peine infinie à nous composer un menu de déjeûner, par la raison majeure qu'on répond invariablement: „Nous n'en avons plus!" à tout ce que nous demandons! Pas de beeffsteack! Pas de veau, ni de mouton, ni même de pommes de terre! Que voulez-vous! C'était fête hier et c'est fête aujourd'hui; et il paraîtrait que les jours de fête, on a bon appétit dans le village! „Mais, pour l'amour de Dieu, qu'avez-vous donc?" — „Une omelette, si vous voulez, et puis un peu de jambon! et peut-être aussi qu'on pourra vous donner des côtelettes; on va voir!" — „Allez-y voir donc; et surtout que ce ne soit pas long; nous tombons de faim!"

Pour nous faire prendre patience, on nous sert un petit vin muscat du pays, qui est tout simplement exquis! Landgraf, lui, le déclare exécrable et se fait donner une chopine de piquette! Oh, ces Allemands! cela ne vous a pas plus de palais que si la perfection du sens du goût n'était pas une des attributions distinctives de l'espèce humaine! Exécrable! ce petit vin pétillant, brillant comme de l'or et parfumé comme tout un vignoble en fleurs! Sauvage, va!

C'est-à-dire que ce fut l'unique chose bonne dans tout notre déjeûner! L'omelette est un épais Pfannkuchen, où l'on ne trouva que de la pâte là, où l'on cherchait des œufs; le jambon embaumait outrageusement, et ils n'en auront pas voulu, hier, bien sûr, à la fête; c'est bien pour cela qu'on nous le sert! Quant aux côtelettes promises, elles apparaissent sous forme d'un arrière-train d'un animal quelconque, nageant au milieu d'une sauce louche et peu engageante! Maintenant, qu'est-ce que ce mironton? Aux connaisseurs à se prononcer! L'un veut y voir du chevreau; l'autre, du chat peut-être, et la question reste indécise jusqu'à ce que l'hôtesse vienne cérémonieusement déclarer que c'est du lapin! Et du lapin encore, spécialement occis pour nous! Un grand-père lapin alors, pour sûr; car c'est coriace comme de la vache enragée et ça manque absolument de goût! Pauvre lapin! Que ne t'a-t-on laissé couler encore de longs et heureux jours et croquer moult feuilles de chou! Oui! mais à ce compte, on perdait une belle occasion d'en faire payer un fragment trois ou quatre fois la valeur de l'individu tout entier! Car on nous le sale, le grand-père lapin, et le jambon aussi, et l'omelette, et le vin, et nous en venons presqu'à regretter le curé de Saas!

A présent que nous voici sensément rassasiés (et pour ce qu'il nous en a coûté, nous pourrions presqu'être rassasiés plutôt deux fois qu'une!), il s'agit de s'occuper sérieusement de l'avenir. Au dehors, les choses se brouillent et se gâtent de plus en plus. Le ciel est uniformément sombre et menaçant; les nuages, très bas, semblent prêts à crever à la première minute; et Frèrot vient de constater dans Bædecker, o comble de l'horreur, qu'il n'y a pas moins de sept longues lieues d'ici à Zermatt! Et voici que tout à coup le raisonnement que l'ami Gustel tenait ce matin, paraît à tout le monde infiniment moins subversif! Il s'en aperçoit bien vite, Gustel, et prenant la balle au bond, il propose catégoriquement de bivouaquer à Stalden, cet après-midi, pour voir venir les événements. Frèrot, bien entendu, se met à l'appuyer de toutes ses forces. Mais ni Landgraf, ni moi, nous ne l'entendons de la sorte, et c'est un grand déploiement de dialectique, alors, pour démontrer à ce duo timoré que la pluie est plus que problématique, que le vrai touriste ne doit pas se laisser influencer, parce que le firmament se rembrunit un peu, et que le comble de l'absurdité serait de perdre un après-midi dans ce ridicule trou de Stalden, si complètement dénué d'attraits!

Ils sont durs à convaincre, les trembleurs, et lorsqu'enfin ils veulent bien se rendre à nos raisons, n'est-ce qu'après nous avoir arraché la promesse, que, sans désemparer, on s'occupera de leur procurer des chevaux, consentant à courir les risques de l'expédition comme cavaliers, mais non pas comme piétons! Et il faut en passer par où veulent ces sybarites. Se procurer des chevaux n'est, d'ailleurs, pas difficile, à Stalden, et ils en louent à l'auberge même. La difficulté, c'est de s'entendre pour le prix des montures. „Un cheval pour Zermatt! c'est dix-sept francs, monsieur!" avait répondu notre hôtesse à ma première information. „Dix-sept francs! Bigre! Ce n'est pas pour rien, savez-vous!" — „Monsieur, c'est le tarif!" — „Eh bien! et deux chevaux? Combien?" — „Vous savez compter, bien sûr! C'est deux fois dix-sept francs, donc!" — „C'est trop cher, beaucoup trop cher, madame!" — „C'est le tarif, monsieur!" — „C'est le tarif! C'est le tarif! J'entends bien, saperlotte! Mais il est insensé, votre tarif, et si je connaissais celui qui l'a fait!..." — „C'est notre lardammann, monsieur!" — „Que ce soit lui ou un autre, je m'en moque un peu, et vais de ce pas au village, chercher des chevaux à un prix qui soit raisonnable!" — „Vous n'en trouverez pas à un prix moindre, monsieur, puisque c'est le tarif!" — „Enfin, tarif ou non, je vous offre trente francs de vos deux bêtes! C'est mon dernier mot! C'est à prendre ou à laisser! Ces messieurs iront à pied plutôt que de dépenser davantage!" Ces messieurs n'ont pas l'air précisément enchantés de mon ultimatum, mais font bonne contenance! Quant à l'hôtesse, elle va appeler deux espèces de domestiques avec lesquels elle pérore, discute, torque et retorque et de ce conciliabule résulte qu'on veut bien, pour une fois, faire exception au tarif et accepter mon prix, mais à la condition qu'on y ajoutera un bon pourboire pour les deux conducteurs! C'est des coups de trique qu'on leur donnerait plus volontiers! Mais puisqu'il n'y a pas moyen de faire autrement, va, encore, pour le pourboire!

L'instant d'après on amène deux coursiers, l'un jaune, l'autre noir, mais tous deux les côtes saillantes, étiques, pas fringants le moins du monde, et l'air souverainement placide! Allons! nos apprentis cavaliers ne courront pas grand risque d'être démontés! Les voici, d'ailleurs, qui enfourchent leurs bidets, avec plus ou moins d'élégance ou d'adresse, et nous quittons Stalden vers midi.

L'entrée de la vallée de Zermatt est très curieuse pour ceux qui viennent de Stalden. Le sentier tout d'abord grimpe longuement et péniblement le long d'une rampe fort escarpée, et tout en haut, seulement, prend à peu près l'horizontale; mais alors c'est une longue succession de courbes autour des divers saillies et des creux sans nombre que tracent les ondulations du massif de pâturages que l'on suit. A ce compte, la perspective est à peu près nulle, et la route ennuyeuse. Les bidets, que nous avons vite eu baptisés Koli et Fuchs, paraissaient placides seulement; mais à l'épreuve, ils se montrent ankylosés, rouillés de toutes les jointures et ayant une allure à eux, qu'ils entendent quitter le moins possible, et qui est traînarde au point que Landgraf et moi nous sommes, sans efforts et en un instant, loin en avant. Mais une complication bientôt nous arrête. Le chemin, se bifurque; l'un des sentiers, à droite, reste sur la hauteur; l'autre, à gauche, s'enfonce vers le fond de la vallée, sur une rampe nue, fort raide et aussi longue pour le moins que celle que nous avons escaladée il n'y a qu'un moment. De loin, les conducteurs nous crient que c'est par la rampe qu'il faut prendre! C'était bien la peine, vraiment, d'escalader avec tant de mal, pour avoir à dégringoler si tôt après. Dégringoler est le mot, véritablement! Car c'est ici une série interminable de petits lacets malaisés, grossièrement tracés sur un sol mobile, sans consistance aucune, grumeleux et traître, et où, bien qu'il n'y ait ni neige ni glace, les chutes n'en sont pas moins imminentes à chaque pas! Mais en voilà bien d'une autre, à présent! Quand nos cavaliers, un moment après nous, arrivent à la rampe, les conducteurs, poliment, les invitent à vouloir bien mettre pied à terre, attendu qu'il est interdit de descendre à cheval. Une idée du landammann encore, pour sûr! Et mon Gustel et mon Frèrot de s'exécuter d'assez mauvaise grâce et en faisant des têtes! Ah, dame! il est dur, aussi, de débourser trente francs pour l'unique satisfaction d'avoir à dévaler toutes les rampes qui pourront se présenter en route, môtu proprio, c'est-à-dire chacun sur ses deux jambes, soit en avant, soit en arrière du bidet, qu'on paie assez cher, cependant, pour avoir le droit de rester dessus, quoi qu'il arrive! Ont-ils des idées assez saugrenues, ces landammans valaisans!

On arrive au bas, sinon sans glissades nombreuses, du moins, sans encombre; et le Fuchs et le Koli reprennent leurs cavaliers. Le sentier nous a ramenés aux bords même de la Visp, et l'endroit est gentil au possible; quelques maisons pittoresquement perchées sur les grandes roches, le cours pétulant de la Visp tout enfoui sous les bouleaux et les charmes, une étendue indéfinie de prairies verdoyantes qu'encadrent harmonieusement les hautes croupes de pâturages dont l'immense étendue verte se constelle, çà et là, de quelques villages, tout petits et mignons, dans des situations fantaisistes au possible, et de milliers de chalets épars, dont les plus élevés sont perdus dans un océan de brumes : puis, en avant la perspective de la longue vallée, qui, en ondulations molles et en pente peu accentuée, monte vers l'inconnu, vers les hautes cîmes, que masquent encore complètement les premiers massifs d'encaissement. Tout le paysage est empreint d'un cachet de douceur qu'on chercherait en vain dans la vallée de Saas. Le contraste plaît et repose, mais on le goûte peu! Les nuages trop gonflés commencent à l'instant même à répandre leur trop plein sous forme de petite pluie fine, et c'est comme un rideau gris qui descend alors, s'étend et s'étale, et l'on se dirait revenu, en plein, sur les rampes du Splugen, aux alentours de la Dogana, de brumeuse mémoire! Nous avons une bonne avance, fort heureusement, Landgraf et moi; de la sorte, nous échappons aux doléances et aux flots d'ironie amère, que Gustel et Frèrot nous lanceraient infailliblement, si nous étions à portée; comme si l'ondée ne mouillait pas aussi sûrement et aussi impitoyablement les piétons que les cavaliers! Elle se corse, d'ailleurs, l'ondée, sans plus tarder; petite pluie fine devient averse, et le sentier devient flaque et la poussière devient boue; et nous voici, une fois de plus, réduits au barbottement lamentable que nous ne connaissons, hélas! que trop bien. Il en va ainsi jusqu'à Saint-Nicolas, gros bourg, dont les maisons sont tout lézardées encore, çà et là, par suite du grand tremblement de terre qui, en 1857, malmena fort toute la vallée! Ils paraissent tenir un peu plus que de raison, à Saint-Nicolas, à conserver les traces qu'a laissées le sinistre. Il nous semble qu'en huit ans, on eût pu, avec un tantinet de bonne volonté et la quantité de mortier nécessaire, boucher toutes ces crevasses restées béantes aux façades endommagées, et remettre surtout en équilibre sur leurs quatre piliers de moellons entassés, ces huttes grossières, jadis greniers à foin sans doute, que la catastrophe n'a pas dû avoir grand mal à mettre à bas et qui, maintenant encore, gisent là, piteux amas de décombres, au beau milieu des prés!

Pendant que nous sommes, les deux, à contempler ces ruines, nos cavaliers rejoignent, qui se sont imperméabilisés à qui mieux mieux dans leurs châles. Ils ont piteuse mine, dégouttent sur toutes les coutures, et sont arrangés de façon à faire croire, positivement, qu'on se mouille, dans la pluie, plus encore à cheval, qu'à pied. Et de fait on offre évidemment plus de surface à la douche céleste! Le premier soin de Gustel, dès qu'il est près de nous, est de déclarer, que, puisqu'aussi bien nous voici dans un endroit habité, où un être imbibé jusqu'à la peau a chance de trouver un abri pour se sécher, il entend bien, lui Gustel, s'y établir, et, sérieusement, pour le coup, n'en plus bouger avant que l'averse n'ait répandu sa dernière goutte! Ce qui revient à dire, en bon français, que si le ciel se plaisait à lessiver l'univers en général et la vallée de Zermatt en particulier, pendant huit jours consécutifs, il ne bougerait de Saint-Nicolas pas plus qu'une borne, et verrait, placidement, venir le beau temps, plutôt que d'exposer encore, si peu que ce fût, son douillet individu aux taquineries de l'ondée! Ah mais, non pas! messire Gustel! Quand on est affligé d'un coursier qui vaut quinze francs par vingt quatre heures, un pareil système serait diantrement dispendieux, à courte échéance, et c'est alors que la bourse commune nous en ferait voir de belles!

Inutile de dire que sa déclaration fut reçue par un concert unanime de grognements, dans lequel Frèrot lui-même joua sa partie, et Gustel, débordé, roulé, aplati, fut bien vite réduit à capituler! Mais intérieurement, il ne se rend pas et continue à protester. Il se calfeutre alors, dans un silence plein de dignité, et dans son châle, déjà pas mal imprégné, et qui va l'être bien autrement encore tout à l'heure! Vraiment, à le voir et à l'entendre, on dirait qu'il n'y a que lui de saucé! S'il croit que nous sommes si secs que cela, nous, il n'a qu'à venir tâter!

Au-delà de Saint-Nicolas, il y a ceci de bon, du moins, que le chemin est devenu moins mauvais; on pourrait presque y passer en cabriolet, et un empierrement bien entendu, y empêche que la route ne se transforme en une série d'ornières de fange. A part cela (et ce n'est guère!), le reste n'est que misère et ennui, et désastre et démoralisation.

Dans la bande, un morne silence! Où est la gaîté et mon sifflet de ce matin? Aucune vue; tout autour le rideau grisâtre des innombrables gouttes qui tombent; dans le chemin, solitude et désert: parfois passe une chèvre qui se secoue, ou bêle, à notre passage comme si elle appelait le soleil! Si cela devait suffire pour le ramener, nous bêlerions bien aussi! Une seule fois la solitude est troublée par le passage d'une petite caravane: trois touristes à cheval, venant de Zermatt, et tous trois, doublement protégés par de longs caoutchoucs luisants et de grands parapluies! Et Gustel de reluquer d'un œil de profonde envie, cet accoutrement pratique!

A les bien examiner, ces voyageurs si précautionneux se trouvent être des compatriotes. L'un des cavaliers n'est autre que le vénérable papa Daniel Dollfus, l'alpiniste convaincu et zélé, qui s'en revient sans doute de sa cabane du Théodule, où il aura passé plusieurs semaines à prendre ses observations barométriques, thermométriques, hygrométriques, ozonométriques et autres observations encore, également en ique! Le second est le professeur Michel, son inséparable et fidèle accolyte; le troisième nous est inconnu; il a une tournure manifeste de savant allemand, grave, l'air pédant, roide tout plein et comme empesé sous le capuchon vulcanisé qui encadre si drôlement son osseuse et anguleuse figure. Volontiers, nous nous serions fait reconnaître de ces messieurs, qui auraient pu nous donner quelques conseils sur la manière la plus pratique d'employer notre temps à Zermatt! Mais arrêtez donc, au milieu du grand chemin, une créature du bon Dieu, sous une douche aussi bien conditionnée que celle qui fond, pour le quart d'heure, du firmament, pour deviser de la bonté relative des hôtels de Zermatt ou de l'à propos de telle ou telle excursion! Et ces messieurs passent, visiblement agacés, eux aussi, par la pluie, sans faire attention, aucunement, à nos piètres et trempées personnalités, et bientôt ils disparaissent dans la brume, ne se doutant guère qu'ils viennent de croiser des pays!

Et c'est de nouveau la solitude, le barbottement silencieux sous l'ondée qui persiste, pendant plus d'une longue heure; après quoi, tout à coup, le vent s'élève, siffle furieusement, fait rage dans la vallée, et comme par enchantement le voile gris se déchire, la voûte opaque se rompt; on voit les nuages se masser par bandes, qui vont s'accrochant aux aspérités des monts, et bientôt quelques coins d'azur rient au milieu de cette déroute de brûme sombre! Les pâturages reparaissent ruisselants, et les côtes boisées d'où découlent des rigoles sans nombre, et les roches qui pleurent; plus haut, dans les nues, se détachant plus sombres et presque noirs, des grands pans de montagne dominent, comme des citadelles fantastiques; sur la droite, la Visp, divisée en nombreux filets, coule presque perdue au milieu d'une énorme masse de gravier gris, qu'elle-même a charrié jusque-là; tandis qu'en avant, bien loin, vient de surgir, comme un spectre blanc, une coupole neigeuse, que le conducteur du Koli me dit être le Breithorn.

Du coup, voici la joie, la gaîté et l'entrain revenus parmi nous, et c'est de bonne allure que nous entrons à Randah, résidence peu luxueuse, petit endroit, assez piètre d'apparence, moins important que Saint-Nicolas, mais possédant néanmoins une auberge de bonne mine, où nous pénétrons, et où, pour ne pas déroger à la tradition, nous nous faisons fabriquer du café noir, consommation, certes, la plus pratique pour des particuliers aussi trempés que nous le sommes. Le café se trouve être excellent, et nous nous en faisons un vrai régal.

Au départ, on intervertit l'ordre des facteurs, c'est-à-dire que Gustel et Frèrot, de cavaliers deviennent piétons, et Landgraf et moi, de piétons, cavaliers. Et Frèrot de faire une figure, qui prouve qu'il ne lui semble pas entièrement évident, qu'ici, l'interversion de l'ordre des facteurs ne doive rien changer au produit! C'est bien notre droit, après tout, de cavalcader un peu, j'imagine. Des sept lieues à faire, il y en a quatre et demie derrière nous, et ces messieurs ont eu la part belle! Landgraf caracolle, ou pour dire plus juste, essaie de caracoller sur le Koli; j'ai, moi, enfourché le Fuchs, et je dépense tous mes efforts pour faire sortir de son allure traînarde, ce destrier qui, manifestement et depuis bel âge, a dépassé l'âge des folles passions. Un moment, nous nous laissons aller, lentement, posément, au gré de nos montures. Mais bientôt agacé par tant de lenteurs, je me livre à une série d'essais, aussi variés qu'infructueux, pour faire prendre à mon Fuchs le trot ou quelque chose, au moins, qui y ressemble! Mais la satanée bête a ses idées; elle ne trotte, par principe sans doute, que quand le Koli, qui la précède toujours de quelques longueurs, lui en donne l'exemple; or, le Koli lui-même, qui ne fait pas plus de cas des exhortations de Landgraf que le Fuchs des miennes, ne se décide au trot que quand son conducteur l'y engage au moyen d'un coup de trique, appliqué à certain endroit essentiellement chatouilleux! Mais le conducteur n'a garde de l'y engager bien souvent: et le Koli, d'ailleurs, ne conserve, à chaque fois, la nouvelle et insolite allure, que tout juste assez pour se mettre hors de portée de la trique de son seigneur et maître. Je ne vous recommande pas outre mesure cette façon de monter à cheval. Aussi, après une petite heure de cette défectueuse équitation, nous déclarons nous satisfaits, faisons nous halte, spontanément, et cédons nous les bidets à leurs premiers détenteurs, qui ont plus de dispositions et de patience que nous.

Ce changement a à peine eu le temps de s'opérer, que les nuages reformés de plus belle en uniforme voûte grise, recommencent leur sot manège, et l'ondée de nouveau distille, bête, insipide, navrante; puis, peu à peu, le jour baisse, le crépuscule s'étend. Le sentier, du reste, est redevenu mauvais, bosselé et roide; il fait, dans la vallée, un air froid, désagréable, qui vous transit de part en part. Le dernier bout de route paraît interminable. Enfin, un pont voûté sur la Visp: une côte pénible: et au bout, quelques lumières qui vacillent faiblement dans l'obscurité. Nous sommes à Zermatt, et il n'était que temps!

On se fait une triste idée de cette localité, célèbre cependant dans l'univers entier, lorsque, comme nous, on y arrive, la nuit tombée, par une pluie battante, au travers d'un clapottement sans fin de flaques invisibles; et qu'on patauge, et qu'on tâtonne à l'aventure, dans l'obscurité la plus noire, tout le long de la longue et unique rue, où la ligne des pauvres petites maisons sombres se profile lugubrement comme une enfilade de fantômes! Deux lueurs dans l'épaisseur de ces ténèbres! L'une, à gauche, est l'hôtel du Cervin; l'autre, à droite, un peu plus loin, l'hôtel du Mont-Rose.

„Inutile d'aller au Cervin!" avait dit l'un des conducteurs, „Depuis deux jours, ils n'ont plus un coin de place là-dedans, et refusent du monde!" Et tout droit nous allons au Mont-Rose! Là, des arrivants plein le couloir d'entrée: on fait queue au bureau! Ils sont là, une vingtaine pour le moins, tous gens impatients, échinés, affamés, ruisselants d'eau, ni plus ni moins que nous-mêmes; mais ayant sur nous l'immense avantage de nous avoir précédés de quelques enjambées. Quant notre tour enfin arrive, et que je demande des chambres pour quatre, l'on me répond, poliment, mais catégoriquement: „Désolé, monsieur; mais nous ne pouvons vous recevoir! Nous n'avons plus de chambres, plus même un lit!" Ça, c'est le bouquet! Comment! Nous aurons fait sept heures par la pluie, nous aurons barbotté et pataugé comme nous avons fait; nous nous serons fait lessiver comme nous le sommes, nous serons parvenus ici mouillés jusqu'aux os, et las à nous laisser tomber contre la première borne, et quand nous touchons au port, quand nous avons atteint le toit hospitalier, où moyennant finances on donne abri à tout venant, on nous mettrait dehors, comme cela, brutalement, sans autre, comme des chiens galeux! Ah, mais non pas, s'il vous plaît! Et j'insiste alors, et je dépense des trésors d'insinuation! Mais invariablement, le garçon qui est là, joufflu et rose, répète son refrain: „Désolé, monsieur, véritablement désolé! Mais n'ayant plus rien, vous comprenez bien que je ne puis rien vous donner!" Nous comprenons une seule chose, nous, c'est qu'il serait doux de faire faire à ce fallacieux personnage une petite promenade hygiénique de quelques kilomètres, dans le déluge!

L'avenir, saperlotte! ne nous apparaît pas rose! Et dire qu'il y a là, dans un fumoir bien chauffé, des particuliers nombreux qui sont secs de toutes leurs nippes; qui fument, d'un air béat, des cigares sentant bon; qui ont un air satisfait et d'eux-mêmes et de tout et de tout le monde; et qui fredonnent entre leurs dents des airs gais! Ah! ce n'est pas pour dire, mais il est de ces moments dans la vie, où il est bigrement difficile d'aimer son prochain! „Voyons, monsieur, trouvez un moyen! Mettez-nous sur le foin, sur la paille, n'importe où, mais ne nous renvoyez point!" Cette supplique, je l'adressais au propriétaire, à monsieur Seiler en personne, dans le bureau duquel j'avais fini par pénétrer, et auquel j'exposai notre détresse avec cette éloquence particulièrement pathétique, qu'inspirent les situations désespérées. „Mais comprenez donc bien, mon cher monsieur, qu'il m'en coûte de vous refuser! Seulement, à l'impossible nul n'est tenu; et il m'est impossible, tout à fait impossible, de vous satisfaire!" C'en était fait! Il n'y avait plus qu'à s'en aller, au risque de coucher à la belle étoile! (Encore si étoile il y avait eu! Mais la pluie continue à tomber par torrents!) Ce fut en ce moment critique que la Providence nous apparut, sous les traits bienveillants de la toute bonne madame Seiler! Nous faisions, il faut croire, si piteuse mine, que le cœur de l'excellente dame, survenue depuis un instant, en fut ému de compassion! „Si ces messieurs voulaient bien s'accomoder du chalet," dit-elle (et il nous sembla entendre une musique céleste), „nous verrions à emprunter des lits, qu'on y mettrait!" — „Si nous voulions bien nous accomoder du chalet! Mais, madame, avec joie, avec volupté, avec frénésie!" — „Je vais vous donner quelqu'un qui vous y mène!" Oh les femmes! les femmes! Il n'y a qu'elles, pourtant, pour avoir ainsi le génie de la miséricorde!

Par la nuit noire, c'est alors un voyage d'une extravagance rare, dans des parages écartés, horriblement sombres, par des prés noyés d'eau et par des bourbiers exhalant des parfums d'étable! Mais peu importe tout cela! Au bout est un logis assuré, un gîte certain! On ne tarde pas de l'atteindre, ce gîte si péniblement conquis. Autant que les ténèbres permettent de distinguer, c'est une toute grossière et toute misérable construction de bois, à laquelle on atteint au moyen d'un escalier étroit, gringalet, en forme d'échelle, et qui rappelle, à s'y méprendre, ces machinettes qui, chez nous, servent aux poules à monter à leur poulailler. Comme intérieur, quatre murs de planches; un plafond de bois; une cloison de séparation, de bois également; plus une porte qui ferme mal, et des fenêtres qui ne ferment point du tout! Comme meubles, rien pour l'heure, absolument rien : pas même une chaise; quelques clous seulement, où l'on suspend les châles, pour qu'ils aient le loisir de dégoutter! Ce n'est pas riche, n'est-ce pas! Et l'incertitude la plus absolue règne encore au sujet du futur ameublement de nos appartements! N'importe! Nous sommes chez nous, ce logis est nôtre; la pluie n'y arrive point, ou du moins si peu, que cela ne compte pas; et bien qu'il y ait un carreau à moitié veuf de sa vitre, et que par cette lacune, la bise curieuse peut entrer chez nous comme il lui plaît, nous sommes contents, satisfaits, heureux, et nous ne changerions pas cette défectueuse demeure contre la chambre à coucher la plus douillette, la plus hermétiquement close et la mieux capitonnée qu'on nous promettrait à une demi-lieue plus loin!

Notre avenir ainsi assuré ou peu s'en faut, c'est du présent, maintenant, qu'il s'agit! Or, ce présent, c'est le souper que depuis un bon moment réclament impérieusement nos estomacs! Il n'est lapin si dur qui ne finisse par être digéré! Huit heures viennent de tinter à l'église; la cloche ne saurait tarder à annoncer qu'on se met à table, au Mont-Rose. Vivement alors, on repasse, toujours dans les mêmes ténèbres, les prés de plus en plus noyés, et les bourbiers qui n'ont rien perdu de leurs senteurs; on erre bien un peu dans l'aventure et on s'égare un brin dans l'obscurité, mais on se retrouve à point et on revient à l'hôtel, au moment où la cloche sonne à toute volée.

Plus de place pour nous à la grande table du premier! On a mis notre couvert en bas, dans ce qu'on appelle la chambre des courriers! La chose nous est absolument indifférente, pourvu que nous n'y perdions rien du menu d'en haut, et le garçon qui nous sert, nous promet d'y veiller. Notre sort est partagé par toute une smala anglaise, une famille des plus nombreuses et des plus drôlement composées! Le chef en est un gros papa, haut en couleur, ventripotent, l'air tout à fait bonne pâte, une de ces natures accomodantes et flegmatiques, se souciant peu du reste, pourvu que leur pot au feu soit savoureux et leur rôti cuit à point! Pour madame, c'est une autre histoire : grande, sèche, anguleuse et le nez crochu, elle a de l'homme dans la physionomie et vous a une mine à mener tambour battant, et son mari, et ses enfants et toute sa maison par-dessus le marché! Seulement il est permis de supposer que cette matrone-là, de l'autre côté du détroit, s'occupe de tous autres soins que de celui de l'éducation de ses moutards, attendu que les cinq miches qui sont assis autour d'elle, sont bien les morveux les plus insupportables et les plus mal élevés qui se puissent rêver! Insolents, sournois, goulus, tapageurs, et mangeant plus volontiers avec leurs fourchettes naturelles à cinq doigts qu'avec celles de l'hôtel! Le tout est flanqué d'une sorte d'abruti, ivrogne à face cuivrée, qui passe son temps en tête à tête avec la carte des vins. Il a commencé par avaler une fiole de Rüdesheimer, qu'est allée rejoindre bientôt une cruche de Pâle-Ale; à celle-ci a succédé un flacon de St-Georges et ces libations ultra-fantaisistes se terminent par une demi-bouteille de vin d'Enfer, après laquelle le bonhomme ne doit plus rien avoir à envier, en fait de félicité, aux bienheureux des plus bienheureux du Paradis!

Quant au dîner, sérieux, distingué, plantureux et exquis! Aussi, son absorption eût-elle lieu avec une verve et une conviction qui ne se démentirent ni l'une ni l'autre, avant la dernière bouchée! Nous mangeons les restes de la grande table, peut-être, mais les restes en sont bons, copieux et fins! Nous n'en demandons pas davantage! Ceux qui, par exemple, voudraient manger nos restes à nous, n'y trouveraient plus guère leur compte et seraient fort à plaindre!

Au sortir de table, le seigneur licencié, qui s'est orné les mains d'une paire de gants flambant neufs, éprouve le besoin subit d'une tasse de thé, et sous cet insidieux prétexte, monte au salon, étaler ses grâces! Pour nous, qui n'éprouvons rien de semblable, mais qui sommes pris, bien plutôt, d'un irrésistible besoin de sommeil, nous reprenons incontinent le chemin du chalet. La pluie tombe toujours, et sérieusement paraît intarissable! Après quelques tâtonnements nous retrouvons notre perchoir, mais nous le retrouvons à peu près aussi vide de meubles qu'il l'était quand nous l'avons quitté tout à l'heure. On y constate pourtant un commencement d'emménagement. Deux chaises sont là, plus une table! Mais ce n'est pas là-dessus qu'on a la prétention, je pense, de nous faire coucher, tous quatre! De lumière, d'ailleurs, aucune trace : ni bougie, ni chandelle, ni lanterne même d'aucune sorte. Laissant Gustel et Frèrot chacun sur une des chaises, j'affronte une dernière fois les éléments déchaînés et je retourne à l'hôtel pour tirer, définitivement, si moyen il y a, notre situation au net. J'ai la chance, tout d'abord, de rencontrer la providentielle madame Seiler, à laquelle je conte notre détresse profonde! „Cinq minutes de patience encore, monsieur," me dit-elle en souriant, „et vous serez au bout de vos misères!"

Là-dessus, je vais relancer Landgraf qui s'ennuie tout seul, dans le salon désert, où il dort aux trois quarts sur un journal, et nous retournons enfin au chalet, moi, portant triomphalement une grosse lanterne d'écurie, et accompagnés de pas mal de domestiques, chargés de bois de lits, draps et coussins, paillassons, matelas et couvertures : un cortège à peintre, parole d'honneur! Alors tohu bohu grandiose dans la maison de bois! bruits et fracas! tapage assourdissant et pêle-mêle affreux! va et vient d'un cocasse transcendant! éclats de rire qui résonnent dans la nuit! Quant tout est à point, nous nous trouvons être heureux possesseurs de quatre couchettes, un peu primitives peut-être, très disparates sûrement; de plus un peu étroites et passablement dures, mais que nous sommes trop contents d'avoir là, prêtes à nous recevoir. Et chacun a grande hâte de se fourrer dans ses draps.

On s'endort avec ensemble et bientôt c'est dans le chalet, tout à l'heure si bruyant, repos, calme, et silence. Mais voici que vers le milieu de la nuit, des coups redoublés résonnent à l'huis de notre demeure! „Qui va là?" crie Gustel, réveillé d'abord. — „Allons, vous autres, là-dedans, ouvrez la porte! Nous voulons entrer!" crie une grosse voix enrouée. Et les coups de redoubler d'intensité! „Qui êtes-vous et que voulez-vous?" dit à son tour Landgraf. — „Nous voulons coucher donc! Allons, allons! Pas tant de façons! Ouvrez, ou bien nous enfonçons la porte!" — „Vous allez vous dépêcher par nous ficher la paix, hein! qui que vous soyez!" fis-je alors à mon tour. „Enfoncer notre porte! Vous allez bien à Zermatt! Bris de clôture! Violation de domicile! Nous demandons à voir cela, par exemple, hein, Landgraf! D'abord, sachez que nous avons avec nous un homme de loi; et puis aussi, quatre Alpenstocks, qui sont à votre entière disposition, et dont on ne demande qu'à essayer la solidité sur le dos de malotrus tels que vous!" Et de fait, nous sommes debout, tous quatre, derrière la porte, prêts à faire face à l'invasion, si invasion il y eût eu!

Mais de l'autre côté de l'huis, on se concerte, on hésite: notre ultimatum a donné à réfléchir aux agresseurs inconnus, et en fin de compte ils se décident à la retraite, mais non sans préférer des menaces, de l'exécution desquelles ils prétendent nous régaler au matin! C'est bon, allez toujours! on verra dans la lumière du jour comment vous avez les museaux faits, mauvais plaisants! Mais qui, diable! peuvent bien être ces gens-là? Que nous importe, après tout! Ils sont partis, bien partis; tout est tranquille, et rien ne s'oppose plus à ce que nous ne reprenions notre somme: ce qui ne tarde guère!

ONZIÈME JOURNÉE

Quels étaient les intrus de la nuit. — Où Gustel recommence son opposition. — Aloise ou l'oberkellner sentimental! — Chemin du Riffel. — Le Cervin dans les nues. — Le touriste savetier, ou comme quoi un alpenstock n'est pas un marteau. — Les sauterelles de l'Angstbrunnen. — Le Riffelhaus et Mlle Marie. — Course dans la montagne. — Le Riffelberg. — Panorama du Gornergrat. — Silhouette d'Anglais. — Le souper et l'Alpenglühn.

Il ne manque pas de gens pour prétendre, que pour bien dormir, la première condition, c'est avoir un bon lit! C'est une erreur profonde! Il est ainsi, de par le monde, des préjugés qui persistent sans qu'on sache exactement pourquoi! Ce que j'avance plus haut vous semble peut-être un paradoxe : il n'en est rien! Pour vous en convaincre, faites une expérience bien simple! Allez-vous en un peu jusqu'à Saas! Ce n'est pas au bout du monde, après tout! Partez de là, à la pointe du jour: déjeûnez à Stalden, d'un lapin fortement sur son retour; faites à pied, et autant que possible par la pluie, les sept lieues de chemin jusqu'à Zermatt; arrivez ici par la nuit noire et demandez à coucher au chalet! Vous y trouverez, certes, les conditions les meilleures pour que votre expérience soit concluante! Eh bien, je vous prédis, que le matin, vous constaterez que vous aurez dormi supérieurement. Preuve bien évidente, que, le cas échéant, on repose excellemment sur la première couchette venue, eût elle le moelleux d'un sac de noix, et que pour le touriste harassé, courbaturé et rendu, la qualité et la quantité de sommeil ne dépendent que peu ou point du tout, fort heureusement, d'ailleurs, de la façon plus ou moins douillette, dont il aura été couché!

Malgré l'interruption passablement originale, qu'a subi notre somme, et les idées de bataille qui en avaient été, un instant, la conséquence, nous avons passé une excellente nuit! Et les délices se prolongent bien avant dans la matinée. Huit heures viennent de sonner à l'église du village, et seul, des hôtes du chalet, je ne dors plus. Moi aussi, je viens seulement de m'éveiller, du reste. Assis au bord de mon lit, dont j'avais eu quelque peine à me tirer, par la raison bien simple qu'il s'était, sous la pression de mon individu, transformé en une sorte de vallon très creux, bordé de toutes parts de rebords fort escarpés, je réfléchissais à la singulière aventure de la nuit, et je me rappelais avec un certain déplaisir, que les rustres étaient partis en vociférant des menaces, exécutables ce matin même! Non pas que j'attachasse la moindre importance aux menaces proférées! Dans le cas, où ils fussent revenus à la charge, nous avions le droit pour nous, en somme, et puis aussi nos bâtons! Non! mais ce qui me semblait peut-être un peu à craindre, c'était quelque scandale, quelque sotte histoire de récriminations bêtes, dont nous ne nous soucions aucunément d'être les héros! Aussi pris-je bientôt le parti le plus sage: et après avoir préalablement réveillé mes compagnons, qui en prennent décidément trop à leur aise, je m'en fus à l'hôtel (en compagnie de mon Alpenstock, par exemple, en cas d'alerte pendant le trajet!), où, demandant monsieur Seiler, je me plaignis amèrement de ce que nous était advenu. „Comment se fait-il, monsieur, que, sachant le chalet occupé par nous, vous y envoyiez, aux approches de minuit, trois particuliers rageurs, qui veulent à toute force coucher chez nous et menacent de nous enfoncer la porte! qui troublent notre sommeil si bien commencé, et avec lesquels nous avons failli avoir à nous battre!" La foudre aurait éclaté à ses pieds et sa maison se serait écroulée sur son dos, que le brave hôtelier n'eût pas été plus consterné, qu'il ne le fût à l'ouïe de mon récit! „Mais, mon pauvre monsieur, que me contez-vous là?" — „Rien que la vérité pure, monsieur!" — „Mais veuillez donc bien croire, soyez bien convaincu, que ni moi, ni personne de ma maison, n'avons envoyé âme qui vive au chalet, cette nuit! Je n'y comprends absolument rien! Je ne sais vraiment pas ce que cela signifie!" — „Tout ce que je puis vous dire, monsieur, c'est que nous n'avons pas rêvé! Même que ces rustres nous ont, en guise d'adieu, lancé des menaces pour ce matin!" — „Veuillez m'attendre un moment, monsieur, je vais aller aux informations! Il faut absolument que cette ennuyeuse affaire soit tirée au clair!" Lorsqu'il revient, un moment après, il apporte l'explication de la charade! Celle-ci est en somme assez naturelle: Les assaillants de la nuit avaient été trois guides attardés

et pris de vin. Comme le chalet sert habituellement de
gîte de nuit aux membres de cette estimable corporation, les trois ivrognes pensaient tout simplement ren-
trer chez eux! Trouvant porte close, forts, d'ailleurs,
de leurs prérogatives et s'imaginant, en trouvant la porte
fermée, quelque mauvaise plaisanterie de la part de collègues déjà installés, ils s'étaient fâchés: d'où, l'incident
de la nuit. Et il n'y a plus qu'à se déclarer satisfait
de l'explication. Monsieur et madame Seiler, d'ailleurs,
se confondent encore une fois en excuses: „Croyez
bien, monsieur, que nous sommes plus ennuyés que
vous-mêmes de ce qui est arrivé!" insiste le digne hôtelier. „Quant à leurs menaces, vous n'y ajoutez, je pense,
aucune importance. Au reste, je vais veiller à ce qu'ils
soient mis à l'amende, pour s'être mis en état d'ivresse."
Ça, par exemple, je ne m'y oppose point, et cela leur
apprendra à être plus sobres, à ces pleutres!

Au chalet, où je reviens rendre compte de mes dé-
marches, je trouve le trio en train d'esquisser un grand
combat, où les Alpenstocks jouent le rôle principal!
Serait-ce la répétition générale pour la lutte qu'ils se
figurent proche? „Calmez-vous, amis! On ne livrera
point bataille! Tout est expliqué! tout est arrangé et
tout va bien!" Cette solution pacifique ne semble point
faire leur affaire: ils étaient si bien disposés à quelque
combat!

Là où Gustel, par contre, se montre infiniment
moins bien disposé, c'est quand on vient à discuter de
l'emploi de la journée. On ne séjourne guère, en effet,
à Zermatt. L'endroit n'a pas grand attrait par lui-même
et n'offre que peu ou point de vue. Ce n'est qu'un gîte

commode et surtout un admirable point de départ pour une foule d'expéditions des plus grandioses et des plus diverses. La grande majorité des touristes n'y vient que pour le Riffel et le Gornergrat, dont l'ascension, généralement, se fait le lendemain de l'arrivée. Tel était aussi notre plan, et nous pensons bien le mettre à exécution tout à l'heure! Mais Gustel fait des objections! C'est l'éternel metteur de bâtons dans les roues, cet excellent Gustel! Qu'a-t-il à objecter, d'ailleurs? Il ne pleut plus; il a même cessé de pleuvoir depuis plusieurs heures; de plus, il vente frais, ce qui est rassurant! Le ciel, il est vrai, reste brumeux, et le beau temps n'est pas positivement assuré! Mais si le touriste, en tournée, ne voulait se risquer que quand le baromètre est à beau fixe, il passerait plus de temps dans les salons d'hôtels divers, que sur les grands chemins ou les sentiers de la montage! Et puis c'est si bon d'avoir, en route, la surprise du soleil, et d'assister, au milieu de quelqu'étape à la déroute des nues!

Tous ces raisonnements, et d'autres encore qu'on s'acharne à lui tenir, ne réussissent point, aujourd'hui, à convaincre notre récalcitrant ami! Il en revient toujours à son dada! „Je vous dis que j'en ai par-dessus la tête de lessive et de barbottement, et j'entends bien ne pas bouger d'ici avant le retour définitif du beau temps!" Il est de ces entêtements de parti pris, auxquels il faut bien se garder de trop battre en visière, et dont on se rend maître bien mieux par les moyens détournés que par les attaques directes. Filons doux, par conséquent; soyons subversifs et menons toujours déjeûner notre Gustel rébarbatif! Le beeffsteack porte conseil!

Et Gustel bien lesté sera probablement de meilleure composition que Gustel à jeûn!

Comme nous sortons du chalet, le soleil perce les nues et par endroits l'azur se montre à travers les déchirures de la brume! A la bonne heure! Et voici pour notre cause, de puissants auxiliaires! Vite, profitons de l'aubaine et redoublons d'éloquence! „Allons, voyons. poule mouillée! ça y est-il! Montons-nous au Riffel après déjeûner? Dis oui, bien vite! ou nous te lâchons et nous montons sans toi!" Il a dit oui, enfin! Et vite. maintenant, à ce déjeûner! Il ne faut pas lui laisser le temps de se raviser, à ce Gustel!

Nous montons à la grande salle, ce matin : c'est assez d'une fois, de la salle des courriers. Anglais et Allemands, il n'y a que cela dans l'immense pièce, et cela fourmille! Chose curieuse, on n'y entend pas un mot de français! Cela manque de compatriotes! On s'en aperçoit, d'ailleurs, aux mets qui circulent et aux arômes qui se propagent! Ce ne sont que théières et cafetières qui passent sans relâche, plats de beurre, de miel et de confitures alignés à l'infini sur la longue table. Ces gens-là, vrai, ne savent pas s'alimenter! Du café, du thé, des tartines! Je vous demande un peu. si c'est là une alimentation qui sied, avant la rude ascension du Riffel! Parlez-moi d'un beeffsteack bien saignant, d'un rognon sauté à point, d'une omelette piquée de lard, le tout arrosé d'un flacon de vin rouge par tête. à la bonne heure! voilà un manger! voilà une cuisine sérieuse, un vrai baume pour les estomacs, et le meilleur des onguents pour les jarrets, qui doivent être mis. à une dure épreuve! Notre exemple, vous pensez bien, débauche le licencié, qui, pour une fois, renonce à son café au lait! Si on le savait à Leipzig, pourtant!

La composition de notre menu nous vaut les sympathies manifestes de l'Oberkellner, un grand blond, aux yeux bleus, à l'air sentimental, qui s'empresse autour de nous et bavarde comme une pie, tout en vaquant au service. Il répond au doux nom d'Aloïse, et est depuis plusieurs années, ainsi qu'il nous l'apprend, dans la maison. Comme on lui demande, si l'on est à peu près certain de trouver à loger au Riffelhaus, (l'hôtel du Riffel est une succursale de l'hôtel du Mont-Rose, et appartient aussi à M. Seiler), et si nous ne sommes pas exposés à y subir une nouvelle édition du chalet, il sourit et dit : „Oh! avec des jambes comme les vôtres, vous ne traînerez pas longtemps à la montée! En partant de suite, après déjeûner, vous y serez, aisément, avant la grande presse, et on vous logera convenablement! Je vais, d'ailleurs, vous donner un mot de recommandation pour mademoiselle Marie!" — „Mademoiselle Marie? Qui est cette demoiselle?" — „C'est la sœur du patron!" fait le grand blond avec un soupir; „c'est la toute belle et toute gracieuse suzeraine du Riffelhaus, lequel est entièrement sous sa direction! Tenez, remettez-lui cela de ma part! et vous aurez bon accueil!" Et il me donne une carte, où il a griffonné ces mots : „De gais compagnons doivent toujours être bien reçus!" signé Aloïse.

Aloïse! Aloïse! vous me faites l'effet d'être un scélérat profond: et voilà une carte de recommandation, qui pourrait bien avoir une autre destination encore, que celle que vous voulez bien lui allouer! M'est avis, que ce vous est un moyen commode de vous rappeler au souvenir de la maîtresse du Riffel, pour laquelle vous me paraissez avoir un peu plus que l'attachement, qui convient à un bon employé, pour la sœur de son patron! Eh! quel mal y a-t-il, si l'on peut obliger de la sorte cet excellent garçon!

Au moment de partir, nous demandons notre compte: mais monsieur Seiler: „Oh, messieurs, vous nous revenez demain; vous réglerez donc quand vous serez de retour du Riffel!" Le procédé, certes, est aimable, et la confiance grande! Et il n'y a pas moyen d'en faire démordre ce modèle des hôteliers. A bien réfléchir, pourtant, il y aurait intérêt à payer de suite le compte; car, s'il vous prenait envie, une fois là-haut, de modifier l'itinéraire primitivement adopté, et de descendre, par exemple, en Savoie, par le col du Théodule, ce ne serait pas un mince ennui de ne pouvoir le faire, à cause de cette note non réglée, et faute d'avoir la signature de monsieur Seiler, au bas de quelque chiffon de papier. Il est vrai qu'à nous, qui sommes limités par le temps, et plus encore par la bourse commune, pareille aventure ne risque guère d'arriver. Et nous partons, avec une si complète certitude d'être de retour, demain, dans la journée, que nous laissons ici toute une lessive, recommandée aux bons soins d'Aloïse, et que nous reprendrons à la descente.

Le chemin du Riffel, au sujet duquel l'obligeant Aloïse nous a fourni tous les renseignements, indications et explications désirables, est aisé à trouver! Il longe d'abord la dernière portion du village; passe à côté de la petite église, dans le cimetière de laquelle se voient quelques tombes de touristes, à qui les Alpes ont été fatales ; continue un instant tout droit, pour bientôt s'enfoncer, à gauche, dans une direction où le paysage, à courte distance, se noie dans une grise épaisseur de brumes. Le ciel, malgré cela, paraît vouloir nous rester propice : nous sommes, tous, à peu près rassurés à ce sujet, Gustel y compris.

Constatons ici que la troupe, encore une fois, ce matin, est remarquable d'entrain ! C'est logique ! c'est forcé ! car rien de tel encore, voyez-vous bien, qu'un bon déjeûner à la fourchette et un verre de bon vin pour raffermir les courages ébranlés et ramener la foi vacillante ! Et que nous avions donc raison, tout à l'heure de mener, avant tout, déjeûner notre Gustel !

Nous avons à peine dépassé les dernières maisons de Zermatt, que nos regards, avidement, explorent l'horizon, en scrutent tous les coins et recoins devant nous, et cherchent à percer la masse des brumes amoncelées. C'est qu'il nous tarde tant de l'apercevoir et de l'admirer enfin, le célèbre Matterhorn, la gloire de ces parages, le lion de Zermatt, l'incomparable Cervin ! Notre curiosité, toutefois, quoique légitime, est anticipée ! C'est bien dans la direction cherchée, il est vrai, que se trouve le colosse ; et au dire de Bædecker, c'est d'ici même qu'on en peut avoir, pour la première fois, une vue un peu complète ! Mais nous savons par expérience, que Bædecker et les nuages ne sont pas toujours parfaitement d'accord ; et comme par un fait exprès, aujourd'hui, toute la masse disponible des brumes, brouillards et nues paraissent s'être donné rendez-vous dans ce coin. Tout ce qu'on y peut apercevoir, et bien vaguement, et bien indistinct, c'est, au-delà des sapins qui

couvrent la colline la plus proche, le bas du glacier de
Gorner, là, où ses grands amas gris viennent se perdre
dans un grandiose et épouvantable chaos de moraines.

Puis, tout à coup, au moment où l'on ne s'attend à
rien, à une hauteur inouïe, improbable, stupéfiante,
dans les déchirures brusquement, formées, d'une nue,
quelque chose de clair apparaît, de nettement tranché,
comme un pic neigeux; mais si haut, si haut, si aérien,
si perdu en plein dans le ciel, qu'on n'y croit point,
qu'on hésite et qu'on s'imagine que c'est une illusion
pure! Quoiqu'on en ait, on ne peut arriver à se figurer
une cîme atteignant cette prodigieuse altitude, jusqu'à
ce qu'un Zermattois, qui vient à passer, et qui nous
voit là, en grand doute et en grand émoi, nous donne
l'assurance, que ce qu'on aperçoit tout là-haut, dans la
déchiqueture des nuages, est bien la pointe extrême
du Matterhorn. Mais même devant cette affirmation, on
continue à douter encore, à tel point la chose paraît
invraisemblable, quand soudain la nue, que le vent continue à balayer, s'amincit davantage, s'étale plus transparente, et devient comme un léger voile mobile derrière
lequel vont grandissant, et accentuant plus nettement
leurs contours, les parties supérieures de la tête du
colosse. Et bientôt le voile se déchire entièrement, et
l'extrême pointe, alors, hardiment démasquée, tranche
pure et blanche, dans le coin d'azur subitement découvert; ses neiges éblouissent, ses arêtes vives étincellent,
tandis qu'au-dessous d'elle, la puissante masse médiane de
la montagne géante vaguement, s'estompe, ombre plus sombre derrière la sombre brume, et que toute la base reste
invisible et noyée au milieu de grands amas de nues.

Vous ne sauriez croire combien fut vive, unique, étrange, l'impression produite par ce spectacle inattendu; ni quelle difficulté continua à avoir l'esprit, à se convaincre que ce n'est point un rêve, et que c'est bien un morceau de ce même sol que foulent nos pieds, cette flèche qui se dresse, là-haut, par delà les nues, à 13,500 pieds d'altitude! Et cet instant nous restera, comme de tout notre voyage, le plus durable, le plus inoubliable souvenir!

Le sentier, bientôt, prend par les pâturages, où les vaches proprettes, rebondies, indolentes, interrompent leur déjeûner en notre honneur, et nous regardent passer de leurs grands et bons yeux étonnés; où les bovillons et les génisses, bien en chair et rablées, bondissent à notre approche, faisant joyeusement tinter dans le silence de la montagne, les sons clairs et cristallins de leurs clochettes. La cîme du Cervin s'est de nouveau voilée dans la brume et a disparu comme par un tour d'escamotage. C'est à se demander si elle a jamais été là! Puis on pénètre dans le grand bois de pins, touffu, épais, masquant toute vue, avec un sentier abominable parmi les abominables, pour toute consolation. Une belle occasion, ici, de prouver quelle solidité, quelle élasticité le beefsteack a pu donner à nos jarrets! Et on y va de bon cœur! Et c'est à qui, vraiment, grimpera avec le plus d'ardeur! Ce qui ne veut pas dire qu'on n'en soit pas moins fort aise, quand, après une petite heure, on parvient à une sorte de plateau étroit, où l'on se croit au bout des misères de l'escalade. Par une éclaircie propice du bois, on revoit ici le Cervin, mais beaucoup plus dégagé, maintenant, et visible dans plus de la moitié de sa hauteur.

Une halte est immédiatement décidée. Et chacun de s'étendre sur le gazon et de contempler longuement cette pyramide majestueuse, qui, solitaire, isolée de tous les massifs voisins, qu'elle semble dédaigner, s'élance d'un jet superbe vers le ciel, et dresse sa tête altière à 2500 mètres, au moins, au-dessus du point où nous sommes. L'aspect en est littéralement écrasant; aucune autre montagne dans les Alpes n'a cette majesté, cette unique et imposante magnificence! Quelle hardiesse dans cette fière silhouette! Quels escarpements épouvantables tout le long de ces parois noires où la neige ne peut s'attacher! Et quel défi superbe la tête arrogante du géant ne paraît-elle pas jeter, de ses hauteurs éthérées, aux plus audacieuses tentatives de l'homme! Et pourtant, le colosse a été dompté! Le pied de l'homme l'a foulé récemment, ce pic jusqu'alors vierge de tout contact profane, et le vent, sans doute, n'aura pas effacé encore les traces, laissées sur les glaces, par les souliers ferrés de Whymper et de ses compagnons. Oui! mais aussi quelle lugubre catastrophe est venue terminer cette folle entreprise! De quelle horrible vengeance le géant n'a-t-il pas puni l'affront qu'on venait de lui infliger! Quatre cadavres ont été ramassés au pied des affreuses murailles, où les corps, dans la chute, s'étaient déchirés en lambeaux informes, et Zermatt, encore aujourd'hui, est tout en émoi de ce grand malheur!

Directement à nos pieds, dignes premiers plans du tableau merveilleux, s'aperçoivent tout proches et entièrement découverts, les bas étages, gris et sales, du grand glacier de Gorner, aux abords duquel tout est nu, aride et bouleversé; et où l'on voit les immenses parois de roc qui l'encadrent, descendre à pic, lugubres et mornes, jusqu'aux moraines.

La halte se prolonge une demi-heure : il fait si bon sur ce gazon ensoleillé ! Le sentier, aussi bien, nous avait un peu proprement coupé les jambes ; et il faut bien se remettre un brin, avant que de recommencer ! Car il n'a pas dit son dernier mot, le sentier abominable, et nous sommes loin d'être au bout ! Le chemin prend même, un peu plus haut, des allures encore plus fantaisistes, et ses bosses se font encore plus déplaisantes, si possible ! On ne tarde pas, d'ailleurs, à sortir du bois : les arbres disparus, adieu l'ombre et la fraîcheur ! et il ne reste plus, alors, que le sentier ardu sur la rampe découverte, et le soleil sur nos têtes, qui, chaque fois qu'il se dégage d'une nue, tape dur et chauffe, comme pour rattraper le temps perdu.

La matinée, insensiblement, s'avance ; malgré le voisinage des glaciers, il fait un de ces temps étouffants et lourds, qui ne présagent jamais grand'chose de bon, et qui, s'ils sont toujours et partout désagréables, le deviennent doublement sur un sentier de montagne difficile, incommode et empierré à la diable, comme celui de l'Augstkummen !

Un moment encore, on tient bon dans la bande ; puis, petit à petit, on faiblit ; l'allure se ralentit ; des repos interviennent, où l'on souffle et où l'on s'éponge, et chacun bientôt ne met plus qu'à contre cœur un pied devant l'autre ! Le plus éprouvé, c'est le pauvre Frèrot ; en sus des misères communes, il a son guignon particulier : le talon de sa bottine droite qui se met à dévier, et qui a pris, à la montée, des inclinaisons d'une excentricité fabuleuse et d'un gênant transcendant! Et ce n'est plus que par soupirs et par gémissements qu'il avance, Frèrot, devenu invalide! Cette aventure nécessite une seconde halte, qui s'opère en pleine Alp, auprès des chalets de l'Augstkummenmatt. Ici, je me vois réduit, pour tâcher d'en finir avec les misères de Frèrot, à m'essayer dans le noble métier de savetier, comme j'avais fait à Schaffhouse dans celui de tailleur! Mais c'est un métier, hélas! où la bonne volonté ne suffit pas! Et n'est pas savetier qui veut, paraît-il! Mes débuts ne furent rien moins que brillants, et mes essais, d'avance, étaient condamnés à être stériles! Encore s'ils n'avaient été que cela! Pour redresser un talon dévié, un savetier entendu aurait, je suppose, simplement égalisé la surface au moyen de quelques rondelles de cuir, découpées selon les besoins de la circonstance. J'avais de bonnes raisons pour ne rien essayer de semblable, et il me sembla qu'il ne serait peut-être pas impossible d'arriver au résultat désiré, en martelant avec l'Alpenstock le côté dévié jusqu'à ce qu'il fût remis dans l'axe. Tous les débutants, dans n'importe quelle carrière, ont de ces illusions-là! Il était pourtant bien simple de prévoir ce qui arriverait, et vous l'avez déjà deviné, n'est-il pas vrai? D'un coup, mon Alpenstock porta à faux; au lieu du soulier, il toucha la roche; et ma belle canne, dont je n'étais pas peu fier; ma canne qui, depuis quatre ans, m'avait accompagné dans toutes nos expéditions; ma canne qui portait gravée, depuis la poignée jusque près de la virole, toute la glorieuse nomenclature des sites visités, n'était plus composée désormais que de deux fragments à peu près d'égale longueur, mais n'ayant pas, dores et déjà, plus d'attachement l'un pour l'autre, que s'ils n'avaient jamais été les parties constituantes d'un seul et même tout! O attraction moléculaire! tu n'es qu'un mot vain et vide de sens! Il s'en fallut peu que je n'en pleurasse de rage! Foin du talon malencontreux! Que Frèrot se tire d'affaire comme il pourra! Je renonce à jamais au métier de redresseur de chaussures, et vais emporter au Riffel les débris de mon bâton, pour qu'on me les y recolle, ou recloue, suivant que faire se pourra! Seulement, maintenant que voici mon Alpenstock brisé, nous regrettons en chœur qu'il ne l'ait pas été, en pleine bataille, sur le dos de l'un des malotrus de la nuit!

C'est sur ce regret que nous nous remettons en route. L'infortune du Frèrot devient ici un peu plus supportable. On a quitté l'atroce sentier pour de grandes rampes de pâturages, où, sans chemin tracé, on marche le plus aisément du monde; où règne une délicieuse brise venue du Cervin, apportant avec elle quelque chose de la fraîcheur des glaciers, et gaillardement nous fouettant le visage de son souffle réconfortant. C'est merveille à présent de nous voir faire, et nul ne reconnaîtrait le quatuor écloppé de tout à l'heure!

Constatons, en passant, un phénomène bien curieux. Sur ces gazons courts et rabougris, c'est une innombrable quantité de sauterelles, de toute taille, se livrant autour de nos pieds à des gambades désespérées, et dont on écrase une vingtaine pour le moins, à chaque pas. Et il y en a, comme cela, à perte de vue! Tout grouille, sautille, fourmille dans l'herbe: et dans l'air, le grouillement de toutes ces bestioles produit comme un vague murmure, un bourdonnement confus qui ne cesse point. Mais à quoi sert, dites-moi, d'étudier l'histoire naturelle? Nous qui nous imaginions naïvement que les sauterelles n'affectionnaient que l'Algérie, l'Egypte et les prairies de nos plaines. Après tout, celles-ci se sont fourroyées, sans doute, dans ces parages insolites, où elles auront été portées par quelque grand coup de vent! Elles sont bien là, d'ailleurs, ne gênent personne et ne font pas grand dégât.

Au sommet d'un gros et vilain mamelon, tout escarpé et tout chauve, appelé le Riffelberg, paraît, en avant, un peu sur la gauche, le Riffelhaus, ou l'hôtel du Riffel, dernier toit hospitalier que trouve le touriste, à ces altitudes. Sur les flancs abrupts du mamelon on voit, d'ici, le sentier courir en zigzags roides qui, de loin, sont fort déplaisants à considérer et qui, de près, seront, sans aucun doute, plus déplaisants encore à gravir! Erreur! Lorsqu'on y est, ils se trouvent beaucoup moins pénibles qu'on ne le croyait du bas; on y avance sans trop d'efforts: l'air est délicieusement pur et raffraîchi par le vent, qui monte droit, du glacier de Gorner; chaque pas que l'on fait, d'ailleurs, à chaque gradin que l'on escalade, la vue se dégage plus libre, plus belle et plus lointaine; la longue chaîne de ramification déroule ses massifs, ses pics et ses glaciers, qui, partie du Matterhorn, et s'étendant jusque vers Stalden, court parallèlement au Saasergrat et lui forme un digne pendant. Le Cervin surtout, découvre de plus en plus, sa formidable pyramide, qui semble encore grandir, à mesure que l'on s'élève! Comment alors s'arrêter aux incommodités du sentier, quand les yeux ravis n'arrivent plus à se détacher du splendide colosse, qui paraît bien autrement sublime, écrasant et majestueux au haut du Riffel, qu'en bas dans la vallée. Puis, à nos pieds, directement, pareil à un fleuve large et puissant, qui se serait subitement congelé au milieu de son cours, le formidable glacier de Gorner s'étend, ayant peine à tenir entre les digues cyclopéennes que lui forment, ici, le Riffelberg même, en face les assises médianes du Théodule; tandis qu'un peu plus à gauche, le Riffelhorn dresse sa silhouette, aux découpures fantastiques. Pardessus, paraissent, radieuses dans le bleu du ciel, la grande cîme blanche du Breithorn, que nous avions entrevue à Randah, et l'élégante coupole du Lyskamm, comme les premices des splendeurs que nous réserve le Gornergrath.

L'emplacement de l'hôtel a été admirablement choisi. Bâti sur le contrefort septentrional du Riffelberg, à l'endroit le plus saillant, il domine directement Zermatt et toute la vallée, qu'on voit jusque vers Saint-Nicolas. La vue s'y étend plus particulièrement sur le Cervin d'abord, placé droit en face, et sur les deux remarquables chaînes parallèles qui emprisonnent la vallée entre leurs murailles gigantesques. On retrouve ici, mais sur leur revers, et sous un aspect entièrement nouveau, mais non moins attrayant que vers le Moro ou Mackmart, les deux Michabel, le Dôme, l'Allalinerhorn, l'Alphubel, le Strahlhorn; deux autres sommets invisibles de la vallée de Saas, le Balfrin et le Rymphishorn, brillent ici au premier rang et complètent la série des cîmes neigeuses dont se compose le Saasgrat. Sur la chaîne opposée ressortent, sur la droite du Cervin, la pyramide presque régulière de la Dent-Blanche, le curieux Gabelhorn, la corne sombre du Rothhorn, mais surtout le tout superbe Weisshorn, d'une blancheur éclatante, et son grand glacier, suspendu comme une perpétuelle menace, par-dessus les maisons de Randah !

Le tableau prend un charme tout particulier du contraste que fait l'étroite petite vallée, si gaie, si riante, si fraîche, dans sa verdure aux tons changeants, avec les grands massifs sauvages et nus qui l'écrasent de toutes parts de leurs énormes parois.

Au sud, vers le mont Rose, rien : les dernières rampes du Riffelberg et la grande et haute muraille du Riffelhorn masquent totalement l'horizon ; ce n'est que du Gornergraat que nous pourrons enfin embrasser d'un seul coup d'œil, tout le panorama des Pennines.

Le Riffelhaus est une grande maison massive, simple d'aspect, un peu froide et sévère, et qui, quoique de construction assez récente, est déjà passablement malmenée par les hivers : ce qui est aisé à comprendre, lorsqu'on considère son exposition et son altitude, qui est de près de 2600 mètres. Son intérieur, d'ailleurs, tient plus que ne promet sa façade : tout y est d'une propreté méticuleuse, tout y est confortable, établi avec soin, organisé avec intelligence. Aussi ai-je hâte de le dire : Malgré l'anicroche du chalet, nous garderons de la famille Seiler et de ses deux établissements, le meilleur et le plus reconnaissant souvenir !

Mademoiselle Marie, la gérante du Riffelhaus (où, chose curieuse, domine le sexe faible, à la fois comme personnel d'administration et de service !), est une grande et belle blonde, un peu forte, l'air décidé et entendu ;

et à la voir on comprend qu'en bas, dans la vallée, le tendre Aloïse pousse des soupirs à ébranler le Matterhorn, lorsqu'il vient à songer au Riffel et à son contenu! Elle nous fait un accueil fort aimable : seulement elle sourit d'un air un peu pincé, à la lecture de la singulière lettre de recommandation signée Aloïse, que je m'étais empressé de lui remettre. Aloïse, mon bon ami, j'ai idée que vous soupirez un peu dans le vide! Elle a bientôt fait de nous mener aux chambres qu'elle nous destine, et déjà la voici, qui court au-devant de nouveaux arrivants.

Il y a foule, dans la maison, presqu'autant qu'à Zermatt même; et voici des gens dont les affaires, vraiment, ne doivent pas marcher trop mal! Si nous échappons à une répétition du chalet, nous n'en sommes pas moins réduits, à nous contenter de chambres donnant sur l'arrière, avec la vue des dépendances pour unique panorama. Tout le devant est occupé; et bien entendu par des Anglais! Il n'y en a, en Suisse, que pour ces goulus d'Outre-Manche! Il est juste de dire, que ce n'est pas pour leurs beaux yeux qu'on le leur donne, et qu'ils savent un peu, ce qu'il leur en coûte! Que nous importe, à nous, après tout, que nos chambres soient situées plutôt à droite qu'à gauche du couloir médian : nous n'avons pas grimpé si haut, bien sûr, pour nous contenter du panorama que pourraient nous offrir nos croisées. Ah mais non! Et déjà une grande expédition est projetée pour l'après-midi, tout un voyage de découverte sur le sommet du Riffelberg. Mais rien ne presse : il est des soins plus urgents. En première ligne, il faut s'occuper un peu de toilette! La nôtre a été, ce matin, au chalet, d'un superficiel qui n'entre pas dans nos habitudes, mais qu'entraînait forcément, en la circonstance, l'absence des ustensiles les plus indispensables ! On les trouve ici, et chacun, tour à tour, en profite largement. Puis, un petit bout de somme, qui, certes, ne gâtera rien, est décidé ; et chacun, aussitôt, s'enferme chez soi, se couche tout son long et perd en un instant la notion du soi, et beaucoup d'autres notions encore !

La sieste a des douceurs à nulles autres pareilles ! Et nous les goûtons avec une entière componction. Puis, la notion du soi revient peu à peu, à tous et à chacun, deux heures environ après qu'on l'a eu perdue ; les autres notions suivent de près : parmi toutes, domine celle d'un bien-être absolu et d'une disparition totale de toute fatigue ; une autre bientôt la remplace : celle d'une soif des plus intenses, nécessitant une visite à la buvette de l'hôtel !

N'oublions pas de constater qu'une charmante surprise nous attendait au saut du lit ! Le soleil brille de tout son éclat ! Le firmament s'est livré sur lui-même à la même besogne que nous, ce tantôt ; il s'est débarbouillé à fond, et n'offre plus, partout, qu'un azur uniforme, sans la plus petite éclaboussure de brume. Notre chance, décidément, est unique et singulière ! Et exquis sont, à notre égard, les procédés du ciel ! Remarquez un peu, s'il vous plaît ! Sommes-nous au fond de quelque vallée, sans horizon, sans vue, vite, la calotte des cieux en profite pour faire mine grise ; puis, sitôt que nous avons escaladé quelque cîme, offrant un large et bel horizon, crac ! changement à vue, la bise s'en mêle, cette puissante balayeuse à qui rien ne résiste, et vivement le déblayage s'opère, la brume fond, les nues s'envolent, l'azur apparaît radieux et rien ne voile plus les merveilles que nous sommes venus chercher! Qui serait bien penaud, à présent? Qui ferait un nez (que je me dispense de qualifier!) à cette heure, s'il était, ainsi qu'il en avait la prétention, resté à Zermatt? C'est bien, je suppose certain Gustel de notre compagnie! Vraiment! nous avons trop beau jeu, et nous ne laissons pas passer l'occasion! Et c'est à qui l'inondera d'ironie et l'abreuvera de sarcasmes! Mais lui se laisse faire avec une rare mansuétude! Il a le soleil et il a le ciel bleu! Il n'a cure de tout le reste! Et il oppose à nos traits répétés, un calme olympien, ainsi qu'il sied à un vrai philosophe! Par contre, il est tout feu et tout flammes pour l'action, et demande qu'on parte sans retard, pour courir la montagne! Frèrot, lui, n'est pas si pressé que cela, et la course projetée lui sourit peu. Il est las d'un pied, celui du talon dévié, objecte qu'il n'est pas de force et conclut pour l'abstention! Il restera donc et prolongera les douceurs du repos. Et nous le quittons, après lui avoir juré que, quoiqu'il arrive, nous ne monterons pas au Gornergrat, au haut duquel toute la bande réunie ira, demain matin, voir le lever du soleil.

Maintenant, où allons nous? Nous n'avons aucun but précis! Ce que nous entreprenons, c'est une simple promenade d'exploration, histoire de faire plus ample connaissance avec les parages extrêmes du Riffelberg. et de nous orienter un peu pour l'expédition de demain. Nous commençons par suivre le sentier qui, de l'hôtel,

se traîne le long des interminables rampes de gazon
court et rude, dont se compose le sommet de la montagne : de la sorte, nous ne tardons pas à arriver au
plateau extrême, que dominent, d'un côté le sauvage et
inaccessible Riffelhorn, et de l'autre, de hautes assises
rocheuses s'étendant à l'infini et derrière lesquelles
nous supposons le Gornergrat. Quelques pas encore, et
entre les deux, vient, brusquement, s'encadrer le tableau
le plus souverainement beau que nous ayons encore
pu admirer dans les Alpes. C'est tout le groupe central
des Pennines, dans leur entière splendeur: une incomparable chaîne de colosses neigeux! C'est toujours et
avant tout, à droite, le Cervin, merveilleux dans son
isolement, le géant des géants, arrogant et sublime
dans le ciel bleu! des champs de neige sans fin mènent
de ses bas épaulements, à la masse un peu en contrebas du Théodule, à côté duquel, énorme et magnifique.
s'étale le Breithorn; près de lui se dressent les deux
pointes jumelles de Castor et de Pollux; après, le Lyskamm; puis, le Monte Rosa, enfin, étage ses formidables
croupes, et présente ses cîmes multiples, dont l'effet
bien que moins saisissant que du bas de la vallée de
Macugnaga, ne le cède en rien, cependant, à celui des
cîmes rivales. Ses étages moyens, courant jusqu'à la
cîma de Jazzi, forment avec celle-ci et les gradins extrêmes du Gornerglætscher, une prodigieuse immensité
de neiges et de glaces, comme jamais encore nos yeux
n'en ont contemplée! Et ce n'est plus alors là, partout.
qu'un interminable miroitement, un éblouissement sans
bornes, une blancheur étincelante et immense, à peine
tachée çà et là par les noires saillies de quelques grands

pans de roc! Partout, des reflets magiques, des teintes vives, criardes, pénibles à l'œil, des éclats de nappes neigeuses qui donnent comme la migraine; et sur toute cette immensité de glace, un grand calme saisissant, et ce silence profond des grands sommets, qui semble un silence de mort! Désert à la fois, épouvantable et merveilleux! Solitude effrayante et radieuse!

L'impression est d'autant plus vive qu'on est proche, ici, des détails du tableau, presqu'à les toucher du doigt. À moins de cents pieds, directement au-dessous de nous, dort cette agglomération monstrueuse de glaces, qui constitue le Gornergletscher, et qui, des extrêmes pointes du mont Rose et de la Cima de Jazzi, s'incline vers le Riffelberg, dont elle contourne les larges flancs sur la prodigieuse longueur de quatre lieues, et qu'elle enveloppe comme d'un froid linceul. Partout, sur la surface grossièrement accidentée, s'ouvrent, béantes, de noires crevasses; une double rangée de moraines, détritus de roches, que le glacier rejette, rampe au milieu, pareille à un long serpent grisâtre; plus de vingt glaciers plus petits, descendus des sommets voisins, alimentent le vampire, qui les absorbe dans son grand tout et qui porte sur son dos, comme des macules, les volumineux débris qu'ils ont entraînés avec eux des hauteurs! Je ne crois pas que nulle part, dans les Alpes, il soit possible de contempler un spectacle qui égale celui-ci en stupéfiante magnificence.

Nous restions là, immobiles, comme cloués sur place, incapables d'un mot, empoignés dans toute la force du terme! Puis, avides d'admirer de plus haut encore le panorama, nous jetons un regard de dépit à l'impassible

24

falaise du Riffelhorn, cette terrasse qu'on dirait placée là, comme exprès par la nature, pour la commodité du touriste, mais qui n'a qu'un tort, c'est d'être absolument inaccessible à la pauvre humanité. Un jeune Anglais, pourtant, a, récemment, tenté l'escalade de ce nid d'aigles. Voulant, en véritable Anglais, accomplir précisément ce qu'on lui donnait comme impossible, et n'ayant pas trouvé de guide, qui consentît à courir, avec lui, les chances de l'entreprise, il est venu seul, le pauvre fou; et sa témérité lui a coûté la vie! Et en ce moment même, il y a, en bas, au Riffelhaus, une mère inconsolable qui pleure, en maudissant la roche fatale, et un père désolé, qui veut perpétuer sa douleur en emportant l'image du lieu où périt son fils, et qui est là, à quelques pas de nous, en train de prendre le croquis de l'affreuse montagne.

A défaut du Riffelhorn, et pris du désir, de plus en plus irrésistible, de découvrir enfin l'ensemble du féérique panorama, dont, l'un après l'autre, les détails ont passé sous nos yeux, brusquement nous nous décidons à monter au Gornergrat. Et notre promesse à Frèrot? Ma foi, tant pis pour le Frèrot, et tant pis pour la promesse! Il nous faut le Gornergrat, à présent, fut-il à plusieurs lieues d'ici! Il n'est pas si loin, heureusement, et le sentier qui court là, sur la gauche, doit, à notre avis, y mener tout droit! Et nous prenons le sentier!

On éprouve bien, un instant, comme quelque chose qui ressemble vaguement à un remords: mais si vaguement! Et puis cela dure si peu! L'ascension d'aujourd'hui ne fera pas, d'ailleurs, tort à celle de demain, et j'ai idée que ce n'est pas en pareille occurence que le licencié répéterait son fameux : „Non bis in idem!" de Macugnaga.

Une demi-heure s'écoule : le sentier, toujours, se traîne péniblement dans un pittoresque chaos de roches écroulées, où l'on ne rencontre rien ni personne, que quelques chèvres barbues, auxquelles tient société un maître bouc des plus odoriférants, à l'air fort mauvais sujet. Et si loin qu'on peut voir (et on voit loin, je vous jure!), le sentier s'allonge, gardant constamment la même inclinaison, et n'ayant aucunement l'air de monter à un Grat quelconque. Un doute alors nous vient! Sommes-nous bien, ainsi que nous pensions, dans la bonne direction? Un sage l'a dit : Dans le doute, abstiens-toi! Et nous convenons de nous abstenir, et de ne pas pousser plus loin, dans le sentier. Bien nous fîmes, je vous jure; car il nous menait droit aux neiges encore bien lointaines de la Cima de Jazzi! Oui! mais le Gornergrat alors? Eh bien! le Gornergrat doit se trouver sur notre gauche, et je propose de pousser hardiment dans cette direction! Affaire d'escalader une bosse qui nous rappellerait le Joderhorn! Mais Gustel et Landgraf s'opposent! Ils prétendent que, jusqu'à nouvel ordre, ils ont suffisamment joderhornisé; qu'ils ne se soucient pas de s'engager, encore une fois, dans l'inconnu, et qu'il est infiniment plus sage, en même temps que moins fatigant, de rétrograder jusque vers le Riffelhorn, et de chercher là, le véritable chemin du Gornergrat. Ils sont deux de leur avis, je suis seul du mien! Je suis convaincu que le mien est le bon! Mais je n'en suis pas moins réduit à me ranger au leur qui, j'en ai la certitude, est absurde! O loi des majorités, voilà bien de tes coups!

Et nous voici revenant sur nos pas, retrouvant les chèvres avec leur bouc, et ne tardant pas à rencontrer un poteau, que nous n'avions point aperçu à la montée. et qui nous donne, enfin, la bonne direction. On avance alors, assez péniblement, dans une morne solitude de pierres toutes délitées, morcelées. fragmentées par les frimas: plus l'ombre de végétation! Quelques amas de glaces, çà et là; dans les creux des monceaux accumulés de neige salie; puis un petit plateau, plus nu que le père Adam avant la pomme, et allant se rétrécissant. pour bientôt se terminer à pic. C'est le but; c'est le sommet du fameux Gornergrat: et avec lui, c'est l'horizon sans bornes, c'est la vue dans son développement infini, c'est le panorama entier, enfin, des Pennines dans toute son incomparable splendeur! Il est peut-être ici bas des tableaux aussi beaux: plus beaux, certes, non! cela est matériellement impossible!

Ici, plus rien qui gêne ou qui masque! rien qui arrête les regards! On domine tout, dans toutes les directions! Et tout est là, clair, net, précis, bien en relief. effrayant de proportions, d'une majesté souveraine et sans égale! L'azur, là-dessus, s'étend, profond, sans tache et sans limites, et le soleil éclatant inonde le merveilleux ensemble, d'un intense rayonnement d'or! Du mont Rose au Jollerihorn et au Schildhorn où finit le Saasgrat, du Cervin jusqu'aux chauves sommets qui. au loin, dominent Stalden, ce ne sont plus que cîmes qui étincellent, arêtes qui brillent, croupes glacées qui reluisent avec des reflets fulgurants et aigus. Derrière nous, les deux chaînes se joignent, formant ce croissant formidable, le massif central des Pennines, que couronnent comme d'un diadème, le Breithorn, le Lyskamm et Castor et Pollux, et laissant entre elles et le Gornergrat cet étrange et épouvantable gouffre où se tord le glacier de Gorner.

Et on vante le Righi! Et on chante les louanges de l'Oberland! Oui, certes! Les Bernoises sont belles et l'Oberland a ses attraits! Mais que sont ses plus beaux joyaux, auprès de l'écrin féerique du Gornergrat? Venez-y, o vous tous, qui vous êtes extasiés devant la Jungfrau, sur la Wengernalp, ou devant le glacier du Rhône à la descente de la Furka! Montez à ce plateau extrême, vous qui avez pensé admirer, dans la gorge des Schœllenen, au St-Gotthard, ou dans les amphithéâtres grandioses de la Grimsel, tout ce que la nature pouvait offrir de plus imposant et de plus échevelé! Vous me direz alors, si vous avez éprouvé, ailleurs, ce saisissement complet et absolu, ce recueillement religieux et involontaire, qui tout à coup, ici, vous prend et vous envahit, en face du site sublime qu'on ne voudrait plus quitter! A moins, toutefois, que vous n'apparteniez à cette catégorie de touristes cuirassés contre les émotions, qui ne montent aux cîmes les plus réputées, que pour ajouter un numéro de plus, à la collection des sites qu'ils honorent de leur présence et, dont le hasard amène, au plateau du Gornergrat, un spécimen des plus réussis, au moment même où nous sommes le plus absorbés par notre contemplation.

C'est un tout jeune, tout mince et tout fluet Englishman: 16 à 17 ans au plus; strictement vêtu d'un complet laine, à larges rayures; chaussé de brodequins à triple semelle ferrée; coiffé d'un chapeau imperméable; et portant en bandoulière un caoutchouc réduit à sa plus simple expression! Il arrive comme une bombe, à bout de souffle; la figure ruisselant de sueur! Les gouttes lui tombant, à pouvoir le suivre à la piste! Il s'essuie: il s'éponge: daigne jeter, circulairement, un regard; et s'approchant de nous, nous adresse quelques mots en anglais! „Très fâché, monsieur, mais comprends pas!" — „Aoh! Voulez-vous, sir! dire à moi quelle heure qu'il était?" — „Quatre heures et demie, monsieur!" — „Denk your, sir!" Et tirant un superbe chronomètre de sa poche, il contrôle, triomphant et s'écrie, joyeux: „Aoh! c'été très bien! Je avé gagné!" Et, nous prenant pour confidents de ses épanchements, il ajoute : „Je arrivé du glacier du Gorner! Et maintenant je allé à Sermatt, où je faus arriver pour le tèble-d'hôte ! Oh! je avé parié! Yes! Je été bien contente: elle été pas mal, cette Gornergrat!" Il dit, et le voilà parti au trot! Sa visite a duré juste, montre en main, une minute et demie! Que dites-vous de cet oiseau-là?

Nous ne partons que longtemps, bien longtemps après lui; quand nos yeux enfin sont las d'admirer! Il ne nous faut pas aller à la tèble-d'hôte, à Sermatt, nous autres! Fort heureusement, car nous sommes fatigués et le retour au Riffel suffit amplement à notre besoin de déambulation, pour aujourd'hui!

Nous trouvons Frèrot, qui nous attend avec impatience. Lui aussi, il s'est décidé à faire un petit tour, mais dans les environs de l'hôtel seulement, et depuis longtemps il est revenu, et comme sœur Anne, regarde, s'il ne voit rien venir! „Et d'où venez-vous donc, pour avoir tant tardé?" — „Du Gornergrat, Frèrot! Ah! si tu savais combien c'est beau!" Et chacun, aussitôt, se met à lui en détailler les splendeurs!

Il ne sait bientôt plus à qui entendre, et le voici qui entre dans une grande colère contre nous, qui, malgré notre promesse, sommes montés au Gornergrat; et contre lui-même, qui, à cause de son maudit talon, et d'un peu d'indolence a laissé échapper une si belle occasion. Il est absolument désolé, et ne parle de rien moins, que de s'arracher plusieurs poignées de cheveux. Nous avons toutes les peines, à nous opposer à ce fatal projet. „Allons, Frèrot, consoles-toi! On ne te le dévissera pas pendant la nuit, que diable! ton Gornergrat! Et nous y irons tous ensemble, demain matin, voir lever l'aurore, dans cette antichambre sans égale, de sa Majesté, le soleil! Monsieur le licencié se garde bien de [placer son adage! Non, ma foi! Monsieur le licencié ne dit rien du tout, sinon qu'il meurt de faim, et sous ce rapport, nous n'avons rien à lui envier! Fort heureusement, la cloche sonne pour le dîner. Table absolument pleine, bondée! Comme à Zermatt, tous Anglais et Allemands! quelques Italiens! De Français, point, sauf nous! On ne voyage donc plus, en France!

Le dîner du Riffel est servi avec plus de simplicité que celui de Zermatt! Songez aussi à la difficulté qu'on a, de transporter les vivres ici! Les appétits les plus robustes y trouvent largement leur compte comme quantité; la qualité seulement est moins recherchée! C'est le repas classique des hôtels des hautes Alpes, invariablement composé de potage, rossbeaff avec beurre et pommes de terre en robe de chambre, et omelette avec les traditionnels pruneaux! Je n'ai jamais, pour ma part, pu comprendre l'obstination qu'ils mettent, en

Suisse, à vous présenter ce plat laxatif. Le tout est agrémenté, aujourd'hui, d'une oie superbe et monumentale, rôtie de maîtresse façon, fleurant bon, mais sur le degré de tendresse de laquelle on élève des doutes anticipés.

Au moment où mademoiselle Marie se mettait en demeure de réduire en tranches le volatile colosse, une voix dit tout à coup: „*Alpenglühn!*" Une seconde, et la table est vide! Chacun s'est précipité, qui à la porte, qui aux fenêtres, et ce n'est plus qu'un unanime concert de cris d'admiration.

Le spectacle est délicieux. Le soleil se couche au moment même, et ses derniers rayons caressent la cîme du Cervin, la dorent d'une teinte idéale, lui mettant comme une fine couche de pourpre claire, transparente, adorable. On dirait la montagne, brûlant d'un feu intérieur! quelque chose comme un volcan arrivé à l'incandescence et en train de se consumer lui-même.

Cela ne dure qu'un moment! Et l'on revient à l'oie, qui ne perd rien pour avoir attendu, et qui n'avait avec le cuir de semelle que des rapports infiniment plus éloignés qu'on ne pensait.

Au dessert, Landgraf, qui a fait rencontre, à table, d'un compatriote, avec lequel il compte rester un ou deux jours au Riffel, nous fait la gracieuseté d'une bouteille fine! Vin du Rhin! Ce sont ses adieux! Nous ripostons par une bouteille de champagne! Vin de France! ce sont les nôtres! Et ce beau jour, lui aussi, se termine par la plus joyeuse des soirées!

DOUZIÈME JOURNÉE

OÙ FRÈROT EST PLUS MALHEUREUX QUE JAMAIS. — LA DESCENTE. — DÉJEUNER A ZERMATT. — UN CHEVAL POUR TROIS. — LA VALLÉE. — HALTE A ST-NICOLAS. — RETOUR DE LA PLUIE. — ENCORE LA TRACEE.

Infortuné Frèrot! Le guignon véritablement s'acharne après lui! Maudit soulier! Satané talon! Dire, pourtant, que sans ce talon de malheur, lui aussi, il aurait gravi le Garnergrat, hier, et comme nous, il en aurait contemplé les splendeurs! Tandis qu'à présent, il risque fort, le pauvre, de ne les connaître point, et, comme on dit chez nous, de s'en aller de Rome sans avoir vu le pape!

Aussi bien nous sommes-nous un peu trop hâtés de vanter, hier, les bons procédés du firmament à notre égard. Il y a, ce matin, un changement à vue complet! Adieu l'azur si pur et si serein! Un ciel panaché, gris et noir! la vallée bondée d'épais brouillards! le Saasgrat et la chaîne du Weisshorn entièrement voilés de nues! le nord ténébreux! l'orient embrumé! vers le sud seulement, un morceau du ciel resté découvert et bleu, mais d'un bleu incolore et terne! voilà pour le régal des yeux. Plus de lever du soleil, maintenant, ni plus de Gornergrat, bien entendu! A quoi nous servirait de grimper là-haut? Nous n'y verrions pas plus qu'ici; et nous ne voyons ici que trop bien, déjà la brume amoncelée et les brouillards, qui, avec l'aube, commencent à monter! Et la fureur de Frèrot ne connaît plus de bornes; il est hors de lui; il s'en prend à tout et à tous de son guignon, et comme le petit mousse de la chanson,

„Il ne fait que, que, que se lamenter!"

Pour le consoler un peu de ce qui lui arrive, nous lui proposons, le midi persistant à rester dégagé, de le mener jusqu'aux pieds du Riffelhorn, à l'endroit même où nous avons eu, hier, la première fois, la surprise d'une des plus remarquables parties du panorama. Il accepte, mais de la plus mauvaise grâce du monde; et tout en grimpant, ne cesse de se plaindre, et reste navré, radicalement navré!

Du point où nous l'amenons, le coup d'œil, cependant, est féerique, et Frèrot a du moins la chance de pouvoir admirer, dans sa grâce matinale, le groupe médian du Breithorn, du Lyskamm, de Castor et Pollux, et du Théodule, s'encadrant, net et pur, entre le Cervin et le mont Rose, et dans le gouffre béant et encore tout noir, l'horrible glacier de Gorner, livide, sombre, épouvantable, dans la lumière indécise que l'heure matinale jette dans ces bas fonds. Mais tout cela ne lui suffit point! C'est le Gornergrat qu'il lui faudrait, et il ne cesse de jeter des regards désolés vers les amas infinis de brume qui le recouvrent; et il continue, tout en s'en revenant vers l'hôtel, à pester contre lui-même, contre nous, contre les brouillards, sa mâle chance, son talon et le reste de la création!

Nous rentrons à l'instant même où Landgraf, accompagné de son nouveau compagnon et d'un guide, se met en route pour le Hörnli, lieu d'expédition très fréquenté, situé sur une des basses terrasses même du Cervin. C'est aussitôt, un recommencement d'adieux; ce sont de nouveaux serrements de mains, de nouveaux souhaits de bonne chance et de bon voyage! Nous regrettons véritablement de quitter déjà cet excellent garçon! C'était un bon et joyeux compagnon, et nous aurons passé ensemble de bons moments! „N'oubliez pas la petite niche que je vous ai jouée à Macugnaga!" me crie-t-il au moment de disparaître à un tournant; et j'ai le temps de riposter et de lui crier, à mon tour: „Et vous, o licencié! souvenez-vous parfois de votre glissade du Moro! Mais ne recommencez pas le tour: il pourrait moins bien vous réussir!"

Mademoiselle Marie tient notre compte tout prêt! Il n'y a plus qu'à régler et à entamer la descente. „Si vous avez quelque commission pour Zermatt, ou quelqu'un de ses habitants, nous nous en chargerions avec plaisir, mademoiselle!" Elle répond par un: „Je vous remercie, monsieur!" bien sec. Pauvre Aloïse! ses actions ne sont pas en hausse!

La descente, jusqu'au chalet de l'Augstkummen, est un jeu et marche comme sur des roulettes. Au-delà, ce n'est plus cela! On retrouve l'atroce sentier, si dur à l'ascension, bien plus dur encore à la dégringolade! Aussi Frèrot et son talon ne vont-ils bientôt plus que clopin-clopant! Vainement on exhorte, on encourage ce plus enguignonné des touristes! Il se laisse aller avec une nonchalance qui dit clairement que chez lui la démoralisation est proche et menace d'être profonde. Mais le laisser-aller et la nonchalance ne sont pas de mise dans ces ornières malaisées, et Frèrot, tout à coup, butte, chute, culbute, et se trouve assis sur son coccyx d'assez peu délicate façon, à en juger par la grimace dont il accompagne la chose. Cette cuisante aventure et les félicitations, que lui a, tout aussitôt, adressées Gustel, de son air le plus narquois, chatouillent son amour propre, remontent son courage; et il se relève raffermi, lui et son moral, mais son moral seulement! Nous quittons le sentier alors, et en plein, à travers bois, nous nous lançons, corps et biens, dans une série de spéculations, étourdissantes, abracadabrantes, insensées, qu'on considérerait partout ailleurs comme folie pure, mais qui, ici, semblent la chose la plus naturelle du monde; et nous voici au bas, au bout d'une demi-heure à peine, mais plus échinés, plus moulus, plus rompus et plus endoloris des jointures, que si nous venions de toucher le bout d'une étape de dix lieues. De suite au sortir du bois, halte et lézardement général. Impossible de faire un pas de plus avant d'avoir soufflé un peu. Le hasard veut que nous nous arrêtions juste à l'endroit, où, hier, nous apparut pour la première fois le Cervin, perdu au plus haut des nues! Aujourd'hui, bien que les brumes continuent à s'étendre, le colosse reste découvert, des pieds à la cîme, comme pour nous permettre de rassasier encore nos yeux de son superbe spectacle, avant de définitivement le quitter; et nous lui payons un dernier et long tribut d'admiration : après quoi, d'un bon pas, nous traversons les rampes inférieures de pâturages, et au coup de huit heures, nous entrons à Zermatt.

A l'hôtel, notre premier soin est de soigner un peu

notre toilette, qui a été fort malmenée par la folle descente opérée tantôt. Notre lessive, d'ailleurs, est faite, et une pile de linge blanc, frais et sentant bon, est là, qui nous attend! Sensation souveraine et délicieuse, ce contact d'une chemise bien fraîche, avec l'épiderme encore moîte de la grande suée de tout à l'heure! Le second soin, est de régler la note de la blanchisseuse, note qui se trouve être un vrai compte d'apothicaire: aussi, si nous revenons à Zermatt, nous y blanchira-t-on le moins possible! Le troisième et dernier soin enfin, le plus essentiel de tous, est de déjeûner! A la fourchette, bien entendu, comme hier! Et pourvu que ce soit aussi bon! Ce fut meilleur encore; aussi, je vous laisse à penser, quel entrain on y mit! Un bon point, deux bons points même au chef de l'hôtel du Mont-Rose! C'est le blond Aloïse qui nous sert! „Un bon jour, monsieur Aloïse, de la belle souveraine du Riffel!" Et il jubile d'aise, le sentimental Oberkellner! Un petit mensonge est bien excusable, lorsqu'il sert à faire un heureux! N'êtes-vous point de mon avis?

Survient monsieur Seiler, qui s'informe de la façon dont s'est accomplie notre expédition. Il prend part aux chagrins de Frèrot, auquel il promet, pour son prochain voyage au Riffel, le Gornergrat dans tout son éclat. Si Frèrot, après cela, n'est pas consolé, c'est qu'il aura la consolation joliment revêche! L'excellente madame Seiler vient bientôt se joindre à son mari, et à eux deux ils nous expriment encore une fois les regrets qu'ils ont de n'avoir point pu nous recevoir de meilleur façon, et surtout l'ennui que leur a causé l'aventure du chalet! Ils sont bien bons, vraiment, et nous n'y songeons déjà

plus ! La crême des gens, savez-vous, ces Seiler ! Et
des hôteliers comme on en voit peu, mais comme ils
devraient être tous ! Leur hôtel du Mont-Rose est au
dessus de tout éloge, et combien plus grand encore
serait le plaisir de voyager, si les maisons, comme la
leur, étaient plus fréquentes ! Mais il est des Traube,
aussi, hélas ! et des curés de Saas, dans ce beau pays
du Valais ! Et si je me plais, ici, à faire ressortir tout
le mérite des établissements de la famille Seiler, placés
pourtant dans des conditions d'approvisionnement difficiles et onéreuses, c'est parce que nous avons déjà eu
occasion, amplement, de constater que les hôtelleries
du Haut-Valais ne brillent, en général, ni par leur
excellence, ni par la modicité de leurs prix ! Le mérite
des Seiler est d'autant plus grand, que chez eux, non
seulement tout est parfait, mais que tout y est encore
à des prix fort raisonnables.

Malmenés des jambes, comme nous sommes, nous
emmenons d'ici un cheval, sur lequel il est convenu que
nous chevaucherons, tour à tour, jusqu'à Saint-Nicolas.
Disons de suite que la convention susdite n'intervient
ici que pour ménager l'amour propre de Frèrot ; mais,
entre nous, le bidet est uniquement pour notre invalide !
Etant donné le prix qu'on nous réclame pour la bête,
il est aisé de conclure que les dix-sept francs de la taxe,
à Stalden, étaient fantaisie pure, et qu'en payant trente
francs le Koli et le Fuchs, nous avons bel et bien été
volés ! Cette conclusion, comme beaucoup de conclu-
sions, d'ailleurs, en ce bas monde, vient un peu tard,
et notre argent est loin ! Quant au nouveau coursier,
pas plus fougueux que ne l'étaient Fuchs et Koli, oh

mais là, pas du tout! ni son conducteur plus empressé de lui infuser de l'ardeur à coups de trique, que ne l'avait été le conducteur de notre duo de rosses, avant-hier! Il en résulte que les deux, qui sont à pied ont, tout le long du chemin, une fort respectable avance; ce qui fait aussi que toute mutation devient, par le fait, impossible, et que l'amour-propre de notre touriste au talon dévié, en est entièrement sauvegardé!

La pluie, bien sûr, a pris aujourd'hui la bonne résolution de rester renfermée dans les nues: le temps, il est vrai, reste constamment menaçant, mais n'a garde d'exécuter ses menaces; et les nuages eux-mêmes nous font la gracieuseté de se traîner assez haut, vers la cime des monts, pour ne point masquer le paysage inférieur: aussi, a-t-on tout loisir d'étudier la vallée un peu mieux qu'il n'était possible de faire, avant-hier. Dans l'ensemble, la configuration en est bien moins tourmentée, plus régulière et moins sauvage, bien qu'elle soit peut-être plus profondément encaissée que sa voisine, que la vallée de Saas! La poussée des glaces et des neiges se faisant sur le versant septentrional du Saasgrat, ce versant-ci, naturellement, offre moins d'accidents, des lignes beaucoup moins abruptes, une végétation plus nourrie et mieux venue.

Ce n'est pas, même dans les parties supérieures, ce désert rocheux et grandiose, mais absolument morne et mort, qui s'étend de l'autre côté jusqu'au-delà du barrage de l'Allalin; ce ne sont pas ces bouleversements de moraines qui, jusqu'aux approches de Saas, y rompent si fréquemment l'uniforme verdure des pâturages, ou ravagent de grandes étendues de forêts de pins. A part le Gornerglætscher, qui est, d'ailleurs, complètement masqué par le Riffelberg, on n'aperçoit, dans le val, que le glacier de Bies, qui, vers Randah, descend du Weisshorn, et là aussi se trouve l'unique point, où les moraines viennent empiéter jusque sur les prairies qui bordent le cours de la Visp. Aussi les pâturages s'étendent-ils, sans accidents, jusqu'au sommet du Riffel, et les pins et les sapins poussent-ils, sans grand encombre, jusqu'aux pieds mêmes du Cervin. La vallée est également beaucoup plus peuplée que celle du versant opposé. Outre Zermatt, outre une foule d'habitations isolées et des chalets qui étonnent par leur nombre, parfois également par l'altitude à laquelle ils sont nichés, trois localités existent: Fæsch, Randah et Saint-Nicolas, dans une étendue où, de l'autre côté, on ne rencontre que le rustique hôtel de Mackmart et le piètre hameau de Saas! Rien d'étonnant, dans ces conditions, si le chemin, tout du long, est infiniment meilleur que le sentier du Moro. Généralement assez large, bien entretenu, sans rampes trop fréquentes, ni trop accidentées, il se prêterait presque au passage de voitures légères! Et c'est la grande ambition de Zermatt, d'avoir une route carossable!

On y arrivera, il faut croire! Le malheur est que ceux de Randah, Saint-Nicolas ou Stalden, n'ayant pas le même intérêt que ceux de Zermatt, à l'établissement de ladite route, ne sont pas pressés du tout de contribuer à cet établissement et semblent préférer l'ancien état de choses. C'est aussi dans la banlieue de ces deux dernières communes que se trouvent les portions les plus mauvaises et les plus difficiles du chemin.

A Randah, aujourd'hui, on peut tout à son aise contempler le beau Biesglætscher, invisible hier, et en se retournant, on a la satisfaction de saluer une dernière fois la large cîme du Breithorn, par-dessus le Riffelberg, où paraît, assez distinct, le Riffelhaus, comme un point blanc au sommet du gros mamelon sombre.

Puis deux heures plus tard, et sans autre aventure, nous voici à Saint-Nicolas, altérés, comme jamais, je crois, nous ne l'avons encore été, et pressés de courir à l'hôtel le plus proche, où trois flacons de bière de Genève, pas trop mauvaise, disparaissent en un clin d'œil, et où il faut l'intervention sérieuse de la bourse commune pour empêcher la continuation de ces libations!

On laisse ici le bidet, Frèrot déclarant être à même, malgré son talon, de faire le reste de l'étape à pied! Ce reste, d'ailleurs, se réduit à une promenade de deux heures; en flânant, nous serons toujours à Stalden bien avant la nuit. On ne se presse nullement, de se remettre en route, et une heure se passe là dans un far niente plein de charmes. Mais tout a une fin ici bas, même le plus charmant far niente, et nous revoici en chemin.

Tout va bien jusqu'au bas de la longue et vilaine rampe où Gustel et Frèrot, avant-hier, ont dû quitter leurs bidets, sur le dos desquels ils se trouvaient pourtant si bien. La bosse, depuis le bas, paraît bien plus déplaisante que d'en haut! Et Frèrot de soupirer après son coursier! A quoi bon ces soupirs, o Frèrot! Tu l'aurais encore, ton coursier, qu'il te faudrait, sans doute, l'abandonner de plus belle ici. Il doit, certes, exister quelqu'ordonnance du landammann défendant de monter cette bosse, à dos de bête! Ce raisonnement ne fait que médiocrement l'affaire de Frèrot, qui supplie qu'on fasse au moins une halte avant de commencer l'escalade. Va donc pour la halte! Elle a lieu à l'ombre d'un tout charmant bosquet de mélèzes, aux côtés de la plus pure et de la plus limpide des sources, dont l'onde, délicieusement fraîche, vaut, pour l'heure, autant et mieux que toutes les bières de Genève et autres lieux! Et l'eau et la halte se goûtent avec une inexprimable volupté! Mais le système est mauvais, détestable, absolument pas pratique. Si vous trouvez des rampes sur votre chemin, ne vous arrêtez pas au bas, et n'y buvez point d'eau. En le faisant, vous commettriez deux grosses fautes. Quelque las et quelqu'altéré que vous soyez, quelque longue et roide que soit la rampe, attaquez-là, sitôt que vous y êtes, et tels que vous y êtes arrivés : la besogne ne vous en semblera pas plus rude; vous ferez votre halte, vous étancherez votre soif au haut, et le tout ne vous en paraîtra que meilleur après les fatigues de l'escalade! Pour n'avoir point suivi ces sages préceptes, il ne tarde pas à nous en cuire, aujourd'hui! Nous quittons notre repos goûté hâtivement, et par conséquent incomplet, et chacun avec une charge d'eau dans l'estomac. Et aux premiers gradins nous voilà soufflant, suant, fumant et n'en pouvant plus! Et c'est une torture alors jusqu'au haut! Ce n'est pas làdessus, par ma foi! qu'on passera de sitôt en carosse. Le talon de Frèrot y reçoit le coup de grâce et se trouve être bientôt impropre à tout service. On a une belle peur de ne l'amener plus même jusqu'à Stalden, et on implore le ciel que cette intéressante localité compte un savetier au nombre de ses habitants.

Comme nous atteignons les premières maisons du village, les nuages, brusquement, crèvent sur nos têtes, et la pluie se met à tomber, drue, intense, battante! Il n'y a plus qu'à se féliciter doublement d'être arrivés au port! Maintenant, où irons-nous jeter l'ancre? Retournerons-nous loger à la Traube? A vrai dire, aucun de nous n'en éprouve une tentation bien vive : le grand-papa lapin d'avant-hier, les fumets du jambon, les dix-sept francs de la taxe et autres douceurs encore, nous sont restés sur le cœur! Mais il pleut ferme, veuillez remarquer cela! Notez ensuite, que la Traube, quelque mauvaise quelle soit, est encore ce que Stalden a de mieux à nous offrir! Considérez encore que le talon de Frèrot en est arrivé à jouer aux castagnettes avec la semelle, que la Traube est là, droit sur notre chemin, qu'y entrer nous épargne la peine de chercher plus loin, et ne soyez pas trop surpris si, en fin de compte, nous y revenons.

Et qui sait après tout? Peut-être bien y sommes-nous tombés, avant-hier, à un mauvais moment! Ces lendemains de fêtes, ça met en somme partout les gens en désarroi! Nous allons bien sûr y trouver, aujourd'hui, la revanche de l'autre jour! Hélas! vain espoir! La Traube est décidément une détestable gargotte! Les hôtes y sont déplaisants, hargneux au possible : on dirait vraiment qu'ils vous en veulent de ce que vous descendiez chez eux! Et puis quelle cuisine! Miséricorde! Pas de lapin, aujourd'hui! Mais le dos d'un mouton qui a dû mourir phthisique! Des haricots fossiles! Du

jambon, toujours de l'édition d'avant-hier, mais, comme
arôme, considérablement revue et augmentée; enfin, du
fromage qui ne figure que comme plat d'apparat, et
auquel tous ceux qui essayeraient d'y mordre, se casse-
raient leurs meilleures dents! Avec cela, horreur des
horreurs, des cheveux un peu partout, dans le potage,
dans les haricots et dans le dos de mouton! Cette cuisinière doit-elle avoir la tignasse assez richement garnie
pour pouvoir se livrer impunément à pareille débauche
de sa chevelure! Le petit muscat seul, le même que
l'autre jour, pût nous consoler de tant d'imperfections!
A trois francs par tête, et sans être exigeant, on eût
pu prétendre à mieux que cela!

Au moment où nous nous levons de table, voici
venir un quatuor d'Anglais affamés, qui, à cor et à cris
réclament du rossbeaff! On va vous en servir, mylords,
du rossbeaff, à la Traube! Et si vous le trouvez à votre
goût, vous irez le dire à Londres! O yes!

Après dîner, on découvre, o bonheur! en face de
l'hôtel, l'échoppe d'un savetier, où, bien vite, l'on porte
le soulier-castagnette qui devra être restauré, réparé,
remis à neuf, demain, à la pointe du jour.

Puis, le déluge persistant, retraite prématurée dans
notre logis; car que faire à la Traube, à moins que
l'on y dorme! Il est sept heures à peine, et il fait
presque encore jour! Qu'importe! Nous enlevons de la
sorte, à l'hôtesse porc-épic de céans, tout prétexte plausible pour nous facturer de la bougie! Et le crépuscule
est encore en train de se débattre contre la nuit en-
vahissante, que déjà nous dormons du plus profond
sommeil!

TREIZIÈME JOURNÉE

LE SAVETIER ARTISTE. — DÉPART DANS LA PLUIE. — LE TOURISTE CAOUTCHOUC. — NEUBRÜCKEN. — VALLÉE INFÉRIEURE DE LA VISP. — VIGNOBLE ET MARAUDAGE. — VISPACH ET ET L'HOTEL DU SOLEIL. — VALLÉE DU RHONE. — OÙ NOUS ROULONS VOITURE. — TOURBEMAGNE, SIERRE, LOUESCHE, *** A MARTIGNY. — LA GLOIRE DE FRÉROT. — GORGES DU TRIENT. — CASCADE DE PISSEVACHE.

O grand Saint-Crépin, patron des savetiers! soisnous propice! Cette invocation que vous considérez comme intempestive, n'est-ce pas, a sa raison d'être : veuillez n'en point douter! Nous avons trop bonne souvenance, en effet, de l'aventure qui nous advint, l'an dernier, à Interlaken. (une capitale, pourtant!), où l'un des souliers de Gustel ayant eu besoin des bons offices d'un des disciples du saint invoqué ci-dessus, le pauvre Gustel en demeura boîteux pour le restant du voyage. Pas étonnant, d'ailleurs, je vous jure, avec une semelle, la bonne! qui se trouvait réduite à sa plus simple épaisseur, et une autre, la restaurée! qu'on lui retourna avec une épaisseur improbable de deux et demi centimètres! Le savetier d'Interlaken, évidemment, avait voulu bien faire les choses! Seulement, sur cette base inégale, Gustel, au repos, offrait une vague analogie avec la tour penchée de Pise, et en marchant, avait beau faire, il claudiquait, claudiquait, claudiquait et ne cessa de claudiquer qu'à la maison! Si pareille chose, pourtant, allait arriver à notre Frèrot! On frémit, rien que d'y songer! C'est alors que ce seraient jérémiades, plaintes et lamentations jusqu'au retour! Mais non; vaines alarmes! Frèrot est sauvé! Son soulier vient d'être rapporté à l'instant même! Un artiste, vous savez, ce savetier de Stalden! La reprise est parfaite, et ce n'est pas trop de quarante sols pour rémunérer tant de savoir faire! Sois loué, Saint-Crépin! Voici notre Frèrot au bout de ses misères personnelles!

Que ne sommes-nous tout aussi bien au bout de nos tribulations communes? Qu'est-ce donc que nous avons pu faire au ciel pour l'indisposer ainsi contre nous?

On constate au lever, ce matin, le temps le plus aquatique qui se puisse rêver; un de ces temps à liquéfaction universelle, faits pour le grand bonheur des grenouilles et des marchands de parapluies! Pas même à Macugnaga, où, pourtant, elle y allait bon train, la pluie ne tombait avec une abondance et une conviction pareilles!

Et, à la Traube, pas le plus petit papa Lockmatter dont la société pourrait nous aider à prendre le déluge en patience, ni personne qui lui ressemble même de loin! Rien que l'affreuse vieille, maussade et bourrue, qui fait si déplaisamment les honneurs de la maison! Et nos chambres! Un logis qui, au jour, paraît encore plus défectueux et plus désagréable qu'hier dans le crépuscule. Il est permis de croire que partout ailleurs nous nous serions décidés, sans peine aucune, à d'abord déjeuner! Histoire de voir venir les éléments! Mais ici? Plus souvent! Non! non! Nous en avons notre suffisance, et de lapin suranné, et de mouton étique, et des haricots aux cheveux, et de tout le reste! La pluie tomberait plus drue encore, nous ne nous en sauverions pas moins. Mieux vaut la noyade, bien sûr, que l'empoisonnement! Alors, comme toujours, aux départs pluvieux, le travail des épingles commence, un entortillement, une imperméabilisation compliquée et réciproque dans les châles, dans laquelle chacun prend plus ou moins l'apparence de quelque paquet! Puis, adieu o Traube! adieu gargotte infâme! Et à ne plus jamais te revoir!

Et sous les flots pressés de l'averse qui nous douche ferme, nous entamons le sentier rocailleux qui descend le village, en pleine inondation. Etrange! Le déchaînement des éléments n'a pas la moindre prise, aujourd'hui sur la joyeuse humeur de la troupe! Que dis-je! Ce nous est, à tous trois, comme une sorte de satisfaction, que de nous sentir imbiber tout doucettement, par l'eau du ciel! Nous sommes hors la Traube! Le reste nous importe peu!

Avouez pourtant que c'est à tout prendre une assez singulière mécanique, que l'humaine cervelle! Et combien elle peut être diversement impressionnée par le même fait, selon le vent qui souffle ou l'humeur qui vous tient! Quelques gouttes qui tombent d'aventure, ne suffisent-elles point, parfois, pour vous exaspérer? Tandis que, d'autres fois, les écluses du firmament s'ouvrant toutes ensemble, n'ont pas le don d'altérer votre sérénité, et que les flots de l'averse glissent sur votre indifférence, comme ils glissent sur les ardoises des toits! Il en est ainsi, du reste, de toutes choses dans la vie! Souvent un rien, une mouche sur un mur blanc, une tache sur un meuble, une allumette qui ne prend pas, suffisent pour vous mettre hors des gonds, et souvent aussi les contrariétés les plus vives se ressentent à peine et se supportent avec une imperturbable patience! Affaire de nerfs que tout cela! Aussi bien, les nerfs! cela explique tout, répond à tout et rend compte de tout! Notez cela dans vos papiers, futurs Esculapes, et à l'occasion, tâchez d'en faire votre profit!

Aux dernières maisons de Stalden, nous croisons un touriste qui, lui, paraît encore moins impressionné que nous-mêmes, par le déluge! Au contraire, il a l'air, littéralement, celui-ci, de jubiler sous l'ondée! Déjà de loin, ce particulier répandait une odeur de caoutchouc. De près, il se trouve que tout, sur lui, manteau et capuchon, chapeau, culottes et chaussures, est vulcanisé, verni, luisant, mirobolant! Et là dedans, le bonhomme brave les éléments, enjambe avec nonchalance, déambule avec sécurité : il est heureux, cela se voit! il est enchanté du temps, cela se lit sur le peu qu'on aperçoit de son visage! Et voilà un gaillard qui, sûrement, en voudrait au soleil, si paraissant d'un coup, et chassant les nuages, il venait déranger la petite expérimentation, qu'est en train de subir le costume merveilleux.

Le sentier, sitôt sorti du village, descend les prés, en rampe roide, et se rapproche de la Visp, dont il longe la rive gauche. De vue, bien entendu, si peu que rien! Assez cependant, pour qu'en se retournant, on puisse, à travers le mobile rideau des gouttes, admirer une fois encore, la situation tout à fait remarquable de

Stalden, jeté là, au confluent des deux Visp, aux pieds du promontoire extrême du Saasgrat, comme une forteresse qui défendrait à la fois l'entrée des deux vallées. Et l'immense roc, où le village se perche, fait assez bien l'effet, d'ici, comme d'un énorme coin naturel, fiché là exprès pour maintenir béant le gouffre qui livre passage aux deux torrents. Le tableau, bien que mal éclairé et noyé aux trois quarts, n'en est pas moins empreint d'un remarquable cachet de grandeur sauvage, auquel ajoute encore le sévère aspect de la sombre crevasse rocheuse, où les deux torrents, réunis mais peu d'accord, roulent leurs flots tumultueux avec des grondements farouches!

Bientôt le chemin va se perdant sous les arbres; et là, tout aussitôt, chaque coup de vent, en sus des gouttes qui tombent du ciel, directement, secoue sur nous au passage, toute l'eau accumulée dans la feuillée! C'est fort drôle! Mais déjà le ciel pleure moins abondamment et le vent, petit à petit, se calme. Ce sont des raffales encore, mais qui vont s'apaisant à mesure et s'espaçant de plus en plus, et la pluie ne vient plus alors que par saccades, toujours moindre et toujours plus fine. Tels, chez un enfant, qui a eu quelque gros chagrin, les sanglots, au bout d'une grande crise de larmes, reviennent encore comme par hoquets involontaires et durent, quand déjà le bambin a plus envie de rire que de pleurer?

Le firmament, lui aussi, semble repris d'une belle envie de sourire. La brume s'est éclaircie; les nuages lentement s'élèvent et se massent: des coins de bleu, çà et là, égaient l'uniformité grise, et un rayon de soleil perce l'épaisseur des branchages, où de toutes les gouttelettes sans nombre, de diamants qu'elles étaient jusque là, il fait en un instant tout autant de topazes! Pas de chance, le touriste caoutchouc! Il peut, à présent, remiser où bon lui semblera son imperméable attirail! C'est cela qui va le vexer, cet homme si bien vulcanisé!

Nous aussi, sur l'heure et sans tarder, nous nous désimperméabilisons à tour de rôle! Et chacun de donner du jeu aux épaules roidies dans l'incommode épinglement des châles. Et chacun de remuer de nouveau ses bras dans les limites que la nature a assignées à ces appendices! J'en profite même pour exécuter avec mon Alpenstock recloué, une série de moulinets que ne désavouerait pas un tambour major! Et déjà du ciel nettoyé, il ne tombe plus une goutte; et du déluge en déroute, il ne reste qu'un égouttement bruyant sous les arbres, et dans l'herbe noyée, un ruissellement de rigoles, qui roulent lentement, et vont grossir la Visp.

A une demi-lieue environ de Stalden, un pont d'une seule arche, hardiment établie, la Neubrücke, mène sur la rive droite du torrent, que le sentier va suivre jusqu'à Vispach. Du pont même, on jouit d'un dernier et superbe coup d'œil sur Stalden, tout étincelant au soleil, au sommet de son monticule. Puis le chemin, continuant à descendre rapidement, ne tarde pas à atteindre les vignes. Et ce ne sont plus que vignes alors, jusqu'au bas de la vallée. Vignes à perte de vue! et vignes sans clôtures, s'il vous plaît! Il n'en est point, ici, comme dans le sot vignoble de Chiavenne! Le raisin est à portée de main, et l'on ne résiste pas longtemps à l'envie de marauder un brin. Mais, marauder, c'est bien vilain! allez-vous dire. Je ne dis pas non! Mais c'est si agréable, aussi, je vous jure! Sans compter que Gustel vous a bien vite déniché un raisonnement fort spécieux, d'où il résulte que l'absence des clôtures implique nécessairement l'autorisation du grapillage! Franchement, Gustel, y crois-tu tant que cela, à ton raisonnement? Pour sûr, il fait comme s'il y croyait, et nous ne voyons point de motifs pour ne point faire comme lui! Ce n'est que quand le maraudage menace de prendre des proportions par trop ravageantes, que je me mets à prêcher la modération, et que je fais entrevoir la possibilité d'un garde-champêtre ou la probabilité d'un procès-verbal! Tout n'est pas de prêcher! Il faut, avant tout, ne pas prêcher dans le désert! Or, j'y prêche joliment, pour l'heure! Et le grapillage continue après comme avant mon sermon!

Que de sermons, ici bas, qui subissent le même sort! Eternel attrait du fruit défendu! En historien véridique, je ne vous cacherai point, maintenant que le raisin était fort peu mûr et outrageusement aigre! Aussi n'est-ce point le garde-champêtre seulement, mais aussi et surtout la colique, qui me semblait à redouter! Eh bien, non! Il est positivement des jours heureux et des grâces d'état! Le grapillage finit sans indigestion. le maraudage cessa sans procès-verbal!

C'est égal! Il eût pu si facilement en être autrement! Et voyez-vous, dans le sentier le joli trio se tenant le ventre, et à tout instant, courant à l'écart; ou bien encore vous figurez-vous les têtes de Gustel, de Frèrot et de votre serviteur, surpris en flagrant délit de maraude, et menés au violon par la force publique!

Tout en grapillant, nous avons fait du chemin, et nous voici à Vispach, un peu avant l'heure où nous comptions y arriver! Preuve que nous n'avons guère perdu de temps dans les vignes!

Nous mettons le pied, ici, dans la vallée du Rhône, et nous y rejoignons cette même route du Simplon, que nous avons quittée, il y a sept jours, à Pié di Mulera, à 90 kilomètres plus haut! Sept jours, déjà! Misère! Comme le temps passe, et comme cela nous rapproche du retour!

Des ruelles en pente raide, étroites, tortueuses, malpropres, et munies du pavé le plus pointu qu'aient encore tâté nos semelles; de grosses et lourdes maisons, crasseuses, déplaisantes à voir, et depuis un temps immémorial veuves de tout badigeon; une solitude pleine de boue, où des bandes d'oies et de canards se prélassent à l'aise dans la fange des mares, voilà de prime abord, ce que Vispach offre de plus intéressant! Et notez, que plus on avance, dans cette résidence, moins cela change! En bas, sur la grande route, on trouve plus d'espace, c'est vrai, mais non moins de boue, ni des demeures plus plaisantes!

Encore une localité, celle-ci, où nous n'irons pas de sitôt, demander droit de cité! Nous lui demanderons, en revanche, aujourd'hui, deux choses! Un bon déjeuner, d'abord, si cela se peut faire; et notre sac, ensuite, qui, depuis quelques jours, doit s'ennuyer à nous attendre, à la Poste, dans un coin. Une à une, dans la longue enfilade, nous inspectons les maisons alignées, uniformément sombres, aux façades lézardées et non récrépies depuis la secousse de 1855, et où dans les fissures, babillent des nichées de moineaux bavards: et nous arrivons à l'extrémité du bourg, au pont de la Visp, sans avoir rien vu, absolument, qu'à un signe quelconque, on eût pu reconnaître pour la Poste. Par contre, tout à côté du pont, l'hôtel du Soleil! Quelques voitures dételées, devant le perron; des groupes de guides et de conducteurs qui stationnent, indiquent l'importance de l'immeuble, qui est non seulement l'hôtel le plus sérieux, mais aussi la seule maison riante et fraîche de tout Vispach. C'est là, évidemment, qu'il nous faut aller chercher notre déjeuner! Quant au sac, on s'en occupera plus tard; les affaires sérieuses avant tout!

La salle à manger, sise au premier étage, paraît des plus convenables! Et déjà naît l'espoir qu'on va se dédommager, céans, des rudes épreuves auxquelles nos estomacs ont été soumis par la cuisine de la Traube! Mais hélas! Les cuisines, dans le Haut-Valais, se suivent et se ressemblent! On nous sert ici des beaffsteaks de taille, mais dont la mastication convenable eût exigé des dents de pur carnassier, et des mâchoires de boule-dogue; puis un gibier inconnu et problématique, exempt de mouches, il est vrai (gageons que le chef est chauve!), mais par contre, amplement agrémenté de mouches! C'est cet ensemble défectueux qu'on intitule, ici, un déjeuner à la fourchette! Aussi mange-t-on par aquit de conscience, plutôt que par appétit, et c'est en poussant de gros soupirs qu'on se remémore les délices de la table de l'hôtel Mont-Rose, à Zermatt! Ces Seiler, voyez-vous bien, sont et resteront, sous tous les rapports, une louable exception dans le pays. En compensation de ces défectuosités, du pain délicieusement frais, un petit vin exquis et qui ne le cède en rien au muscat de Stalden, enfin un hôte affable et causeur, tout à fait genre Franz Lockmatter, rendent tout au moins la situation tenable.

L'hôte n'est pas causeur seulement, il est aussi prophète à ses heures, et il nous donne pour demain et après, les assurances les plus formelles de beau temps! „C'est que, voyez-vous, Messieurs, quand le samedi avant midi, nous avons le soleil, la semaine qui vient sera belle! C'est immanquable!" Nous en acceptons volontiers l'augure! Songez donc! c'est demain, de nouveau, jour de longue course et de grande ascension! Il ne s'agit de rien moins que de passer le col de Balme, et d'aller à Chamounix, et vous pensez, si, dans cette prévision, nous avons soif de soleil et de ciel bleu!

Je dois dire que pour l'heure nous ne partageons pas précisément l'optimisme de notre hôte! Nous n'avons, il est vrai, aucune prétention au rôle de baromètres! Nous constatons seulement que depuis notre arrivée à Vispach, le ciel s'est sensiblement rembruni! Il y a lutte, au firmament; lutte sérieuse et indécise où rien de dit jusqu'à nouvel ordre qui doit l'emporter, du soleil, ou des nuages!

Quoiqu'il advienne de ce pugilat des éléments, notre plan est d'aller, ce soir, coucher à Martigny, et c'est aux moyens de parvenir le plus commodément en cette localité, qu'il s'agit à présent d'aviser! Dix lieues d'un ruban de grande route, à faire à pied dans la boue, ne sont point faites pour nous tenter outre mesure;

aussi, tout en grignottant le dessert, nous informons-nous des heures de la diligence. Mais tout aussitôt, Monsieur l'hôtelier se met à insinuer qu'il possède une voiture et un petit cheval bien gentil, et qu'il met le tout à notre disposition, meilleur marché que la diligence! A la bonne heure! Ici, du moins ils connaissent et pratiquent la concurrence! Et ce n'est point comme dans cette ridicule Isola des Peschatori, et dans cet absurde Baveno! Il est des insinuations auxquelles nous ne savons point résister! Nous possédons d'ailleurs une horreur instinctive des diligences! C'est assez vous dire qu'après de courts pourparlers, nous aquerrons, moyennant vingt francs, soit un Louis, comme on dit à Vispach, le droit de rouler carosse jusqu'à Sion. De là, nous irons à Martigny par le bout de voie ferrée, qui représente tout ce qu'on est encore parvenu à construire, dans la vallée du Rhône, du fameux chemin de fer du Simplon. Est-ce moins cher, maintenant, que la diligence? Vous pensez bien que nous n'y allons point voir, et que nous croyons notre hôte sur parole! Une particularité, cependant nous frappe! C'est l'empressement que l'on met à nous épargner la peine d'aller jusqu'à la Poste, où l'on vient d'envoyer un domestique pour chercher notre sac! Qu'est à dire? et le digne hôtelier, craindrait-il qu'on n'aille contrôler son dire? Qu'importe, après tout! Ce qui nous intéresse, c'est de savoir, si le domestique, sans papier, sans récipissé, sans rien qui ne l'autorise, ni ne légitime sa demande, va nous rapporter le sac! Eh! oui, bien! ma foi, il le rapporte! Et l'administration des Postes fédérales est vraiment bonne fille! Il ne laisse pas, toutefois, que de nous sembler que c'est là, pousser la confiance à des limites bien extrêmes! Mais de quoi, je vous prie, allons nous nous mêler? Nous avons notre sac! Que nous importe le reste! S'il est dans la Confédération, des modifications à apporter au système des expéditions postales, cela n'est, en somme, pas notre affaire!

Il est onze heures et demie, quand on vient nous prévenir que notre équipage est attelé! Notre équipage! Permettez que je vous le présente! Le carosse est un vieux petit cabriolet, à deux places, bas sur roues, mal suspendu, pauvrement couvert, et disloqué dans tous ses joints: l'attelage consiste en un petit bidet noir, l'air accablé, les oreilles basses, qui stationne tristement, dans cette pose des bêtes lasses, où l'un des pieds de derrière seul, appuie sur le sol, tandis que l'autre, à demi relevé s'arqueboute du fer sur le sabot de son voisin. L'œil mélancolique de cette rosse échinée nous lance comme un regard de reproche qui dit clairement: „Vous aviez bien besoin, vous autres, de vous arrêter chez nous! J'étais si bien dans mon écurie, et je me sens si mal devant cette cariolle!" Ah, ma pauvre bête! que veux-tu? Tout n'est pas rose, dans une existence de bidet! Mais sois bien sûre d'une chose! C'est que ce n'est pas à nous, bien vrai, que tu dois d'être sous le harnais, à cette heure! S'il n'eût dépendu que de nous, ce n'est certes pas toi, que pour nos vingt francs, nous aurions fait atteler devant ce véhicule! Tu n'as pas l'air, en effet, de devoir nous faire aller grand train jusqu'à Sion, et d'ores et déjà, nous bénirons le ciel, si tu ne nous laisses pas en chemin!

Comme nous prenons place dans notre bel équipage,

la lutte au firmament, parait se décider en faveur du soleil. L'hôtelier, d'ailleurs, est là, qui nous réitère sa prédiction, que de plus belle, il prétend infaillible! S'il savait, pourtant, cet homme, combien nous sommes sceptiques, depuis le Morgen, en fait de prédictions! Malgré son dire, et en dépit de l'aspect momentanément rassurant du ciel, il nous semble que nous continuerons, jusqu'à nouvel ordre, à osciller entre une ondée et un rayon de soleil! Aussi bien, si, faute de place à l'intérieur, je me mets sur le siège, à côté du cocher, est-ce avec la réserve expresse d'avoir droit à un abri entre les deux occupants du cabriolet, sitôt que le besoin viendrait à s'en faire sentir.

Là-dessus, le bidet rassemble le peu qui lui reste, d'ardeur, et part avec un semblant de trot! Comme nous sommes à un kilomètre environ du pont, on constate l'absence de notre Bædecker, resté sur la table de la salle à manger! Fera-t-on retourner le malheureux bidet! Non, non! Reste-là, tranquillement sur la chaussée, pauvre bête! J'aurai, en somme, fait plus vite que toi! Voilà un trait, n'est-il pas vrai, à signaler tôt ou tard, à la société protectrice des animaux! Je pars et je reviens au galop! Et le bidet qui se trouvait bien, du nouvel état des choses, reprend son chemin avec un visible mécontentement!

Et cahin, caha, nous roulons sur la grande route du Simplon! Fichus ressorts, que ceux du cabriolet! Fichu entretien, aussi, que celui de cette grande route! Ce ne sont qu'inégalités, ornières et trous, au milieu desquels notre équipage cahote, que c'est une bénédiction! Un miracle, qu'à ce train-là, nous conservions notre déjeuner! Et rien, pour faire diversion! Une sotte rangée d'arbres, alignés bêtement et entre lesquels le chemin se voit indéfiniment allongé en une de ces abominables lignes droites, dont le bout fuit sans cesse, et qui semblent avoir été faites pour le plus grand ennui des touristes..... et des bidets! Dans l'échappement des troncs alignés, un paysage banal et sans attraits! Rien de saillant, rien qui attire ou qui captive le regard! La vallée est large à faire croire à une plaine; l'encaissement en est, ici du moins, sans grand relief, d'un dessin monotone, et manquant absolument de caractère. Le Rhône, lui-même, dans cette médiocrité, manque de cachet: ce n'est plus un torrent, mais ce n'est pas encore un fleuve! Une grosse rivière qui roule, presque droit, entre deux rives plates, n'a jamais ni nulle part, été pour les yeux, qu'un régal assez mince! Et plus on fait route et plus on se félicite de n'avoir point chargé nos trois paires de jambes de cette étape aussi longue qu'ennuyeuse! L'allure du bidet, à vrai dire, ne la raccourcit guère: Pauvre petit bidet! ce n'est pas sa faute, après tout! Le cocher vient de nous avouer que la malheureuse bête a fait dans la nuit, une course de plus de dix lieues! Faut-il que les hommes soient canailles pourtant, pour abuser ainsi d'un pauvre animal du bon Dieu! Brigand d'hôtelier!

Ne pouvait-il pas nous donner un cheval un peu moins sur les dents! Une grande pitié, alors, nous prend pour l'infortuné bidet! Quelque chose comme un vague remords nous effleure! Nous effleure seulement! Nous avons déboursé un Napoléon pour nous faire véhiculer, en somme, et nous en voulons pour notre argent! Ah! petit bidet noir! Les hommes, vois-tu bien! ça ne vaut pas grand chose! Et les meilleurs sont d'épouvantables égoïstes! Notre égoïsme, toutefois, ne nous empêche pas, de voter par anticipation, un picotin et une demie heure de repos, à notre coursier, au premier endroit qui se présentera! Cet endroit est Tourtemagne où nous arrivons au bout de deux petites heures, et non sans que le petit bidet n'ait reçu amplement l'absinthe de son picotin, sous forme d'innombrables coups de fouet, de la part de son automédon! Le petit noir fait son régal du picotin, tandis que nous faisons le nôtre d'une tasse de café noir, lequel, ô miracle, se trouve être tout à fait exquis!

Sur ces entrefaites survient une formidable averse, qui prouve qu'en fait de prophétie, l'hôtelier du soleil n'a rien à envier au vieux nez pelé du Valansasca. Nous convenons d'attendre la fin de l'averse, pour nous remettre en route; mais comme nous attendrions bien, peut-être, jusqu'à demain, au bout de trois quarts d'heure, nous repartons en plein déluge! J'ai pris, aussi bien que la chose a pu se faire, place dans le cabriolet entre Gustel et Frérot, et nous voici assez bien, tous trois, sur l'étroite banquette, comme des sardines dans leur boîte! De Tourtemagne, de la sorte, nous arrivons à Sierre, sans avoir aperçu rien absolument, que le dos de notre cocher, et les cascades qui de la capote du cabriolet tombent sans relâche sur le dos susdit. Constatons que le picotin a fait merveille, et que de Tourtemagne à Sierre, le bidet trotte sans intervention du fouet. Enfin la pluie cesse; et vite je reprends ma place sur le siège au grand contentement des deux sardines restantes, que mon départ remet un peu à leur aise, et qui ne m'avaient d'ailleurs reçu que de la plus mauvaise grâce du monde!

La vallée est devenue plus intéressante: moins plate, plus rétrécie, elle offre un cachet de pittoresque attrayant aux approches de Louesche. La route traverse de belles collines couvertes de pins, jadis repaire fameux de brigands malappris qui rançonnaient impitoyablement les voyageurs, mais où, aujourd'hui, on ne rencontre qu'un gendarme fédéral, qui, d'un air paterne, mène en prison un vagabond de bas étage. Plus loin, c'est un mulet, que monte un indigène, et qui, au passage de la voiture, devient têtu, refuse d'avancer, et en fin de compte, d'une ruade superbe, envoie rouler dans le fossé son seigneur et maître! Cette lubie lui vaut, sitôt son maître et seigneur remis sur pied, une maîtresse volée de coups de bâton, qu'il reçoit avec un stoïcisme digne de l'antiquité!

Le Rhin, lui-même, a insensiblement changé ses allures; il a fière mine, ici, et roule avec une certaine majesté, déjà, ses flots impétueux aux pieds de grandes falaises grises, qui se présentent un peu en avant de Louesche, jusqu'à ce qu'il aille s'engouffrant avec fracas sous le grand pont qui relie les deux Louesche, Louesche-Souste et Louesche-Ville. Une vallée s'enfonce, au-dessus de cette dernière: on y voit en lacets allongés, les zigzags interminables qui montent aux bains de Louesche, situés à quatre lieues plus haut dans les montagnes. L'aspect de Louesche, vieille et imposante cité, toute hérissée de créneaux, de donjons, de tours et de hautes murailles, ne manque pas d'attrait!

Aux portes de Sierre on passe le fleuve, puis on traverse la ville dans toute sa longueur, sur un pavé barbare, plus pointu encore que celui de Vispach, et sur lequel notre équipage cahote à faire craquer les ressorts à chaque tour de roue. La ville, elle-même, est originale et intéressante au possible: ce ne sont que demeures antiques attirant les regards par les mille détails curieux de leur architecture. L'entretien seulement en laisse un peu à désirer, et c'est dommage. Comme animation, néant: on dirait une ville morte! Sauf une voiture remplie d'Anglais, qui, devant nous, sort de l'hôtel Belle-Vue, deux toutous qui rôdent, et un facteur en tournée, nous ne voyons rien qui nous prouve que Sierre soit vivant et habité, et dans le grand silence de la longue rue déserte, notre cariolle roule avec d'étranges sonorités! La voiture aux Anglais qui nous précède, vient fort à point, car de nouveau le petit bidet noir faiblit: le picotin a fini son œuvre, et les coups de fouet qui pleuvent de plus belle n'y peuvent bientôt plus rien! La petite bête, fort heureusement, a l'amour-propre plus chatouilleux que la carcasse! Voyant devant elle filer bon train, les deux chevaux de l'hôtel Belle-Vue, elle se pique d'émulation; son antique valeur se réveille, le fouet devient superflu, et nous restons, à bonne distance, dans le sillage du char que va devant nous. La route, ici, est d'ailleurs des meilleures! Elle longe le Rhône, qu'elle domine à faible hauteur, laissant entre elle et lui un espace vide, où se voit ce qui reste des travaux autrefois entrepris pour la construction du chemin de fer du Simplon; travaux abandonnés depuis longtemps, faute de fonds!

Triste coup d'œil pour les ex-actionnaires, s'il en vient à passer! La pluie ronge à présent, et le temps fait crouler ces remblais, où se sont engloutis leurs capitaux ; çà et là, des rails, achevant de se couvrir de rouille, et à demi ensablés! A Genève on a essayé, paraît-il, de vendre la ligne aux enchères publiques; comme vieillerie, alors, fort probablement! Mais cela ne s'achète pas comme un vieux bahut, ou une ferraille moyen âge, une ligne de chemin de fer qui ne va pas! Il ne s'est présenté aucun acquéreur, et le gouvernement fédéral a dû se décider, à entreprendre lui-même, pour le compte des créanciers, l'exploitation du tronçon achevé de la ligne, tronçon qui ne dépasse pas Sion!

A St-Léonard, la voiture aux Anglais s'arrête, et petit bidet perd son stimulant, et petit bidet également s'arrête, tout court! Cette action, au fait, n'est pas du tout dénuée de logique, de sa part, et prouve en faveur de son intelligence! Elle ne lui en vaut pas moins une abondante distribution de coups de fouet, et petit bidet enfin se décide à se remettre en route, mais avec un mauvais vouloir manifeste. Mais ce n'est plus de trot, à présent, qu'il s'agit; lentement, péniblement, traînant les jambes, il nous mène au haut de la côte qui vient de suite après St-Léonard. Une fois là, autre affaire: d'ici Sion il n'a plus qu'à se laisser faire; le cabriolet, par son poids, tout seul le pousse, sur la rampe passablement raide, et petit bidet semble trouver cela tout à fait de son goût!

Sion, vu du haut de la côte, est une apparition toute charmante et peut être rangé à bon droit parmi les localités les plus originales et les plus pittoresques de la Suisse. Du sommet de chacune des deux collines qui donnent à la ville son aspect si caractéristique, un imposant manoir, au loin domine la vallée ; sur les bas étages de chacune d'elles, la ville s'étend en amphithéâtre gracieux, plongeant sur le Rhône qui décrit, ici, une courbe allongée avant de s'éloigner en grondant, et tout autour, le spacieux bassin de verdure se déploie mollement, s'encaissant à la ronde de massifs puissants, de chaînes élégantes, çà et là, de cîmes arrogantes et escarpées. Le vieux Sion ne se compose guère que d'une longue et large rue unique, flanquée de quelques insignifiantes ruelles : la perspective qu'elle offre est connue, et a été, depuis longtemps, exploitée par les photographes les plus divers. Elle est réellement intéressante et curieuse, et offre quelqu'analogie avec la grande rue de Berne, avec une plus grande variété de style, dans les constructions, et sans cette double rangée d'arcades mesquines et encombrées, dont les Bernois sont si fiers et qui en valent si peu la peine. La plupart des façades y offrent une architecture fine, élégante et riche, rappelant une époque de prospérité et de splendeur passées ! Le temps malheureusement nous presse, et nous ne pouvons accorder aux curiosités de Sion qu'une attention bien superficielle et bien hâtive !

Notre cocher, de sa propre autorité, nous a arrêtés devant un bel hôtel, portant je ne sais plus quelle enseigne, et met ainsi, bien inutilement, les gens de service en émoi ! A mon injonction de nous mener à la gare, vu que nous n'avons ni le désir, ni le loisir de rien consommer, le malotru, vexé sans doute du résultat purement négatif de sa manœuvre, répond catégoriquement que les cochers ne *mènent jamais* à la gare! „Ah! et pourquoi pas, s'il vous plaît?" — „Ils n'y vont pas donc!" Fort bien! „Nous irons à pied, *donc!*" Mais si tu t'attends, toi, rustre! à un pourboire, tu pourras ajouter une illusion perdue de plus, au nombre de toutes celles que tu as déjà pu perdre en ta vie! Ah! tu ne mènes pas à la gare? Eh bien! nous ne mettons pas la main à la poche, et nous voilà quittes, manant! Et nous lui tournons les talons, tandis qu'il marmotte une foule de choses, au nombre desquelles ne doivent pas figurer beaucoup de louanges à notre adresse.

Pour arriver à la gare, il faut traverser tout un quartier neuf, bien bâti à la moderne, c'est à dire, sans style, sans goût, sans originalité! A côté de la vieille cité si remarquable et d'une ornementation si diverse et si recherchée, ces bâtisses font à peu près l'effet que ferait un vulgaire couvert de Ruolz, à côté de quelqu'une de ces remarquables pièces d'argenterie que le moyen âge savait ciseler si finement. A part cela, les maisons sont spacieuses, fraîches, ornées de vertes persiennes, et alignées au cordeau, ni plus ni moins que chez nous les cités ouvrières! Au bout, la gare; ou plutôt le pauvre hangar en bois qui en tient lieu! Car vous pensez bien que ce tronçon de ligne, n'a point besoin d'une gare bien luxueuse. A côté, pourtant l'on voit quelque chose qui fut un socle en pierres, et quelques restants de murs de maçonnerie. Un postillon fédéral veut bien nous apprendre que c'est cela qui, primitivement, devait être la gare! Mais la compagnie propose . . . . . et la faillite dispose! Et les briques s'en vont, une à une, et les moellons se disjoignent, privés de leur mortier que la pluie enlève, et ce socle infortuné n'est déjà plus qu'une ruine, sur laquelle il n'est pas interdit aux actionnaires de venir pleurer la perte de leurs illusions ... et de leur argent! Tout, d'ailleurs, est en harmonie avec le débraillé de l'immeuble. Employés sans uniformes, matériel déplorable! Les heures d'arrivée et de départ, bien qu'indiquées sur de petites feuilles jaunes, semblent beaucoup plus dépendre du gré ou de la fantaisie du machiniste que d'un horaire réglementaire! Or le machiniste, pour l'instant, est en train de se désaltérer dans un soi-disant restaurant qui végète pauvrement à côté de la barraque de bois. Nous essayons de faire comme lui; mais nous n'arrivons qu'à nous faire manger par des nuées de cousins, et à faire d'horribles grimaces au goûter d'une bière que nous nous dépêchons de laisser dans nos verres, et en comparaison de laquelle, une décoction de rhubarbe ou d'aloés qu'on aiguiserait d'un peu de vinaigre, semblerait un breuvage divin!

On y voyage, pourtant, sur cette singulière ligne, on y voyage même beaucoup; et dans le wagon, nul de nous n'a la chance de trouver une place de coin, où, par la portière, il eût pu avoir la satisfaction d'un peu de vue! Par contre, nous sommes gratifiés de la société d'un indigène, qui a dû absorber à Sion tout autre chose que la bière de la gare; car, à moins d'être un ivrogne fieffé, il n'eût pas eu le courage de se parfaire avec ce poison, la petite ébriété réussie qui le rend si loquace! Cet aimable pochard, depuis qu'il sait que nous allons à Martigny, a lié conversation, et veut absolument nous mener ce soir encore, et lui-même, aux gorges de Trient, et à la cascade de Pissevache, les merveilles des merveilles, d'après lui! „Voyez-vous, mes bons jeunes gens! qui n'a pas vu cela, n'a rien vu! c'est moi qui vous le dit! Je demeure à côté; je dois le savoir, *donc!* Alors vous prenez une voiture à Martigny! Ça vous coûtera cinq francs! Je me charge de vous la procurer. (Voyez-vous cela!) Vous m'emmenez avec vous! Je vous montre la chose; vous payez une bouteille, chez mon voisin qui est aubergiste, et voilà! Oh! ne croyez pas que c'est pour moi que je fais la chose: ma foi non! c'est pour mes voisins, pour leur faire gagner quelque chose!" Oui, oui! o le plus désopilant des philantropes! Oui, nous irons aux gorges de Trient, et à la cascade, peut-être, aussi! mais ce sera sans toi, sans ta voiture, sans ta bouteille et sans ton voisin! Ton voisin ne sera peut-être pas content! Mais arranges-toi avec lui comme tu pourras!

En cinquante minutes, montre en main, le train va de Sion à Martigny, et je vous assure bien qu'il ne s'échine pas de besogne pour arriver à ce beau résultat là! Si jamais il arrive quelque déraillement sur la ligne, ce n'est pas à un excès de rapidité des trains qu'il sera dû! L'organisation, d'ailleurs, cloche par tous les bouts, et jusqu'au choix de l'emplacement des gares! Et celle de Martigny se trouve être à près d'un quart de lieue de la ville!

Martigny est un de ces lieux bizarres, comme il ne s'en trouve, j'imagine, qu'en Suisse, ce pays, par excellence, des hôtelleries; et qui sont, à peu près, exclusivement composés d'un certain nombre d'hôtels.

les uns plus considérables que les autres ; tout autour, se groupent, comme se groupaient jadis les habitations des serfs autour des donjons des seigneurs, d'humbles et pauvres demeures, qui logent toute une population de guides, porteurs, propriétaires de chevaux ou voitures, gens besogneux et faméliques n'ayant guère d'autres moyens de subsistance que les touristes. Ces ressources, ici, sont plus abondantes, peut-être, qu'ailleurs. Martigny se trouve être, en effet, situé à une sorte de double croisière, où convergent les routes de Lausanne et Genève, par Villeneuve, d'Italie, par le Simplon avec les ramifications du glacier du Rhône, d'une part, et du Moro et de Zermatt, de l'autre. Ajoutez-y la route du grand St-Bernard, et celle de Chamonix par le col de Balme, ou par la Tête-Noire ; considérez de plus le voisinage des bains de Saxon, celui des gorges du Trient et de Pissevache, et vous conclurez avec nous qu'il est peu de localités plus propices aux hôtels et aux hôteliers !

Nous avons fait choix, pour notre logis, de l'hôtel Grande-Maison. Hôtel bien nommé, s'il en fût, car la maison est immense, et pourrait lutter de dimensions avec les plus grandes de nos filatures ! Un vrai caravansérail ! On nous assigne, dans cette immensité, une chambre, sise au troisième étage, au bout d'interminables couloirs et corridors ! L'appartement lui-même est fort ample, et rappelle les dimensions de notre chambre de l'hôtel Gennazini. Pendant que nous nous installons, nous expédions un domestique à la poste-restante, voir s'il est arrivé quelque chose à notre adresse ! Il nous rapporte bientôt deux bonnes et longues lettres que

l'on se met à dévorer avec empressement! C'est si
bon, les nouvelles du pays, quand on en est sevré
depuis une quinzaine! Aux deux lettres, on a joint le
Palmarès du Collège dans lequel nous avons la satisfaction de constater que Frérot a eu quatre prix, plus
un accessit de version latine, au concours départemental,
accessit lui valant un cinquième prix! Bravo, Frérot!
bravissimo! Voilà une gloire que l'on arrosera, tantôt,
au souper, d'une bouteille d'extra! Le jeune lauréat ne
dit pas non! Mais il n'est pas content tout de même!
Il regrette de n'avoir point assisté à la distribution
(intitulée solennelle!) des prix, et de n'avoir point pu,
de la sorte, savourer sa gloire coram populo! On le
surprend qui s'écrie: „Sapristi! que je suis donc
ennuyé de n'avoir pas été à la distribution!" Et il
oublie complètement, le malheureux! qu'elle a eu lieu,
le jour même, où il n'a pas été peu fier de faire son
entrée à Milan! La gloire, pour sûr, doit être une bien
douce chose! Pour savourer la sienne tout à son aise,
Frérot nous fait comprendre qu'il se moque à présent
des gorges du Trient et de toutes les cascades de
l'Helvétie, à commencer par celle de Pissevache!
„Allez-y, si le cœur vous en dit! Moi je reste avec
mon Palmarès!" Je vous demande pourquoi le cœur
ne nous en dirait point? Le temps est beau, la soirée
délicieuse, et nous ne sommes pas lauréats du concours
départemental, nous deux!

Informations prises, il faut une demie heure, de
l'hôtel, pour aller aux gorges! On comprend à présent,
l'insistance avec laquelle le philantrope aviné voulait nous
endosser une voiture à cinq francs! Ah brigand d'i-

vrogne! Dire qu'il prétendait que ce serait un vrai prix de faveur! Faveur pour le voiturier, oui, bien!

Martigny possède son vieux château tout comme Sion; mais insignifiant, et mal situé: On l'aperçoit non loin de la route, à côté du pont de la Dranse qu'on passe au sortir de la ville. Au delà, un long ruban de chemin se déroule sous les arbres, sur lequel bientôt nous enjambons avec un entrain sans pareil, comme si nous voulions, ce soir encore, aller au moins jusqu'à Villeneuve! Il fait bon marcher: le soleil est couché depuis un moment, l'air est tiède et embaumé, les prés sentent bon, les oiseaux jacassent dans les noyers. Ça et là, au firmament à la teinte vague et indécise, commencent faiblement à scintiller quelques étoiles, le disque argenté de la lune plane mélancoliquement par-dessus les sommets du Simplon: tout est calme, repos et silence, et le seul bruit que l'on entend, c'est le faible grondement de la cascade, dont les blancheurs laiteuses tranchent, là-bas, sur la gauche, à travers l'enfilade des grands arbres, sur la masse noire de la paroi rocheuse!

L'heure est bien choisie pour une visite aux gorges du Trient. Le crépuscule, qui insensiblement s'étend, ajoute à l'austère et saisissante grandeur du spectacle. L'entrée des gorges est tout à côté de la route. Une maisonnette s'y élève, sorte de bureau de perception où chaque visiteur laisse son obole, soit un franc! Cette formalité, indispensable, accomplie, nous avons accès à une galerie de bois, massive, solidement établie sur pilotis, qui pénètre jusqu'au fond de la crevasse! Car c'est une crevasse, dans le genre de celle de Pfaeffers, ce défilé des gorges du Trient, dû évidemment à quelque grand cataclysme volcanique, comme les gorges de la Tamina. Même nudité, mêmes horreurs noires! même aspect formidable et fantastique! Les roches même offrent ici, une altitude beaucoup plus grande, la gorge a une profondeur bien supérieure, les accidents en sont plus tourmentés, plus tortueux, et le cours du Trient y est plus échevelé et plus désordonné que celui de la Tamina à Pfæffers! Et cependant l'impression ressentie ici, n'est plus la même, et sûrement moindre que là-bas! Il est certain maintenant que le contraire serait arrivé, si nous avions visité les gorges du Trient avant Pfæffers. Nous poussons assez loin dans l'intérieur de la gorge; mais bientôt nous trouvons inutile de pénétrer d'avantage; c'est un peu toujours la même chose d'abord; et puis la nuit déjà se fait complète, là-dedans, et la nuit, toutes les gorges sont noires, absolument comme tous les chats sont gris. — A peine dehors, et retrouvant un peu, encore, de la clarté du jour, nous nous décidons à pousser jusqu'à Pisse Vache, qu'on aperçoit d'ailleurs assez proche! A en juger du moins par l'apparence! Mais les apparences sont trompeuses, surtout par le crépuscule! Plus nous marchons (et nous marchons d'un bon pas!), plus cette scélérate de cascade a l'air de fuir devant nous!

C'est à croire vraiment à quelque sortilège, si l'on n'était pas des esprits forts! car nous sommes des esprits forts, pas vrai Gustel? Ce que nous sommes bien plus sûrement encore, c'est deux touristes joliment ennuyés! Huit heures sonnent, la nuit est venue, ou peu s'en faut; la faim bat dans nos estomacs, un rappel infernal, et nous sommes encore pour le moins à dix bonnes minutes de la cascade. Enfin nous voici tout auprès ! Peuh ! Si c'est pour cela que nous avons tant couru !

La cascade, de fait, nous paraît peu intéressante. Une masse d'eau peu considérable, une hauteur de chute médiocre, un aspect général peu imposant ! N'en déplaise à l'ivrogne de tantôt, on peut n'avoir point vu cela, et n'en avoir nul regret ? Il n'y a de curieux que la façon dont la gerbe principale s'éparpille sur les saillies du roc, et l'infinité de petits filets lactescents qui résulte de cet éparpillement, et qui a valu à la chute, son nom passablement saugrenu !

Retour, au pas accéléré ! Malgré cela, la route nous paraît longue, interminable ! Il est neuf heures et quart, quand nous repassons le pont de la Dranse !

Devant l'hôtel, dans l'ombre, se profile la silhouette de Frèrot, mais d'un Frèrot inquiet, impatient, et qui depuis une demi-heure fait là les cent pas, à nous attendre. Il a achevé de digérer sa gloire, et éprouve un besoin des plus accentués d'avoir autre chose à digérer ! Nous en sommes, sous ce point de vue, logés à la même enseigne que lui. La salle à manger de l'hôtel Grande-Maison aura rarement vu trio plus affamé que le nôtre ! On nous improvise à souper sans trop de lenteur ! Le menu qu'on nous donne, nous fait revenir un peu des préventions que nous gardons depuis Saas, à l'endroit de la cuisine valaisane. Au dessert la gloire de Frèrot est arrosée selon la promesse faite et selon les règles de l'art ! Puis, un dernier coup d'œil au ciel qui est ruisselant d'étoiles et plein des plus charmantes promesses pour demain : et bonne nuit !

QUATORZIÈME JOURNEE

Correspondance matinale. — N'oubliez pas le portier. — Le guide. — Martigny-le-Bourg. — La montée de la Forclaz. — Déjeuner rustique. — Col de la Forclaz et glacier du Trient. — Mon alpenstock pour un verre d'eau. — Col de Balme. — Hôtels de frontière. — Où le guide est malade. — La chaine du Mont-Blanc. Où le guide entre en convalescence. — La descente. — Tour et glacier du Tour. — Argentières. — Les mulets. — Chamounix. — Où le guide est guéri tout à fait. — Hôtel du Mont-Blanc. — La soirée à Chamounix.

L'aurore dormait encore son plus profond sommeil, à l'Orient terne et blafard, quand déjà on eût pu me voir, ce matin, au troisième de l'hôtel Grande-Maison, dans la grande chambre, assis à la grande table, en train de confectionner, à la lueur vacillante d'une bougie de médiocre qualité, une grande épitre pour ceux de chez nous, épitre dans laquelle je leur contais, en raccourci, nos faits, gestes et aventures, depuis une quinzaine! Ils seront, là-bas, pour le moins aussi contents d'avoir de nos nouvelles, que nous ne l'avons été, ici, en recevant des leurs! Ce n'en était pas moins un peu dur, de quitter l'horizontale peu après trois heures, pour faire de la correspondance! Mais bah!

Que ne ferait-on pas, d'abord, pour être agréable aux siens? Et puis, dormir comme un sac, de dix heures à trois, c'est suffisant en somme, après une journée de paresse, comme celle d'hier! Tel n'est pas cependant l'avis de Gustel et de Frèrot. Ils dorment encore, les deux, comme deux petites marmottes; et j'ai, ma correspondance terminée, fort à faire pour les réveiller, et leur persuader qu'il est temps de songer à tout autre chose qu'à rêver!

On est matinal, à l'hôtel, comme dans la plupart de ces logis de grand passage, où les hôtes d'une nuit, dès l'aube naissante, ont hâte de disparaître aux quatre points cardinaux! Quand, cinq heures sonnant, nous descendons, la propriétaire, une grande femme jaune et desséchée, à la figure soucieuse et chagrine, siège déjà à son bureau, où nous soldons un compte un peu cher, et où nous nous informons du guide, que nous avons commandé hier au soir. „Le guide, vous attend en bas!" répond l'hôtesse. Mais, en bas, nous ne trouvons, pour nous attendre, que Monsieur le Portier, lequel, tout en se frottant les yeux, insinue que ses services à lui, ne sont point compris dans la note, et prie qu'on veuille ne point l'oublier. „Eh! nous ne sommes point partis, encore, il me semble!" — „Oh! Monsieur! je ne dis pas! c'était simplement pour vous rappeler!" — Oh! ces portiers des hôtels d'aujourd'hui! Quelle peste! Et comme cette engeance-là peut se vanter de nous donner souverainement sur les nerfs! Des maroufles, le plus souvent d'une paresse crasse, dont les occupations se bornent à porter d'un air de sotte importance, leur livrée galonnée, à vous tendre votre

clef au passage et à être insolents au besoin! Je me
demande un peu de quels services ce cuistre se réclame,
en ce qui nous regarde! Il n'a point eu à s'occuper
de nos bagages, puisque le sac est monté au troisième
sur mon dos; il n'a point ciré nos souliers, puisque
nous les avions, pour être sûrs de ne pas être retardés
ce matin, gardés dans notre chambre; il n'a pas brossé
nos habits; il n'a, en un mot, pas eu plus à s'occuper
de nous, que si nous avions logés chez le voisin; et
pourtant il réclame son pourboire, comme chose due,
et ne se gênerait peut-être guère, pour nous faire
entendre, si on le lui refusait, qu'il nous considère
simplement comme un trio de gougeats! Voyons!
N'est-ce point là un abus criard? Et combien vite il
serait réformé, si les voyageurs voulaient un tant soit
peu, s'en donner la peine. Mais comme chacun voyage,
habituellement, pour tout autre que pour la réforme
des abus qu'il peut rencontrer sur sa route, les abus
restent, et reste également l'outrecuidance des portiers!
Tiens! triple bélitre, empoches ces vingt sous! Que tu
aies, au moins, de nous, un peu meilleure opinion que
nous n'avons de toi! „Notre guide est-il arrivé?" lui
demandai-je, voulant tout au moins ce renseignement
pour ma pièce! — „Faut demander ça au garçon,
Monsieur!" — fait le personnage, et il cesse de s'occuper
de nous, comme si, jamais, nous n'avions mis les pieds
dans la maison!

Il se trouve que notre guide dort encore: mais un
autre est là, commandé, il est vrai, pour le numéro 26:
mais ce numéro 26 dort encore, lui aussi, et comme
rien ne s'y oppose, ni personne, nous partons avec son

guide, lui laissant le nôtre ; ces deux endormis auront chance de s'entendre à merveille!

Notre route, ce matin, mène en sens opposé, de celle que nous avons suivie hier au soir, pour aller aux gorges du Trient ; on traverse la place publique de Martigny, plantée de beaux arbres, aussi vieux et plus encore, que les vénérables et poudreuses demeures qui sont à l'entour. Malgré l'heure matinale, des groupes nombreux d'indigènes endimanchés, sont déjà là, qui bavardent ou fument. Un peu plus loin, on trouve Martigny-le-Bourg, dont l'aspect rappelle un peu les villages italiens des bords du lac de Côme : puis le chemin se bifurque ; celui de gauche va au grand St-Bernard ; celui de droite, le nôtre, monte au col de la Forclaz.

On y a le choix bientôt, entre deux routes : le sentier, fort rude et atrocement empierré ; et une chaussée de construction récente, infiniment plus commode, mais immensément plus longue, qui zigzage en circuits interminables autour des accidents de la rampe ; cette dernière a l'avantage d'être carossable, et a été établie pour les voyageurs qui aiment leurs aises ; et l'on y tient même, à la disposition de ceux qui ont de l'argent de trop, de tout petits cabriolets, d'un modèle spécial et d'un prix peu raisonnable !

Le guide, au sortir de Martigny-le-Bourg, nous a fait prendre le sentier, disant avec raison qu'il sera toujours temps, de prendre un bout de la chaussée, plus haut, quand on commencera à sentir la fatigue, et quand le soleil sera venu se mêler de la chose ! Au bas, on grimpe, littéralement enfoui, sous les pommiers les plus beaux du monde, et tellement chargés de fruits, que c'est un miracle qu'ils tiennent debout! „Ah bien! j'espère que vous avez des pommes dans le pays!" dis-je au guide! — „Oh, oui, Monsieur, il n'en manque point!„ — „Et qu'est-ce que vous en faites?" — „Du *cittre*, Monsieur!" — „Ah! et est-il bon, au moins, votre cittre?" — „Comme-ci, comme-ça! On le mélange avec du raisin, et avec de l'eau; et *alors ça fait-z-un vin* pour l'ouvrier!" — „Oui! mais ça fait-z-également un superbe cuir, ce dont le brave enfant de Martigny n'a point l'air de se douter. Ils ont, d'ailleurs, tous, par ici, un charabias de langage si saugrenu, mélangé à la fois de français, de patois et d'italien, qu'on a peine à les comprendre!

A mesure que l'on s'élève, les pommiers sont plus clair semés, et bientôt manquent tout à fait. La vue alors se dégage: on embrasse, d'un coup d'œil, l'ensemble de la plate vallée du Rhône, avec ses silhouettes nombreuses de villes et de villages, son uniforme verdure et le grand sillon scintillant qu'y trace le fleuve dans son cours presque rectiligne: à l'horizon lointain, les grands massifs du Simplon paraissent, bordés comme d'une fine dentelle blanche qu'y dessinent les extrêmes crénelures des Bernoises; plus près, quelques cîmes curieuses de contours, d'un dessin dur et abrupt; au premier rang de celles-ci, la Pierre à voir, là-bas, à droite, au dessus de Saxon, l'excursion favorite des baigneurs de cette station!

Au bout d'une heure et demie de forte montée, nous laissons là le sentier et prenons la chaussée. Il y a, à cela, deux raisons: la première, c'est que nous en avons assez, pour le moment, de pierres qui roulent.

de bosses informes, et d'ornières qui cassent les jambes ; la seconde et la plus sérieuse, c'est que le long de la chaussée, seulement, se trouvent espacées de loin en loin, de primitives auberges, le plus souvent simples baraques en planches, dans l'une desquelles nous trouverons bien à déjeuner, s'il plaît à Dieu et au patron! „Ils n'ont pas grand chose là-dedans!" nous avait bien dit le guide! Ils auront toujours assez, je pense, pour nous satisfaire, d'autant plus qu'on nous a joliment appris, depuis quinze jours, à savoir à l'occasion, restreindre nos prétentions! Voici, tout à point, devant la plus rustique des cabanes, une grosse pierre plate, formant table, où donne le soleil en plein, ce qui constitue, vu l'heure, un agrément de plus, et où nous serons le mieux du monde pour déjeuner! Déjà les maîtres du logis, voyant s'installer la bande, accoururent et s'informent: „Avez-vous du vin?" — „Oui!" — „Et puis du pain?" — „Oui!" — „Et puis des œufs?" — „Eh oui donc! puisque nous avons des poules!" — „Et puis du beurre?" — „Oui! oui! puisque nous avons une vache!" — „Voici qui va bien! Qu'on nous mette dix œufs au beurre! qu'on nous porte du pain et du vin; avec une addition de salami, cela va nous faire un régal charmant.

Et il le fut, charmant, ce déjeuner improvisé, là, en plein soleil matinal, sur la rampe découverte! Et assaisonné de quel appétit! Et attaqué avec quel entrain! Et accompagné de quelle joyeuse humeur! Le pain pourtant datait certes de la semaine dernière, et la piquette n'était pas de derrière les fagots! Mais n'a-t-on pas pour corriger cette lacune, l'air délicieusement embaumé de la montagne! Et puis, ici, comme ailleurs encore, le commencement de la sagesse, n'est-il pas de savoir se contenter de ce qui se trouve? C'est la vraie philosophie pratique! Hélas! Pourquoi n'a-t-on pas partout et toujours ces excellentes dispositions à la philosophie pratique, dans lesquelles nous voici aujourd'hui? Le guide, bien entendu, partage notre repas: Notre salami l'émerveille! Il déclare cette saucisse-là, à cent piques au-dessus de tout ce que peut produire, de meilleur, la charcuterie indigène! Son appétit, à lui, par exemple, est à cent piques, également, au-dessus de tout ce qui se peut concevoir, même en exagérant les choses! Si nous avions eu souvent des convives de sa force, il y a bel âge que notre salami ne serait plus. Il reçoit d'ailleurs ici, à peu près, le coup de grâce!

Nous repartons de là, dispos et gaillards: la marche est aisée, et bien que la chaleur gagne peu à peu, le soleil n'est pas encore gênant! Pas un nuage, d'ailleurs, au firmament; pas une tache de brume dans toute l'immensité du ciel bleu! Nous commençons à reconnaître, là, les procédés exquis du firmament à notre égard!

Au fromage, l'aubergiste tantôt, pensant faire une affaire, nous avait bien offert ses deux mulets jusqu'à Chamounix. mais il en avait été pour son offre. C'est notre dernière grande journée de marche, aujourd'hui, et il serait peu digne d'y faire intervenir un quadrupède quelconque! Je dois dire qu'à partir de l'auberge, nous avons laissé le sentier pour la chaussée! Histoire de ne pas taquiner la digestion! Gustel seul fait exception: mais vous savez déjà que Gustel, c'est l'esprit de contradiction qui marche! Il a, ce matin, la manie de spéculations, et est tout fier d'avoir sur nous quelqu'avance! Vas toujours, Gustel! Tu ne seras pas long, à en avoir assez. de ce jeu-là! De distance en distance, nouveaux bouchons. A chaque, le propriétaire mâle, ou femelle, est là pour vous héler au passage! „Ces Messieurs ne prennent donc rien?“ — „Non, merci! ces Messieurs sortent de prendre beaucoup de choses!“ — „Cela ne fait rien! Il faut prendre tout de même quelque chose!“ — C'est cela! Ils vous bourreraient, ces gaillards-là, à vous faire éclater; pourvu qu'ils se débarrassent à bon prix de leurs marchandises! Ils ne sont, du reste, là, que pour cela!

En trois heures, en ne flânant pas trop, on monte au col de la Forclaz. Un hôtel d'assez bonne apparence occupe le petit plateau où vient se terminer la chaussée carossable, et d'où partent les deux chemins de mulets, allant les deux à Chamounix, celui de droite, par la Tête-Noire, celui de gauche, par le col de Balme.

Au col de la Forclaz, bien qu'on soit à une altitude de près de 1600 mètres, on n'a aucune vue encore sur la chaîne de Mont-Blanc. D'une façon générale même, on peut dire que la vue y est fort restreinte, et ne s'étend guère que sur la vallée du Rhône, dont la longue et un peu monotone perspective se déroule jusqu'au-delà de Brigue, où la limitent les puissants massifs du Simplon. Par contre, l'entourage immédiat du col est ravissant et forme le plus coquet des tableaux! Un frais et verdoyant vallon de pâturages, dont le fond est occupé par le village de Trient; en face, une rampe boisée, sombre, toute noire de sapins, qui monte vers le col de Balme; à gauche, l'éblouissant glacier du

Trient, hardiment suspendu aux flancs escarpés d'une haute paroi rocheuse; à droite, l'extrémité supérieure des gorges du Trient, une crevasse sauvage, sombre et nue, où s'abîme le torrent avec des grondements sourds; sur le vert tapis des Alp, d'une fraîcheur printanière, de nombreux châlets disséminés; et au milieu, de tout cela, le cours capricieux du Trient, aux flots bondissants qui moussent entre les grands blocs, voilà le charmant ensemble, bien fait pour réjouir et captiver les regards, au moment où l'on débouche sur le plateau!

De là, maintenant, en vingt minutes, par la rampe raide, on descend du col jusqu'au torrent! Descendre, pour immédiatement après remonter! Est-ce assez illogique, je vous le demande? Que voulez-vous! C'est là une de ces absurdités, comme il s'en rencontre tant dans la création! Arrivé au torrent, on cherche vainement un pont, pour le passer! On le cherchera longtemps encore, j'imagine! Il y a là, de grosses pierres! Vous êtes jeunes! vous êtes alertes! Sautez! et passez comme vous pourrez! Si vous glissez, et si vous vous mettez dans l'eau; eh bien! il y a le soleil, donc, qui se chargera bien de vous sécher!

Nous passons sans glisser, heureusement. Et aussitôt, commence la partie vraiment pénible de l'ascension. Il y a là deux lieues et demie d'un sentier aussi atroce, aussi abominable, que ne le furent, aux plus mauvais endroits, ceux de Riffel ou du Moro! Comme au Riffel, une forêt touffue et étouffante, où la vue se limite à une innombrable série de troncs rabougris de sapins ou de pins, et où le souffle manque à chaque pas! Pour comble d'agréments, depuis que nous sommes engagés dans ce maudit creux, le temps s'est fait énervant et lourd, et il faut une lutte de chaque instant pour résister à l'envie d'une halte, ou au désir incessant d'une sieste sur la mousse de quelque roche! Pas un souffle dans l'air; pas la plus légère brise dans ce chaudron d'enfer! Une soif de damné! Et pas une source! Pas une goutte d'eau! Ah! il faut en convenir, il est de moments où l'on paie assez cher les charmes d'un panorama, et toutes les délices, quelles qu'elles soient de la belle nature!

Bientôt on n'avance plus que soutenu par l'espoir, sans cesse leurré, du reste, de faire rencontre de quelque source, d'un filet d'eau quel qu'il soit, auprès duquel une halte aurait des voluptés suprêmes et innénarrables! Mais cet espoir, lui-même, ne tarde pas à être impuissant à soutenir davantage, les courages se vacillent, et la volonté qui est à bout. Et voici que chacun, comme d'un commun accord, se laisse choir au pied de l'arbre le plus proche, et s'abandonne à la plus complète et à la plus navrante démoralisation!

Nous sommes littéralement exténués, et absolument rendus! Oncques ne fûmes encore, ni en aucun lieu, en déconfiture pareille! Si bien qu'un troupeau de chèvres qui vient à passer, s'arrête ébahi, et les bêtes levant leurs têtes curieuses, semblent se demander quels peuvent bien être ces quatre particuliers, étendus là en si pitoyable équipage! Le spectacle, de fait, devait être curieux à voir, et d'un haut comique! Chacun restait étalé, ainsi qu'il s'était laissé choir, et ne bougeait pas plus, que s'il eût, été trépassé! Nous étions noyés de transpiration profuse, et nous fumions comme des torchons roussis et mal éteints ! Avec cela nos gosiers étaient secs comme un vieux parchemin de bibliothèque ! Pour un verre d'eau j'aurais volontiers donné mon Alpenstock, et Frèrot, sans hésiter, eût lâché son accessit du concours départemental ! Mais encore eût-il fallu quelqu'un, là, pour nous proposer ces échanges ! Avez-vous remarqué que dans les moments de désastre, les meilleures idées, quand elles viennent, viennent généralement trop tard ! Nigauds que nous sommes, pourtant ! Dire que nous avions-là, il n'y a qu'un instant, tout un troupeau de chèvres, et que nul n'a eu l'inspiration, toute simple et toute naturelle cependant, d'en faire traire une ou deux par le guide, qui doit être au courant de cette opération ! Et maintenant que l'idée est venue, il n'est plus temps, et les chèvres sont loin dans la montagne ! Le repos, après une demi-heure, nous a un peu remis, et nous reprenons l'ascension avec un restant d'entrain dont nul ne se serait plus cru capable.

Enfin, l'interminable forêt cesse : sur la lisière du bois, brusquement le sentier s'infléchit à droite, prend la rampe septentrionale du mont, et va se perdant dans une immensité de pâturages découverts, où plus un arbre ne protégera, dorénavant, des ardeurs de plus en plus incandescentes du soleil. Et déjà nous redoutons la continuation du supplice, un redoublement de dessication interne, avec imminence, en plus, de quelque coup de soleil ! Mais non ! Sauvés ! Merci, mon Dieu ! Il y a de l'air, ici, tout au moins ; un petit vent qui souffle frais, et si l'on continue, à tirer la langue comme un toutou après une course furieuse, on a cessé du moins d'étouffer! Et puis, deux pas plus loin, ô félicité suprême! c'est une source, enfin! une vraie source fraiche et pure. dont l'onde limpide, d'un murmure doux, dans le gazon, parait comme inviter la bande à se désaltérer! Mais on n'a pas eu besoin, je vous jure, de pareille invitation! Bien que couverts de sueur, en véritables furieux, nous nous précipitâmes vers le flot si ardemment, si longuement désiré, et nous bûmes à longs traits, sans relâche. toujours et encore. avec une volupté dont vous n'aurez eu idée que quand vous aurez fait. vous aussi, le tour que nous venons d'accomplir. en plein midi, par une journée de canicule! Et n'allez pas me dire, que ce que nous faisions là, était folie pure. surtout de la part de futurs médecins! Ne venez pas insinuer que vous ne vous attendiez guère à voir deux disciples d'Esculape, donner de tels crocs en jambes aux règles de l'hygiène la plus élémentaire! Ce n'est ni d'Esculape. je vous jure, ni d'hygiène qu'ici il s'agissait! Mais bien de soif, insupportable plus longtemps! J'aurais bien voulu vous y voir, d'ailleurs, vous tous, qui trouvez à y redire! Vous, pas plus que nous-mêmes, vous n'eussiez longtemps réfléchi que vous courriez peut-être les risques d'une fluxion de poitrine. quand, après deux mortelles heures d'attente, vous auriez enfin trouvé le filet d'eau que vous souhaitiez aussi ardemment que les damnés de l'enfer peuvent souhaiter la fin de leur cuisson! Et on boit; on boit encore; on boit toujours; et la seule peur qu'on ait, c'est que la source ne vienne à tarir, avant que ne soit éteinte la soif qui vous dévore! Mais la source ne tarit point; et nous faisons le vœu, que bien d'autres malheureux, après nous, viennent encore y trouver la fin de leurs misères!

Ce qui est de rigueur, par exemple, après pareille ingurgitation, c'est de se remettre en route sans retard. et de provoquer ainsi une réaction qui se chargera bien d'empêcher toute suite fâcheuse! On en sera quitte pour une nouvelle et solide suée; mais celle-ci séchera comme toutes les autres ont séché!

Le sentier, tout en continuant à monter fortement, tire sur la droite et contourne bientôt entièrement le contrefort à base boisée, que nous escaladons depuis Trient. Ce ne sont plus, maintenant, que de longs gradins de pâturages, où, déjà, commence à dominer çà et là, la roche nue et délitée: dans les creux, les premiers tas de neige aux bords noircis de boue; nous sommes à 2000 mètres; et nous voici revenus, encore une fois, à la limite des neiges persistantes: ce sera la dernière, probablement, pour longtemps!

Pas de bombardement, aujourd'hui; la neige ne se prête point à la chose. Le col, d'ailleurs, n'est plus loin: déjà. par delà les dernières ondulations de la cime qui reste à gravir, on voit les deux maisons qui l'occupent; mais, toujours, point de vue vers l'ouest et vers le midi: ce sera la surprise du dernier moment. Et aussitôt chacun d'y mettre une nouvelle ardeur, et de donner un dernier coup de collier! Nous y voici enfin! et nos yeux avides des nouvelles merveilles qui les attendent. plongent tout à coup librement, et tout à loisir, sur le panorama tant vanté, et si vivement désiré, du Mont-Blanc, du roi des montagnes européennes et de son entourage! Le coup d'œil, sans contestation, est merveilleux et féérique! Le spectacle est d'une beauté rare et suprême, et c'est un tableau d'une souveraine et magistrale splendeur, que celui, qu'offre, du haut de ce plateau célèbre, la longue et incomparable série de pics, de flèches, de dômes et d'aiguilles s'étageant en un amphithéâtre sublime, et passant successivement par les tons les plus changeants, depuis le gris sombre des falaises qui se dressent là tout à côté, jusqu'aux éclats vifs des glaciers énormes, jusqu'aux cîmes extrêmes enfin du Mont-Blanc, tranchant dans l'azur avec une vigueur et une netteté non encore vue! C'est, d'autre part, aussi un des contrastes les plus étonnants et les plus heureux que les yeux puissent contempler, que celui de cette vallée, toute petite, toute étroite, et toute pleine de fraîche verdure, emprisonnée, étreinte, écrasée entre ces formidables masses, où les parois, partout, tombent à pic, et sur laquelle fondent et se précipitent, menace éternelle et terrible, six des plus gigantesques glaciers que renferment les Alpes. Et cependant, l'avouerai-je, nous éprouvâmes, au premier moment, quelque chose comme une déception!

Oui, bien, une déception! Le col de Balme nous avait été tant vanté: on nous avait si bien donné la vue de la chaîne du Mont-Blanc, comme le nec plus ulta des beautés des Hautes-Alpes, que nous nous attendions à mieux encore que le Gornergraat!

Comme s'il était possible qu'il y eût mieux que le Gornergrat! S'il était de mise d'employer en ces matières, une comparaison peut-être un peu triviale, mais, à mon avis, assez juste, je dirais volontiers que le panorama du Col de Balme produit, après celui du

Gornergrat, à peu près l'impression que ferait, à un fin connaisseur, un verre de Beaujolais de bonne qualité, après un verre de vieux Margaux, retour des Indes ! C'est féérique, c'est magique ! c'est magnifique ! c'est tout ce que vous voudrez en ique ou en autre chose : mais, ce que je sais bien, c'est que ce fut pas, ici, cet empoignement brusque, absolu et brutal, ni cette émotion inexplicable et inconnue jusque-là, ni cette absorption religieuse et entière, qui nous a tenus, et dont nous n'avons pas pu nous défendre, quand, aux pieds du Riffelhorn, ou sur le plateau même du Gornergrat, nous nous sommes trouvés, pour la première fois, au centre même de ces solitudes géantes et majestueuses, et comme au cœur des plus étonnantes et des plus effroyables merveilles des Alpes. Et si j'avais un conseil à donner à tous ceux qui voudraient faire le tour que nous venons de faire, je les engagerais, dans l'intérêt même de leurs impressions, de commencer par Chamounix et de finir par Zermatt !

Le Mont-Blanc, d'ailleurs, il faut bien le dire outre qu'il se trouve, du col de Balme, beaucoup plus éloigné du spectateur, que le Mont-Rose, ne l'est de Macugnaga, ou le Cervin, du Riffel, a encore le désavantage de ne se présenter point aux regards, seul, isolé, libre de tout entourage immédiat, comme font les deux colosses des Pennines ! Il est englobé dans toute une succession de massifs, admirables sans doute, et de grande mine, mais gênants néanmoins, et amoindrissant l'effet que pourrait produire le géant des Alpes si on le voyait indépendant, dans toute son énormité et toute son altitude.

Toute la chaîne, d'ailleurs, se voit d'ici trop en biais, et un panorama comme celui-ci gagnerait évidemment à être contemplé plus de face. La Flégère, dont on voit l'hôtel, tout au haut de cette rampe étrange qui encaisse la vallée au nord, paraît sous ce rapport un poste d'observation beaucoup plus favorable! Peut-être là, par contre, y a-t-il un autre inconvénient. Le paysage, s'étendant sur une seule ligne, sans perspective en profondeur autre que celle qu'offrent les gorges occupées par les glaciers, on s'y trouve, ce semble, placé trop en face; on ne doit guère bien voir que les parties supérieures, tandisque les basses parties, qui ont bien leur charme, les étages inférieurs des glaciers, et le fond de la vallée tout entier, restent à peu près invisibles. Si nous y allons demain, comme c'est probable, nous verrons bien ce qu'il en est au juste.

Au col de Balme, comme on l'a constaté à distance, il y a deux auberges. Familièrement adossées l'une à l'autre, elles ont l'air de prime abord, de vivre ensemble, dans ce désert, en parfaite intelligence! Comme c'est peu probable, pourtant! La première s'intitule Hôtel de Suisse; la seconde Hôtel de France! Entre leurs deux pignons court la ligne de frontière, et se trouve la ligne de séparation du sol helvétique, et de la nouvelle terre française, que nous ont value nos lauriers de Solférino! De sorte qu'il y a entre elles, non seulement la concurrence du métier, mais encore, un peu, de l'inimitié des nationalités! Et le flambeau de la discorde doit évidemment brûler d'une belle flamme, entre les deux aubergistes et leurs gens! Par pure convenance, nous aurions dû entrer chez nos nouveaux compatriotes! J'en suis faché pour eux, mais leur immeuble est d'aspect si peu engageant, qu'il n'y a pas de chauvinisme qui tienne! et que sans vergogne, nous allons chez l'Helvétien!

J'aime mieux vous avouer tout de suite, que nous n'avons rien gagné au change! Cet Helvétien se trouve être, en effet, un vieux rapace, rouge comme un homard cuit à point, le nez crochu, les yeux clignottants, les pattes osseuses, en serres, qui tout de suite, veut nous faire déjeuner, avec l'assurance que nous n'aurons pas à attendre, même une minute, et que c'est tout prêt! J'ai beau lui répéter que, c'est là, chose faite, et qu'il n'entre point dans nos habitudes, même en montagne, de déjeuner deux fois dans la même matinée, ce vieux vautour du col de Balme, comme nous l'appelons, est dur à convaincre, et paraît trouver fort mauvais qu'il est des gens assez osés pour venir céans sans déjeuner chez lui! Il ne nous traite, du reste, plus qu'avec un dédain peu déguisé, depuis qu'il est fixé sur notre consommation, et qu'il sait que nous n'entendons le débarasser que d'une bouteille de vin ordinaire, de pain et de beurre, et de trois tasses de café! Mais le dédain de cet oiseau de proie nous est complètement indifférent. Avec le bout qui reste du salami, ce menu, dont la sobriété agace si souverainement notre hôte, suffira largement à satisfaire les exigences de nos estomacs! Mais qu'est-ce ici? Plus de guide, à présent! Disparu, évanoui, introuvable, notre homme; et avec lui, bien entendu, et le sac et le salami! J'ai beau l'appeler, j'ai beau fouiller la maison de fond en comble! Pas plus de guide, que si nous n'en avions jamais possédé! Personne dans la maison, ne veut l'avoir aperçu ni lui, ni son sac; et il est de toute évidence que le cuirulant enfant de Martigny n'a point paru encore au col! Mais alors où diable peut-il bien être? Et que signifie cette disparition? On ne nous l'a pas escamoté, bien sûr! Voulant en avoir le cœur net, je descends en courant dans la direction d'où nous sommes venus, et je ne tarde pas à trouver le pauvre garçon, assis au bord du sentier, défait, lamentable, pâle comme sa chemise, et l'air bien, bien mal à son aise! „Eh bien! que vous arrive-t-il? Vous êtes malade, je crois!" — „Oh, Monsieur, oui! C'est pour avoir bu trop d'eau froide, et puis aussi pour avoir trop mangé de votre saucisse, qui était pourtant si bonne! Ça a fait-z-un boulversement Ça m'a pris comme nous sommes partis de la source! D'abord je croyais que ça allait se passer; puis, tout à coup, ça m'a chaviré le cœur, et il m'a fallu m'asseoir! mais cela va déjà bien mieux à présent!" — C'était bel et bien une indigestion, et l'explication de cette amélioration si subite, n'est pas loin de là, étalée largement dans l'herbe! Je mets le sac sur mes épaules, malgré l'opposition de cet éclopé, et nous remontons ensemble! Mais, voici bien une autre affaire! Au moment où je reviens, Gustel et Frèrot sont sur le point de devenir malades à leur tour, pour avoir goûté au vin ordinaire qu'on leur a servi! Voyons donc ce breuvage! Ah! pendard! Ah! gredin! Ah scélérat d'aubergiste! Il a juré, pour sûr, de nous empoisonner! „Hé là-bas! Monsieur l'hôte, voulez-vous nous faire la grâce de bien vite emporter cet infect produit, et nous donner quelque chose qui se puisse boire sans qu'on en ait le palais emporté et les boyaux tordus!" — Il ne sourcille point, le vieux vautour, et s'en va nous chercher . . . . la carte des vins! Vous saisissez le truc! De la sorte, en sus du poison qu'il débite, sous prétexte de vin ordinaire, il nous endosse une bouteille de St-Jean qui vaut trois francs! Mais, prends bien garde à toi, vieux malin! S'il te prend fantaisie de nous facturer cette malpropreté-là, nous ne partirons point de chez toi, avant que nous ne t'en ayons fait avaler la dernière goutte, de gré ou de force; dussions-nous nous mettre les trois, à la besogne, et au besoin, appeler le guide à notre aide!

En attendant, il nous verse, sous prétexte de café, une méchante décoction de chicorée! Cela, du moins, n'est point une surprise: franchement, nous nous y attendions bien!

Sur ces entrefaites, arrivent trois curés, grands, gros, ventrus, et criant famine, déjà dans le couloir. On leur sert, sans désemparer, le déjeuner dont nous n'avons point voulu, il y a une bonne demi-heure! „C'est tout prêt, mes révérends!" leur avait déclaré le vautour, avec une courbette! Parbleu! ce doit être encore plus prêt que tantôt! C'est égal! voilà un déjeuner qui à force d'être prêt, a dû devenir propre! Ils n'y regardent pas de si près, les révérends, et se mettent à avaler, avec un grand bruit de mâchoires! On dirait trois crocodiles qui déjeunent! tant ils mangent goulument, ces porte-soutanes! Ils se gorgent ensuite de flots de la même décoction de chicorée dont nous venons d'apprécier la délicieuse amertume, et s'inondent, de peu orthodoxe façon, d'alcools variés, mais copieux! Après quoi, tirant leurs bréviaires, ils s'y absorbent, ou du moins, en ont l'air! Singulier dessert! C'est peut-être fort hygiénique, et cela leur remplace probablement le petit verre de Chartreuse! C'est égal! Frèrot ne peut s'empêcher de trouver que voilà des ecclésiastiques qui vilipendent joliment leur latin!

Peu après survient le guide, mais un guide méconnaissable, remis à neuf, souriant, gaillard, et l'air plus malade du tout! „Cela va donc mieux, à présent?“ — „Oh oui! Monsieur! J'ai bu-z-en verre de vin, et tout a été fini!“ Il faut croire que ce n'est pas un verre du vin ordinaire qui a opéré cette cure aussi prompte que radicale. Le convalescent vient quérir la permission de faire descendre notre sac sur le dos d'un cheval qui s'en retourne à Chamounix. Nous n'y voyons pas d'inconvénient! Pourvu que le sac arrive à destination! Que ce soit à dos de cheval, ou à dos de guide, cela nous est aussi complètement indifférent que ne le peut être l'équilibre européen à un Caffre!

A deux heures, départ! A la bonne heure: parlez-nous de la descente! Et voilà, dès les premiers pas, et du plaisir, et des glissades, et des éclats de rire qui ne tarissent plus!

Unique! délicieuse! mirobolante! cette descente du col de Balme! Il n'y a pas de sentier proprement dit. Une rampe pas trop inégale, et très fortement inclinée, entièrement recouverte de ce gazon ras des hauteurs, sur lequel en un instant les semelles deviennent plus luisantes que le parquet de quelque salon bourgeois, le samedi soir. Le but, qu'on aperçoit au bas, de loin, donne la direction à suivre; et celle-ci bientôt se suit, plus en glissant qu'en marchant. C'est exquis! Aux endroits plus particulièrement raides, par exemple, cela devient parfois un peu scabreux! On se tient debout, alors, comme on peut, et tant qu'on peut. Quand on ne peut plus, on se laisse choir; témoin Frèrot, qui vient de se brouiller une fois de plus, avec son centre de gravité, et réveille de la sorte, des souvenirs cuisants, encore mal endormis! Voyant cela, et redoutant le même sort, Gustel alors, se laisse délibérement aller sur son fond de culottes, et descend, à la façon Landgraf, si loin que le veut la pente. La chose doit avoir son charme, car Gustel répète à plusieurs reprises le même manège! Pour moi, en compagnie du guide, je me suis décidé pour le pas de course, avec des intermèdes de glissade! Et c'est alors une dégringolade fantastique, à rendre jaloux les chamois eux-mêmes, qui, s'ils ont de bons yeux, peuvent nous voir du haut des grands sommets! Quelle revanche, maintenant, des ennuis et des misères de la montée, et qu'il fait bon dévaler ainsi à grande vitesse, dans la brise qui monte de la vallée, toute chargée des senteurs des pâturages et des bois!

Puis, un peu plus bas, les rampes viennent à se parsemer de grandes saillies de roches, de plus en plus nombreuses, et le plus souvent tombant à pic, et bon gré, mal gré il faut changer d'allures. Nous aurions bien, quand à nous, continué volontiers la glissade jusqu'à Chamounix Une fois, dans le sentier, il faut y mettre de la circonspection. Il est mauvais, tout plein, le sentier; et rempli de pierres qui roulent! C'est fini de

rire, et c'est fini de gambader: on n'avance plus que
lentement, et en évitant les obstacles! On en profite
pour étudier un peu plus attentivement qu'on a fait
jusqu'à présent, les détails du panorama! L'ensemble,
il faut le dire, ne se présente plus avec la netteté, ni
la vigueur qu'il avait au haut du col. Ça et là quelques
trainées de brume blanchâtre se sont accrochées aux
flancs des monts, interrompant de leurs longues tcahes
les lignes du paysage; la cîme extrême du Mont-Blanc
est cachée sous un capuchon de nuages; dans la chaleur
de l'après-midi, a monté comme une buée rayonnante
dans laquelle tout se montre moins précis, moins ferme
de contours, et comme plus lointain! Par contre, à
mesure que l'on descend, on peut successivement
admirer l'une après l'autre ces montagnes à configuration si caractéristique, si singulière, et si extraordinaire-
ment élancée, qu'elle leur a valu la dénomination significative d'*aiguilles*, et qui donnent à la vallée de
Chamounix un cachet si particulier! Les plus imposantes,
les mieux en vue sont les aiguilles Vertes, l'aiguille du
Dru, l'aiguille de Charmoz, plus loin les aiguilles du
Midi et du Goûter! En face on aperçoit maintenant
dans toute son altitude, la curieuse et immense muraille
de la Flègére, dominée par les remarquables aiguilles
Rouges et par le Buet, tandis que plus près, et comme
au premier plan, les sombres masses rocheuses du
Brévent à droite, et du Chapeau à gauche, ressortent
solitairement. Singularité assez remarquable! les glaciers,
qui pourtant sont énormes et nombreux, restent à la
descente, presque invisibles, et seul, au loin là-bas, près
du coude qui interrompt la perspective de la vallée,

en avant, le grand glacier des Bossons se montre dans tout son éclat, tranchant par ses blancheurs vives, sur l'uniforme noirceur des énormes parois. Puis, un à un, comme pour se faire mieux admirer par le menu, ils paraissent à fur et à mesure qu'on se rapproche du fond de la vallée. Le premier qui se montre est le glacier du Tour, remarquable autant par son admirable pureté que par la grandeur de ses proportions, et superbement niché dans la gorge sauvage que laissent entre elles les aiguilles du Tour et du Chardonnet. Tout à l'extrémité des moraines, à l'endroit même où en hiver s'arrête le glacier, alors qu'il a son plus grand développement, est perché le pauvre et petit village du Tour. Une étroite chaussée carossable y commence, absolument comme au col de la Forclaz, qui mène jusqu'à Chamounix, et sur laquelle roulent les mêmes petites cariolles basses, à l'usage des indolents ou des écloppés ! Ce n'est pas nous, bien sûr, qui contribueront pour beaucoup à l'enrichissement rapide des entrepreneurs de ce système de transport ! Et pourtant, il s'en fallut de bien peu, que nous ne fussions contraints par la force des choses, à y avoir recours ! A l'extrême bout du sentier, à deux pas de la chaussée, Gustel, qui veut revoir une dernière fois le glacier du Tour, se retourne, butte, fait un faux pas sur une pierre qui roule, et le voilà qui s'écrie qu'il a le pied foulé ! Pour du guignon, voilà du guignon, vraiment ! Et le glacier du Tour nous en joue là, un assez vilain..... de tour ! Mais voyons bien vite la blessure ! On assied le blessé sur le bord du chemin, on l'examine, on le palpe, on l'explore, et il se laisse faire avec conviction ! Le pied est forcé: c'est incontestable; mais le mal n'est pas si grand qu'on pouvait croire au premier moment! Un peu douillet, notre Gustel! Il n'en vient pas, cependant, jusqu'à réclamer l'intervention d'un char et pense bien pouvoir continuer la route à pied! On fait halte un bon moment, puis tout doucement on repart, Gustel boîtant un peu, et faisant légèrement la grimace!

Plus bas, c'est tout Argentières, et glacier et aiguille et village! Et c'est tout charmant, également, et village, et aiguille, et glacier! Nouvelle petite halte, dont le guide profite à sa façon. „Vous ne voulez pas prendre-z-un verre de vin! Ils en ont de bon là-dedans!" fait-il, en désignant une petite auberge à côté du chemin! Façon honnête de demander qu'on lui paie chopine! Comme nous faisons la sourde oreille, il n'insiste pas; mais il n'entre pas moins à l'auberge avec une bonne connaissance dont il vient de faire rencontre! Quant à ce qu'il adviendrait de nous, pendant le temps qu'il va mettre à ses libations, il n'a pas l'air de s'en soucier plus que s'il ne nous avait jamais vus! Ces façons-là, ô enfant de Martigny, ne seraient pas de mise avec tout un chacun, et d'ores et déjà, ne sont point faites pour enfler ton pourboire, je t'en avertis!

Peu après Argentières, troisième halte, sous un gentil bouquet de sapins, pour donner quelque répit à Gustel qui continue à boîter et à faire la grimace; et puis aussi pour attendre le retardataire, qui n'est point pressé du tout! Le voici enfin, joyeux plus que de raison et encore plus loquace! Il amène avec lui son ami, lequel se trouve posséder trois mules qu'il ramène à vide! „Il faut monter dessus!" nous disent les deux compères! — „Voyez-vous cela!" „Oui! oui! allez! Je ne vous demanderai pas cher!" ajoute l'ami. — „Combien? voyons!" — „Un franc, chaque! Ça y est-il?" — „Ça y est!" Et nous enfourchons les bêtes, et nous partons au grand trot! Et les principes? Ah oui, les principes! Eh bien, ils partent avec nous, les principes, et ils ne s'en trouvent pas plus mal! Croyez-vous, du reste, que nous soyons seuls à traiter à l'occasion nos principes d'une façon si cavalière? S'il nous fallait une excuse, d'ailleurs, n'avons-nous pas le pied de Gustel, qui se trouve admirablement de l'équitation! Et puis, c'est plaisir, vraiment, de calvalcader sur ces jolies bêtes! Pas des rosses poussives, comme Fuchs et Koli, celles-ci! Jeunes, pimpantes, pleines d'ardeur, et promptes au trot! elles sentent de plus, comme on dit, leur écurie, et cela soutient singulièrement leur allure! Nous passons ainsi, bon train, devant le colossal amoncellement de moraines, qui forme la base du glacier des Bois, et dont le haut n'est autre que la célèbre Mer de glace. Au village des Bois on touche enfin le fond même de la vallée. C'est alors la grande route bien plane, et vive le galop, ma foi, pendant que nous y sommes! Déjà nous nous imaginons une entrée remarquablement réussie à Chamounix, quand le guide et le patron des coursiers aux longues oreilles, rejoignant par des sentiers de traverse, viennent couper court à cette belle illusion, et nous prient de descendre avant les premières maisons! Qu'est-ce à dire? C'est à dire que nous chevauchions en contrebande, hélas! et que nous ne devons point être vus dans l'endroit! Les mules de retour ne doivent pas ramener de cavaliers, ou, si elles en ramènent, le prix du retour doit revenir, règlementairement, à l'office général. Mais nos deux gaillards ne l'entendent pas de la sorte! Parbleu! Ils ont sans doute, déjà réduits d'avance, en liquides divers, les trois francs que je vais solder pour notre trop courte équitation! Et voilà notre effet manqué!

On entre à Chamounix par le côté laid. De bien loin déjà, on a vu sur le tapis de verdure, l'imposant relief que forme l'agglomération des hôtels, puis de près, on ne trouve que des masures! Et après les masures, c'est pire encore: des décombres, des ruines, des vieux pans de murs noirs et calcinés; ce sont les lamentables restes du grand incendie d'il y a trois ans. Ils sont lents à rebâtir, ce semble! Tout cela, après les splendeurs qu'on s'était imaginées, de cette localité tant vantée, et qu'on s'attendait pour le moins à trouver aussi coquette qu'Interlacken, fait une mauvaise impression! Mais deux pas plus loin, changement à vue, et ce ne sont plus qu'hôtels de fière mine, maisons meublées, cafés, auberges et boutiques. Entre tous, ressort l'ex-hôtel d'Angleterre, que l'annexion à transformé en Grand hôtel Impérial! On a du patriotisme ou on n'en a pas! Il faut croire que le propriétaire de cette maison en a de reste; il suffit, en effet parfois, d'un changement d'enseigne qui ne soit pas du goût du client, pour faire aller celui-ci chez le voisin, surtout quand le dit client est, comme à Chamounix, en majeure partie Anglais! Laissant à d'autres le Grand hôtel Impérial, pour lequel la bourse commune manifeste une instinctive horreur, nous lui préférons un gîte moins fashionnable, que nous trouvons, non loin de là, à l'hôtel du Mont-Blanc, où l'on nous fait un accueil fort aimable, et où on nous loge, au premier, dans les chambres les plus gaies et les plus agréables du monde Le guide part à la recherche du bidet, au dos duquel il a confié notre sac! Une heure s'écoule. et il ne revient point! Serait-il encore une fois malade! Eh non! le voici qui reparaît enfin : mais dans quel état! Sa conversation est aussi décousue, que sa marche est titubante ; il aura encore bu-z-un verre, et même d'avantage! Le fait est que le farceur est ivre, à lui tout seul, autant que toute une compagnie de grives. Jugez-en! Quand je lui remets son argent, il n'est plus à même de s'apercevoir qu'il n'y a pas l'ombre de pourboire pour lui, dans la somme! Et il ne nous quitte pas moins, se confondant en remerciements, joyeux tout plein, riant aux éclats, content de lui, de nous, et de tout le monde, et sans songer à faire la plus petite observation! Est-ce assez invraisemblable, dites, pour un guide qui ne reçoit point de bonne main! Ah! il faut bien l'avouer, le vin est un fameux sorcier! C'est égal! Et je ne suis pas précisément plus curieux qu'un autre! Mais c'est demain matin, que je voudrais le voir, au réveil! Quelle fureur alors, quand le pochard dégrisé, verra clair dans son total! Qui sait, après tout ? Peut-être en arrivera-il à se persuader qu'il l'a bu, son pourboire, et qu'il a laissé sa mémoire au fond des verres!

N'oublions rien : et sans tarder donnons une bonne note, une note excellente même à la cuisine de l'hôtel du Mont-Blanc! Nous avons dîné à table d'hôte, et dîné excellemment, s'il vous plaît! La cuisine française!

voyez-vous bien: il n'y a rien au-dessus de cela! Depuis Milan, c'est pour ainsi dire le premier dîner en règle, que nous nous mettons sous la dent. Et il fut apprécié, croyez-le, ainsi qu'il le méritait! Gustel surtout fut remarquable, et prouva péremptoirement, que s'il avait une foulure quelque part, ce n'était point à l'estomac, toujours!

Après dîner, en manière de digestion, et pour s'orienter un brin, l'on va faire un tour dans Chamounix! Oh, pas bien grand; et il n'y a pas long chemin d'un bout de Chamounix à l'autre. Le quartier des étrangers s'étend de l'hôtel Impérial jusqu'à l'Arveron, sur les rives duquel sont situés les derniers hôtels de quelque importance.

Sur tout le parcours, on ne voit guère qu'Anglais et Anglaises, exposant à l'admiration des amateurs, des échantillons d'incisives et de canines à faire croire que l'Ogre du petit Poucet devait être positivement originaire d'Outre-Manche, et des toilettes de haute, ou plutôt mettons, de basse fantaisie, comme ils en revêtent sans vergogne sur le continent; car il semble, véritablement, que toute Anglaise qui voyage, laisse sa coquetterie de l'autre côté du détroit, et tout Anglais, son décorum!

Parmi les autres curiosités de Chamounix, nous notons un débit de tabacs des manufactures impériales; boutique que l'on revoit avec une satisfaction suprême, et où l'on court s'approvisionner, afin de se changer de tous les Veveys et Veveysans longs ou courts, auxquels on est réduit depuis une huitaine! Les cigares français, on a beau dire, c'est un peu comme la cuisine! Difficile de trouver mieux!

Dernière curiosité ! Deux gendarmes ! ce beau dimanche ! qui ne chevauchent pas le long du sentier il est vrai ! mais qui paraissent, dans la jeune France, jouir, ni plus ni moins que dans la vieille, d'un haut degré de considération, auprès de la population ! Pour l'heure, Pandore et son brigadier, oubliant leur grandeur, sont en train de s'encanailler, en jouant aux quilles avec des gars de la localité ! Ils se servent de boules, par exemple, qui sembleraient des noisettes à côté des lourds et énormes globes, que la jeunesse alsacienne sait faire rouler avec tant de précision, à ses moments perdus ; et leurs quilles maigrelettes paraissent avoir été découpées dans quelqu'échalas de rebut ! C'est bien primitif ! Et, vrai ! la civilisation a de la besogne, encore, dans ces vallées arriérées !

La nuit est venue. Nous remettons à demain la continuation de nos études et sans autre, nous allons dormir.

QUINZIÈME JOURNÉE

TOUJOURS LA FOULURE. — LA PHARMACIE DE CHAMOUNIX. — L'OFFICE DES GUIDES. — MONTANVERS. — MER DE GLACE. — MAUVAIS PAS ET CHAPEAU. — LES TINES. — SILHOUETTE D'ANGLAIS. — LE CAFETIER ET SON COUSIN.

„Dormir est un bienfait céleste!
Le bonheur nous vient en dormant!"

C'est ainsi que chante le jeune et paresseux Ganymède, dans le charmant opéra de Galathée. Si cet échanson flegmatique n'a pas tort, quant au premier terme de sa chanson, il n'est pas si près d'avoir raison quant au second. Demandez plutôt à notre pauvre Gustel! En dormant, il ne lui est rien venu d'autre, à lui, qu'une notable aggravation de sa foulure! Et voilà ce qu'il en est d'avoir continué à marcher après l'accident! Dieu! que la jeunesse est donc imprévoyante et inconsidérée! Nous aurions bien mieux fait d'user d'une des petites cariolles du Tour, au lieu de nous payer la satisfaction de nous en gausser! Mais il est bien temps, en vérité, d'en avoir regret! Et n'en voici pas moins Gustel, ce matin, avec une exécrable humeur, des malléoles gonflées, et un pied qui ne va plus, ou du moins qui ne va guère, tandis que l'autre remue tout seul et ne demanderait qu'à aller indéfiniment!

Et voyez un peu la male chance! Un temps à se

mettre à genoux devant... un ciel plus pur qu'il ne fut jamais, depuis que nous sommes en route, et des excursions à prendre sur le tas, plus charmantes et plus intéressantes les unes que les autres! Mais non: pour un faux pas malencontreux, on en est réduit à l'immobilité! Pour un caillou qui, par aventure, vous a roulé sous la semelle, vous voilà contraint à passer au logis une journée si belle! Et pour passe-temps, quoi? A côté de l'application, répétée le plus souvent possible, de compresses sur le pied malade, la lecture de l'*Opinion nationale*, le seul journal français que possède l'hôtel du Mont-Blanc! Est-ce assez bizarre, je vous le demande, que dans cette nouvelle France on ne trouve à peu près que des journaux anglais!

Gustel, il faut le dire, prend assez bien son parti de l'aventure, et les plus embarassés d'abord, ce fut encore Frèrot et moi! Comment allions-nous faire? Tout d'abord nous renonçons à l'expédition de la Flégère, réservant cela pour des temps meilleurs. Puis pour ne laisser notre compagnon, seul, que le moins de temps possible, nous convenons de nous contenter de la course du Montanvers et de la Mer de glace, course pour laquelle le départ peut être remis à une heure assez tardive de la matinée. Le premier soin, c'est de procurer à notre blessé tout ce qu'il lui faut pour dorloter son bobo: et me voilà, tout aussitôt, parti à la recherche de la pharmacie du lieu! Mais, vous savez, pas aisé de lui mettre la main dessus, à l'apothicaire de Chamounix! Pas aisé du tout! On m'avait donné pourtant les indications les plus précises! Première rue à droite, quatrième maison à gauche! m'avait dit le garçon auprès duquel je m'étais informé! Et j'avais, à la lettre, suivi cet itinéraire! Malgré cela, je n'avais à l'endroit indiqué, rien pu découvrir que ressemblât à une officine. Fort de mes renseignements, je pénètre n'onobstant dans l'immeuble, et ô stupéfaction! je trouve l'objet de mes désirs! Mais, bonté divine! Quelle officine! Pas d'inscription! Pas d'enseigne! Pas même un bocal indicateur: Un ex-corridor dont on a bouché une des issues au moyen de quelques planches: un badigeon jaune, outrageusement crû: un comptoir qui eût deshonoré la boutique du plus infime épicier; puis pêle-mêle, une trentaine de bocaux disparates, poussiéreux et malpropres! Dans cette singulière échoppe, personne! Et j'ai beau appeler, crier, faire aller à diverses reprises la sonnette de la porte, (car, il y a une sonnette à la porte, qui tinte grêlement quand on ouvre l'huis! Savourez-vous ce détail?) nul n'a cure de se montrer, et je reste bien dix minutes, en contemplation solitaire avec les lamentables bocaux. A la fin des fins une petite vieille paraît, toute rattattinée et toute tremblottante, qui ouvre de gros yeux, et auprès de qui je m'informe du maître de céans! „Mossieu n'y est point!“ me répond la vieille toujours ahurie, et qui, évidemment n'a jamais vu client si matinal. „Je suis la bonne, moi, et je n'entends rien aux affaires de Mossieu! Mais, si c'est pour une composition, vous pouvez toujours laisser l'écrit du docteur!“. — Je commençais à être aussi agacé qu'embarrassé, quand survint une toute jeune fille, qui a l'air d'appartenir à la maison: „Serait-ce vous, par hasard le pharmacien, Mademoiselle?“ lui demandai-je en riant! Et la petite, cramoisie comme plusieurs pivoines, de me répondre: „Oh, que non, Monsieur! mais je l'aide parfois, et je le remplace quand il est dehors!" — „Eh! voilà qui va bien, et nous avons chance de nous entendre! Veuillez, je vous prie, me donner un ½ litre d'eau blanche!" — „Volontiers, Monsieur, mais donnez-moi l'ordonnance!" — „Une ordonnance pour de l'eau blanche! Mais vous n'y songez point, Mademoiselle! Allons! donnez-moi vite ma fiole! Monsieur le pharmacien ne vous en voudra pas pour cela, à son retour!" — Elle a peine à se décider, la petite, et ajoute prudemment la recommandation, que j'aie à ajouter de l'eau avant que de m'en servir!" — „Oui, oui! j'y songerai! Mais maintenant il me faudrait au moins deux bandes!" — „Monsieur! on ne nous a jamais demandé cela!" — „Si! si! vous devez en avoir! Cherchons ensemble, voulez-vous?" A force de fouiller les rares tiroirs de la boutique, nous finissons par mettre la main sur un morceau de pièce de calicot, dans lequel je taille, aussi bien que je puis, deux simulacres de bandes avec des ciseaux, tout au plus bons à couper le beurre! Quand je veux payer, difficulté imprévue! Ni la petite, ni la vieille n'ont une idée même approximative de la valeur de ce que j'emporte, et je me sauve, leur laissant un franc cinquante; et m'est d'avis que l'apothicaire, quand il sera revenu (ou réveillé peut-être!) ne se plaindra pas de cette tarification de sa marchandise!

A l'hôtel, dès mon retour, on s'empresse de courir au déjeuner; Gustel, tant bien que mal, se déplace jusqu'à la salle à manger, avec Frérot comme béquille! Une fois là, il nous prouve, de maîtresse façon, qu'il n'entend pas faire intervenir la diète dans le traitement de son accident! Puis, comme la naïve petite pharmacienne me l'a si bien recommandé, on ajoute de l'eau à l'eau blanche, on applique à la foulure un pansement selon la règle, ou du moins autant que le permet le défectueux appareil dont on dispose, on court chercher à l'invalide tous les numéros disponibles de l'*Opinion nationale*, et l'abandonnant à cette saine lecture, à sa solitude, et à ses compresses, l'on se met en route, à la recherche d'un guide qui nous mène au Montanvers.

En passant, notre hôte, qui s'était chargé de nous avoir pour demain, des places dans la diligence de Genève, me remet trois coupons de cabriolet, valant ensemble la bagatelle de soixante et trois francs! Fichtre! Vingt et un francs par tête, pour ces quelques heures de voiture! Cela me parût raide et je lui en fis l'observation! „C'est peut-être bien raide, en effet Monsieur, mais c'est la taxe!" — C'est la taxe! Voilà leur grand mot lâché! Et si elle est idiote, votre taxe! Modifiez-là, que diable!

De l'hôtel, nous allons tout droit à l'office général. C'est là, et là seulement, que nous trouverons un guide Les guides, à Chamounix, se prennent tous au bureau du guide-chef! Ailleurs, dans l'Oberland, par exemple, chaque guide pratique pour son compte personnel, et traite directement avec le client, sous le contrôle, souvent fort platonique de l'autorité! Ici, non: les guides sont embrigadés; chacun a sa plaque et son numéro; en dehors de certains cas prévus par les règlements, et bien spécifiés, chacun marche à tour de rôle, et toutes transactions, commandes ou réclamations se font par l'intermédiaire de l'office.

Le système paraît établi à la fois dans l'intérêt de la corporation et des touristes. Il est rendu nécessaire par le nombre même des guides qui fonctionnent à Chamounix ou dans les environs. En ce moment, ils ne sont pas moins de 293 guides régulièrement inscrits, et disposent en outre de deux cents quatre vingt trois mules et mulets. Il est rare, pendant la saison, que le tour de chacun ne revienne pas au moins tous les deux ou trois jours. Cela peut donner une idée de la foule de touristes, qui grouille dans la vallée, de juin à septembre.

Nous apprenons, dès l'abord, tous ces détails du guide qui nous est échu, et avec lequel il semble que nous ayons eu la main heureuse. C'est un robuste montagnard déjà grisonnant, trappu, légèrement voûté, mais solide, sec et nerveux, l'air complètement bon enfant, et ne détestant pas de faire un brin de causette dans l'intervalle qu'il met entre deux pipes. „Alors, comme cela, on est content, ici, d'être devenu Français?" lui demandai-je à brûle pourpoint, curieux de savoir ce qu'il allait me répondre! — „Ah, pardine! je crois bien, Monsieur, qu'on est content! C'est qu'on y a tout profit, savez-vous!" — A la bonne heure! Voilà du moins qui est clair, net et catégorique! Mais la France, en retour, et abstraction faite de la gloriole de l'annexion, en pourra-t-elle jamais dire autant! — „Mais dites-moi, comment y trouvez-vous autant de profit que cela?" — „Très simple, Monsieur! Autrefois, quand nous étions au Piémont, on était mangé de droits, et il en coûtait cher, de vivre! A présent, nous sommes dans la zône franche; la douane n'est qu'à Bonneville.

Nous n'avons plus besoin, comme autrefois, de faire la contrebande, un métier, où, s'il y a du gain, il y a aussi bien des risques! Les denrées de Suisse nous viennent en toute liberté, et nous avons la vie bon marché! Et puis, nos gars, eux, aiment aussi, bien mieux aller être soldats en France, qu'en Piémont, à cause de l'uniforme!"

Et voilà pourtant ce qu'il en est, au fond, des fameuses affinités de race; et voilà bien aussi quel est le plus sûr mobile du non moins fameux libre suffrage des populations! Des mots! rien que des mots!

Le guide nous apprend encore que la population de Chamounix est actuellement d'un peu plus de huit cents âmes. Tout ce monde-là, vit, bien entendu, plus ou moins excluvisement aux dépens des touristes. Comptez bien plutôt! Trois cents déjà, ou peu s'en faut, sont guides ou porteurs. Prenez maintenant le nombreux personnel des différents hôtels, les cafetiers, les aubergistes, les marchands, les coiffeurs, et .... l'apothicaire, et voyez un peu ce qui peut rester, qui vive au-dehors du tourbillon des étrangers. — „Eh bien, mais, en hiver? qu'est-ce que vous pouvez bien devenir?" — „Oh, Monsieur, l'hiver! on n'y fait pas grand chose, par ici! Passé le mois de septembre tout est comme mort chez nous; nous sommes enselevis sous des monceaux de neige: et beaucoup s'en vont dans les villes, qui ne reviennent qu'au printemps!". — On aurait bien d'autres renseignements encore à lui demander: mais voilà! l'intervalle réglementaire entre deux pipes est écoulé: il vient de rallumer son brûle-gueule, (un bien bel instrument!) et une fois qu'il fume, bernique: il ne cause plus, oh, mais pas plus que s'il était muet de naissance!

Le Montanvers où nous allons, est le sommet de l'une de ces hautes et curieuses murailles d'encaissement, qui, de toutes parts, emprisonnent le val de Chamounix. Il forme comme le gradin inférieur, ou mieux encore comme l'extrême rampe d'épuisement de l'énorme chaîne du Mont-Blanc, dont les étages vont s'élevant comme par poussées successives, et qui se termine, tout là-haut, au fond du ciel bleu, par toute cette merveilleuse série d'aiguilles et de dômes. Son orientation au midi, juste en face du village, fait qu'il offre dès le bas, une vue superbe sur la Flégère, ainsi que sur les monts qui la dominent: le Brévent, les Aiguilles Vertes et le Guet. Le chemin qui y mène coupe les prés en diagonale, de suite au sortir du village, passe derrière la chapelle anglaise (quand je vous disais que tout y était anglais, dans ce Chamounix!) gentiment nichée dans la verdure; franchit bientôt l'Arveron, le loquace et turbulent torrent qui s'échappe un peu plus haut, du glacier des Bois, et ne tarde pas à atteindre le pied de la paroi escarpée où, de suite, il grimpe, entre les bruyères, les petits pins noirâtres, et toute une riche végétation de fleurs. Rien de gracieux comme l'aspect, dans les premières parties du sentier, du frais et verdoyant tapis de prés où, au bas de toutes ces masses sombres et pleines de menaces, le riant et coquet Chamounix, qu'on ne reconnaît pas, tellement il a une allure différente de celle d'hier au soir, s'épanouit et brille au gai soleil du matin.

A mesure que l'on monte, c'est à l'ouest d'abord,

que la vue se dégage, et l'on a tout profit de la sorte, car, là sont certainement les parties les plus remarquables du paysage. En première ligne, l'aiguille et le dôme du Goûter se montrent, qui, grandissant, s'élèvent et se dévoloppent graduellement, et bientôt forment le cadre grandiose où vient s'encadrer, dans sa splendeur pâle, le grand glacier des Bossons, cette sentinelle avancée du panorama! Bizarrerie singulière! et assez rare pour être notée, le glacier des Bossons a ses hauts étages seuls ternis par les déchets de roches, tandis que les inférieurs éblouissent par l'éclat de leur blancheur immaculée. Un peu plus haut, l'œil, longuement, peut se perdre dans les étendues infinies de neiges et glaces, étonnantes de reflets et de reliefs, qui courent vers les Grands-Mulets, cette station de nuit de ceux qui font l'ascension du Mont-Blanc. Il y a là, tout au haut, adossée à un roc immense, une petite et grossière cabane que le guide s'acharne à nous faire distinguer d'ici: mais il faut de la bonne volonté, ou de meilleurs yeux que les nôtres, pour l'apercevoir. Par-dessus, les étendues glacées courent de plus belle, et se perdent vers la cîme sous cet insipide capuchon de nues blanchâtres qui, depuis hier au soir, s'obstine à masquer la tête du géant.

Commode d'abord, aisé et agréable, le sentier bientôt se gâte, et monte à présent en lacets abrupts, durs, bosselés plus que de raison, dégradés, souvent rompus et grossièremnnt réparés de la veille, aux endroits nombreux, où ont eu lieu, sous l'influence des pluies récentes, de grands éboulements de roches. La forêt protège bien, dans une certaine mesure, contre ces sortes d'accidents ; mais que peut une faible barrière de pins, quand la montagne se met à s'émietter en blocs gros comme des maisons, tels qu'il en gît par-ci par-là dans l'enmêlement des troncs brisés! Voyez-vous l'agrément de ce sentier fallacieux, quand il y pleut des cailloux de ce calibre-là ? Par contre, jamais il n'offrira le désagrément de la côte boisée qui vient après le col de la Forclaz, et où, hier, nous avons si cruellement souffert de la soif! Bouchons et auberges s'y alignent à profusion. C'est véritablement, par ici, pays de grande consommation! Et l'enseigne ne semble pas suffisante pour allécher le client! C'est devant chaque bouchon quelque jeune fille, ou bien une maman, qui, la bouche en cœur et l'air engageant, répètent l'éternel refrain: „Ces Messieurs prennent-il quelque chose?“. — De rudes consommateurs, ma foi, ceux qui prendraient ainsi partout où on leur offre! Le plus sage, après tout, c'est de ne prendre rien, ni nulle part! Ces braves gens, à ce compte-là, vous regardent bien un peu de travers; mais on n'en marche que plus droit. Notre guide, d'ailleurs, qui vient d'achever sa pipe, et qui du coup, a retrouvé la voix, nous apprend que le Montanvers possède, au haut, une bonne auberge, où la consommation est meilleure et pas plus chère que dans toutes ces baraques! Baraques! C'est lui, notez, qui a dit baraques! L'aubergiste du haut, par hasard, serait-il un sien parent? Cela serait, que nous n'en serions pas étonnés outre mesure?

Une demi-heure plus tard, nous prenons pied sur l'extrême plateau, et brusquement, à la dernière enjambée, nous avons la surprise d'un saisissant et extraordinaire point de vue! La montagne se coupe à pic, laissant un large vide, un grand gouffre béant, où semble s'abîmer d'un coup la forêt, et où tout au fond, au milieu d'un chaos gris d'épouvantables rocs, la Mer de Glace s'étale, la merveille de Chamounix! On l'a domine d'ici, admirablement. L'effet est surprenant, intense, et saisit fortement au premier abord! Le tableau, bien qu'il ne soit pas, après tout, de taille à se mesurer avec le Gornergraat, n'en est pas moins singulièrement imposant et grandiose! Cette mer de Glace, il n'y a pas à dire, est littéralement stupéfiante à voir. Avec son étendue sans fin, avec cette croupe formidable, où les ondulations sauvagement se heurtent et s'enchevêtrent, donnant alternativement des tons éclatants ou ternes, avec ses crevasses sans nombre, avec ses arêtes qui rampent au loin, bizarrement pigmentées de détritus de roches, avec sa succession d'étages de plus en plus hardis, de plus en plus nets, et prenant dans les hautes sphères des blancheurs d'hermine, et des reflets d'azur, avec son endiguement cyclopéen de roches grises, lisses, polies par le frottement des glaces, elle dépasse sûrement le Gornerglætscher lui-même en étrange et sublime magnificence. L'entourage, malheureusement, en est défectueux! La rampe du Montanvers, de ce côté-ci, celle du Mauvais pas, en face, manquent à la fois de caractère et de proportions, pour bien cadrer avec leur épouvantable contenu! Et toute la splendeur sans rivale, toute la merveilleuse richesse de la toile du fond ne suffit plus alors pour racheter cette mesquinerie des plans latéraux! Combien elle est belle cependant, et combien idéalement majestueuse, cette aiguille du Dru, qui se dresse là, d'un jet vigoureux et superbe, et s'élance haut dans le ciel bleu, scindant de toute l'énormité de sa masse sombre les resplendissants déserts glacés du Nant-Grand qui s'incline à gauche, et les masses de neige d'une pureté parfaite qui, infléchies à droite, en angle brusque, montent insensiblement au Jardin et au col du Géant! Mais rien n'y fait! C'est beau, incontestablement; mais c'est incomplètement beau; l'impression générale a une lacune; nous avons bien et irrémédiablement été gâtés au Riffel et au Gornergraat.

Auberge et bazar, la maison du Montanvers est l'un et l'autre! A côté des tables où l'on consomme, des rayons s'alignent, où l'on trouve entassés des monceaux de cristaux, taillés ou bruts, des amas de photographies, des piles d'herbiers, des charretées d'ouvrages de bois sculpté! que sais-je, encore?

Mais la moindre goutte de liquide ferait bien mieux notre affaire! Et toute cette bimbeloterie ne nous dit absolument rien! Seulement, pas facile de consommer, dans cet immeuble à deux fins! on y achète plus aisément, qu'on ne s'y restaure! Toutes les tables sont occupées; pas un coin de libre, et il faut tourner là, en rond, un bon moment, et ouvrir l'œil afin de happer la première place qui se trouvera libre. Au bout d'un quart d'heure nous parvenons enfin à nous faire donner un cruchon de bière, qui se trouva être meilleure qu'on ne s'y attendait.

Pendant que nous sommes à vider nos verres, voici venir, à grand fracas, toute une troupe de jeunes Englishmans affamés, qui, au-dehors déjà, hurlent des

Rossbeaff! rossbeaff! à faire croire qu'ils jeûnent depuis quarante huit heures! Les rossbeaff qu'on leur sert, se trouvant être un peu minces: „Ce été cela, des rossbeaff?" gronde aussitôt le plus enragé de ces goinfres. — „Bien sûr, Monsieur! Et des bons, je m'en flatte!" répond l'aubergiste d'un ton de dignité blessée! — „Aoh! ce été toute simplement des rien du tout!" riposte l'enfant d'Albion avec un suprême dédain! Je crois bien! Ils sont accoutumés, chez eux, à ce qu'on leur serve, sous prétexte de rossbeaff, des quarts de bœuf d'une seule pièce! Ils sont en train de se rattraper de l'exiguité de leur rossbeaff, sur des monceaux de fromage, quand nous nous remettons en route.

Et ce fut tôt fait, alors, de dégringoler le sentier raide qui mène au glacier. Il nous tarde de tâter du monstre, et le guide, étonné de tant d'ardeur, a peine à nous suivre. A l'endroit où cesse le sentier, un particulier a élu domicile, avec un petit établi. Cet industriel se charge, contre rémunération, de ferrer, pour le passage, les semelles des amateurs. Bien vite, il nous fait ses offres de service: mais nous l'envoyons promener, lui et sa ferraille, persuadés que bon pied, bon œil, et un peu de circonspection, valent autant et mieux, en la circonstance, que tous les clous de son établi. Je ne sais même pas si une ferrure insolite n'est pas plutôt gênante, et si elle n'expose pas plus aux chutes ceux qui n'y sont pas faits, que le simple emploi de la chaussure habituelle.

On n'a pas plus tôt mis les pieds sur la glace, qu'on reste un instant stupéfait, abasourdi littéralement, par l'énormité du tableau! On était loin, là-haut, de se figurer la chose si colossale, si épouvantable. Et c'est comme un respect alors qui vous empoigne, une appréhension vague, comme à l'approche de quelque danger. De danger, il n'en est cependant en réalité aucun. Malgré cela, les premiers pas sont hésitants, tâtonnants, maladroits. Puis, rapidement on se familiarise et on s'acclimate, et tantôt nous voici, avançant sur la surface lisse avec une assurance, une crânerie, un brio qui émerveillent le guide; c'est à croire que nous pratiquons les glaciers depuis des années! Aussi bien, la marche est-elle loin d'offrir les difficultés que pourrait faire supposer la présence, là-bas, du marchand de clous. Un chemin est comme tracé, que l'on suit le plus habituellement et sans grandement s'écarter! Peu de rampe; une surface de glace grumeleuse, suffisamment ramollie à cette heure du jour, pour que le pied y prenne bien, et assez amplement mêlée de sable et de déchets de pierrailles, pour que les glissades soient peu à craindre. Nul éclat du reste, dans les parties qui vous environnent immédiatement. C'est une succession de blocs ternes, livides, d'un gris sale et déplaisant. Ce ne sont que les étages supérieurs, qui peu à peu se nettoient, pour devenir bientôt merveilleux de pureté et de teintes diverses. Surprenante d'aspect, d'un effet vraiment féérique, est l'échappée vers le Nant-Grand, où l'œil ébloui passe successivement par toutes les teintes imaginables allant du gris sale, au blanc le plus idéalement pur, à l'émeraude le plus tendrement vert, pour se perdre, tout en haut, dans un fouillis de flèches et de pointes azurées.

Au loin, dans le grand dédale des crevasses, une

série de petits drapeaux plantés sur des piquets de fer, jalonnent le chemin. Innombrables, les crevasses ! mais pas bien terribles, vraiment ! la plupart s'enjambent le plus gaîment du monde. Il en est, par-ci par-là, quelques-unes, d'aspect un peu plus effrayant, et de mine un peu plus farouche, plongeant à pic dans le massif de glace, leurs parois luisantes et verdâtres, et s'abîmant dans de noires profondeurs où, vaguement, l'on perçoit le bruit d'eaux qui filtrent et s'écoulent péniblement. C'est le seul bruit, dans ce lugubre désert, sur lequel s'étend ce silence profond, troublant et absolu qui nous a déjà frappés au Gornergletscher. Vers la rampe opposée, aux approches des moraines, la surface devient plus inégale, et la marche plus pénible. Et tout aussitôt surgit un quidam, armé d'un pic qui prétend gagner un pourboire, à tailler devant vous dans la glace, des degrés absolument superflus ! Allons, la bourse commune ! Ne vous faites point prier ! C'est le dernier truc, sans doute, que vous aurez à subir ! Eh non ! c'est l'avant dernier seulement ; car, derrière le quidam au pic, vient de paraître un gamin possesseur d'une échelle, qui va vous servir à passer de la glace au rocher, et qu'il n'a point portée là, non plus pour vos beaux yeux seulement ! Et la bourse commune en est pour une nouvelle pièce de cinquante centimes !

Le sentier, maintenant, court aux bords du glacier et descend rapidement au milieu du monstrueux éboulis de roches ; il ne tarde pas à atteindre une rampe fort raide, un casse-cou abracadabrant, plus aisé, certes, à monter qu'à descendre, qu'on a décoré du nom de

Mauvais-Pas, et qu'on a muni d'une belle et bonne rampe de fer! Avec cette précaution, son nom n'est plus guère mérité, sauf peut-être pour les dames, qui sont exposées à y montrer plus ou moins de leurs jambes au grand jour! Et encore cela doit-il sembler un fort petit malheur, à toutes celles qui ont la jambe bien faite! Telle, par exemple, cette Allemande qui passe devant nous, et qui exhibe bravement ses bas blancs et leur respectable contenu jusques et y compris les jarretières, qu'elle porte attachées au-dessus du genou!

Au haut du Mauvais-Pas, l'on aboutit à une sorte de terrasse naturelle, située bien en saillie sur la haute paroi rocheuse, et qui porte le singulier nom de Chapeau! Pourquoi Chapeau? Le guide n'en sait rien. On y jouit d'un beau coup d'œil d'ensemble sur la mer de Glace, et sur la vallée de Chamounix! mais la vue est loin de valoir celle du Montanvers. De même qu'au Montanvers, il y a ici un châlet, restaurant-bazar, où nous offrons à notre brave homme de guide un verre de vin, suivi d'un deuxième et d'un troisième jusqu'à épuisement complet d'un couple de bouteille.

Puis la descente s'opère sur les Tines, au pas accéléré, et d'une traite! C'est une digne clôture à nos exploits! C'est la fin vaillante de nos belles courses! Car, c'en est fait, à présent! Et pour longtemps, sans doute! Adieu, maintenant, les montagnes! Adieu les ascensions pénibles, et les dégringolades folles! Au lieu de la grimpade dans le sentier fleuri, ce sera, demain, le roulement monotone de la diligence de Genève: Ce sera, un peu plus tard, le cahotement absurde dans les wagons poussiéreux, suivi du retour au Mulhouse ennuyeux, enfumé et lamentable que vous savez! Toujours navrant et pénible, le retour, cette année, le sera doublement! Nous aurons bien le souvenir des heureux jours que nous venons de passer, mais nous n'aurons plus, hélas! comme les années précédentes, le charmant espoir de les voir recommencer l'été prochain!

C'est aux Tines, tout au bord du chemin, à côté de l'Arveron bruyant qui fuit rapidement sous les arbres, qu'on en vient à se tenir ces discours et d'autres encore, tout aussi peu réjouissants; en face, les moraines du glacier se dressent, boulversement horrible! masquant les splendeurs des régions supérieures, et ne présentant plus que leurs immensités grises, désordonnées et nues; l'aspect en est lugubre, et bien en harmonie avec notre humeur! Et nous voici broyant du noir, comme si nous étions les plus malheureux de la terre! Le guide nous guigne en dessous, et se dit, sans aucun doute que nous sommes deux particuliers qui ont le vin bien triste! Eh non! brave homme! Ce n'est pas le vin, c'est le départ, que nous avons triste! Et ç sont nos adieux que nous faisons là, à toutes les merveilles de la grande, de la souveraine nature!

A ce moment vient à passer, dévalant les dernières rampes du côté du Tour, tout un pensionnat, sous la conduite d'un maître; dix-huit brimborions de touristes dont le plus âgé n'a pas seize ans, et dont les plus jeunes ne comptent pas plus d'une douzaine de printemps! On dirait une page détachée d'un des volumes de Tœpffer! Beaucoup de ces touristicules traînent la jambe, et la descente du col de Balme paraît leur avoir été dure! Mais la bonne et excellente fatigue que voilà! Et puis, laissez-les, tantôt, quand ils auront soufflé et qu'ils se seront débarbouillés, dîner à leur appétit, et vous verrez aussitôt, quel oubli subit de toute lassitude, quel entrain endiablé, quelle humeur joyeuse, quel babil et quels éclats de rire qui se prolongeront, si l'on n'y met bon ordre, bien avant dans la nuit! Et nous les suivons des yeux, les bons hommes, longuement, jusqu'à ce qu'ils aient disparu, un à un, au détour du chemin! Et nous en venons à nous dire, que nous aussi nous fûmes comme eux, et comme est encore notre Frèrot; qu'ils sont, eux, l'avenir, tandis que nous sommes, nous, le présent; que notre temps a été; qu'en somme, nous avons eu la part belle; et qu'il en est, de par le monde, de moins bien partagés que nous!

C'est sur ce grain de philosophie que nous nous remettons en route, et que lentement, posément, en flânant, et pour jouir de notre reste, nous rentrons à Chamounix au moment où le soleil s'abîme dans un rayonnement intense, qui semble incendier jusque dans ses profondeurs le dôme du Goûter!

Gustel, lui, n'a pas bougé de son sopha! La foulure, dorlottée avec cette ponctualité méticuleuse que l'excellent ami apporte à tout ce qu'il fait, est en parfaite voie de guérison, et demain il n'y paraîtra plus! Gustel sait de plus, par cœur, plusieurs numéros de l'*Opinion Nationale*, et propose de nous en réciter tel article, au choix! Comme on doit à ses amis la vérité, nous ne lui cachons pas que nous préférerions le potage, et comme à souhait, la cloche sonne le dîner! Nous sommes les premiers à table, et Frèrot, qui a l'estomac dans les talons, et à qui la soupe paraît longue à venir, en est en un clin d'œil à grignotter son deuxième crouton de précaution! Ce collégien, sûrement, alimente quelque ténia!

Les dîners se suivent à l'hôtel du Mont-Blanc, et se valent sans se ressembler! Faites-moi, s'il vous plaît, plus bel éloge d'un cuisinier! Et voici que nous allons regretter Chamounix, non plus pour ses montagnes seulement, mais encore pour sa bonne chère! Après dîner, Gustel retourne à ses compresses, et Frèrot et moi, nous allons exécuter dans les rues de Chamounix un petit voyage de reconnaissance, histoire de compléter nos études d'hier au soir Au bord de l'Arveron, il est une taverne assez gentille, qui paraît comme le rendez-vous des touristes, au sortir de table, et dont la terrasse, ombragée de vigne vierge, est un lieu de délices, au crépuscule, dans la fraîcheur embaumée du soir. — Combien il est doux, d'y humer un mocka, et d'y griller un soutados, tandis que les yeux errent paresseusement sur les cîmes du Goûter et du Mont-Blanc, où se joue le reflet à demi éteint du dernier rayon de soleil, tandis qu'au bas, le glacier de Bossons, terne et livide, s'étend comme un linceul, et qu'en face, dans la buée incertaine, se dressent comme autant de fantômes pâles, les aiguilles du Midi, de Blétière et de Charmoz! Soirée charmante et qu'on prolonge bien au-delà du mocka, moyennant quelques verres de bière, dont la prose ne nuit en aucune façon à la poésie de l'entourage!

Au plus beau moment, notre attention est détournée

par l'arrivée sur la terrasse d'un Anglais qui s'installe à nos côtés. Un type unique, le Mylord! Constitution ultra sanguine, apoplectique, et d'un plantureux essentiellement britannique.

Cinq pieds et plusieurs pouces; abdomen qui paraît commencer de suite après le menton, pour ne finir plus nulle part, tellement le particulier est arrondi de toutes parts; face rubiconde, luisante, bouffie, et dont le tégument ne tiendrait pas un atôme de graisse de plus sans craquer; cheveux enfin et favoris incultes, hérissés, rudes comme une brosse de chiendent, et de ce roux jaunâtre, dont ils ont, dirait-on, le monopole de l'autre côté de la Manche. Ce personnage, d'ailleurs parfaitement grotesque, et qui manifestement a trop bien dîné, n'est pas plutôt assis, qu'il éprouve l'irrésistible besoin de faire une déclaration en règle, à la fille qui le sert. Seulement, comme ses connaissances en français sont sans doute fort restreintes, il a recours à la pantomine! Et le voici qui fait des gestes bouffons, en roulant ses gros yeux; puis posant une de ses deux grosses pattes sur la portion de sa rotondité qui pourrait, avec quelque bonne volonté, correspondre à la place au cœur, tandis que de l'autre il fait fondre un morceau de sucre dans une cuillerée de cognac, il adresse à la jeune personne interloquée ces paroles incendiaires: „Cette sucker, ô Mademosel, il été comme le cœur à moa. O Yes!" — Des curieux, cependant, voyant faire ce galant mastodonte, s'étaient arrêtés, et riaient à se tordre à l'entrée de la terrasse! Quand le mylord s'aperçut que le peuple se..... fichait de lui, il interrompit sa déclaration, se leva tout droit, jeta dans la direction des rieurs, un coup d'œil chargé de tout ce que ce gros corps pouvait contenir de mépris, lança un „Aoh, canaille!" accentué à la Jupiter tonitruant, et virant de bord, se rassit, ouvrit un énorme rifflard derrière lequel il s'abrita, affectant tout le dédain dont un sujet de la Reine peut être susceptible pour une vile multitude qui s'avise de lui manquer de déférence! Nous avions beaucoup ri, et souvent, dans le cours de notre expédition; jamais nous n'avions ri encore de si bon cœur! Le cafetier, lui aussi, était survenu, sur ces entrefaites, et ce n'est pas lui qui riait le moins. Je profitai de sa présence pour élucider une question qui depuis le matin me tourmentait. „Pardon, Monsieur, lui insinuai-je! Auriez-vous l'obligeance de me dire ce que vaut une place de cabriolet, d'ici Genève, à la diligence?" — „Monsieur, cela dépend!" — „Cela dépend! Mais de quoi, s'il vous plaît?" — „Eh mon Dieu! cela dépend de la façon dont on s'y prend!" — „Comprends plus!" — „C'est simple, pourtant! On peut vous procurer des places à 18 francs, à 16 francs, à 14 francs, même! Mais alors, naturellement, il y a quelque chose pour celui qui les procure! En voulez-vous? Je me charge de vous en avoir!" — „Eh! non! Tonnerre de Brest, je n'en veux point! J'en ai, mais qu'on m'a vendues bien plus cher que vous me dites! Je commence à croire que j'ai été effrontément volé, et si le bureau est encore ouvert, nous allons bien voir!" — Et déjà nous partons de là, furieux! „Monsieur! Monsieur, me crie l'hôtelier, en courant après nous, n'allez pas dire, au moins, au bureau, que c'est moi qui vous ai renseigné: le buraliste est mon cou-

sin! — Son cousin? L'infâme gredin! C'est moi qui
m'en moque un peu, par exemple, de leur degré de
parenté! Et cet hôtelier du Mont-Blanc, qui disait que
c'était la taxe! Les deux brigands, s'entendent, appa-
ramment, pour se partager nos dépouilles. Au bureau,
sans tarder, je me répands en récriminations acerbes,
mais hélas! parfaitement inutiles! A toutes mes réclamations, on ne répond qu'un mot, la taxe, et comme
je veux la voir, cette taxe, on me la montre, noir sur
blanc, et je n'y suis plus du tout! Et ne voulant, ni
ne pouvant pousser la chose plus loin, nous opérons
une retraite peu brillante, laissant la situation aussi
embrouillée qu'avant et ne sachant toujours pas, si le
buraliste est un filou et notre hôtelier son compère, ou
son cousin le cafetier, un mauvais plaisant qui a voulu
rire à nos dépens. Il est juste de dire qu'au fond, cela
nous absolument indifférent.

Nous rentrons au moment où Gustel use sa dernière goutte d'eau blanche. La foulure est guérie, l'invalide marchera demain.

La soirée se passe en soins divers. Préparatifs déplaisants du départ définitif! Nos bâtons ont à recevoir
les marques des derniers lieux visités. Un domestique
de l'hôtel se charge de la besogne, et comme le papa
Lockmatter, réclame trente centimes par mot! Sans
trop de peine, j'arrive à lui persuader que c'en est
assez de vingt. Puis réception de lessive, emballage,
discussion interminable à propos d'une chemise qu'on
nous a rapportée en lambeaux, et que nul ne veut
reconnaître pour la sienne, jusqu'à ce que l'inspection
des initiales démontre qu'elle est à moi.

Je répare aussi bien que je puis ce grand désastre!
Mais, quand le linge s'en va en miettes, il est temps
que les touristes rentrent! C'est sur cette judicieuse
réflexion que l'on se couche, et que bientôt l'on
s'endort.

SEIZIÈME JOURNÉE

DE CHAMOUNIX A GENÈVE. — LE CORTÈGE DES VOITURES. — DESCENTE DE SERVOZ. — CASCADE DE CHÈDE. — SALLANCHES. — DÉJEUNER OU DÉVOTIONS. — LA DILIGENCE. — BONNEVILLE. — L'ARMÉE FRANÇAISE. — CHÊNE. — GENÈVE.

La première heure du jour nous trouve debout, ayant déjà, ou peu s'en faut, terminé nos apprêts, et liquidé notre situation à l'hôtel. A six heures précises, nous voici au bureau de la diligence, prétendant, au moins, pour nos soixante et trois francs, avoir le droit de choisir nos places, en qualité de premiers arrivés! Vaine prétention! Et point n'était besoin, vraiment, de se tant presser! Il n'y a point de diligence: point du tout! Des calèches sont là, indistinctement attelées de mules ou de chevaux, au moyen desquelles le service se fait jusqu'à Sallanches. Chaque calèche est traînée par deux bêtes, et doit recevoir quatre voyageurs à l'intérieur, plus un cinquième, sur la banquette à côté du cocher! Pour vingt et un francs, c'est une place charmante, quand il tombe de l'eau! Mais tant pis pour ceux à qui elle échoit!

Nous occupons la première voiture; cinq autres s'emplissent rapidement derrière nous, et bientôt nous partons au milieu d'un grands fracas et de retentissants coups de fouet. Au sortir du village, une pauvre crétine, affligée du plus horrible pied-bot, et qui chasse péniblement devant elle quelques chèvres, manœuvre assez maladroitement pour se faire renverser par un des chevaux de notre voiture, et roule dans la poussière, où elle a, heureusement, plus de peur que de mal? Et cet accident ne retarde en rien la marche du cortège!

Le temps, pendant la nuit, s'est mis à la bruine: Du paysage, rien, ou du moins fort peu de chose; les montagnes sont toutes voilées d'épaisse brume grise; on se dirait, en plaine, tout aussi bien; et le brouillard du matin tombe en une toute petite pluie fine comme pour ne pas nous désaccoutumer de la chose, jusqu'à la fin! Il est certain que dans le cours de notre expédition, nous aurons pu faire une étude comparative des plus complètes sur les diverses façons dont l'eau tombe du firmament, en pays de montagne.

Au tournant, aux pieds de l'aiguille du Goûter absolument invisible, nous passons devant le glacier des Bossons, sans autrement l'apercevoir que comme une grande ombre incertaine et blanchâtre, et nous voici, roulant au grand trot sur la route boueuse, qui est littéralement enfouie sous les arbres. Le chemin est bon, et la chaussée, bien qu'un peu étroite est assez bien entretenue pour qu'on s'étonne de plus en plus de cette singulière substitution de calèches, exigeant plus de personnel et plus de bêtes, à la diligence qui semblerait plus pratique, à la fois, et plus économique! Mais tout ici bas, a assez généralement sa raison d'être, et les plus grands étonnements souvent ne seraient point, s'ils ne se hâtaient trop de se manifester! Après

Servoz, le mystère s'explique! Il y a là une côte, sur laquelle une diligence, si bien équilibrée fût-elle, ne garderait pas longtemps son centre de gravité, et où les calèches même ne s'aventurent que veuves de leur contenu! Oh, mon Dieu! Oui! Ni plus, ni moins qu'à la fameuse rampe de Stalden, les voyageurs, ici, sont priés, dans un but tout conservateur, du reste, et au plus grand bénéfice de l'intégrité de leurs os, de mettre pied à terre, et de se dérouiller un brin les jambes jusqu'au bas de la descente! On ne fait même pas d'exception pour les invalides, et Gustel lui même est tenu de s'exécuter! Et cela se paie vingt-et-un francs, ce voiturage panaché de déambulation! Et la fameuse côte a une petite demi-lieue de long! Aimable organisation! Vous pensez si, au bas, on met de l'empressement à se remettre sur les coussins! Et que la côte, pour Dieu! ne soit pas bientôt suivie d'une seconde!

Nous avons eu tout loisir, tantôt, pour examiner un peu les compagnons que le hasard nous a donnés! Quelques Anglais ne sortant pas de la banalité; pas mal d'Allemands barbus, en grosses lunettes d'or; plus les trois curés des col de Balme, qui se sont augmentés à Chamounix, d'une quatrième soutane! Ce pieux quatuor occupe la voiture qui suit la nôtre, et s'édifie réciproquement par la continuelle lecture de ses bréviaires! A quel âge, voyons? peut bien arriver un curé, jusqu'à ce qu'il sache son bréviaire par cœur?

A Chède, nouvelle côte: et notre voiture de s'arrêter! Ah ça, va-t-on encore une fois nous faire descendre! Ce serait abuser de la permission. Mais non: on place un sabot simplement, et l'on roule au grand galop des bêtes sur cette rampe, qui ne paraît guère, cependant, moins inclinée et moins abrupte que la première! Pourquoi cette différence alors? Toute administration a ses mystères! Pourquoi celle des voitures de Chamounix à Genève n'aurait-elle pas les siens! A mi-côte, on a une belle échappée sur la Cascade de Chède, un peu trop masquée seulement par les arbres fruitiers! Puis, jusqu'à Sallanches, ce n'est plus qu'un ruban, droit, interminable, s'étendant monotonément sur le fond plat d'un vaste bassin fertile, bien cultivé, exubérant de verdure, mais sans originalité aucune, et circulairement encaissé de monceaux de brume.

Sallanches est une de ces petites localités qui se conservent intactes et sans changement, à travers les âges, dans leur isolement, à peu près comme ont fait les momies égyptiennes dans leurs caveaux! Une large rue, rien qu'une; des édifices plusieurs fois centenaires à l'aspect bizarre, aux formes hétéroclytes; un ensemble terne, incolore, invariablement grisâtre, faisant comme une tâche déplaisante sur le pimpant tapis de verdure; voilà la localité! Là-dessus, un calme plat, un ennui incommensurable, que chaque jour, à heure fixe, vient un instant interrompre la brouhaha des voitures et des diligences. — Les voitures s'arrêtent devant l'hôtel du lieu, où déjà deux diligences attelées, attendent! Mais déjà, également, des garçons se précipitent, annonçant d'une voiture à l'autre, que l'on a le temps de déjeuner, avant le départ. Et c'est tout aussitôt une irruption générale dans la salle à manger. Les curés, un instant, ont hésité: l'un d'eux a proposé d'aller visiter l'église, qui, paraît-il, offre quelqu'intérêt. Oui, mais ils voudraient

bien manger, aussi, et comme ils n'ont pas le temps
de vaquer à la fois à ces deux occupations si diverses
et si inégalement attrayantes, ils finissent par se décider
pour le déjeuner, et ils lâchent le bon Dieu pour une
omelette au lard, et des côtelettes d'agneau d'un
tendresse remarquable. Il faut savoir être pratique, que
diable! même quand on porte soutane!

Après le déjeuner vient le classement dans cette
étrange et complexe machine qui constitue la diligence
de Genève. Cela est bâti à deux étages: en bas,
l'intérieur et le coupé; en haut la banquette, le landau
et le cabriolet! Banquette et landau sont commodes et
permettent assez bien de jouir de la vue, quand vue il
y a; mais le cabriolet a sa perspective bornée au dos
des occupants du landau, et en arrière, à la capote de
la voiture! Et l'on nous y fourre, dans le cabriolet,
bien entendu! Et pas moyen de réclamer! Gredin de
buraliste! Ah! si l'on le tenait! On se console un peu
en se disant qu'aujourd'hui, même ceux qui sont mieux
placés que nous, n'en voient pas beaucoup plus pour cela.

Mais nous voilà partis, au grand trot de nos cinq
chevaux. La diligence ne passe pas en ville! Craindrait-on de trop ébranler les vénérables vétustés qui
s'y alignent, et est-ce là une mesure de sécurité publique; nécessitée par l'état de décrépitude où sont parvenus la plupart de ces immeubles surannés. Toujours
est-il que nous rebroussons chemin, un petit bout, que
nous repassons le pont que nous avons franchi tout à
l'heure, et que nous revoici en plein sur le ruban
monotone qui s'enfonce droit devant dans la verdure.
Le temps reste couvert, obstinément: on dirait au-

dessus de nous, comme un dôme de plomb : aucun souffle ; pas la plus petite brise ; l'air est lourd comme à l'approche d'un orage, et le voyage ne tarde guère à tourner au supplice. Pour unique distraction, des pommiers : innombrables, splendides, chargés de fruits à craquer, mais pommiers nonobstant, c'est à dire arbres prosaïques s'il en fût. Il en est de la sorte jusqu'à Bonneville, le chef-lieu de la contrée. Un beau pont sur l'Arve, un ensemble assez bien situé dans la vallée, un monument, sous forme de colonne, avec la statue de je ne sais quel roi de Sardaigne, voilà qui suffit pour distraire des pommiers.

Comme localité, c'est un peu moins momie que Sallanches ! Pensez donc : il y a de la garnison : c'est tout dire ! Effectivement, un pantalon rouge, çà et là jette sa note vive et gaie dans l'uniformité des rues : puis sous les arbres de la promenade, des tourlourous se voient, qui content fleurette à quelques bonnes d'enfants, et à la porte des cafés, des officiers sont assis, qui culottent des pipes. L'armée française, vous le voyez, a importé au pays annexé ses traditions et ses mœurs !

On relaie, à Bonneville, sur la grande place, et l'arrivée des diligences, chaque jour y est un évènement. Les badauds s'assemblent, et curieusement viennent contempler les particuliers qu'amène la grosse machine, comme si des touristes qui passent, offraient des curiosités bien spéciales et n'étaient pas, en somme, des bipèdes configurés comme tous les autres ! On rend, d'ailleurs, aux badauds leur contemplation avec usure.

Cinq minutes : et l'on repart, et de nouveau on

roule sur l'insipide grande route; il n'y a plus de
pommiers, Dieu merci, et le pays est plus accidenté et
plus divers : quelques éclaircies se font dans la brume,
et par-ci par-là, une gracieuse échappée se montre sur
quelque mont encore à demi caché! Et c'est chaque
fois une nouvelle occasion pour envoyer à tous les
diables le cabriolet et ses délices! Bientôt l'on atteint
le grand et beau village de Chêne, localité essentiellement internationale, mi-partie française et mi-partie
suisse : un petit cours d'eau qui coule au beau milieu
de l'endroit, forme la frontière! Les riverains dudit
cours d'eau sont de bonnes natures, vraiment, s'ils
vivent toujours en bonne harmonie! Songez donc, en
dehors des misères du mur mitoyen, et autres plaies
de voisinage, avoir en sus les frottements de frontières!
C'est là, bien sûr, un sort peu enviable.

Passé le pont, nous voici revenus en Suisse, ou
plutôt sur cette terre cosmopolite qui a nom le canton
de Genève, et où le nombre des résidents étrangers
est égal, pour le moins, au nombre des indigènes.
Aussi n'est-ce plus, des deux côtés de la route, qu'une
interminable succession de parcs et de jardins, de villas
et de palais, de grands et beaux quartiers grandioses
et flambant neufs, digne faubourg de la reine du
Léman. Il y a sept ans, ou peu s'en faut, que nous
n'avons pas revu Genève, et il semble, de ce côté-ci
du moins, que nous ne l'ayons jamais vu! La rage des
démolitions sévit ici à l'état aigu, ni plus ni moins
qu'aux bords de la Seine, et nul part, j'imagine, l'illustre seigneur Haussmann n'a des adeptes plus zélés,
des émules plus actifs. Au quai du Rhône, seulement,

l'on se retrouve un peu! Voilà bien, en effet, les deux grands hôtels des Bergues et Victoria, et voilà le Square, sur la jetée, alors tout frais planté, et qui depuis, a eu le temps de devenir un coquet et ravissant jardin. Puis, un peu plus loin, nous voici de plus belle en pays inconnu, et c'est en vain que je cherche, à la place accoutumée, notre ancien et excellent hôtel de Hollande! Disparu, l'hôtel! Et disparue, également, la rue où il se trouvait! Tout cela est démoli depuis plusieurs années, comme nous l'apprend le conducteur de la diligence, au moment où nous quittons la voiture; sur sa recommandation, nous allons à l'hôtel du Mont-Blanc qui nous plait de prime abord, et qui ne ment pas à la bonne impression qu'il a produit. Un quart d'heure, pour s'installer; puis en route pour un tour de flânerie à travers Genève. La première visite, de droit, est pour le célèbre pont du Mont Blanc, cette gloire et cet orgueil de la Genève moderne! Orgueil légitime! Gloire incontestable! Car il est remarquable, ce nouveau pont, et le pont des Bergues, à côté, n'est plus qu'une passerelle! Sic transit gloria!

De là, naturellement, nous allons faire un tour à l'île Rousseau: une promenade à Genève, après quelqu'absence n'est pas complète sans une visite à ce discret petit nid de verdure, annexé au pont des Bergues. Nous remontons par les quais de la rive gauche! Qu'allons-nous chercher par là? Je ne sais: mais il y a comme un aimant, qui irrésistiblement nous attire à la brasserie Just, réputée pour sa bière de Munich. Charmant, le local; mais le breuvage qu'on y débite n'a pas le don de nous plaire. Cette bière jus de réglisse, bien que de Munich, et d'une incontestable authenticité, ainsi que le garçon a bien soin de nous l'apprendre, ne dit rien à nos palais accoutumés à la blonde et exquise liqueur qui se brasse à Mulhouse. Nous laissons, o invraisemblance, une bonne moitié de nos verres!

Le dîner, à l'hôtel du Mont-Blanc, est succulent et irréprochable! Gustel et moi, nous y faisons grand honneur! Mais Frèrot, une fois de plus, nous donne le spectacle d'une complète défaillance! Serait-il en brouille avec son ténia? Eh non! C'est la diligence; c'est la bière de Just; c'est la migraine surtout, et Frèrot, en plein repas, s'éclipse et va se coucher.

Nous reprenons, après dîner, la flânerie interrompue. C'est dans la rue du Rhône, que règne à cette heure, l'animation la plus grande! C'est la principale artère commerciale de Genève. On y trouve, comme toujours, aux étalages des libraires, tous les écrits, satires, brochures et pamphlets prohibés en France, et ici, étalés en toute liberté! On y voit surtout, aujourd'hui, la nouveauté de la saison; des photographies grotesques reproduisant plus ou moins grossièrement les traits de Napoléon III, de Victor Emmanuel ou du Pape, au moyen de figures enchevêtrées, enlacées, et plus ou moins décentes. Industrie pitoyable! Piteux commerce et bien peu digne d'une cité intelligente, comme Genève a la prétention de l'être!

Nous poussons jusqu'à la Poste, où nous allons pour admirer ces impétueux flots d'émeraude, se précipitant avec cette belle fureur entre les quais rétrécis, pour former le Rhône, au bas de la ville. Mais, à ce moment, survient la pluie, et vivement nous battons en retraite au hasard des rues et des ruelles. Nous traversons de la sorte des recoins fantastiques, des parages pleins de ténèbres et de mystères : nous nous égarons dans les dédales de l'Allée chérie, où nous cueillons au passage cette perle servant d'enseigne à un charcutier : „*Monsieur et Madame Salod, font cochonneries au fond de la cour !*“ — (absolument historique!) — et nous finissons par aboutir au Café du Nord, où Gustel m'inflige au billard la plus mémorable des défaites !

DIX-SEPTIÈME JOURNÉE

LES CURIOSITÉS DE GENÈVE. — PROMENADE EN VOITURE. — LA JONCTION. — CAMELIA ET LES AMPOULES. — L'ORAGE. — NYON. — LA BRASSERIE CHANTANTE.

Nous avons décidé hier, de rester à Genève aujourd'hui; et il a été convenu d'un commun accord, que cejourd'hui serait jour de grasse matinée, de grande liesse, de bombance et de far niente! Songez donc! Pour la première fois, point de préparatifs à faire; point d'étape à fournir! nulle affaire, ni pressante ni autre! Ne soyez donc pas surpris, si à huit heures nous ne sommes point levés. C'est sur les neuf heures, seulement, que nos Indolences veulent bien se déranger jusqu'à la salle à manger et qu'elles daignent y absorber languissamment un déjeuner confortable, qui traîne en longueur jusqu'à dix! On se fait avancer alors un huit ressorts municipal, à deux francs cinquante l'heure, on s'étend avec nonchalance sur les coussins, et allez, cocher, où il vous plaira! On n'est pas plus mylords, comme vous voyez!

Il plaît au cocher de nous mener tout d'abord au pont du Mont-Blanc, et on le laisse faire; et ce chevalier du fouet paraît scandalisé du peu d'enthousiasme que nous témoignons en présence du chef d'œuvre! Il nous fait ensuite l'honneur de l'île Rousseau, et on le laisse faire encore, et bien qu'il s'arrête à l'entrée de la passerelle, on dédaigne de mettre pied à terre! Nous devons sembler à cet automédon des particuliers bien dégoutés! Il se décide à prendre par la rue de la Corattcrie, et nous véhicule vers la plaine de Plain-Palais, ce quartier entièrement neuf de Genève, qui en était il y a sept ans, à ses débuts. Cela n'a guère avancé depuis, par ici! Jusqu'au théâtre et au musée Rath, c'est bâti, à peu près complètement, et les rues ne manquent pas d'animation! Mais au-delà, comme jadis, c'est la solitude et le désert. Voici bien les trois palais: Electoral, Maçonnique et du Conservatoire, que le Genèvois, né presqu'aussi malin que le Français, quoiqu'il n'ait pas créé le vaudeville, appelle *les trois boîtes à disputes, à mystères et à musique!* Toujours isolées, les dites boîtes, au milieu de vastes terrains à bâtir, bien délimités, allignés, mu..'s de trottoirs, où poussent des amas de mauvaises herbes, et où il ne manque plus rien..... que des maisons! „Cocher, si nous retournions?" — „Pour où, Messieurs?" — „Toujours pour où vous voudrez!" Il veut alors nous mener voir la cathédrale, l'arsenal, que sais-je encore: Mais non! Pas de visites d'intérieur; ce n'est pas notre genre! Et le bonhomme se gratte le nez d'un air d'embarras! Et quoi! En aurions-nous déjà fini avec les curiosités de Genève. Tout à coup il a une inspiration! Nous y comptions bien! „Si ces Messieurs veulent, je vais les mener à la jonction?" La jonction? qu'est-ce que cela?" — „Monsieur! c'est là où l'Arve coule dans le Rhône! C'est fort intéressant et on y va beaucoup!" — „Est-ce loin?" — „Oh non!" — „Et bien puisqu'on y va, allons-y! Autant là, qu'ailleurs, après tout! Il nous fait passer le troisième pont du Rhône, là, où les flots sont si rapides et si beaux, roule un bon moment dans une large avenue bordée de jardins et de parcs, et finit par pénétrer dans la cour d'une sorte de métairie, où l'on met pied à terre, et où une épaisse fille des champs, survient aussitôt qui nous mène voir la jonction. — Voulez-vous mon avis dépouillé de tout artifice. Eh bien c'est une mystification pure, cette jonction! et la plus mauvaise des plaisanteries! Le confluent des deux cours d'eau, n'est ni pittoresque ni grandiose, ni rien de rien. On voit au bas d'une côte mesquine, les flots bourbeux et jaunes de l'Arve qui viennent, assez gauchement, salir le bel émeraude des vagues du Rhône! Ce spectacle peu alléchant se paie un franc! Il n'est pas interdit, par exemple, de regretter son argent en sortant! Soyons sincères, et constatons que la fille des champs fait le possible et l'impossible pour contenter son monde! Elle nous apprend que les collines qui encaissent les deux rivières, sont les monts Jura (ce qui ne manque pas de nous plonger dans un étonnement profond!); elle nous explique tout au long, que la voie ferrée qui passe en dessous, est le chemin de fer qui va à Lyon! (Mais, elle nous prend positivement pour des Iroquois! cette campagnarde!) enfin, un disque, sur la voie, étant venu à manœuvrer, la voici qui nous enseigne que c'est là un signal indiquant que la gare est *combrée*! Combrée?? Si c'est du genevois, avouez que le genevois est une bien belle langue!

Nous revenons en ville par le quartier de la gare et par la rue du Mont-Blanc. Magnifique rue; la plus belle de Genève! mais qu'on dirait calquée sur n'importe laquelle des nouvelles voies de Paris. C'est le style Haussmann dans toute sa pureté! Au quai le cocher, qui n'a plus rien à nous faire voir, à l'intérieur de la cité, parle de nous mener je ne sais dans quelle localité de la banlieue! Merci, trop aimable automédon! Mais nous sortons d'en prendre, de la campagne, suffisamment, à la Jonction! Empochez ces trois francs, et cherchez-vous d'autres pratiques!

Entre le quai et le café du Nord, il n'y a que la longueur du pont du Mont-Blanc; elle est bientôt franchie, et nous voici, pour varier les plaisirs, entamant une nouvelle partie de billard, laquelle, comme celle d'hier au soir, tourne bientôt à ma honte et confusion.

Puis, Frèrot a l'idée d'une partie de nacelle! Excellente idée, et que l'on va mettre immédiatement à exécution! Nous frétons une gentille embarcation à quille, coquette et légère, portant le joli nom de Camélia, et qui obéit à la rame mieux qu'un chien dressé au fouet! Mais elle obéit bien mieux encore à chaque impulsion que lui imprime notre installation. Ce sont des oscillations qui n'en finissent plus, et Gustel, qui n'a pas le pied marin, passe par de belles transes, et voudrait bien s'en aller! La navigation est délicieuse, et la Camélia, vigoureusement menée, danse comme une coquille de noix! C'est plaisir ineffable que d'exercer sur ces admirables flots bleus, mes talents de nautonnier; et nous tirons en tous sens les bordées les plus savantes, jusqu'à ce que j'aie les deux paumes constellées d'ampoules, et des crampes dans les biceps! Nous abordons alors sur l'une des deux pierres du Niton, ces singuliers blocs polis qui émergent de l'eau, dans un coin du port, et qu'on prétend avoir été des autels païens. Ce qui est certain, c'est qu'ils constituent en ce moment, un merveilleux lieu de dolce far niente.

Nous y restons jusqu'à ce que nous voyons le vapeur l'Helvétie, faire ses préparatifs de départ. Si l'on partait faire un tour avec lui! Pourquoi pas? Vivement alors, on ramène la Camélia à son patron, et l'on grimpe sur le pont de l'Helvétie, au moment où la cloche sonne pour la dernière fois. Nous allons à Nyon, sur la rive droite. Il nous a pris fantaisie, tout à coup, d'y aller faire surprise de notre visite, à un ex-copain de Strasbourg, le docteur L..., dit le Chevelu, qui, depuis un an environ, pratique sur ces rives charmantes, le noble art de guérir.

Le temps, depuis le matin, était menaçant et lourd; au moment où l'Helvétie quitte le port, un coup de tonnerre formidable roule sur le lac : et un orage éclate, brusque, épouvantable, avec grêle, torrents de pluie, et violent déchaînement de tempête! De bleu, subitement, le lac est devenu noir; la belle nappe unie et calme, aussitôt se soulève en vagues furieuses et folles; les flots se choquent et s'entrechoquent, se heurtent et se brisent, battus en écume jaunâtre, qui glisse, roule, crépite et disparaît, pour immédiatement se reformer et disparaître encore. Les éclairs, éblouissants et tout proches, partent de tous les côtés à la fois, le tonnerre fait rage et gronde sans plus cesser; et l'eau fond du firmament comme si on la versait par baquets! Sur le lac, la nuit! sur le pont, l'inondation! La situation n'est pas tenable sur ce dernier. Elle ne l'est guère plus dans les cabines où tout le monde a cherché refuge;

où les tables sont pleines de consommateurs et de joueurs de cartes; où les passagers sont entassés comme des harengs en tonne; et où la fumée des cigares et des pipes, la buée des vêtements trempés, et les arômes de la charcuterie du buffet, rendent, en un instant, l'air absolument irrespirable. Chez d'aucuns bientôt paraissent les premiers symptômes du mal de mer. Cela promet d'être drôle, dans un moment, quand soudain la pluie cesse, la tempête se calme, et les intrépides remontent sur le pont.

En ce moment, le spectacle du lac est splendide. L'eau paraît si noire, qu'on croirait naviguer sur des flots d'encre! Les vagues, qui s'apaisent à mesure, sont comme haletantes encore des convulsions de tout à l'heure! Vers Genève, où le ciel se nettoie, un rayon de soleil perce les nues, et c'est sur la ville, comme un grand scintillement d'or; tandis que devant nous, fuit un immense tourbillon sombre, dans lequel se confondent et les flots et les rives et le ciel; où jaillissent, livides, de rapides éclairs; et où sourdement grondent en s'éloignant, les éclats de la foudre et les fracas de la tempête!

Nyon ruisselle encore des flots de l'orage, quand nous y débarquons. L'endroit est adorablement niché au bord du lac, comme le sont, d'ailleurs, la plupart des localités riveraines du Léman, à la rive suisse: nids heureux, frais et charmants, ayant pour horizon l'immense nappe d'azur, les gracieuses collines de Savoie, et par-dessus, les graves silhouettes de la grande chaîne du Mont-Blanc!

La petite ville, bâtie en amphithéâtre, s'encadre de toutes parts de jardins et de forêts, et présente au premier plan, par-delà son quai un peu étriqué et mesquin, l'imposante figure de son antique manoir. Dans les rues, l'animation fait un peu défaut: un air de bonne grosse bourgeoisie y règne, beaucoup de propreté, de l'originalité et une certaine recherche dans les constructions! mais bonté divine, quel fichu pavé!

Chez notre ami, comme c'était aisé à prévoir, nous trouvons visage de bois! Le docteur est en courses, au dehors, et ne rentrera que tard dans la soirée. Il n'y a plus qu'à lui laisser nos cartes avec un petit mot d'amitié et l'expression de nos regrets de n'avoir pas pu lui serrer la main.

De chez lui, nous montons droit à la terrasse du château, et de là-haut nous laissons nos yeux, se régaler à leur aise du panorama du lac, lequel partout se nettoie et se purge de toutes les masses du brume qui tout à l'heure encore le cachaient presqu'en entier; pur maintenant, et plus azuré que jamais, il étend sa surface étincelante et légèrement ridée jusqu'aux verdoyantes rives de Savoie, qui, en face, sourient aux rayons éclatants du soleil, régnant de nouveau en maître incontesté au firmament rasséréné! Et nous nous oublions là, bel et bien jusqu'à ce que la cloche du port annonce l'approche de l'Aigle, avec lequel nous comptons retourner à Genève.

Il y a foule, sur le bateau, au point qu'il est difficile de se caser commodément. Dans la foule se trouve une de ces sociétés de musiciens ambulants, qui, l'été, passent leur existence à faire alternativement la navette de Genève à Villeneuve, et de Villeneuve à Genève, autant de fois, chaque jour, que l'horaire des bateaux le comporte, et qui dans ces multiples pérégrinations, écorchent sans pitié, au moyen des quelques airs de danse ou d'opéra, dont se compose leur maigre répertoire, les oreilles des pauvres passagers, qu'ils rançonnent par-dessus le marché, quand ils sont au bout de leur rouleau. Franchement, la musique, sous ces espèces-là, est une assez vilaine invention!

Il faut croire que l'orage creuse; car à la table d'hôte de l'hôtel, nous comblons de fameux trous! Frérot, lui, comble doublement, pour hier et pour aujourd'hui! Puis, après le dîner, nous voici, comme à Milan, fort embarrassés de l'emploi de notre soirée! Point de théâtre: pas plus qu'à la Scala! Quelle défectueuse organisation! Il y aurait bien le café du Nord; mais je ne tiens pas, à courir les chances d'une troisième défaite! L'un des garçons nous suggère alors l'idée d'aller à la brasserie chantante, qui doit se trouver tout au haut de Plain-Palais. — Allons voir cela! Quelques lampions, au-dessus d'une porte de jardin, indiquent d'assez loin le lieu! Un programme affriolant collé contre une palissade de bois, parle d'illumination à giorno, d'ouvertures, de duos, de solos, de quatuors, et d'autres choses encore! Pour bureau, une table couverte de toile cirée, où un quidam chevelu et famélique, fait payer une entrée de *vingt centimes* par tête. Cela promet!

Le local est une sorte de jardin-cour, encombré de tables, orné de dix platanes reliés entre eux par un fil de fer à hauteur d'homme; au dit fil pendent parcimonieusement çà et là quelques lanternes de papier de couleur. C'est l'éclairage à giorno annoncé au programme. Comme scène une pauvre baraque de planches, où une demi-douzaine de lampions, en globes de papier, jettent un jour douteux; comme orchestre, une clarinette, un trombonne, un cornet, une grosse caisse et un chef d'orchestre premier violon! Comme troupe, deux de ces chanteuses d'occasion, si à la mode depuis que règne l'épidémie des Beuglants, artistes aux rabais dont l'unique talent, à côte de voix de chaudrons, consiste à exhiber de gros bras, de grosses épaules et de gros seins qui, à la lumière arrivent à paraître à peu près blancs, grâce à des miracles de plâtrage; un baryton qui a du creux, mais qui chante faux à désespérer même le jeune S..... l'avocat, certes, qui a le moins d'oreille de France et de Savoie! enfin une basse et un ténor, qui ne sont pas prix du Conservatoire, mais n'en valent pas mieux pour cela! Puis, aux tables, un public assez peu nombreux, et encore moins choisi! Quelques pâles voyous! des petits boutiquiers du voisinage, quelques miliciens avec leurs payses, des garçons bouchers, des maçons, des ébénistes! Que c'est, comme un bouquet de fleurs!

Mais attention! la fête commence. Messieurs de l'orchestre entament une ouverture à réveiller un mort! Après quoi le ténor et la basse se met à exterminer, d'une façon sauvage, le superbe duo de la Reine de Chypre! Ils sont interrompus, fort heureusement, par un commencement d'incendie. C'est une lanterne, qui dans un pétillement d'impatience, a mis le feu à l'unique tenture qui décore la scène! Mais le chef d'orchestre a vu le péril, et soudain s'est élancé; à lui seul il conjure le danger, éteint les flammes, rassure le public, se rassied dans un calme olympien, et se remet à racler, imperturbablement. Après quoi, l'une des chanteuses et le ténor, entament le grand duo du Trouvère, et alors nous nous sauvons à toutes jambes, et d'un trait nous courrons jusqu'à l'hôtel.

DIX-HUITIÈME ET DIX-NEUVIÈME JOURNÉES

LE LAC DE GENÈVE. — THONON. — EVIAN. — OUCHY. — VEVEY. — LE CHATEAU DE CHILLON. — LAUSANNE. — HOTEL DU GRAND-PONT. — LAUSANNE A BALE. — RETOUR.

C'est la revanche d'hier, ce matin, et nous sommes levés un bon moment avant le soleil. Nous avons eu soin, afin de n'être point retardés, de régler notre compte dans la soirée, et comme nous sortons de l'hôtel, la ville est encore muette, les rues silencieuses, les quais déserts, et tout, à Genève, est encore plongé dans le sommeil, sauf toutefois, à l'embarcadère du port, le Chillon, dont la cheminée, déjà, fume à gros tourbillons; dont la machine gémit, grince et gronde; et qui, maintenant, de ses deux grandes roues aux larges et puissantes palettes, creuse dans la plaine liquide ce long sillon mobile, qui derrière le bâteau va s'étalant, s'élargissant à l'infini, et ride, jusqu'aux rives lointaines, le tranquille miroir des eaux.

Qu'il est beau le Léman, et combien il a de charmes exquis, même pour ceux qui reviennent des lacs italiens, à cette heure matinale, où tout y est d'une pureté parfaite, et où l'azur de ses flots profonds, qui s'étendent au loin, pareils à quelque bras de mer, rivalise de teinte et se confond avec celui du firmament! Les rives, à l'entour, sont ravissantes de netteté et d'éclat. Ici les côteaux qui dominent Nyon, Rolle et Morges; là, les pimpantes collines de Savoie; au fond, les vignobles du pays de Vaud, encadrent de frais émeraude la longue nappe bleue, où, à l'horizon extrême, dansent légèrement quelques flocons de brume blanchâtre. Au soleil levant, par places, l'onde immobile, prend de merveilleux reflets, et semble de l'or liquide.

Une brise à peine sensible court, caressante et fraîche, apportant des rivages, les parfums des prés et les senteurs des bois. C'est une radieuse traversée!

Nous refaisons jusqu'à Nyon, le trajet que nous avons fait hier pendant la tempête. Seulement, aujourd'hui, nous pouvons nous rendre compte de l'innombrable quantité de villas, qui, commençant aux portes de Genève, se pressent à l'infini, aux deux rives du lac et donnent un cachet tout particulier aux premières portions des bords du Léman. Nyon apparaît plus charmant encore qu'hier, dans son riche cadre de verdure! Que fait-il à cette heure, notre ami le docteur! Peut-être dort-il encore? peut-être aussi est-il en train de songer à nous, sans se douter que dans le même moment, nous passons sous ces fenêtres! Croyez-donc, après cela, aux pressentiments!

D'ici, on coupe le lac, transversalement, et l'on vogue vers Thonon, et l'on admire une dernière fois, par-dessus la longue ligne des collines ondulées, la chaîne du Mont-Blanc, très distincte et que le soleil est en train de dorer de ses premiers rayons. A Thonon, nous voici revenu en France! Il est nôtre, en effet, maintenant, pour une part, le superbe Léman, et l'annexion nous a valu ces délicieuses rives savoisiennes, que la Suisse aurait bien, je gage, également trouvées à son goût.

De Thonon, on cabote jusqu'à Evian, gentille petite ville d'eaux qui prend de l'essor et prospère à plaisir depuis qu'elle est devenue française! Puis, de nouveau, le bateau traverse le lac, à l'endroit de sa plus grande largeur, pour aller aborder à Ouchy, le port de Lausanne. C'est ici, inconstestablement, la portion la plus remarquable du Léman: C'en est la partie, également, qui offre le plus de variété, la plus grande diversité d'aspects. A gauche, de Lausanne à Nyon, une longue ligne de collines s'étend, peu élevées, à contours mollement dessinés, coupées d'une infinité de villes, de villages, de châteaux et de villas: en face le frais et coquet amphithéâtre des vignobles vaudois s'étage à perte de vue, vrai fouillis de verdure où s'épanouissent nombreux et divers les hôtels somptueux, les pensions de tout style, les riches villages de vignerons. C'est là que le flot bleu vient baigner paresseusement ces localités fortunées qui ont nom Clarens, Vernex, Montreux, Collonges, Veytaux, pays de délices, d'où l'aquilon est exclu, pays du soleil et du raisin doré, rival de Nice et de Menton! Puis sur la droite, la baie de Villeneuve s'enfonce, présentant subitement des lignes plus sévères. Là des monts altiers se dressent, des rampes s'élèvent, escarpées et sauvages, des sommets sourcilleux planent aux haut des airs, et de hautes falaises plongent à pic dans le lac, donnant à ce coin comme une vague ressemblance avec certaines portions du lac des Quatre-Cantons.

Nous quittons le bateau à Vevey. Pourquoi là

plutôt qu'ailleurs? A vrai dire nous n'en savons trop rien! Pure affaire d'inspiration! Affaire de fringale, également, car à peine débarqués, nous entrons à l'hôtel du Faucon, pour nous faire préparer à déjeuner. Nous y tombons sur un garçon obtus et stupide, qui s'acharne à vouloir nous faire dîner à table d'hôte, dans deux heures! „Mais, ô crétin en habit noir, puisqu'on te dit que nous tombons de faim, et que nous voulons déjeuner tout de suite! „Il finit par saisir, et assure que ce sera prêt dans une demie-heure! C'est plus qu'il ne faut pour parcourir rapidement la ville. Vevey vaut surtout par son admirable situation. — Constatons toutefois que l'intérieur de la localité ne manque ni d'originalité, ni d'animation; disons que la grande place qui mène au port est curieuse, que les quais sont délicieux, que les magasins sont bondés de souvenirs de la récente fête des vignerons, et n'oublions pas d'établir que, si ailleurs en Suisse, la proportion des maisons qui renferment un débit de cigares, à celles qui n'en renferment point, est de un à dix, cette proportion devient à Vevey de un à quatre! Cela dit, nous n'aurons pas, je crois, d'oubli à nous reprocher.

Nous trouvons, au Faucon, le déjeuner tout servi. Bon menu, appétit conforme! Nous terminons juste à temps pour prendre, au passage, l'Aigle qui doit nous mener au château de Chillon Territet est la station où descendent les visiteurs, qui vont au château! C'est une charmante petite localité, toute enfoncée dans les vignes. Il y existe une entreprise de voitures pour Chillon et retour, à raison de trois francs par cheval. En comptant bien, l'on arriverait facilement à établir que cela met environ à un centime, chaque enjambée de la bête! A ce taux-là, nous aimons autant enjamber nous-mêmes. Il y a bien Frèrot qui réclame; mais Frèrot en est, cette fois, pour ses réclamations! Il a d'ailleurs, depuis le matin, de l'irrégularité dans son allure et on le soupçonne fortement d'avoir un commencement de mal de pays. — Le retour, heureusement n'est pas loin! — En attendant nous voici sur la route de Chillon, ayant des peines inouies à empêcher Frèrot de se laisser choir sur les tas de pierres qui bordent le chemin. A force d'exhortations, on l'amène jusqu'à une petite buvette, où un bon café avec un doigt de kirsch, momentanément, le ravigotte. Et de là, en deux pas, nous sommes au château!

Vous connaissez sans doute la silhouette de ce gros donjon, aussi massif qu'historique, et je me dispense de vous la décrire plus amplement. L'intérieur est digne d'une visite C'est le vieux manoir féodal, à un état de conservation convenable, et dans toute sa froide et affreuse réalité! Murs grossiers et énormes, créneaux gigantesques, meurtrières étroites comme des fissures et derrière lesquelles on étouffe, lourds pont levis, portes épaisses toutes bardées de fer, grandes et sombres cours, silencieuses et mornes, tout y rappelle une époque qui est bien loin et qui ne vaut pas qu'on la regrette. Mais le milieu est si parlant, qu'involontairement on cherche, des pages, dans ces vastes vestibules; des archers et des varlets, dans ces cours; des chevaliers dans ces galeries; et quelque belle et blonde chatelaine, au balcon de la tourelle Mais non: on ne voit que canons, qu'affuts et caissons, que bayonettes et fusils, et que miliciens, enfin qui veillent d'un air bonasse, sur tous ces modernes engins de destruction. Le manoir est devenu un vulgaire arsenal. Une partie cependant fait exception que l'on fait visiter aux touristes. C'est d'abord la chambre du Seigneur du lieu, laquelle, entre ses quatre grands murs nus, ne renferme de remarquable qu'une immense cheminée; puis, la salle d'honneur, dont le plafond en boiserie est assez bien conservé, et dont les murs sont garnis de trophées d'armes de l'époque féodale; on finit par la chapelle qui est toute simple, et par les oubliettes, où l'on nous fait voir surtout le pilier auquel fût attaché si longtemps le fameux Bonnivard!

C'est à Veytaux, maintenant, que nous allons; car, c'est là que nous comptons prendre le train pour nous en revenir jusqu'à Lausanne. A l'auberge, à côté de la gare, où ils ont, sans aucun doute, de l'excellent vin, nous avons la sotte idée de demander de la bière. „Nous n'avons que de la bière du pays, Monsieur!" insinue le garçon. Pareille insinuation, pourtant, eût dû nous éclairer! Mais on a de ces moments de compréhension difficile. Et la bière du pays arrive! Nous y goûtons, et nous nous empressons de la laisser dans nos verres! C'est lui faire honneur, d'ailleurs, que de ne pas la verser sous la table!

L'heure est passée depuis un moment, et le train tarde à venir! Mais c'est ici le chemin de fer du Simplon, veuillez ne point oublier cela; et rappelez-vous surtout que, à Sion déjà, nous avons fait la remarque, que l'heure de départ des trains, sur cette ligne subversive, dépendait un peu de la fantaisie des machinistes. Nous arrivons de la sorte à Lausanne avec un retard de cinquante minutes. La gare étant à mi-côte, assez loin de la ville, et, vu l'état de démoralisation profonde dans lequel Frèrot est plongé de plus belle, nous décidons de prendre l'omnibus. Mais toute une bande d'Anglais nous précède, qui prend la voiture d'assaut, et l'omnibus file nous laissant là, pénauds, nous, Frèrot et sa démoralisation. Il y a bien l'hôtel des Alpes, tout à côté de la gare, et il serait bien simple d'y entrer! Mais nous appartenons à cette catégorie de gens, à qui rien ne répugne tant, que d'aller se faire étriller deux fois dans le même établissement. Le souvenir de notre dernier séjour dans cet antre, est décidément trop récent, et clopin-clopant, nous montons jusqu'en ville, où nous allons demander l'hospitalité à l'hôtel Grand-Pont!

La maison sort de subir une transformation radicale. On nous loge dans une immense pièce, incomplètement terminée, dans laquelle trois lits se perdent, mais qui en contiendrait aussi bien le triple, et où l'on remarque au plafond et aux murs des traces d'une antique splendeur, lesquelles nous intriguent fort, jusqu'à ce que nous venions à découvrir que ce qui est à présent un dortoir particulier, est un morceau de l'ancienne salle à manger commune.

Aussitôt arrivé, Frèrot, dégouté de tout et de lui-même, se couche, ne réclamant plus qu'un bouillon, et du sommeil en masse. On va lui soigner le premier, quant au second, il viendra bien tout seul! Puis Gustel et moi, nous allons à la nouvelle et superbe salle à manger, prendre place à la table d'hôte, où Frèrot trouve moyen de manquer le dîner le plus fin qui nous soit venu sous la dent depuis que nous sommes en route! Le reste de la soirée est consacré à une visite rapide de cette intéressante ville de Lausanne, si admirablement situé, mais si singulièrement perchée sur sa montagne qu'on n'y voit pas une seule rue sans pente, en dehors de la voie artificielle, dont fait partie le grand pont, et qui fait à peu près horizontalement, le tour de la ville. Très curieux, ce grand pont, qui relie entre eux deux quartiers de la localité que sépare une dépression de terrain profonde. Très curieuse aussi, la cathédrale, perchée tout au haut de la colline, dominant au loin et dont la terrasse offre une vue remarquable sur le lac. On descend de là-haut à la basse ville, par un long escalier en bois vermoulu: ce qui constitue bien le plus bizarre accès que nous ayons jamais vu, à une cathédrale. En bas, on parcourt quelques quartiers intéressants; on remarque, en passant, le bâtiment de la nouvelle Poste, qui a grande mine; et l'on sort de ville, sur la route de Morges, pour aller s'établir dans une sorte de belvédère, perdu sous les arbres, d'où, longuement, jusqu'à la nuit tombée, on laisse, en rêvant à la bienheureuse quinzaine qui vient de s'écouler si vite, errer les yeux sur le beau lac qui dort à nos pieds; sur lequel prestement glissent quelques nacelles attardées; et où l'ombre du soir peu à peu s'étend, ternissant insensiblement l'éclat des flots clairs, et noyant leur bel azur dans la teinte incertaine et grise du crépuscule.

A l'hôtel, nous trouvons Frèrot dormant comme un sac. Ni notre irruption dans la chambre, ni le bruit qu'occasionnent nos préparatifs de coucher ne parviennent à le réveiller. Heureux Frèrot! Nous ne tardons pas d'ailleurs à partager sa félicité et à dormir aussi profondément que lui!

C'est aujourd'hui, hélas! le jour du retour! Pour rester jusqu'au bout fidèles à notre programme, il nous faut gagner Bâle, par Yverdon, Neufchâtel et Bienne. Mince régal! Supplice bien plutôt, qui comporte quelque chose comme dix heures de roulement monotone dans des wagons poussiéreux, avec changements de trains, arrêts aux gares d'embranchement, retards, et autres désagréments que peuvent offrir, par une journée de chaleur torride, les lignes réunies de l'Ouest-Suisse, du Jura industriel, du grand Central et de l'Est français. C'est un ennui de première classe, auquel rien ne fait: ni les paysages riants du lac de Neufchâtel, ni les rives attrayantes du lac de Bienne, pardessus lesquelles les blanches silhouettes des Bernoises semblent nous sourire dans le lointain; ni les fraîches échappées de la vallée, après Laufelfingen et Sissach; et le premier moment de contentement réel, est celui où vers sept heures du soir, on débarque enfin à la gare de Mulhouse.

Là, on nous attend, on nous embrasse à tour de bras, et on a hâte de nous mener à la maison où l'on a tué le veau gras pour célébrer notre heureux retour!

C'est bon, savez-vous bien! la maison, après une absence de trois semaines; c'est extrêmement bon! Et comme la simple cuisine maternelle vous a bien meilleur goût que toutes ces popottes d'hôtels ou d'auberges, dont nous sommes saturés pour longtemps. Au dessert, on s'informe de la bourse commune: on la

croit bel et bien trépassée : Erreur ! elle vit encore !
Elle est bien mince et chétive, sans doute : mais elle
vit; et après inventaire, elle se trouve bien contenir,
encore cent cinquante et deux francs et des centimes !
Preuve irrécusable qu'elle a été administrée sagement
et que, s'il lui est arrivé de crier souvent, au cours de
nos pérégrinations, elle a souvent crié sans motifs !
Cela arrive à d'autres encore, qu'à des bourses communes.

TABLE DES MATIÈRES

PAGE

Première journée. — Avant le départ. — L'itinéraire. — Bâle. — Vallée du Rhin. — Laufenbourg. — Waldshut. — Schaffhouse et la chute du Rhin.   4

Deuxième journée. — Où la pluie se mêle de nos affaires. — Le touriste tailleur. — Départ dans le déluge. — De Schaffhouse à Constance. — Où Frérot sème ses boutons. — Romanshorn. — Rorschach. — L'architecte Gelzer. — La vallée du Rhin. — Ragatz. — Fin du déluge. — Val de la Tamina et gorges de Pfæffers. — Calanda et le Crétin. — Le Monsieur qui a perdu son chemin. — Coire   32

Troisième journée. — La nuit apporte... le beau temps. — Cauchemar et réalité. — Le veilleur de nuit. — Coire au matin. — Vallée du Rhin. — Un autre Goldau. — Ems. — Reichenau. — Thusis. — Gelzer retrouvé. — Rhealta et Via Mala. — Où il est question des inconvénients des havre-sacs et de l'inconvenance des maîtres de poste. — Splugen. — Aventures et mystère de la Dogana   59

Quatrième journée. — Le réveil à la Dogana. — Le compte. — Brouillard et Sibérie. — Des inconvénients des spéculations sur l'herbe. —

Val de la Lira. — Cascade du Madesino. — Campo Dolcino. — Per burri et per fromagio. — Les chataigners de Splügen. — Chiavenna. — Les adieux de Gelzer. — Colico. — Où Gelzer reparaît. — Lago di Como. — Bellaggio.   10

CINQUIÈME JOURNÉE. — La grasse matinée. — Débats. — Bellaggio à Como. — Como à vol d'omnibus. — Camerlata et la Via Ferrata. — La plaine lombarde. — Milan. — Hôtel-Pension suisse. — Il Duomo. — Religion et Mercantilisme. — Les infortunes d'un pantalon de coutil. — Un cocher philosophe. — L'arc de triomphe. — Les arènes. — La Scala, vue de la rue. — Birrone et Mouches de Milan. — Milan, la nuit. — Il Pungolo — Sauve qui peut 144

SIXIÈME JOURNÉE. — Conférence de Milan. — La bourse commune l'emporte. — Dernier coup d'œil. — Les pêches. — La gare de Milan. — Champ de bataille de Magenta. — Novare. — Arona. — La Sempione. — Lago Maggiore. — Encombrement et canicule. — Les îles Borromées. — La baie de Pallanza. — Isola Bella. — Comment on se procure une voiture sur l'eau. — Plongeon général. — Baveno. — La route du Simplon. — Vogogna. — Quand il y en a pour trois, il y en a pour cinq . . . ou simple histoire d'Anglais 187

SEPTIÈME JOURNÉE. — Encore un bureau de poste. — Croquis d'indigènes. — La route du Simplon. — Val Ansasca. — Les infortunes de

TABLE DES MATIÈRES

Frèrot. — Botanique et zoologie. — Ponte Grande. — Vanzone et l'auberge des chasseurs du Mont-Rose. — Halte sous les chataigners. — Un drôle de touriste. — Le prophète au nez pelé. — Le licencié Landgraf. — Où il est prouvé qu'au Valansasca tous les chemins mènent à Macugnaga. — Hôtel du Mont-Rose. — Franz Lockmatter et ses histoires . . .   320

HUITIÈME JOURNÉE. — Une facétie de licencié. — L'orage dans la vallée. — La partie de bouchon. — Voyage dans la pluie au glacier du Monte Rosa. — Pollenta et Marmotte. — Où le vent du nord s'en mêle et secoue la maison. — Le Monte Rosa . . . aux étoiles. . . .   266

NEUVIÈME JOURNÉE. — Le Monte Rosa au crépuscule. — Me voici dessinateur. — Quart d'heure de Rabelais. — La montée du Moro. — Les voiles bleus réhabilités. — La glissade du licencié — Joderhorn. — Le déjeuner. — La descente. — Mackmart. — D'une nouvelle façon de servir le café noir. — Le barrage de l'Allalin. — Saas. — Types valaisans. — Un curé hôtelier   281

DIXIÈME JOURNÉE. — Le café au lait à la cure. — La basse vallée de Saas. — Stalden et ses fêtes. — L'auberge de la Traube. — Ce que l'on entend par côtelettes dans le Haut-Valais. — Où nous devenons cavaliers. — Encore la pluie. — Vallée de Zermatt. — St-Nicolas. — Randah. — Zermatt, la nuit. — Plus de place. — Le châlet. — Le diner. — Où l'on coucherait volontiers si l'on avait... des lits. — Invasion nocturne 319

ONZIÈME JOURNÉE. — Quels étaient les intrus de la nuit. — Où Gustel recommence son opposition. — Aloïse ou l'Oberkellner sentimental. — Chemin du Riffel. — Le Cervin dans les nues. — Le touriste savetier, ou comme quoi un Alpenstock n'est pas un marteau. — Les sauterelles de l'Angstkummen. — Le Riffelhaus et Mlle Marie. — Course dans la montagne. — Le Riffelhorn. — Panorama du Gornergraat. — Silhouette d'Anglais. — Le souper et l'Alpenglühn 347

DOUZIÈME JOURNÉE. — Où Frèrot est plus malheureux que jamais. — La descente. — Déjeuner à Zermatt. — Un cheval pour trois. — La vallée. — Halte à St-Nicolas. — Retour de la pluie. — Encore la Traube 377

TREIZIÈME JOURNÉE. — Le savetier artiste. — Départ dans la pluie. — Le touriste caoutchouc. — Neubrücken. — Vallée inférieure de la Visp. — Vignoble et maraudage. — Vispach et l'hôtel du Soleil. — Vallée du Rhône. — Où nous roulons voiture. — Tourtemagne. — Sierre. — Louesche. — Sion à Martigny. — La gloire de Frèrot. — Gorges de Trient. — Cascade de Pissevache 389

QUATORZIÈME JOURNÉE. — Correspondance matinale. — N'oubliez pas le portier. — Le guide. — Martigny-le-Bourg. — La montée de la Forclaz. — Déjeuner rustique. — Col de la Forclaz et glacier du Trient. — Mon Alpenstock pour un verre d'eau. — Col de Balme. — Hôtels de frontière. — Où le guide est malade. — La chaîne du Mont-Blanc. — Où le guide entre en convalescence. — La descente. — Le Tour et glacier du Tour. — Où Gustel devient invalide. — Argentières. — Où le guide est guéri tout à fait. — Cavalcade — Hôtel du Mont-Blanc. — La soirée à Chamounix. . . . 416

QUINZIÈME JOURNÉE. — Toujours la foulure. — La pharmacie de Chamounix — L'office des guides. — Le Montanvers. — La Mer de Glace. — Mauvais-Pas et Chapeau. — Silhouette d'Anglais. — Le cafetier et son cousin 445

SEIZIÈME JOURNÉE — De Chamounix à Genève. — Le cortège des voitures. — Descente de Servoz. — Cascade de Chède. — Sallanches. — Déjeuner ou dévotions. — La diligence. — Bonneville. — L'armée française. — Chêne. — Genève 468

DIX-SEPTIÈME JOURNÉE. — Les curiosités de Genève. — Promenade en voiture. — La Jonction. — Camélia et les ampoules. — L'orage. — Nyon. — La brasserie chantante 478

DIX-HUITIÈME ET DIX-NEUVIÈME JOURNÉE. — Le lac de Genève. — Thonon. — Evian. — Ouchy. — Vevey. — Château de Chillon. — Lausanne. — Hôtel du Grand-Pont. — Lausanne à Bâle. — Retour 488

www.ingramcontent.com/pod-product-compliance
Lightning Source LLC
Chambersburg PA
CBHW050608230426
43670CB00009B/1311